南京大学六朝研究所书系·戊种公共史学·第肆号
南 京 大 学 六 朝 研 究 所　主编

六 朝 书 话

胡阿祥 著

南京大学出版社

总　序

一

　　晃晃悠悠的节奏、断断续续的过程,也许"万事开头难"吧,从 2017 年 3 月 14 日"南京大学六朝研究所成立仪式暨学术座谈会"召开、计划出版系列图书至今,竟然已经三年又八个月过去了,具有"标志"意义的南京大学出版社版"南京大学六朝研究所书系"首批四册,终于即将推出,它们是:

　　刘淑芬著《六朝的城市与社会》(增订本),"甲种专著"第叁号;

　　张学锋编《"都城圈"与"都城圈社会"研究文集——以六朝建康为中心》,"乙种论集"第壹号;

　　[美]戚安道(Andrew Chittick)著,毕云译《中古中国的荫护与社群:公元 400—600 年的襄阳城》,"丙种译丛"第壹号;

　　[德]安然(Annette Kieser)著,周胤等译《从文物考古透视六朝社会》,"丙种译丛"第贰号。

　　既然是"首批四册",如何"甲种专著"却编为"第叁号"呢?这缘于此前"书系"已经出版了以下数种:

　　胡阿祥著《东晋南朝侨州郡县与侨流人口研究》(修订本),江苏人民出版社 2019 年 10 月版,"甲种专著"第壹号;

　　吴桂兵著《中古丧葬礼俗中佛教因素演进的考古学研究》,科学出版社 2019 年 12 月版,"甲种专著"第贰号;

　　[唐]许嵩撰,张学锋、陆帅整理《建康实录》,南京出版社 2019 年

10月版,"丁种资料"第壹号;

胡阿祥著《"胡"说六朝》,江苏人民出版社2019年6月版,"戊种公共史学"第壹号;

胡阿祥、王景福著《谢朓传》,凤凰出版社2019年12月版,"戊种公共史学"第贰号。

据上所陈,"南京大学六朝研究所书系"的总体设计,应该就可以了然。

首先,"书系"包含五个系列,即甲种专著、乙种论集、丙种译丛、丁种资料、戊种公共史学,这显示了我们对六朝历史之基础研究与应用研究的全面关注、对话学界之"学院"史学与面向社会之"公共史学"的兼容并包。

其次,"书系"出版采取"1+N"模式,"1"为南京大学出版社,"N"为其他出版社,"1"为主,"N"为辅,但仍按出版时序进行统一编号。所以如此处理,自然不在追求"差异美",而是随顺作者、译者、编者的意愿和其他各别复杂情形。

再次,"书系"虽以"南京大学六朝研究所书系"冠名,但只是冠名而已,我们会热忱邀约和真诚接受所内外、校内外、国内外的书稿,并尽遴选、评审、建议乃至修改之责。

要之,五个系列的齐头并进、出版单位的灵活安排、书稿来源的不拘内外,这样有异寻常的总体设计,又都服务于我们的相关中期乃至远期目标:通过若干年的努力,使学界同仁共襄盛举的"南京大学六朝研究所书系"渐具规模、形成特色、产生影响,而"南京大学六朝研究所"也因之成为学界同仁信任、首肯乃至赞誉的研究机构。如此,庶不辜负我们回望如梦的六朝时代、我们生活的坚韧而光荣的华夏正统古都南京、我们工作的诚朴雄伟励学敦行的南京大学、我们钟情的昌明国粹融化新知的南京大学历史学院。

二

南京大学历史学院有着厚实的六朝研究传统。蒋赞初、孟昭庚等老一辈学者宏基初奠,如蒋赞初教授开创的六朝考古领域,在学界独树一帜,若孟昭庚教授从事的六朝文献整理,在学界备受赞誉;近20多年来,张学锋、贺云翱、吴桂兵、杨晓春等中年学者开拓创新,又形成了六朝人文地理、东亚关系、都城考古、墓葬考古、佛教考古等特色方向。推而广之,南京大学文学院程章灿之石刻文献研究、赵益之知识信仰研究、童岭之思想文化研究,南京大学地理与海洋科学学院陈刚之建康空间研究,皆已卓然成家;又卞孝萱师创办的"江苏省六朝史研究会",已历半个多甲子,一批"后浪"张罗的"六朝历史与考古青年学者交流会",近期将举办第七回,本人任馆长的六朝博物馆,成为六朝古都南京的璀璨"地标",南京市考古研究院、南京师范大学、南京晓庄学院等,也都汇聚起不弱的六朝研究力量。凡此种种,既有意或无意中彰显了学者个人之"文章合为时而著,歌诗合为事而作"的"义理"追求,也主动或被动地应了现实社会对历史记忆、文化遗产等的"经济"(经世济用)需求。

对现实社会之"经济"需求而言,就南方论,就江苏论,就南京论,六朝时代既是整体变迁过程中客观存在的一环,又是特别关键、相当荣耀的一环。以秦岭—淮河为大致分界的中国南方,经过六朝时代,经济开发出来了,文化发展起来了;跨江越淮带海的江苏,唤醒历史记忆,弘扬文化遗产,同样无法绕过六朝时代;而南京之所以能够成为中国第四大古都、中国南方第一的古都,也主要是因为六朝在此建都。

六朝的意义当然绝不仅此。举其"义理"之荦荦大者,以言孙吴,经过孙吴一朝的民族融合、交通开辟、政区设置,南中国进入了中国历史的主舞台,并引领了此后北方有乱、避难南方的历史趋势,比如东晋、南朝、南宋皆如此;以言东晋南朝,当中国北方陷入十六国大乱,正是晋朝在南方的重建及其后宋、齐、梁、陈较为平稳的递嬗,才使传统华夏文明在南方得以保存与延续、发展并丰富,这样薪火相传、"凤凰涅槃"的南方华夏文明,又给北方的十六国北朝之"汉化"或"本土化"的演进,提供了鲜活的"样本"、完整的"模范",其结果便是南与北交融、胡与汉融铸而成的辉煌灿烂的隋唐文明,特别是其中的精英文化;再言虽然分隔为孙吴、东晋南朝两段而诸多方面仍一以贯之的六朝,就颇有学者把包括六朝在内的汉晋文化与罗马文化并列为世界古代文明的两大中心,这又无疑显示了六朝文化在世界史上的超凡地位。

然则围绕着这样的"义理"与"经济",笔者起2004年至2018年,为《南京晓庄学院学报》"六朝研究"专栏写下了50篇回旋往复甚至有些啰唆的"主持人语",这些"主持人语",现已结集在"南京大学六朝研究所书系"最先问世的《"胡"说六朝》中;至于"南京大学六朝研究所书系"过去近四年的"万事开头难"、今后若干年的"不忘初心,而必果本愿",我们也就自我定位为伟哉斯业,准备着无怨无悔地奉献心力了……

南京大学六朝研究所所长　胡阿祥
2020年11月16日

目 录

总序　胡阿祥 / 1

代序——读常见书与用新资料 / 1

甲编　概　述 / 1

一、回望魏晋南北朝:五条线索与七大特征 / 3

二、理解"正统":魏晋南北朝历史的密钥 / 23

三、理解与重视"老生常谈"的理论与学说 / 28

四、三国两晋南朝政区研究中的文献资料问题 / 37

乙编　考　据 / 51

一、陈寿《三国志》之《蜀书》名义问题 / 53

二、《宋书·州郡志》平议 / 58

三、《宋书·州郡志》脱漏试补 / 71

四、中华本《宋书·州郡志》校点献疑 / 80

五、《南齐书·州郡志》札记 / 88

六、《南齐书》与《南史》所见谢朓之政治"史记" / 105

七、有关扬州隋炀帝陵"质疑"的质疑 / 132

丙编　导　读 / 141

一、妙手回春:《三国志》中的华佗 / 143

二、"晋图开秘":裴秀的"制图六体" / 149

三、贾思勰:地方官的"齐民要术" / 154

四、玄学:"名教"与"自然"的关系 / 159

五、《世说新语》:"一部名士底教科书" / 164

六、"金陵有天子气"与"龙盘虎踞"解说 / 175

七、蒋山、蒋州、蒋王庙与蒋子文崇拜:由干宝《搜神记》说起 / 188

八、南京何以"文学之都":从都邑文学到怀古文学 / 199

九、再说南京何以"文学之都" / 211

十、"以山水作都邑诗":谢朓金陵诗赏析 / 220

十一、名随诗行与借诗释名:从刘禹锡诗《乌衣巷》到刘斧小说《乌衣传》 / 231

丁编　追　慕 / 241

一、纪念前辈学术大师的意义 / 243

二、魏晋南北朝史研究导引之选文 / 248

三、《晋永嘉丧乱后之民族迁徙》申论 / 255

四、卞孝萱先生与六朝文史研究 / 281

五、严耕望《唐代交通图考》为蜀道研究奠基 / 318

戊编　序言与评审 / 329

一、李立新著《六朝设计史》序 / 331

二、六朝博物馆编《六朝建康城城墙遗址研究与保护(2014—2022)》序 / 337

三、张可辉著《南京旧志整理与史地研究》序 / 340

四、白雁著《王谢风流:乌衣巷口夕阳斜》序 / 345

五、钟海平著《探寻臧质城:刘宋盱眙保卫战史地考实》序 / 347

六、林树中等著《六朝艺术》读后 / 354

七、程维荣著《拓跋宏评传》审稿意见 / 358

八、瞿林东、李珍著《范晔评传》审稿意见 / 363

九、许辉著《萧衍》审稿意见 / 369

十、《江苏通史·魏晋南北朝卷》审稿意见 / 374

十一、中华本《晋书·地理志》"修订点校长编"审稿意见 / 384

代跋——三栖四喜斋之书事 / 393

后记 / 408

代　序
——读常见书与用新资料①

历史研究当然离不开文献资料,而文献资料的数量多寡、难易程度,又会影响到研究的路径、联系到研究者的素质。以先秦史与明清史为例,有关先秦史的传世文献既少,行文又或简练或古奥;有关明清史的文献则数量巨大、类别众多。如此,从事先秦研究,既要求研究者具备古文字学、音韵学、训诂学、考古学等方面的素质,又要求研究者具备竭泽而渔的史料搜集功夫,并养成不盲从后世注疏家解释的习惯;而从事明清研究,则要练出从恒河之沙一般的文献中披沙拣金乃至点石成金的本领,还要有足够的体力,能到藏书机构、到田野广泛采集关键或独特的文献。至于辽、金、西夏、蒙元史的探讨,"取异族之故书与吾国之旧籍相互补证"②,即是基本的学术路径之一,则研究者如果不能具备民族语言、域外语言的良好修养,就势难取得真正的成就。

相对于中国古代史的这些其他时段,研究六朝史的明显优势之一在于,文献资料数量适中而且比较容易掌握。打个形象的比喻,先秦文献是哪怕"芝麻"也得当作"西瓜",明清文献是"西瓜"也就仿佛"芝麻",而六朝文献,"芝麻"就是"芝麻","西瓜"就是"西瓜"。当然,这数量适中的有关六朝研究的文献资料,也还存在着如何掌握的问题。循序说来,其一,要会找书,要懂目录学。在这方面,一些入门指导书值得初学

---

① 选自李良芳、胡阿祥:《六朝文化研究续议》,《东南文化》2010年第1期。
② 陈寅恪:《王静安先生遗书序》,收入氏著《金明馆丛稿二编》,上海古籍出版社1980年版。

者翻阅,如文学方面,有穆克宏的《魏晋南北朝文学史料述略》(中华书局1997年版)、刘跃进的《中古文学文献学》(江苏古籍出版社1997年版);但在六朝方面,毕竟缺乏如黄永年《唐史史料学》(上海书店出版社2002年版)那样具有指导研究意义的好书。其二,需要明了史料的特点。六朝史料特点值得提出者有以下几项:正史占重要地位,私史众多,史注之风盛行,传记与谱学兴盛,地志发达,佛教道教史料涌现,总集出现。[1] 其三,也是更加重要的是,对于史料存在的问题,要有清醒的认识,要抱着怀疑的态度进行考辨,只有这样,才能做出超越前人的研究成果。如以《宋书》为例,学者们公认"八志"是《宋书》的精华所在,"是两个半世纪(220—479)天文、地理、政治、社会以及典章制度的总括,为研究了解这一历史阶段,提供了大量宝贵而重要的文献"[2]。然而《宋书》"八志"中也存在着诸多的问题,仅言《州郡志》,断限不严,为例不纯,彼此矛盾,记载疏漏或欠缺,考辨讹误,叙次不清,这些《州郡志》本身的问题,再加上流传过程中产生的失误、中华本校点中存在的失误,"如果不甚明了这些问题,不但《宋书·州郡志》无可替代的史料价值难以充分发挥出来,而且严重者还会误读误用史料,或者根本就无法理解史料"[3]。《州郡志》是这样,《宋书》的纪、传,其他志中,也不乏各样的问题。如日本学者安田二郎通过细密的考证,指出《宋书·傅弘之传》中,"傅弘之曾任本州(雍州)主簿、秀才一事,也不是事实,是后来人为追加的经历,可以理解为一种虚假的官历";而令审慎的学者感到极为麻烦的是,类似这样"虚假的官历",广泛存在于魏晋南北朝之相关

---

[1] 陈高华、陈智超等:《中国古代史史料学》第四章"魏晋南北朝史史料",北京出版社1983年版。
[2] 苏晋仁:《论沈约〈宋书〉八志》,收入《周绍良先生欣开九秩庆寿文集》,中华书局1997年版。
[3] 胡阿祥:《宋书州郡志汇释·代序》,安徽教育出版社2006年版。

"正史"以及作为编纂"正史"依据的"国史"与文书中!① 再以《三国志》为例,笔者曾经撰文,回忆 2002 年参加"《三国志》研究国际学术研讨会"的感受:"有了一种警觉,中华本《三国志》从此不敢拿来就用了,会间所读吴金华先生的一篇《中华书局校点本〈三国志〉修订刍议》,以及与会诸君的论著与言论,使我颇觉心惊:中华本《三国志》竟然存在那么多的各样问题! 本来,对正史诸志,我是一直非常小心的,所谓'史之所难,无出于志',志中问题往往极多,我有切身体会,而无志的《三国志》原文、校点也是问题丛集,此前实未料到";"有了一份感叹,越发感叹治史的辛苦,考据、义理、辞章既三者不可或缺,考据作为基础,不仅要读书、用书,而且要知书、疑书,举凡目录、版本、凡例、校勘、训诂、传注、辨伪,等等,等等,都属读书、用书的前提。非如此,则有失严谨,算不得高明"。②

然则严谨、高明的六朝研究者,对于各样文献中存在的问题,当有系统、全面的认识,当养成知世论人、知人论书的思维。即言关涉六朝的正史,普遍存在的问题,就有与朝代更迭、南北战争、内部动乱关联较多的曲笔回护、略而不详,与争夺正统有关的彼此贬抑,与现实政治、作者家世有关的弥缝忌讳、虚美增饰,与散佚不全有关的移植补作,与整编改写有关的删节失当,等等;而具体到各别正史,也往往存在着需要特别注意的问题,如《三国志》的正统观念与感情倾向,《晋书》《隋书》的成于众手与连带的彼此抵牾,《南史》为求简明扼要而删略出来的本不存在的官制名称,等等。如此,我们既要明确相关正史的史源状况、成书顺序,进而明确其间的继承、改变与创新关系;在具体使用时,更要多加比照,即不仅记载内容有所重合的前后正史之间比照,立足于南北政权各自立场的正史之间、正史与《资治通鉴》之间,也都有比照的必要。

---

① 安田二郎:《晋宋革命和雍州(襄阳)的侨民——从军政统治到民政统治》,收入《日本中青年学者论中国史·六朝隋唐卷》,上海古籍出版社 1995 年版。

② 胡阿祥:《历史文献是史学研究的原料(上)》,《南京晓庄学院学报》2006年第 3 期。

研究者常常会有这样的经历:带着怀疑的眼光去看文献,往往就陷入了文献特别是文献考校本身,于是文章越写越少,而札记越积越多,毕竟文献的考校是功德无量之举,所以陷入文献本身的研究,也是值得的。因为不经过这样的过程,将文献拿来直接就用,是要冒很大风险的。

具体说到有关六朝的基本文献资料,不妨例举如下:首先是正史。直接的八部正史,按照成书的先后,依次为《三国志》《宋书》《南齐书》《梁书》《陈书》《隋书》《晋书》《南史》,相关的四部正史则是《魏书》《北齐书》《周书》《北史》。如此,在所谓"二十四史"中,一半的正史与六朝研究密切相关。同时,还要注意范晔《后汉书》的纪传、司马彪《续汉书》的志、《新唐书·宰相世系表》,以及《二十五史补编》、《二十五史三编》、钱大昕《廿二史考异》、赵翼《廿二史札记》等等中的相关成果。[①] 其次是"资料书",如《全上古三代秦汉三国六朝文》《先秦汉魏晋南北朝诗》《汉唐地理书钞》《汉唐方志辑佚》,以及三国与南朝宋、齐、梁、陈等几部《会要》。再次是与正史意义相当的《资治通鉴》《建康实录》《通典》。又次是几部经常使用的类书,如《北堂书钞》《艺文类聚》《初学记》《太平御览》《册府元龟》。以上都属需要通读或者常翻的基本文献资料。关涉六朝文化具体门类的文献,最要者如《文选》《玉台新咏》《诗品》《文心雕龙》《抱朴子》《搜神记》《人物志》《高僧传》《弘明集》《洛阳伽蓝记》《世说新语》《颜氏家训》《水经注》《华阳国志》《六朝事迹编类》《荆楚岁时记》《博物志》等等。颇富"史识"的《六朝通鉴博议》《读通鉴论》与《史通》一类,能够启发我们读史、用史的思考;《四库全书总目》《中国丛书综录》等则是研究中经常要查的目录工具书。

值得指出的是,上述文献资料都属常见书。读常见书其实是传统研究的基本功。这里引述葛兆光先生的一段话,说明"读常见书"的重要:"现在有的人对文献缺乏常识和通识,乱找乱引,喜欢找一些偏僻

[①] 有关"正史"的补志、补表、校勘、注释、考证成果,详见陈乃乾:《二十四史注补表谱考证书籍简目》,《中国历史文献研究集刊》第四集,岳麓书社1984年版。

的、怪异的文献,而常见的书却视而不见……陈寅恪对古代历史和文化的研究,就没有什么偏僻的文献,但是一样有大见识。依靠那些偏僻文献,出奇兵,走偏锋,就像武侠小说里面讲的小巧一路,没有正派的内功为底子,终究不是正路,而且一遇到堂堂正正的功夫,就会一下子崩溃。"① 当然,读常见书而能读出大见识,没有挖掘机、显微镜、望远镜的三样功夫,没有全面系统的国学根底,没有专而且通的研究素质,也是不行的。就笔者个人的体会说,常见书还需要常读,道理很简单,做大学生时读书与做教授时读书,哪怕读的是同一本书,见识是不会一样的。

相对于常见书性质的基本文献资料,新出的文物考古资料就属于新资料了。② 这样的新资料能够强力推进相关领域的研究。比如受限于传世文献资料的寡少,先秦秦汉史研究曾有进展艰难之叹。而20世纪80年代至今,先秦秦汉史研究局面大为改观,这与新出简牍资料以几何级数增长、重要发现不胜枚举直接相关。这样的例子也见于六朝。如1996年10月,长沙走马楼街50号之下距地表9米的一座古井中,发现十几万枚三国吴简,超过了此前所发现简帛的总和,而论其资料价值与学术意义,长沙市文物考古研究所宋少华先生指出:

> 走马楼简牍涉及东汉末至三国时期吴国的政治、经济、军事、文化的各个领域,从目前已整理的部分看,不仅其涉及的内容广泛,而且文书的格式、行文关系、用途都十分明确,这是今后进行系

---

① 葛兆光:《大胆想象终究还得小心求证——关于文史研究的学术规范》,《文汇报》2003年3月9日。
② 当然,新资料的范围也包括新发现的传世文献资料。如在中国久已失传的三种观世音应验故事集,即宋傅亮《光世音应验记》、宋张演《续光世音应验记》、齐陆杲《系观世音应验记》,其抄本留存在日本京都青莲院里。1990年,在中日双方学者的共同努力下,《观世音应验记》三种得以在中国出版。这是十分珍贵的六朝小说与佛教文献,对研究社会史、汉语史、民俗史等,具有重要价值。

统研究的良好基础。走马楼吴简更多地记录了吴国县、乡、里政权的日常活动,反映了普通百姓的日常生活及其与官府的关系,这与正史主要记录的事实形成了鲜明的对照,是研究孙吴基层社会的第一手材料。它使我们看到,其所记录的历史活动,比我们所知道的要复杂得多,也生动得多。如此众多的简牍资料,将大大扭转三国史资料极度匮乏的局面,拓宽三国史研究的视野,并对今后历史研究的诸多方面产生深远的影响,也为简牍学的发展注入更加旺盛的生机和活力。[①]

如所周知,传世文献中,研究三国孙吴的关键资料是西晋陈寿的《三国志·吴书》20卷约103 000字与南朝宋裴松之的注约65 000字。而新出的走马楼吴简,作为当时的原始记录,不仅详细、牢靠,其惊人的数量本身,就极大地扩展了孙吴史料的范围、研究的领域、探讨的层面。

由走马楼吴简之于孙吴研究一例,我们可以得出结论,研究六朝文化,能否养成关注、查找、利用、解说文物考古资料的习惯,是研究是否入流的又一个衡量标准。从根本上说,文物考古资料所反映的人类社会历史是至为广泛的,一切与人类社会历史有关的学问,都无疑可从文物考古资料中汲取养分,寻求证据。以历史学(利用文献记载进行研究的狭义历史学)为例,中国古代史的研究,尤其是隋唐以前历史的研究,不结合新出土的文物考古资料,难有重大的突破;百余年来,商史研究之得益于甲骨文资料,战国秦汉史研究之得益于简牍资料,魏晋南北朝隋唐史研究之得益于敦煌吐鲁番文书资料,都切实地说明了这一点。另一方面,从金石学、古器物学过渡到今日先进的考古学,也同样离不开历史学理论、方法与内容的进步。正是在互通与结合中,文物考古与

---

① 宋少华:《长沙三国吴简保护整理与研究的新进展》,收入《长沙三国吴简暨百年来简帛发现与研究国际学术研讨会论文集》,中华书局2005年版。

历史研究达致合则兼美的理想境界。反之,则是离则俱伤。① 如在笔者的周围,或有治六朝史者不知用六朝墓志补订传世文献之缺误,又或有从事文物考古的学者,不明文献资料,脱离历史背景,臆说南朝石辟邪、神道柱之与中外文化交流的关系,臆解出土六朝文物反映的思想观念、文化象征,臆断一些遗址的年代与性质。

有些文物考古资料真的是非常精彩。比如南朝墓中的砖拼壁画"竹林七贤和荣启期""羽人戏龙""羽人戏虎""骑马乐队""仪仗出行""飞天",它们所表现的内容当然与古代典籍有关联,但它们又绝不是典籍的翻版或"文字化",它们有典籍中不能描述的生动和充满意味的细节,将直接有助于六朝思想史、绘画史、社会史、宗教史、服饰史、工艺史、中外文化交流史等的研究。至于有些传统的难题,受限于传世文献的缺乏,研究无法推进,如六朝都城的形制、规模与布局,学者们依据唐许嵩《建康实录》、宋元方志以及相关正史中的零碎记载,致力于复原工作,但意见分歧,难以取得共识。而 2001 年以来,南京市博物馆考古人员配合城市建设进行的一系列抢救性考古发掘,发现了六朝时期的城、壕、路、桥、井等重要都城遗迹,这样,笼罩在六朝建康宫城位置、都城布局等关键问题上的千年迷雾,有望最终散去。还有些考古发现,极大地推动了相关领域的研究进展,如由 1965 年南京象山王氏墓志的出土引发的王羲之书《兰亭序》的真(高二适为主将)伪(郭沫若为主将)之争,客观上拓宽加深了对中国书法史之研究资料、演变规律、复杂状况的认识。

了解与掌握六朝的文物考古资料,可由以下这些期刊与论著入手:《考古》《文物》《考古学报》《考古与文物》《东南文化》等期刊,《新中国的考古发现和研究》,《文物考古工作三十年》(1949—1979),《文物考古工作十年》(1979—1989),《江苏考古五十年》,《江苏省志·文物志》,赵万里《汉魏南北朝墓志集释》,赵超《汉魏南北朝墓志汇编》,罗新、叶炜《新

---

① 胡阿祥:《合则兼美 离则俱伤》,《东南文化》2002 年第 6 期。

出魏晋南北朝墓志疏证》,各种考古发掘专题报告,李蔚然《南京六朝墓葬的发现与研究》,罗宗真《六朝考古》《魏晋南北朝考古》《探索历史的真相——江苏地区考古、历史研究文集》,蒋赞初《长江中下游历史考古论文集》,罗宗真、王志高《六朝文物》,等等。

甲编 概述

一、回望魏晋南北朝：五条线索与七大特征[①]

魏晋南北朝，那是一段怎样的历史？是铁马秋风、壮阔的北方与杏花春雨、如梦的江南的对抗，是到处刀光剑影的战争、时常改朝换代的场景，那是血与火凝结成的一段乱世。

魏晋南北朝，那是一个怎样的时代？是民族兴衰、人口迁移、门阀政治、阶层歧视的社会，是百家争鸣、儒玄佛道、嗜酒服药、行为怪诞的士人，那是泪水与笑声搅拌成的一个异象。

乱世与异象，这是我眼里心中的魏晋南北朝。我常想，如果今天的人们穿越时空，回到秦汉，可能不太陌生，因为秦汉的中央集权、地方郡县、以法治国、独尊儒术，其立制精神在今天依然没变；今天的人们穿越时空，回到隋唐，可能也有熟悉的感觉，隋朝厉行改革、大唐盛世繁荣，而今天的盛世，也正在进行着深度的改革。然而，如果我们穿越到魏晋南北朝，那就真的会感觉非常地陌生，政治的乱世、社会的异象，我们会奇怪中国历史怎么会有这样出轨的时代?！有趣的是，乱世、异象、出轨的魏晋南北朝，却引发了古往今来人们的思考与追慕，所谓差异产生美，就是这个道理吧。如此，让我们回望魏晋南北朝。

[①] 原刊《历史教学》2020年第17期。2020年4月29日，应"陈红名师工作室"之邀，笔者为南京市部分中学历史老师作"回望魏晋南北朝：五条线索与七大特征"线上讲座。本文依据录音整理润色而成。

一

从传统历史纪年来说,魏晋南北朝起自 220 年曹丕代汉称帝,止于 589 年杨坚灭陈统一,合计 370 年的历史。在这 300 多年的时间里,在中国内地农耕社会的地域范围内,建立过许多大大小小的政权,如曹魏、蜀汉、孙吴,西晋,东晋,十六国,宋、齐、梁、陈,北魏、东魏、西魏、北齐、北周。这些政权,总称为三国两晋南北朝。若以曹魏代表三国,又称为魏晋南北朝。如果我们进一步细分,魏晋南北朝又包括了三个阶段、四个系统。三个阶段指分裂的三国、统一的西晋、分裂的东晋十六国南北朝,四个系统指分裂的三国、统一的西晋、南方的东晋南朝、北方的十六国北朝。另外,还有"南六朝"、"北六朝"的说法,即把建都建业、建康也就是今天南京的孙吴、东晋、宋、齐、梁、陈合称为"六朝",这是所谓的"南六朝";而同时在北方相继建都的曹魏、西晋、北魏、北齐、北周、隋也称"六朝",这就是"北六朝"了,"北六朝"的说法较多用在旧时的文学史上。其实,"北六朝"的说法是欠妥的,因为这些政权不仅国都不一致(北魏早中期都平城,北齐、北周分都邺、长安,其他都洛阳)、时间不连续(缺了十六国、东魏、西魏),而且性质也不同(曹魏、西晋、隋的皇族为汉人,北齐为鲜卑化的汉人,北魏、北周为鲜卑拓跋部、宇文部;又西晋、隋为统一时期,其他则分裂时期)。至于日本学者,又习惯把起自三国、止于隋统一以前的历史时期,即三世纪初至六世纪末前后三百余年的历史时期,泛称为"六朝",这样"六朝"就南北兼指,大体等同于魏晋南北朝了。

诸位,上面绕来绕去的称呼或者说概念,也许已经把大家绕糊涂了,其实这种感觉是对的,因为魏晋南北朝时期的最大特点,本来就是个"乱"字。其时风云变幻,朝代递嬗,史实极为复杂,真是让人目乱神迷。

那么,究竟怎样理解这个中国历史上让人目乱神迷的大乱世呢?

时间有限,我们集中讨论两个宏观问题:一是历史线索,二是时代特征。

二

关于魏晋南北朝的历史线索,联系上面所说的三个阶段、四个系统,我尝试着梳理了五条线索。

第一条线索是分裂的三国。理解这条线索的方法,应该是逆向追溯,即三国鼎立←军阀割据←州牧出镇←黄巾民变←原始道教。简而言之,为什么统一的东汉会变成鼎立的三国?这缘于东汉末年的军阀割据,曹操、刘备、孙权只是军阀割据、群雄争战最后的胜利者,而袁绍、袁术、吕布、刘表、刘璋、刘繇、马腾等人是失败者。军阀割据是怎么造成的?很大程度上缘于州牧出镇,即州的长官州牧上马管军、下马管民,拥有专制一方的权力。这一点非常重要,甚至重要到是我们理解魏晋南北朝长期分裂的关键,由此也可以看出制度的影响真是很大。就以我们谈论的魏晋南北朝时期来说,长期分裂、深度分裂的归根结底的原因,即在制度。沿着东汉末年州从监察区变成地方一级行政区的方向继续发展,西晋末年开始,又有了州级以上的都督制度。这些都督基本都兼着驻地的州刺史,而且控制着驻地以外的几个州甚至十几个州,他们辖地既广,职权又重,既掌握着军队,又主理着民政,手下既有将军幕府,又有行政属吏,可谓文武僚佐,纵横捭阖,其结果就是东晋十六国南北朝时期,那些专横跋扈的权臣、叛乱割据的军阀,乃至夺人天下的枭雄与英雄,大多是这类都督或者曾经是这类都督。然则这样的过程,就诚如《续汉书·百官志》梁朝刘昭注所言:

> 至孝灵在位,大建尊州之规,竟无一日之治。故焉牧益土,造帝服于岷、峨;袁绍取冀,下制书于燕、朔;刘表荆南,郊天祀地;魏祖据兖,遂构皇业。汉之殄灭,祸源乎此。及臻后代,任寄弥广,委之邦宰之命,授之斧钺之重,假之都督之威,开之征讨之略……牧

镇愈重,据地分争,竟覆天下。①

这样的史实,又充分说明了军阀干政对于国家动乱的影响,已经成为历史的惯性。中国古代的历史,好像有这样一个规律:凡是出现内轻外重,即中央或皇帝软弱、地方或权臣强悍的局面,接着必定是割据分裂或改朝换代。东汉末年的到处割据分裂、魏晋南北朝的频繁改朝换代是这样,唐朝的安史之乱、五代十国的改朝换代与分裂割据也是这样,到了近代,民国时期北洋军阀的混战还是这样。那么,东汉末年为什么会出现州牧出镇的情况呢?这缘于镇压黄巾民变的余部。公元184年二月,以张角、张宝、张梁三兄弟为首的数十万农民军,以黄巾缠头为标志,在七州二十八郡的广大地区同时造反,攻城夺地;再进一步,为什么黄巾民变的势力竟会如此浩大?这又缘于张家三兄弟共同创立的太平道。太平道以"致太平"为理想,以成本很低的符水治病为手段,这适应了下层民众的心理与身体需求。喝了符水,病好了,说明此人信道,病不得好,说明此人不信道。而在宗教迷狂的大氛围中,当然大部分人喝了符水会有效果,或者宣称有效果。通过这样的传教方式,太平道发展信徒,成立组织,设置三十六方,大方万余人,小方六七千人,所以能够一呼百应;而追寻太平道的教义,又与汉代的道家和黄老崇拜直接有关,若再往上追寻,就可以追到黄帝与老子了……开句玩笑,按照历史学研究的追溯法,三国鼎立的由来,竟然可以联系到黄帝与老子。当然,如果黄帝与老子泉下有知,一定会驳斥我的这种"胡"说。

第二条线索是统一的西晋。具体是这样的:司马篡魏→平汉灭吴→太康之治→惠帝愚弱→贾后干政→八王之乱→五胡乱华→南北分裂。这些环环相扣的过程的理解,又分别联系着阶级斗争、军事形势、统一气象、继承制度、宫廷政变、分封制度、民族观念、内乱外患等中国历史上的普遍情形。在这条线索中,有两个关键问题值得深入把握。

---

① [南朝宋]范晔:《后汉书》,中华书局点校本,中华书局1965年版,第3620页。

一是魏晋禅让模式,即司马懿、司马师与司马昭、司马炎祖孙三代四人的篡魏建晋模式,大体是由出现权臣、制造舆论、完善程序、善待逊帝四个环节构成的。后来的东晋禅让给刘宋,刘宋禅让给萧齐,萧齐禅让给萧梁,萧梁禅让给陈朝,又东魏禅让给北齐,西魏禅让给北周,北周禅让给隋朝,基本都是魏晋禅让模式的重演。我们讲魏晋南北朝的历史,不能不讲改朝换代,但改朝换代也没有必要细讲,因为无论是外力征服,还是内部禅让,其基本的路数或模式,都是差不多的,而魏晋禅让就是内部禅让模式的典型,这个典型又具有丰富的启发意义。什么启发意义?旧时的戏剧舞台上,有副最常用的对联,就是"天地大戏场,戏场小天地"。中国文化的特征之一就是做戏的文化。就以禅让式的改朝换代来说,没有哪个皇帝愿意让出祖宗的基业,也没有哪个权臣不是急吼吼地想夺人天下。但中国自古讲究君臣大义,讲究上下之别,于是发明了禅让这玩意儿,使被篡与篡位的双方,都变成了尧舜般的圣君,这真是做足了最高政治舞台上的假戏。这样的假戏,从新朝的王莽到宋朝的赵匡胤,密集上演,只是让人感慨的是,一般的戏都会越演越好,这禅让戏却越演越粗糙不堪。汉魏禅让,演了曹氏父子两代,魏晋禅让,演了司马祖孙四人,而到了南北朝期间的六七次禅让,都是权臣们迅速走完程序,及身就做了开国的皇帝。至于最极致的例子,就是后来赵匡胤篡夺后周,诸多的程序竟然在一天之内就演完了!至于中华民国的合法性,竟然离不开一张 1912 年 2 月 12 日的清帝退位制书,更是让人叹服传统惯性力量的无比强大了。再说第二个关键问题,即西晋王朝的样本意义。历时 52 年的西晋王朝,前期的 26 年是由分裂走向统一的盛世,后期的 26 年是由统一走向分裂的地狱,而由盛世堕入地狱,是因为内乱性质的"八王之乱",内乱的"八王之乱"又引发外患的"五胡乱华",于是北方进入五胡十六国时代,南方进入东晋时代。从历史教学的角度来说,这短暂的西晋王朝,的确具有解剖"麻雀"一般的丰富而且深刻的意义,比如开国皇帝司马炎为什么要恢复难免留下遗患的分封制?为什么要立白痴的司马衷为太子?丑陋残忍的贾南风为什么被选为太子妃？平庸无能的汝南王司马亮与缺乏威望的外戚杨骏为什么被选为辅政大臣？号称儒家信徒、宣扬重视礼教的司马诸王,为什么彼此杀戮,以致丧失了基本的人性？推而广之,怎样理解分封制的优劣利弊？皇位继承人是立长还是立贤？如何限制外戚与后宫的干政甚至专权？如何协调内朝与外朝、中央与地方的关系？甚至如何处理非汉民族问题,是赶出去以避免动乱,还是引进来以为我守边？诸如此类的问题以及它们之间的因果联系,使得这历时52年的西晋王朝,实在堪称我们全面把握、系统理解中国古代王朝政治兴衰成败的鲜活标本、难得典型。

第三条线索是北方系统的十六国北朝,即五胡兴衰→拓跋坐大→孝文汉化→北魏分裂→齐周代魏→周灭北齐→隋文篡周→天下归一。这条线索中的主干问题是胡汉关系。结合下面我要说的第四条线索即南方系统的东晋南朝,其实错综复杂的东晋十六国南北朝历史的主干问题,在十六国北朝系统为胡汉问题,在东晋南朝系统为侨旧问题。所谓"胡",是三国西晋时代不断内迁及十六国北朝时代先后入主中原的非汉民族,所谓"汉",即十六国北朝时代北方的汉族士民;又所谓"侨",主要指西晋永嘉乱后不断南迁的北方官民,所谓"旧",主要指三国西晋以来的南方土著。胡汉之间、侨旧之间既颇多矛盾,也有多种形式的合作。胡汉之间因为有矛盾,引起了各样的文化冲突以及北方人口的迁徙南方,侨旧之间因为有矛盾,促成了各样的政治变迁以及侨州郡县的广泛设置;胡汉之间、侨旧之间又有合作,从而十六国北朝得以立国于北方,东晋南朝得以立国于南方。以此,学习东晋十六国南北朝的历史,把握胡汉关系、侨旧关系,可谓关键中的关键,而具体到十六国北朝,关键中的关键就是胡汉关系,就是作为"客家"的统治民族"五胡"与作为"土著"的被统治民族汉人的关系,就是"五胡"的逐渐"汉化"与汉人的沾染"胡气",这是一个充满曲折的过程,也是我们理解淝水之战前秦为什么失败、北魏太武帝拓跋焘为什么族灭崔浩、北魏孝文帝拓跋宏(元宏)为什么迁都洛阳、北魏六镇为什么发生兵变、北周为什么灭亡北齐等等问题的关键。就以淝水之战为例,前秦惨败、国家崩溃的原因,陈寅恪先生指出:苻坚所以坚持发动战争,原因在于"当时中原衣冠多随东晋渡江,汉人正统似在南方……只有攻取东晋,推行汉化,方可统一胡汉";而淝水战败、导致前秦立即瓦解的关键,则在于"鲜卑、羌人无损失,损失的都是本部的氐人",在于前秦虽然在政治上统一了北方,其境内极为复杂的民族矛盾却远未解决。简而言之,前秦不能一举吞并东晋的原因,"主要在于内部民族与文化问题没有解决"。[①] 再以北魏孝文帝为例,孝文帝在位近 30 年,亲政 10 年,他最重要也最有争议的举措就是迁都和汉化。在中国历史上,像孝文帝这样,连固有的语言与姓氏都甘于主动放弃的改革,可谓空前绝后。即便与近代日本、土耳其等国家"脱亚入欧"的改革相比,也是有过之而无不及。所以,传统史学界对北魏孝文帝的评价从来就不低。就以我的亲身经历为例,大概是在 1996 年夏天,我向南京大学老校长、《中国思想家评传丛书》主编匡亚明先生汇报《拓跋宏评传》的审稿意见,匡老当时指示道:中国最伟大的思想家是孔子,外国最伟大的思想家是马克思;中国是多民族国家,汉族最伟大的思想家是孔子,少数民族最伟大的思想家是拓跋宏。我轻声地问匡老:您的意思是马克思、孔子、拓跋宏是人类历史上最伟大的三位思想家? 匡老点了点头。的确,孝文帝的汉化改革,是中国历史上非汉民族统治者最主动、最彻底的汉化改革,而且总体看来,孝文帝去世以后,他的改革措施再也没有逆转。孝文帝的汉化改革,有力证明了马克思在《不列颠在印度统治的未来结果》文中所揭示的那条历史规律:"野蛮的征服者总是被那些他们所征服的民族的较高文明所征服。"但是换些角度、转个立场来看,这个问题又显得非常令人迷惑。首先,就鲜卑民族而言,孝文帝无异于在文化传统与族群认同上对鲜卑族进行了自我消灭。当年那个鲜衣怒马的鲜卑族消失了,虽然它以别样的

---

① 万绳楠整理:《陈寅恪魏晋南北朝史讲演录》,黄山书社 1987 年版,第 229—234 页。

方式,融入了汉族的海洋,获得了永生。其次,英年早逝的孝文帝既没有完成他的改革大业,他的子孙也未能有力地推进他的未竟改革,于是遗留下来的最大遗憾,就是迁至洛阳的鲜卑贵族高度汉化了,而留守北方边镇的军事集团仍然保持着鲜卑旧俗。进而言之,汉化的洛阳文官集团的地位越来越高、感觉越来越好,而秉承着骑射传统的边镇军人,却在汉化的门阀制度实施之后,丧失了优越的地位与升迁的渠道,乃至沦为统治集团中的底层。这样,北魏统治集团就被生生地撕裂成了两半,而且相互之间的矛盾愈演愈烈,最终边镇军人成了埋葬北魏政权的掘墓人。换言之,虽然孝文帝的改革不仅是基于他对汉文化优越性的认识,更基于他对鲜卑族长远利益的关注,但就北魏本身的国祚而言,汉化改革无疑成了一道催命符。就在孝文帝驾崩24年后,六镇兵变爆发,北魏帝国很快轰然倒塌。这样的北魏孝文帝拓跋宏、也就是元宏,究竟是盖世英雄,还是千古罪人? 实在难以评说。

第四条线索是南方系统的东晋南朝,即元帝东渡→侨旧关系→门阀政治→皇权政治→五朝递嬗→江南开发→侯景之乱→南方崛起。说起元帝东渡、立国江南,王导是位关键人物,正是王导的协调侨旧关系,奠定了东晋南朝近三百年的基业,这就诚如陈寅恪先生之言:"王导之笼络江东士族,统一内部,结合南人北人两种实力,以抵抗外侮,民族因得以独立,文化因得以续延,不谓民族之功臣,似非平情之论也。"① 然而也是因为以王导、王敦为代表的琅邪王氏再造晋朝的丰功伟绩,决定了东晋一朝的门阀政治特征,这就是东晋开国伊始就形成的所谓"王与马,共天下"的政治格局,即王治天下,马有天下。司马氏有天下,世家大族治天下,这样的君臣共享天下,差不多延续了东晋百年。比如"王与马,共天下"以后,在此伏彼起、你衰我盛、各家都想分享皇权的变迁之中,以庾亮为代表的颍川庾氏、以桓温为代表的谯国桓氏、以谢安为

---

① 陈寅恪:《述东晋王导之功业》,收入陈寅恪著《金明馆丛稿初编》,上海古籍出版社1980年版,第68页。

代表的陈郡谢氏、以王恭为代表的太原王氏,就是你方唱罢我登场,与皇族河内司马氏并肩,演出了一幕又一幕的大戏与小戏、喜剧与悲剧,而总结归纳其基调,那是"庾与马,乱天下"、"桓与马,争天下"、"谢与马,安天下"、"王与马,弱天下",这也就是东晋一朝的门阀政治,以及这样的门阀政治既一以贯之又阶段演变的特征,这样的门阀政治,又可谓迥异于中国传统的"皇权政治",比如到了东晋末年,随着出身寒素、军功显著的彭城刘裕的崛起,"刘与马,禅天下"。公元420年,历时百余年的东晋王朝结束,以内部禅让为时代特征的南朝宋、齐、梁、陈开始,而王朝政治也重新回归到了"世族无功臣,寒门掌机要"的"皇权政治"的常态之中。又这样的"皇权政治"演变到了梁朝末年,随着北方南迁侨人势力因受侯景之乱与西魏攻陷江陵的两次致命打击而基本倒塌,以及周一良先生所指出的"陈霸先以吴兴人久镇南服,立功交广,故陈世吴人势力取侨人而代之,三吴以外之南方土著亦崭然露头角矣"[①]的世局新变,于是南朝的最后一个政权陈朝遂呈现出完全的"南方色彩",而从这个意义上说,诚如姚大中先生之言,"晋朝以来吴人复国梦想,至此阶段才真正实现。然而,意义却也已等于江南政权的回光返照,接续便被吞噬于北方的中国统一运动中"[②]。

第五条线索是南北交争与三方鼎峙,这里包括了北朝南征与南朝北伐、北方人口南迁与南迁人口北流等综合性的问题,而其中的一个核心,又是各个政权对于正统的争夺。对于立国者来说,是否拥有正统,不仅关系到政权的合法性问题,而且联系着民心向背与军事形势。以此,正统观念及其指导下的正统实践,又成为理解魏晋南北朝历史的一大关键。以言三国,就曹魏来说,曹操据有中原之地,而且"挟天子以征四方,动以朝廷为辞",在政治上占有不可动摇的优势;曹氏代汉称帝

[①] 周一良:《南朝境内之各种人及政府对待之政策》,收入周一良著《魏晋南北朝史论集》,中华书局1963年版,第53页。

[②] 姚大中:《南方的奋起》,华夏出版社2017年版,第96页。

后,更是志在统一天下。季汉政权虽然偏处一隅,然而刘备、刘禅以"帝室之胄"为依托,以兴复汉室为旗帜,以屡次北伐为姿态,自居为汉家正统,与曹氏势不两立。而相对于"蜀汉之义正,魏之势强"①,"割据江东"的孙吴灵活运用外交手段,既审时度势,接受了曹丕给予的吴王封号,并与曹魏时通使节,又打出"为汉家除残去秽"的旗号,与季汉缔结同盟,共讨"偷取天位"的曹氏,并因此弥补了其在政治上的劣势,甚至得忝汉统。再言东晋十六国南北朝,争夺正统可谓普遍现象。谁为正统,各个政权各有理由,各个政权彰显正统的方式也不一样。比如羯人石勒、氐人苻坚,都因拥有长安、洛阳两京,自居"中国皇帝",反指东晋为"司马家儿"、"吴人"。南北朝时期,南朝政权和东晋一样,自认正统所在,斥北朝为"索虏";北朝政权则以占据着传统的中原地区,遂以正统自居,反骂南朝为"岛夷"。在这种种的正统之争中,地理与文化是各自最重要的依据:五胡尤其是北魏政权之自居正统,多以占有正宗的中原地区为由;离开了这种中原地区的东晋南朝政权,则拥有皇位继承或禅让以及华夏文化方面的多重正统资格。

以上,我勾勒了魏晋南北朝历史的五条线索,这样的勾勒,当然是非常粗疏的,只是个意思吧,或许对于诸位有些参考价值。

三

历史线索的勾勒,重在眉目清晰、彼此关联,然则相对"具象"的历史事实的阐释,即知其然也知其所以然,又离不开对于相对"抽象"的时代特征的把握,因为从某种意义上说,毕竟还是时代特征决定了历史演变。如此,就让我们立足于与前面的秦汉、后面的隋唐进行一番宏观比较,看看魏晋南北朝时代都凸显出哪些特征。按照我的肤浅理解,这里

---

① [清]王夫之:《读通鉴论》,中华书局点校本,中华书局1975年版,第267页。

归纳了魏晋南北朝时代的七大特征,提出来与诸位老师分享。

其一,深层的分裂局面。魏晋南北朝时代,真正意义上的统一只有21年,即从280年司马氏灭吴,到301年"八王之乱"全面爆发。而即便是这21年,西晋也没有恢复东汉盛时的版图。西晋以前,有三国的鼎立;西晋以后直到隋朝统一,长江流域与黄河流域始终分属不同的政权,黄河流域更是始终存在着两个以上的政权,甚至同时有十多个政权存在。在政局或南北分裂或东西对峙或地区割据的长期影响下,各别地域的经济、文化、学术、政治,也逐渐"地域"色彩浓厚,"地域"独立趋势加强。地域意识的强化与地域传统的生成,也是一种"分裂",而且是深入骨髓的一种心理分裂。又即便在同一个政权的内部,也有着堪称常态的中央与地方的争衡、地方与地方的对抗,这也进一步加深了魏晋南北朝的大分裂局面。而既然说到了分裂,就有必要讨论一下魏晋南北朝时代的评价问题,这也是关涉魏晋南北朝历史的大问题。我的基本看法是,分裂不等于反动,偏安不等于无为。就以建都南京的东晋南朝来说,我们不能简单地、表面地仅仅把东晋南朝认作割据偏安的王朝,而对其采取轻视的态度。东晋南朝政权是割据的,但在割据中保存着、延续着先进的华夏文明;东晋南朝政治上是偏安的,但偏安维护了南方的稳定,为南方经济与文化的发展,提供了必要的甚至充分的条件。我们应当看到,在五胡十六国大乱时期,正是由于司马睿、王导君臣在南方重建晋朝,以及以后宋、齐、梁、陈较为平稳的递嬗,才使先进的华夏文明在南方得以保存与延续,才没有被相对落后、野蛮且具强大破坏力的胡兵毁于一旦。进一步说,保存、延续于南方的先进的华夏文明,也给十六国北朝的统治者逐渐接受这种文明提供了机会与条件。范文澜先生说:"在东晋南朝时期,长江流域开发出来了,使隋唐封建经济得到比两汉增加一倍的来源;文化事业发展起来了,使隋唐文化得到比两汉提高一层的凭借;东晋南朝对历史是有贡献的,不能因为政治上是偏安,轻视它们的贡献。"①这才是马克思主义的唯物史观。

其二,复杂的民族关系。这个时代,四周的边疆民族或者南下、北上,或者东进、西入,造成民族成分复杂,民族之间的自然融合与强制融合加速;民族战争不仅剧烈,而且残酷,统治民族的更替,也仿佛走马灯一样地来来往往。这个时代,北方地区的主角逐渐变成了入主的"五胡"与留居的汉族,在北方地区整体"胡化"的同时,又是颇多艰难曲折的胡人的逐渐"汉化";在南方,则特别表现为退守南方的北方汉族与南方汉族以及越、蛮、俚、僚等族的自然融合与强制融合,这也是一种"汉化"。如果我们再放大些视野,考虑到周边特别是蒙古高原、东北、西域的民族,那么,魏晋南北朝的历史实际是由北、中、南三大地域所构成的,北指鲜卑、羌胡、高句丽、柔然、高车、突厥等北方边疆民族,中指以曹魏、西晋、十六国北朝为主的中原地区,南就是六朝政权所在的南方地区,这三大地域之间以及三大地域内部的政治对抗、制度冲突、文化融汇、民族兴衰、社会转型等等,异常复杂。就以异常复杂的文化融汇来说,其实所谓敏感的"五胡乱华",如果我们反向思维,更是"华乱五胡"。因为,如果没有华夏西晋王朝的"八王之乱",怎么会有"五胡"的崛起机会与百年动乱?如果我们进一步反向思维,那么,这个"五胡"入主中原的时代,又更是"五胡"归心华夏的时代。这样的归心华夏,表现在表层的国号、中层的制度、深层的思想等各层面。以言表层的国号,"五胡"政权的国号用字,如成、凉、代分别得自此前中原王朝的政区名称,汉、赵、燕、魏、秦、夏则是直接取用前代中原王朝或华夏国家的国号,即都带有强烈的攀附华夏文化、彰显国家正统的色彩。以言中层的制度,从理论上说,非汉民族只要处在汉人的汪洋大海中,只要进入了汉族农耕区域,身份的变胡为汉,经济生活的变游牧狩猎为男耕女织,政治制度的实行中央集权专制统治,文化制度的遵从儒学孔教,就是一个或快或慢或主动或被动,但却不可逆转的过程。这本是"一方水土

---

① 范文澜:《中国通史》,第二册,人民出版社1978年版,第567—568页。

养一方人"也养一方制度,或者他方人必须适应新的水土、新的制度的浅显道理。具体到"五胡"政权,当然也不例外。以言深层的思想,思想是指导行动、决定实践的根本。"五胡"政权采用汉式国号、推行汉家制度,反映了胡族君主的"汉化"选择,但在那个分裂战乱、胡汉杂糅的时代,"汉化"毕竟不是令胡族君主们开心的事情。至于来自本民族内部皇亲国戚的反对、文臣武将的质疑以及广大部众的不理解,也是可以想见的情形。以此,胡族政权的"汉化",其实充满着艰难险阻,呈现出屡有反复的过程。而一旦强有力的胡族君主在汉人士大夫的影响与汉地大环境的作用下,真的从内心深处、从思想高度融入了汉人与汉地,那就脱胎换骨,成了文化意义上的华夏皇帝,这样的华夏皇帝,前秦的氐族苻坚应该算个典型。要之,正是经过伴随着血与火洗礼的"五胡归华夏",华夏民族的成员更加众多,文化更加灿烂,生命更加茁壮,这就是十六国北朝历史的主旋律。

其三,频繁的人口迁移。伴随着上面所说的民族大挪移,魏晋南北朝时代特别是东晋十六国南北朝时代,人口迁移的规模之大、范围之广、历时之久、影响之深,超过以前任何一个历史时期。就以规模之大来说,谭其骧师估计,从4世纪初期到5世纪中叶约160年间,南迁人口不少于90万,即北方平均每8人中有1人南迁,南方平均每6人中就有1人来自北方。[①]而据我的估计,则在这160年间,南迁人口及其后裔的数量大约达到了200万人。[②] 又在北方,就以北魏王朝的近150年来说,移民次数将近200次,移民总数累计达到500万人以上。[③] 我们知道,人是文化的创造者与承载者,如此规模的人口迁移,当然全面而深刻地改变了这个时代许多地区的文化面貌,比如今天的南京、镇江

---

① 谭其骧:《晋永嘉丧乱后之民族迁徙》,收入谭其骧著《长水集》,上册,人民出版社1987年版,第219—220页。
② 胡阿祥:《东晋南朝侨流人口的输出与输入——分别以今山西省域与今安徽省域为例》,《文史》2008年第1辑。
③ 操晓理:《北魏移民初论》,《首都师范大学学报》1998年第6期。

等地，正是在这样的背景下，告别了吴侬软语，逐渐转变为夹有吴语的北方话。再以地理学为例，大量北方人口南迁，从世代定居的相对干燥坦荡的小麦杂粮区，来到了低洼潮湿的南方稻作区，他们需要了解、认识新的南方地域的自然地理环境、人文地理环境与历史文化，这促成了各类地方志书与异物志、风土记等等的迅猛涌现。而在北方，一方面草原民族迁入，填充了汉族南迁留下的空间，另一方面，这些草原民族也面对着从"天苍苍，野茫茫"的自然环境和"风吹草低见牛羊"的游牧生活，到大河冲积平原与定居农业的深刻变异。综合南北的情况，我们甚至可以说，这个人口大迁移的时代，也是地理大发现、地理大交流的时代。在这样的时代，人们的地理思维空前活跃，比如在文学作品中，便充满了人们对陌生的自然环境与新鲜的地理景观的真挚感情，以及由这种感情激发出来的丰富多彩的描述。就以东晋南朝的江东地域为例，江东清流潋滟、山色空蒙、杂花生树、群莺乱飞的自然风光，极易孕育诗情画意的文学情操，文学素材对于北方迁来文人也是寓目即得。而最能体现这一点者，便是东晋刘宋时代兴起于江东地域特别是以剧郡会稽为中心的东土、由南迁北人及其后裔为主要创作队伍的山水文学，及其导致的"庄老告退，而山水方滋"的文风转变。

其四，特殊的社会结构。在中国悠久绵长的历史中，魏晋南北朝应该是最具贵族气质的时代了，以致梁启超曾经说："战国以后至今日，中间惟六朝时代，颇有贵族阶级。"[1]即魏晋南北朝是中国历史上唯一的贵族时代。什么是贵族？《新唐书·高俭传》里唐太宗说："太上有立德，其次有立功，其次有立言，其次有爵为公卿大夫，世世不绝。"[2]也就是在婚、宦、学三方面都有得一说的家族。婚，指的是小圈子通婚，以保证血统的高贵纯正；宦，指的是做官，起码连续三代五品；学，就是有专

---

[1] 梁启超：《中国专制政治进化史论》，收入《梁启超论中国法制史》，商务印书馆2012年版，第164页。

[2] ［北宋］欧阳修、宋祁：《新唐书》，中华书局点校本，中华书局1975年版，第3841页。

门的学术传承。又与此相联系,该时期的社会结构,也被区分为界限森严的高门、寒门、役门、吏门,各阶层之间的政治地位或社会地位的高下,如同霄壤之隔。而说到这里,就有了一个无法回避的问题,即如何评价这些贵族或曰世家大族。在"新中国"史学特别重视阶级分析法的过去那段时间,世家大族被认为是腐朽没落的。如据20世纪50年代进入南京大学中文系学习的周勋初先生回忆:"学习文学史而进入魏晋南北朝阶段,犹如进入黑暗时期一样。老师讲到左思《咏史诗》中'世胄蹑高位,英俊沉下僚。地势使之然,由来非一朝'这几句时,总要对这种社会现象大加批判,同学听后也无不义愤填膺。王谢高门,最易遭到挞伐。高等院校中每次搞大批判,常把谢灵运拉出来痛骂一顿,什么生活腐朽,作品形式主义严重等等,当时的古代文学论文中常见这种论调。"[①]然而按照这样的观点来理解魏晋南北朝的历史与文化,便觉格格不入了。在魏晋南北朝这个时代,总体而言,把持从中央到地方各级权力的是世家大族,拥有连片大地产的是世家大族,撑起这一时代文化大厦的也是世家大族。这是一个世家大族起决定性历史作用的时代,是世族政治、经济与文化相结合的时代,如果全盘否定世家大族的作用、地位、影响,还谈什么魏晋南北朝历史与文化呢?

其五,变动的典章制度。何谓变动的典章制度?品味一段我的桐城乡先贤严耕望先生的论述,我想诸位应该就有切近的感觉了:

> 汉为郡县两级制,郡以仰达君相,县以俯亲民事。而郡府尤为地方行政重心之所在,统地不广,而权力极重,故政令推行可彻底,谋叛中央则未能。此实为一良好制度。唐代前期典型制度亦州以仰达君相,县以俯亲民事。然曰"郡"曰"州",其名不同,唐代州长官之权力亦视汉代郡守为小弱,而州之上又有虚名统辖之都督,此

[①] 周勋初:《六朝江东士族的家学门风》"序",南京大学出版社2003年版,第1—2页。

其异耳。而尤要者,州府内部组织,上佐曰长史、司马,诸曹曰参军,与汉代郡府之置丞尉掾史者固异,与汉代州佐称从事者亦殊。而汉世州郡县之属吏由长官自辟用本地人,唐世州县僚佐则由朝廷除授,且大抵用外州县人。此亦殊异特甚。凡此不同之点甚多,皆由魏晋南北朝三百数十年间逐步自然演变有以致之,非有一人改汉型为唐型者。①

其实又不仅地方行政制度是这样,总括而言,中国制度史的研究表明,汉制与唐制有着巨大差别。比如汉制,中央是三公九卿,地方是郡县,地方"公务员"由长官选用本地人;唐制,中央是三省六部,地方是州县,地方"公务员"由朝廷除授,而且大抵回避本地人,这些差别都不是一朝一夕造成的,而是由魏晋南北朝历时近400年的"逐步自然演变有以致之"。推而论之,魏晋南北朝时代,制度上每多权宜之制,从中央官制到地方行政制度,往往处于一种过渡状态,缺乏凝固的制度,诸多制度因时、因地、因人、因族地发生着流变。也正因为这是制度上的过渡时代,所以各种制度显得尤为复杂。就以我多年致力探讨的六朝特殊政区制度来说,这些制度的成立即是六朝政权针对不同时期、不同地区、不同人群、不同民族以及不同统治形势及疆域状况而采取的随宜而明智的措施。比如,孙吴出于政治原因及虚张声势而有遥领与虚封,东晋南朝为了安置侨流人口而有侨州郡县,南朝宋、齐为豫州等地蛮族置有左郡左县,南朝齐为部分降附的俚族、僚族置有俚郡、僚郡,又南朝齐、梁为治理雍州蛮而有宁蛮府划领郡县。换言之,魏晋南北朝时代不仅典章制度多变,而且诸多典章制度呈现出"一国多制"的复杂面貌。

其六,多元的文化面貌。分裂动荡的魏晋南北朝时代,是人性觉醒的时代,是没有思想权威的时代,是多元文化生动活泼、兼容发展、自由

---

① 严耕望:《魏晋南北朝地方行政制度约论》,台湾《大陆杂志》第27卷第4期,1963年。

争辩的时代,是吸收与融合外来文化的时代。如此种种,又使得魏晋南北朝堪称是继春秋战国之后中国历史上第二次百家争鸣的时代。这个时代,儒玄佛道四家并立,而且相互影响,有的人儒玄双修,有的人调和儒佛。就儒家说,虽然不再有两汉的盛况与独尊地位,儒家的政治观念、道德说教、人生理想,依然是维系国家政教传统的核心准则,也是当时世族仍在传承的内在命脉;以玄学言,玄学是援道入儒,以老、庄、易三玄解经,是盛行于社会上层和知识界的流行思潮,玄学清谈成为时尚;以佛、道言,佛教在这一时期初步完成了中土化的过程,其间的代表人物是释道安、梁武帝,道教在这一时期则完成了官方化的过程,其间的代表人物是陶弘景、寇谦之。又这一时期文学地位在不断上扬,以垂训鉴戒为基本特征的史学也受到普遍重视。总之,在中国传统文化的积累与演变过程中,魏晋南北朝是文化面貌呈现多元性、开放性、兼容性、个性化、率真化的时期,是文化独具特色的时期。而面对如此丰富、又如此杰出的魏晋南北朝文化,我们该以怎样的方法与态度进行研讨呢?卞孝萱师提示道:"理解这个时代的文化,非打通中土与异域的界限不可,非贯连当代与前后的关系不可;研究这个时代的文化人,必须文史哲融汇贯通,举凡时代背景、学术氛围、家世门风、师承流派,以及有关研究对象的全部著作及资料,都应该全盘把握。当然,达到这个境界是不容易的;而惟有达到了这个境界,才能饶有发明,多有所获,其研究才能真正地胜任愉快。"[①]

其七,怪异的社会风气。有关这方面的情形,不妨举三个例子,以见一斑。西晋鲁褒有篇"名文"《钱神论》,讽刺世人把钱当神崇拜,文中说道:"钱之为体,有乾有坤。内则其方,外则其圆……亲爱如兄,字曰'孔方'。失之则贫弱,得之则富强……钱之所在,危可使安,死可使活;钱之所去,贵可使贱,生可使杀……子夏云:'死生有命,富贵在天',吾

---

① 卞孝萱:《开展六朝研究的几点思考》,《南京大学学报》2001年第2期。

以死生无命,富贵在钱";①东晋王恭有句"不打自招"的"名言":"名士不必须奇才,但使常得无事,痛饮酒,熟读《离骚》,便可称名士";②《梁书》有篇"厚颜无耻"的《鱼弘传》:"鱼弘,襄阳人。身长八尺,白皙美姿容。累从征讨,常为军锋,历南谯、盱眙、竟陵太守。常语人曰:'我为郡,所谓四尽:水中鱼鳖尽,山中獐鹿尽,田中米谷尽,村里民庶尽。丈夫在世,如轻尘栖弱草,白驹之过隙。人生欢乐富贵几时何!'于是恣意酣赏,侍妾百余人,不胜金翠,服玩车马,皆穷一时之绝。迁为平西湘东王司马、新兴永宁二郡太守,卒官。"③然则如果我们再延伸罗列一番,那么,这个时代的讲究品目、阶层歧视、豪奢大行其道、宗教迷狂、淫祀泛滥,以及流行房中术、同性恋、恋童癖等等,都可谓构成了这个时代堪称"怪异"的形象;至于当官者习惯标榜的无所事事或不务正业,改朝换代之际"孝"于家族胜过"忠"于朝廷的常规选择,越来越明显的尚文而轻武的价值判断,以及审美女性化如欣赏皮肤白皙、身材修长、举止儒雅、病弱消瘦的总体趋向,如此等等,则自有其可以解释的缘由。当然,这个时代也有卓立千古的陶渊明,晋宋之间的陶渊明,结庐在人境,而无车马喧,采菊东篱下,悠然见南山,不为五斗米折腰,自命为"五柳先生",他好读书,不求甚解,著《归去来兮辞》,写《桃花源记》,他的诗中篇篇有酒,这样的陶渊明,既堪称六朝名士最后一抹灿烂的晚霞,也彰显了魏晋南北朝时代还是有些区别于其他时代的、值得夸耀的社会风气。

　　以上立足于比较的角度,概括了魏晋南北朝的七大特征。需要强调的是,这当然不是绝对的说法。比如在经济上,南方六朝加速开发,这首先表现在长江下游,并向西(长江中游)、向南(岭南地区)推进,这在城市分布、交通路线、政区设置、民族融合诸多方面都有反映;又如在

---

① 〔清〕严可均校辑:《全上古三代秦汉三国六朝文》,影印本,中华书局1958年版,第2106—2107页。
② 〔南朝宋〕刘义庆著,徐震堮校笺:《世说新语校笺》,中华书局1984年版,第410页。
③ 〔唐〕姚思廉:《梁书》,中华书局点校本,中华书局1973年版,第422页。

生产关系上，十六国北朝显得尤为复杂，其突出表现之一，是当时有各种名目的依附者，见诸史籍的士、客、部曲、奴婢、佃户、隶户、杂户、牧子、隐户、宾客、义附、僧祇户、佛图户等等皆是。再者，以上还是总说魏晋南北朝的时代特征的，如果分开来说，那么，各别时期的各别政权、各别政权的各别地域，其实也有着多方面的差异与多方面的特征，这里就不展开了。

诸位，具备如此特征的魏晋南北朝时代，是不是引人思考、令人追慕？如果说，不熟读《唐诗三百首》就不算合格的中国人，那么，不理解魏晋南北朝时代，大概就不算合格的中国文人了吧！

四

围绕着魏晋南北朝的历史线索、时代特征，我作了虽然高度概括、篇幅仍然已经不小的梳理与归纳，而我眼里心中的魏晋南北朝是一段乱世、一个异象，也不知是否获得了诸位的认同？我想，讲完五条线索、七大特征以后，还有必要提提史籍，也就是历史文献。我们今天能够追问过去，主要有赖于中国举世无双、浩如烟海的历史文献。就以魏晋南北朝来说，所谓的"二十四史"中，十二部正史是讲魏晋南北朝的，即《三国志》《晋书》《宋书》《南齐书》《梁书》《陈书》《魏书》《北齐书》《周书》《隋书》《南史》《北史》，按照今天通行的中华书局点校本计算，一共六十六本，如果五天读一本——我在复旦大学读硕士生时，就是这样读的——大概需要一年时间。其实这是非常划得来的，想象一下，通读了十二部正史，那感觉是不是特别良好？甚至信心有可能爆棚？有了这样的感觉与信心，我们与聪明的或者对历史有兴趣的同学们交流，大概就会更加自如。当然，除了十二部正史外，关涉魏晋南北朝具体历史门类的典型文献，还有不少，比如文学方面的《文选》《玉台新咏》《诗品》《文心雕龙》，宗教方面的《抱朴子》《高僧传》《弘明集》《洛阳伽蓝记》，地理方面的《水经注》《华阳国志》，人物方面的《人物志》《世说新语》，家族方面的

《颜氏家训》,民俗方面的《荆楚岁时记》,等等。我在这里,特别推荐一下《世说新语》与《颜氏家训》,按照我的阅读感受,不读《世说新语》就算不上合格的中国文人,而不读《颜氏家训》则算不上合格的中国家长,此话怎么说呢?我期待着下次有机会再与诸位交流……

二、理解"正统":魏晋南北朝历史的密钥①

半个多甲子以来,从本硕博课堂到喜马拉雅FM,从中学师资培训到社会国学讲座,我说魏晋南北朝之历史线索、时代特征多矣,却也颇有线索越说越乱、特征越说越繁的感叹,乃至说出了一部《"胡"说六朝》(江苏人民出版社2019年)。至于最近的概略说法,则见诸《回望魏晋南北朝:五条线索与七大特征》(《历史教学》2020年第17期),大意是这样的:分裂的三国、统一的西晋、北方系统的十六国北朝、南方系统的东晋南朝、南北交争与三方鼎峙,是为五条线索;深层的分裂局面、复杂的民族关系、频繁的人口迁移、特殊的社会结构、变动的典章制度、多元的文化面貌、怪异的社会风气,是为七大特征;乱世、异象,是为两大关键词;不读《世说新语》算不上合格的中国文人,不读《颜氏家训》算不上合格的中国家长,是为对国人的两句忠告……

然则究竟如何理解这国史上将近400年的魏晋南北朝呢?英国历史学家柯林伍德(R. G. Collingwood)曾言:"一切历史都是思想史",即思想过程决定了行动过程;匡亚明也特别强调:"就认识论中思与行、理论(思想的高度概括)与实践的关系而言,确有相通之处。"以此,吾人唯有设身处地地进行"思想重演",才能获得对历史"了解之同情"(陈寅恪语)乃至"温情与敬意"(钱穆语);而具体到魏晋南北朝历史,自然也不例外:从某种意义上说,解读魏晋南北朝历史的密钥——包括历史的书写与书写的历史两方面,还是应归结于现代政治语境中的"合法性",

---

① 原刊《中华瑰宝》2021年10月号。

换言成中国传统语境,亦即"正统"的"思与行"、"理论与实践"吧。

何谓"正统"？欧阳修《正统论》："正者,所以正天下之不正也;统者,所以合天下之不一也……夫居天下之正,合天下于一,斯正统矣。"梁启超《论正统》："言正统者,以为天下不可一日无君也,于是乎有统。又以为天无二日,民无二王也,于是乎有正统。统之云者,殆谓天所立而民所宗也。正之云者,殆谓一为真,而余为伪也。"而以这样的"正统"标准来衡量,正统在统一时代是不成问题的,但在分裂时代就很麻烦,于是魏晋南北朝时代各别政权的争夺正统,遂成普遍现象。

先就华夏内部分裂的三国论,曹魏、蜀汉、孙吴的争夺正统各有理由,彰显正统的方式也不一样。曹操据有中原之地,而且"挟天子以征四方,动以朝廷为辞",曹氏代汉称帝以后,更是志在统一天下;蜀汉虽然偏处西南一隅,然而刘备、刘禅以"帝室之胄"为依托,以兴复汉室为旗帜,以屡次北伐为姿态,自居为汉家正统,与曹氏势不两立;又相对于"蜀汉之义正,魏之势强"(王夫之语),"割据江东"的孙吴既审时度势,接受了曹丕给予的吴王封号,并与曹魏时通使节,又打出"为汉家除残去秽"的旗号,与蜀汉缔结同盟,共讨"偷取天位"的曹氏,并因此弥补其在政治上的劣势,甚至得丞汉统。

再就胡汉民族对峙的东晋十六国南北朝论,争夺正统的理由、彰显正统的方式又不一样。如羯人石勒、氐人苻坚,都因拥有长安、洛阳两京,自居为"中国皇帝",贬称东晋为"司马家儿"、"吴人";南朝政权和东晋一样,自认正统所在,斥骂北朝为"索虏",北朝政权则以占据着传统的中原地区,遂以正统自居,蔑视南朝为"岛夷"。而在这种种的正统之争中,地理与文化可谓各自最重要的依据:五胡尤其是北魏政权之自居正统,多以占有正宗的中原地区为由;离开了这种中原地区的东晋南朝政权,则拥有皇位继承或禅让以及华夏文化方面的多重正统资格。

那么这诸多政权争夺与彰显正统的目的又何在呢？对于立国者来说,是否拥有正统,不仅关系到政权的合法性问题,而且联系着民心向背与军事形势。如淝水战前,苻融劝谏苻坚："国家本戎狄也,正朔会不

归人。江东虽微弱仅存,然中华正统,天意必不绝之";南宋李焘《六朝通鉴博议》也指出:

> 若夫东晋、宋、齐、梁、陈之君,虽居江南,中国也,五胡、元魏,虽处神州,夷狄也……王猛丁宁垂死之言,以江南正朔相承,劝苻坚不宜图晋;崔浩指南方为衣冠所在,历事两朝,常不愿南伐。苻坚违王猛之戒,故有淝水之奔;佛狸忽崔浩之谋,故有盱眙之辱。

由此可以看出,虽然当时南北分裂、各朝均自认为正统,但时人一般的观念是:尽管五胡入主中原,然而"自古以来未有戎狄作天子者";反之,东晋南朝"虽僻陋吴越,乃正朔所承",而这样的天心民意与观念认知,既使东晋南朝占有了文化正统优势,又部分弥补了其地理正统的缺憾与军事实力的劣势,从而保证了东晋南朝在南方有足够时间的"偏安",华夏文化在南方有足够时间的延续,这也给十六国北朝的胡族统治者逐渐接受华夏传统,进而获得文化正统提供了机会与条件。而其结果,便是南与北交融、胡与汉融铸而成的辉煌灿烂的隋唐文明。

进而言之,手握"正统"这把密钥,魏晋南北朝历史的不少细节既能放大其象征意义,诸多症结也可获得涣然冰释的解释。不妨例说四点如下:

其一,与文化正统有关的起源攀附,意在使其政权涂上一层"正统"色彩。如华夏刘备,自称"汉景帝子中山靖王胜之后",又刘备先有养子刘封,后有亲子刘禅,封+禅即"封禅",而"封禅"是"天子"才能主持的拜祭天地的仪式,这都表达了刘备继承前汉刘邦、后汉刘秀、开创季汉王朝的宏图大志。又如胡族刘渊,自认汉家外甥,并定国号为"汉",这显然是把他的汉定位为"绍修三祖(刘邦、刘秀、刘备)之业"的第四个汉朝;胡族刘勃勃(赫连勃勃)则自称"朕大禹之后",并定国号为"夏"。凡此一类,诚如吕思勉所指出的:"晋时五胡,率好依附中国,非徒慕容、拓跋称黄帝之后,宇文托于炎帝,苻秦自称出于有扈,羌姚谓出于有虞也;

即其部落旧名,亦喜附会音义,别生新解。"

其二,与正统传承有关的五德历运,意在明确其为历数所在的"正统"王朝。如后汉火德、曹魏土德、晋朝金德、宋朝水德、齐朝木德、梁朝火德、陈朝土德,这是清清楚楚的五德相生,这些王朝也就各具正统。然而本来不在华夏系统内的十六国北朝诸政权,选择五德历运,却往往是牵连甚广的纠结之事。如汉之刘渊承汉为火德,前赵刘曜、后赵石勒皆承晋为水德,前燕慕容儁先承晋为水德、慕容暐再承后赵为木德,前秦承后赵为木德,后秦承前秦为火德,北魏道武帝拓跋珪先承后汉为土德、孝文帝拓跋宏再承晋为水德,北齐、北周都承魏为木德,其实都有复杂的政治考量。例言之,后赵的水德否定了前赵的正统,北魏的水德否定了十六国乃至东晋南朝的正统,水德的东魏与西魏之间、木德的北齐与北周之间,又是相互否定对方的正统。

其三,与地理正统有关的政区建置,意在弥补未能统一的缺憾。如蜀汉、孙吴的遥领、虚封,目的在于"夺其土地,使士民之心,各知所归",即否定曹魏的正统;东晋南朝的侨州郡县,由《魏书·韩显宗传》所记韩显宗之言,"自南伪相承,窃有淮北,欲擅中华之称,且以招诱边民,故侨置中州郡县。自皇风南被,仍而不改。凡有重名,其数甚众。疑惑书记,错乱区宇,非所谓疆域物土,必也正名之谓也",则东晋南朝借助侨州郡县表达正统地位的政治意图、表明不弃失土的政治决心,以及北方政权对东晋南朝自恃正统、侨置州郡县的做法之极为反感,都可谓一目了然。甚至南北朝后期政区的滥置现象,也有正统的影响,盖州郡多,则显得土地广、国力强、户口众,所以南北朝双方都滥置州郡,借以虚张声势。

其四,与正统史观有关的历史书写,关系到吾人对史实的准确把握。正统史观是中国传统帝制时代的主要史观,历史书写基本都会受到其相应的影响,而分裂割据、胡汉杂糅的魏晋南北朝历史的书写,则表现得尤为充分。以言汉族政权,如西晋陈寿的《三国志》分立《魏书》《蜀书》《吴书》,并以曹魏为正统,于是刘备、刘禅的"汉"变成了"蜀",乃至造成了今天绝大多数的文史研究著作中，三国都写成了"魏蜀吴"这样的不规范表达。又如《宋书》以《索虏传》、《南齐书》以《魏虏传》记载北魏，唐朝官修的《晋书》在篇末设立低于本纪、高于列传的《载记》记载汉族前凉、西凉以外的十六国的历史，北宋司马光的《资治通鉴》以魏、晋、宋、齐、梁、陈系年。再言胡族政权，如北齐魏收的《魏书》开篇就是"昔黄帝有子二十五人"，这说明了鲜卑拓跋以华夏文化正统自居；《魏书》又以《僭晋传》记载东晋，以《岛夷传》记载宋、齐、梁，以《私署传》记载汉族前凉、西凉，这是通过否定其他"正统"来彰显自身"正统"；《魏书·地形志》还以东魏武定年间为准记载东部政区，以北魏永熙年间为准记载西部政区，这样有违常规的做法，显示了《魏书》以北魏、东魏、北齐的传承为正统，而视西魏、北周为篡逆的立场。至于魏晋南北朝历史文献中普遍存在的曲笔回护、弥缝忌讳、虚美增饰、略而不详等等情形，也或显或隐地有着正统立场在其中发挥作用。然则把握如此这般的"书写的历史"，实在关乎我们理解"历史的书写"，因为前者是书写者思想的表达，后者才是历史事实的本真。

  魏晋南北朝时代的"正统"，广泛作用于当时的历史进程，深刻影响着当时以及后世的历史书写，据上所述，已经略见一斑；而唯有切实把握这样的"正统"密钥，包括其思想与行动、理论与实践，吾人才能找出纷繁复杂、乱世异象、胡汉侨旧的魏晋南北朝历史的演变方向，也才能达致"知其然，知其所以然"的愉快境界……

三、理解与重视"老生常谈"的理论与学说[1]

2007年10月,中国魏晋南北朝史学会第九届年会在武汉大学召开,这届年会以20世纪魏晋南北朝史研究的回顾与展望为主题。日本学者中村圭尔在会上指出:从70年代中期至今,"在日本魏晋南北朝史研究中,除开少部分之外,在研究中回避理论问题,致力于具体化、精密化的倾向日益增强,虽然在各自的领域也都取得了不少成果,但不能不说,在此基础之上探索构成魏晋南北朝总体历史形象的研究却十分薄弱"。[2] 同样的情形也表现在中国,如曹文柱、李传军的总结:"魏晋南北朝史的研究课题的日趋细化,已成为近年来一道很显眼的学术景观",而其带来的负面影响是,"选题的杂乱和琐碎,随意性较大,难以得出普遍性的结论","导致'研究者之间共同关注的问题少了'的后果",中青年学者"过早地埋头于琐细的局部问题之中,则很难成大器"。[3] 然则当此之际,温习并进一步理解与重视那些看似"老生常谈"的相关理论与学说,也就具有特别的意义了。

谭其骧师曾说:"做历史研究若拿工业生产做譬喻,那末资料就是

---

[1] 原刊《史学月刊》2011年第11期。

[2] 中村圭尔:《日本的魏晋南北朝史研究》,中国魏晋南北朝史学会、武汉大学中国三至九世纪研究所编:《魏晋南北朝史研究:回顾与探索——中国魏晋南北朝史学会第九届年会论文集》,湖北教育出版社2009年版,第1页。

[3] 曹文柱、李传军:《二十世纪魏晋南北朝史研究》,《历史研究》2002年第5期。

工业原料,理论就是生产工具。"①周一良先生也表达了同样的意思:"史料譬如一堆散乱在地上的大钱,必须用一根绳才能把它贯穿起来,这根绳就是马克思主义理论。"②理论与学说的价值由此可见。随举两例。例一,在《六朝概念辨析与六朝文化研究》文中,笔者总结魏晋南北朝的时代特征之一是"复杂的民族关系","北方地区的主角是入主的'五胡'与留居的汉族,在北方整体"胡化"的同时,是颇多曲折艰难的胡人的逐渐"汉化";在南方,则特别表现为退守南方的北方汉族与南方汉族以及越蛮俚僚的自然融合与强制融合,这也是一种'汉化'"。③ 而无论是研究十六国北朝的胡汉关系,还是探讨六朝的汉与越蛮俚僚的关系,马克思《不列颠在印度统治的未来结果》文中的精辟论断,即"相继征服过印度的阿拉伯人、土耳其人、鞑靼人和莫卧儿人,不久就被当地居民同化了。野蛮的征服者总是被那些他们所征服的民族的较高文明所征服,这是一条永恒的历史规律"④的理论,都具有无可怀疑的指导价值。例二,陈寅恪先生认为:"东汉以后学术文化,其重心不在政治中心之首都,而分散于各地之名都大邑。是以地方之大族盛门乃为学术文化之所寄托。中原经五胡之乱,而学术文化尚能保持不坠者,固由地方大族之力,而汉族之学术文化变为地方化及家门化矣。故论学术,只有家学之可言,而学术文化与大族盛门常不可分离也。"⑤陈先生有关魏晋南北朝学术文化特点的这种勾勒,影响颇为深远,时至今日,诸多研究魏晋南北朝学术文化的中青年学者,其研究课题、路径与方法,是

---

① 谭其骧:《对今后历史研究工作的四点意见》,《长水集续编》,人民出版社1994年版,第233页。
② 周一良:《怎样研究魏晋南北朝史》,《文史知识》编辑部编:《学史入门》,中华书局1988年版,第73页。
③ 胡阿祥:《东晋南朝侨州郡县与侨流人口研究》,江苏教育出版社2008年版,第509页。
④ 《马克思恩格斯全集》第9卷,人民出版社1961年版,第247页。
⑤ 陈寅恪:《崔浩与寇谦之》,《金明馆丛稿初编》,上海古籍出版社1980年版,第131页。

在陈先生的指引下进行的,典型者如王永平著《六朝江东世族之家学家风研究》(江苏古籍出版社 2003 年版)、《六朝家族》(南京出版社 2008 年版),即通过丰富、具体的事例,把陈先生的学说进一步落实了下来。

那么,关涉魏晋南北朝史研究的"理论"与"学说"都有哪些呢?这是一个很难说清的题目。按照我国现代学术史分期,衡以魏晋南北朝史研究的实际状况,20 世纪以前是以著史、考史、评史为基本路数的"旧史学";力图通过分析史料,寻找隐藏在历史表象背后的动因、联系和演进规律的所谓"新史学",萌动于 19—20 世纪之交,至于魏晋南北朝的新史学研究,在 20 世纪的头 30 年并不明显。① 如果一定要选出一个新史学范畴内的魏晋南北朝史研究的标志性年份,则 1931 年可以担之。正是在这一年,陈寅恪在清华大学开始讲授"魏晋南北朝史研究"专题课,"这段历史的研究,似乎也从此在史学界逐渐兴旺起来"②。所以如此,大概与陈先生的研究具备颇不同于"旧史学"的理论色彩、学说意味,从而给后来者留下了薪火相传、发扬光大的巨大空间有关。

如有关魏晋南北朝文化的探讨,陈寅恪先生发有诸多高论:"治魏晋南北朝思想史,而不究家世信仰问题,则其所言恐不免皮相","盖研究当时士大夫之言行出处者,必以详知其家世之姻族连系及宗教信仰二事为先决条件",因为"自汉代学校制度废弛,博士传授之风气止息以后,学术中心移于家族,而家族复限于地域,故魏、晋、南北朝之学术、宗教皆与家族、地域两点不可分离"。③ 又"所谓士族者,其初并不专用其先代之高官厚禄为其唯一之表征,而实以家学及礼法等标异于其他诸姓","士族之特点既在其门风之优美,不同于凡庶,而优美之门风实基于学业之因袭。故士族家世相传之学业乃与当时之政治社会有极重要

---

① 曹文柱、李传军:《二十世纪魏晋南北朝史研究》。
② 周一良:《纪念陈寅恪先生》,纪念陈寅恪教授国际学术讨论会秘书组编:《纪念陈寅恪教授国际学术讨论会文集》,中山大学出版社 1989 年版,第 21 页。
③ 陈寅恪:《陶渊明之思想与清谈之关系》,《金明馆丛稿初编》,第 200 页,第 204 页;《隋唐制度渊源略论稿》,中华书局 1963 年版,第 17 页。

三、理解与重视"老生常谈"的理论与学说　31

之影响"。① 以言十六国北朝,"汉族实远较胡人为众多,不独汉人之文化高于胡人,经济力量亦远胜于胡人,故胡人之欲统治中国,必不得不借助于此种汉人之大族,而汉人大族亦欲借统治之胡人以实现其家世传统之政治理想,而巩固其社会地位。此北朝数百年间胡族与汉族相互利用之关键";② 以言东晋南朝,其"政治史概括言之,乃北人中善战之武装寒族为君主领袖,而北人中不善战之文化高门,为公卿辅佐。相互利用,以成此江左数百年北人统治之世局也",至于南人,"东晋初年孙吴旧统治阶级略可分为二类,一为文化士族,如吴郡顾氏等是,一为武力强宗,如义兴周氏等是,前者易于笼络,后者则难驯服";③ 又"南朝疆域内北语吴语乃士庶阶级之表征,非南北籍贯之分别","东晋南朝官吏接士人则用北语,庶人则用吴语,是士人皆北语阶级,而庶人皆吴语阶级"。④ 诸如此类新颖的理论、学说、方法、观念,使人深思,予人启迪,于是,家族、地域、信仰、家学、门风、胡族、汉族、文化士族、武力强宗等等,成了魏晋南北朝文化研究中常见的"关键词",无论是赞成、继承、发挥,还是质疑、异议、反对,后来者都无法绕过陈寅恪的研究。

"应该说,魏晋南北朝史研究的日益繁荣、日益深化,是和陈寅恪先生的开拓性研究分不开的。"⑤ 而类似陈寅恪这样的一流大师,在魏晋南北朝史领域还有不少,不仅中国有,国外也有。可以认为,这是研究魏晋南北朝史的一大明显优势,即一流大师多而余意丰富。⑥ 一流大

---

① 陈寅恪:《唐代政治史述论稿》,上海古籍出版社1982年版,第71—72页。
② 陈寅恪:《崔浩与寇谦之》,《金明馆丛稿初编》,第126页。
③ 陈寅恪:《魏书司马睿传江东民族条释证及推论》《述东晋王导之功业》,《金明馆丛稿初编》,第95页,第57页。
④ 陈寅恪:《魏书司马睿传江东民族条释证及推论》,《金明馆丛稿初编》,第96页;《东晋南朝之吴语》,《金明馆丛稿二编》,上海古籍出版社1980年版,第269页。
⑤ 简修炜、高永清:《论陈寅恪的魏晋南北朝史研究》,《纪念陈寅恪教授国际学术讨论会文集》,第304页。
⑥ 相对于中国古代史的其他时段,研究魏晋南北朝史的另外两大明显优势是,文献资料数量适中而且比较容易掌握,研习者相对较少。

师者,开风气、创理论、立学说,却并不穷尽研究,于是,这就给后来者点了题、立了意、设了很高的起点、开了无限的法门,或者提供了重要而明显的商榷甚至反对的目标。① 理论与学说的价值在此。

依据上面的讨论,新史学范畴内的魏晋南北朝史研究的理论与学说,再就日本、韩国各举一例。

日本谷川道雄的"共同体"理论。按照谷川道雄著《中国中世社会与共同体》(1976年初版,1989年再版)中文版译者马彪的说明,谷川氏是日本史学界京都学派的传人,也是该学派继内藤湖南、宫崎市定之后的第三代领头人。谷川氏在探索中国中世(或称"中古",指魏晋隋唐时代)的过程中,创造了独具特色的"共同体"理论。所谓"共同体",即以人群划分的社会组织,包括"豪族共同体"、"村落共同体"、"地域共同体"、"民族共同体"、"国家共同体"等等。从共同体的人际关系原理说,"豪族共同体"是社会的基层共同体,豪族在共同体中"能获得领导的资格全取决于他们自身的德望",也就是说,作为共同体的凝聚力,虽然不排斥财力、武力、家族力,但起决定作用的只有道德力、伦理力;② 而民众是共同体伦理关系的存在基础,因为只有如此才能理解,为什么民众最能识别并敬仰高尚的人格,"以便以其作为自己道德生活的楷模",为什么存在着"超越自身爱以谋求人类共存的人格",为什么"被领导者有

---

① 在学术史上,往往一等学者天资所纵,领域广泛,然而精力所限,或于各别领域,点题立意而已。至于二等学者,文献资料则竭泽而渔,题中之意则务穷以尽,从而区别于开风气的大师,而为专家。无一等学者即大师,学术难以开拓;无二等学者即专家,学术难以坚实。

② 中村圭尔《日本的魏晋南北朝史研究》对"豪族共同体"的解释是:"简单地说,豪族共同体是指作为大土地所有者的豪族与小农之间超越了阶级的对立而重新结合起来的产物,其中的首长不是作为阶级的统治者,只是作为基于共同体原理的共同体领导人而存在,并成长为贵族。由此,'共同体论'与贵族制相结合,被看成体现魏晋南北朝作为中世性质的现象。"《魏晋南北朝史研究:回顾与探索——中国魏晋南北朝史学会第九届年会论文集》,第14页。

着自下而上判断领导资格的作用"等等中国社会特有的历史现象。①有趣的是,曾经为日本和欧美史学界熟知并广泛接受的这种"共同体"理论,起码在近十多年来的日本国内已经越来越相对化,"正史"等史料的批判研究则越来越丰富与深入,即表现出由理论回归史料、致力于精密化研究的趋向。而与此同时,在中国大陆,随着留日背景学者的数量越来越多、地位越来越高、影响越来越大,出自中国学者的魏晋南北朝研究论著中,超越阶级对立的"共同体"理论或学说的色彩却愈益明显。

韩国朴汉济的"侨旧体制"理论。先是,20世纪80年代以来,韩国汉城大学校(今首尔大学校)朴汉济教授在《中国中世胡汉体制研究》(1988)及其前后发表的系列论文中,构建了"胡汉体制"理论,即认为十六国北朝时期,北方大多由胡族建立政权,统治广大的胡汉诸族,胡族虽然继承了原汉族统治的方式和制度,但仍然保留了许多胡族的制度和习俗,胡汉两种文化在矛盾、碰撞的过程之中,最后相互融合,形成带有胡汉两种民族特征的新体制。及90年代中期,为了与"胡汉体制"配合,朴先生又提出了东晋南朝史的"侨旧体制"理论,即西晋永嘉之乱后,北方汉族大幅度南迁,前后持续了约百年之久,于是在东晋南朝统治地区,"侨民"与"旧人"之间在政治、军事、经济、文化等各方面由冲突到融合,最终形成新的"侨旧体制"。进之,十六国北朝史的前提是"胡汉体制论",东晋南朝史的前提是"侨旧体制论",两者统合起来就是"侨民体制"。直言之,魏晋南北朝历史是在脱离故乡的人即侨民的主导下发展与变迁的。② 对于这样的"侨旧体制论"以及相关的"胡汉体制论"、总结性的"侨民体制论",笔者由自身的研究经历出发,感觉非常的重要。如在《六朝文化研究刍议》文中,笔者围绕"复杂的民族关系"、

---

① 谷川道雄著、马彪译:《中国中世社会与共同体》,中华书局2002年版,"译者说明",第1—3页。
② 参考周伟洲:《"胡汉体制"与"侨旧体制"论——评朴汉济教授关于魏晋南北朝隋唐史研究的新体系》,《中国史研究》1997年第1期。

"频繁的人口迁移"的讨论,其意与朴氏相近;①又笔者以为:

> 东晋十六国南北朝的历史,虽然错综复杂,但其中也有主要线索可寻。此主要线索,在十六国北朝为胡汉问题,在东晋南朝为侨旧问题。所谓"胡",乃三国西晋时代不断内徙及十六国北朝时代先后入主中原的非汉民族,所谓"汉",即十六国北朝时代北方之汉族士民;又所谓"侨",主要指西晋永嘉乱后不断南徙的北方官民,所谓"旧",主要指南方土著。胡汉之间、侨旧之间既颇多矛盾,又有各种形式的合作。胡汉之间因有矛盾,引起了大量北方人口的侨流南方,侨旧之间因有矛盾,促成了东晋南朝侨州郡县的大量设置;胡汉之间、侨旧之间又有合作,从而十六国北朝得以立国于北方,东晋南朝得以立国于南方。以此,治东晋十六国南北朝史,理解侨流人口以及与之相关的侨州郡县,是为关键。②

换言之,"侨旧体制"理论可谓认识与理解魏晋南北朝时代具体的政治、民族、文化、制度、军事、经济以及其他各类社会问题的一把钥匙,一种有效的体系或方法。③

由以上所举中国陈寅恪、日本谷川道雄、韩国朴汉济三例,已经不难感受到理论与学说对于指导、引领、活跃学术研究的明显作用。退一步说,哪怕习惯于实证性研究的学者对这些理论与学说不予采信,也无法做到不予理睬,因为积累深厚的中国传统文史的研究,不是从头说起,而是接着前人的话往下说,前人都说过那些话? 这就要求我们必须了解研究状况,把握学术路径,梳理理论与学说从提出到丰富、从完善

---

① 胡阿祥:《六朝文化研究刍议》,《东南文化》2009 年第 1 期。
② 胡阿祥:《东晋南朝侨流人口的输出与输入——分别以今山西省域与今安徽省域为例》,《文史》2008 年第 1 辑。
③ 详参胡阿祥:《东晋十六国南北朝之人口迁徙及其影响述论》,"第 2 回日中学者中国古代史论坛"论文,日本东京,2010 年。

到式微、从一宗到分支的变迁脉络；否则，面对越来越显"海量"的论著，我们的研究将陷入失去方向、缺乏线索的混沌迷茫之境地。

归纳近百年来新史学范畴内与魏晋南北朝史的理解与研究直接或间接有关的比较宏观的理论与学说，除了上文所述外，值得提出的当然还有许多。传统者如陈寅恪的关陇集团说、隋唐制度渊源说、社会阶级意识高于地域意识说、胡汉之分在文化不在种族说，何兹全、尚钺、王仲荦、唐长孺等的"魏晋封建说"，陈寅恪、唐长孺等的唐制南朝化说；日本学者内藤湖南、冈崎文夫、宫川尚志、宇都宫清吉、宫崎市定、川胜义雄、谷川道雄、中村圭尔、川合安等为主的"贵族制时代"或"贵族制社会"说，①西嶋定生等的册封体制论，滨口重国、西嶋定生、崛敏一、尾形勇等的身份制说。新兴者如1989年问世的田余庆著《东晋门阀政治》（北京大学出版社），主张东晋一朝为门阀政治说；同年出版的谷川道雄编、作为日中国际共同研究成果的《地域社会在六朝政治文化上所起的作用》（玄文社），倡导魏晋南北朝的"地域社会"说，都正在给学界开辟新的局面。以"地域社会"为例，笔者总结的魏晋南北朝的几点时代特征，②就都可以联系"地域"进行讨论：以言"深层的分裂局面"，正是在政局或南北分裂或东西对峙或地区割据的长期影响下，各别地域的经济、文化、学术乃至心理，也逐渐"地域"色彩浓厚，"地域"独立趋势加强；地域意识的强化与地域传统的生成，其实也是一种"分裂"。③ 以言"复杂的民族关系"，魏晋南北朝历史实际是由北方边疆民族（重要者先后有鲜卑、羌胡、高句丽、柔然、高车、突厥等）、中原地区（曹魏、西晋、十六国北朝）、南方六朝三大地域所构成的；其间地域对抗、民族兴衰、社会转型、制度冲突等等，复杂异常。以言"特殊的社会结构"，如所周知，

---

① 矢野主税、越智重明等则反对内藤以来的中国中世贵族政治论。
② 详见胡阿祥等著：《魏晋南北朝史十五讲》，凤凰出版社2010年版，第1—3页。
③ 值得指出的还有，哪怕在同一政权的内部，也有着明显的地区军事割据倾向，如东晋南朝的地方州镇，北朝的镇戍，这既造成了中央与地方的争衡、内外的对抗，也进一步加深了魏晋南北朝大分裂局面下的地区割据与对抗倾向。

治魏晋南北朝史,家族是关键之一,而家族与地域不可分离,家族都基础于特定的地域之上。以言"变动的典章制度",魏晋南北朝时代诸多的制度因时、因地、因人、因族地发生着流变,于是讨论魏晋南北朝制度,也就不可缺少地域的观照。以言"频繁的人口迁移",若迁出地、迁入地、迁移路线及其对相应地区的影响,更是直接、具体的地域问题。如此,对"地域社会"的理解,也就成为魏晋南北朝史研究的基础与前提问题之一。

总之,无论是传统的理论,还是新兴的学说,对于其创立、成熟、体系、影响与反对观点,从事魏晋南北朝史研究的学者应该具有起码的了解,这将大有利于对诸多学术问题演变历程的追踪,大有利于对现代学术史的把握。当然,"当某种理论一旦被权威厘定并为大多数人所遵循,成为先验的规范、不言自明的信念的时候,就会使人们的思想很难摆脱预设的障碍,突围而出"[①],从这个意义上讲,以广泛而坚实的实证性研究为基础,而又勇于提出新的理论与学说,也就成了研究者高悬的奋斗目标了。

---

① 曹文柱、李传军:《二十世纪魏晋南北朝史研究》。

四、三国两晋南朝政区研究中的
文献资料问题[①]

（一）

2017年12月9日，《中国行政区划通史》修订版发布会暨学术研讨会在复旦大学召开。我在会上发言，吁请诸位莅会"大咖"与相关学界对这套《通史》抱持一种理解的同情，盖"事非经过不知难"，即以《三国两晋南朝卷》（与孔祥军、徐成合撰，复旦大学出版社，2014年初版，2017年修订版）而言，一方面是政区复原与沿革"横不缺面，纵不断线"的学术目标，另一方面是史料本身的缺憾，使得这样的学术目标的达成，成了"悬的过高"、"以理杀人"。而为了强调我们在处理史料过程中的艰辛，我举了一个似乎"不伦不类"的例子：

> 与《三国两晋南朝卷》的撰写大体同步，2005年到2012年，历时7年，我与姚乐博士合作主编了《江苏建置志》（江苏人民出版社2013年版）。三国两晋南朝政区的考证，已经备尝艰辛；现代政区哪怕资料整理，竟也常常遇见迷惑不解的问题。如江苏现行各级政区的面积数据，主要来自统计局系统的《江苏统计年鉴》、方志办

[①] 原题《利用乱・错・简・散的正史地理志，需要注意什么——三国两晋南朝政区研究中的文献资料问题》，《文汇学人》2018年4月13日。

系统的《江苏年鉴》、民政厅系统的《江苏省行政区划简册》。《江苏年鉴》中的相关数据较为零散,断面也多,本来不是主要的参考对象;另外两种资料所依据的,都是省统计局的官方统计报告,但是同年所出的这两种资料,竟会存在明显的数据差。如2001年的《区划简册》中,常州市的面积是4 402.86 km²,南通市8 555.69 km²,苏州市6 557.7 km²,但在同年的《统计年鉴》中,常州市4 375 km²,南通市8 001 km²,苏州市8 488 km²。我们几经咨询,相关部门都称自己的数据权威、准确。最终我们只好采用历年数据较能自洽的《统计年鉴》作为核心数据来源,但《统计年鉴》基本不录各地级市市辖区的面积,我们又只好从《区划简册》和《江苏年鉴》中取来这类数据,经核对后加以拼接与利用。

会后,侯甬坚又提示我,"寻找最好的政区数据,得去本省国土资源厅(局),或上他们的官网找找","就现状资料来说,国土资源厅(局)是权威的,因为这里是出数据的地方"。如此,仅以江苏(其他省区的情况应该也不例外)现行政区面积来说,就有了或难自洽的统计局、方志办、民政厅、国土资源厅四个系统的数据。

然则由今推古,由当今的盛世推魏晋南北朝的乱世,其"数据"的难以自洽状况,又可谓不证自明、不问可知。如当时之"史官"沈约在《宋书·州郡志·序》中有言:

> 地理参差,其详难举,实由名号骤易,境土屡分,或一郡一县,割成四五,四五之中,亟有离合,千回百改,巧历不算,寻校推求,未易精悉。

与上引这段义同而文更繁的叙述,又见于《宋书·志·序》中,乃至大才如沈约者,也发出了"版籍为之浑淆,职方所不能记"、"事难该辨"、"难或详书"的无奈。应该正是为了强调这样的无奈,显摆《宋书·州郡志》

"该辨"、"详书"的不易,沈约甚至有违作史书法,在《宋书·志·序》与《宋书·州郡志·序》中,不仅同义啰嗦,而且行文重复。

沈约以后的后世史家,但凡涉足魏晋南北朝政区者,也是顺着休文的语境,或顺流而下,或顺杆而上。如自我感觉极佳的清儒王鸣盛,在为同乡徐文范《东晋南北朝舆地表》作序时,既以"人欲考古,必先明地理,地理既明,于古形势情事皆如目睹……此其所以为通儒也"自勉,并且炫耀"予撰《十七史商榷》百卷,一切典故,无所不考,而其所尤尽心者,地理也",又说"汉末天下三分,陈寿不作表志,兹事已难研究。晋一统裁二十三年,当惠帝太安二年而僭伪并起……直至隋文帝开皇九年始合为一。自太安二年至此,凡二百八十七年,区宇分裂未有甚于此时者也,故地理为最难明",于是在《十七史商榷》卷五十七中专立"南北地理得其大概不必细求"条,明确指出两晋南北朝政区"纠缠舛错,不可爬梳,其势然也……(沈)约身居齐、梁犹如此,况去之又千余年乎",却仍以卷五十七整卷的篇幅,"细求"南朝地理,虽然没有求出什么,或者求出的都是人所共知者,至于人所不知者,求出的又往往是错的。

其实如王鸣盛这样的言行"矛盾"——言则强调很难,行则知难而进,借以彰显才识,在乾嘉诸儒的著述中可谓屡见不鲜。如洪亮吉既归纳了补三国地理的"十难",又努力完成了《补三国疆域志》;既"笑纳"了钱大昕感叹的补东晋地理的"四难",又"凡两阅岁而成"《东晋疆域志》。有趣的是,这样的虽难亦行,竟至成了相关著述之序言、绪论的常规路数。远如洪亮吉之子洪龆孙的《补梁疆域志》,李兆洛为之序云:"先生自序补三国疆域志,谓有十难……然以梁校之,为尤难也";近如王仲荦《北周地理志》(中华书局 1980 年版),"序言"中罗列了十点"补北周地理志遇到的困难",这还不包括"在写定本书过程中,遇到的困难还多,这里就不多谈了";再近如施和金的《北齐地理志》(中华书局 2008 年版),其"绪言"指出:王仲荦所说的"十大困难,都是切身的体会,也是经验之谈。这十大困难,编写《北齐地理志》时同样要一一遇到"。

那么,从乾嘉考据到近今朴学都在反复强调的"难",究竟难在哪里呢？质言之,并不难在魏晋南北朝政区本身的复杂,因为在诸多朴学考据大家那里,较之魏晋南北朝政区更加复杂的问题,都取得了堪称丰硕甚至优秀的研究实绩。而反观魏晋南北朝政区的研究,真正能够取信于人的成果,实在不多,即以收入《二十五史补编》的诸家补志补表言,笔者浸淫其中多年而得的感觉是,有关三国的三家,符合后来者居上的一般情形,即吴增仅的《三国郡县表》胜过谢钟英的《三国疆域表》,谢钟英的《三国疆域表》又胜过洪亮吉的《补三国疆域志》;有关东晋南朝的诸家,则质量由好到差可以做出这样的排列:臧励龢《补陈疆域志》、洪齮孙《补梁疆域志》、洪亮吉《东晋疆域志》、徐文范《东晋南北朝舆地表》。然而即便是排序最前的吴增仅《三国郡县表》、臧励龢《补陈疆域志》,孔祥军《汉唐地理志考校》(新世界出版社2012年版)曾列举吴《表》存在"郡县归属失考、郡县名称失考、误引文献、诸州郡县置废失考、侯国建置失考"五个方面的谬误,谭其骧师曾作《〈补陈疆域志〉校补》(《禹贡半月刊》第五卷第六期,1936年),"凡得可资校补者百余条",又归纳出"臧书休制有未尽善者……七端",金麟(施和金)再作《〈补陈疆域志〉订补》(《历史地理》第19辑,2003年),共订补47条。如此,排序最后的洪亮吉《补三国疆域志》、徐文范《东晋南北朝舆地表》之质量,又可想而知了。

在这里,笔者并不是要呵责古人,前贤们勤搜博采、钩沉稽遗、排比考证,所汇集的资料以及部分研究成果,当然具有较大的参考价值。而之所以古人前贤的补志补表仍然不能令人满意,根本的原因在于文献资料的制约。其实,无论是洪亮吉的"十难"、钱大昕的"四难",还是李兆洛的"尤难"、王仲荦的十点困难,说来说去,关键的难点、倍感无奈的困惑,还是文献资料的困难。笔者在《中国行政区划通史·三国两晋南朝卷》"绪言"的最后,同样检讨"尽管我们广事搜集、尽力考证传世文献资料,并辅以文物考古资料的补充与印证,但还是有不少的时代(比如梁朝、陈朝)与诸多的地区(尤其边疆地区、疆域频繁易手地区),政区的面貌及其变迁情况难以全面地或者准确地复原",原因同样无他,可资利用的文献资料的缺失、矛盾与散乱也。

(二)

三国两晋南朝政区研究中文献资料的缺失、矛盾与散乱，不妨先以内容最为丰富、总体评价也相对最高的《宋书·州郡志》(以下简称《宋志》)为例，予以说明。

《宋志》四卷，是沈约"以班固、马彪二志，太康、元康定户，王隐《地道》，晋世《起居》、《永初郡国》，何、徐《州郡》及地理杂书，互相考覆"而成的，沈约所做的主要工作，是"凡诸记注，悉加推讨，随条辨析，使悉该详"。就其工作底本看，多取何承天、徐爰两家《宋书·州郡志》。何承天《志》迄于元嘉二十年(443年)，徐爰《志》止于大明(457—464年)之末，沈约《宋志》也是"大较以孝武大明八年为正，其后分派，随事记列。内史、侯、相，则以昇明末为定焉"，如此可以推知，沈约《宋志》盖因徐《志》之旧，而补载宋末之事，又多记何《志》、徐《志》异同。而由于"考覆"班固的《汉书·地理志》、司马彪的《续汉书·郡国志》，《宋志》所述沿革颇多追至两汉；其"考覆"的晋、宋地志如《晋太康三年地志》、东晋王隐《晋书·地道志》、宋《永初郡国志》等，则分别为西晋、东晋与刘宋初年纪录；又"三国无志，事出帝纪，虽立郡时见，而置县不书"，沈约"以《续汉郡国》校《太康地志》，参伍异同，用相征验"。至于《宋志》中所引的"地理杂书"，则有《吴地志》《会稽记》《吴录》《广州记》等等。如此的众多史籍之"互相考覆"，保证了沈约《宋志》所述政区建置与沿革既较为系统、全面，州郡户口、水陆道里的记载也较为详备。

然而另一方面，据上所述成志过程，则从某种意义上说，《宋志》又是沈约依据各类资料编撰的一篇论文。沈约虽有文才、史识、为政经历，专门的地理沿革之学却非其所长，当时政区又非常混乱，所以《宋志》的编撰难度确实很大。而就笔者的研读体会，《宋志》存在着三个影响全局的最突出问题：

其一,断限不严。《宋志》最重要的志例之一,是州郡县的记载"大较以大明八年为正",其实断限并不严格。如所载的二十二州,有泰始六年(470年)所置的司州、越州,却无大明八年(464年)时存在的东扬州。又各州所领郡县,也多非大明八年制度。如徐州"今领郡三","今"指元徽元年(473年);南豫州刺史"今领郡十九",谓泰始(465—471年)末年南豫州、豫州计领十九郡;荆州刺史"今领郡十二","今"为泰始三年;湘州刺史"领郡十,县六十二",数之则六十六县,多出的四县,为元徽二年所立的湘阴,"宋末立"的抚宁、乐化左县,"宋末度"的建陵,所以湘州的郡县领属实以宋末为断;雍州刺史"今领郡十七,县六十",数之为郡十七,县六十八,其中晚于大明八年者,有泰始末所立的北河南郡(领县八),宋明帝末立的弘农郡(领县三),故雍州实以宋明帝泰始末年为断限。交州的标准年代也不是大明八年,如所领义昌郡"宋末立",而大明八年时属交州的合浦郡、宋寿郡,志中却属泰始七年始立的越州。据此,可以说《宋志》事实上并无某一特定的标准年代。

其二,为例不纯。如《宋志》在州郡下多记水陆道里,钱大昕《廿二史考异》卷二十三云:"休文志州郡,于诸州书去京都水陆若干,于诸郡则书去州水陆若干、去京都水陆若干,唯州所治郡,不云去京都水陆若干者,已见于州也。南徐州领郡十七,南东海为州所治,此外则南琅邪、晋陵、义兴皆有实土,故有水陆里数,南兰陵以下十三郡,有户口而无水陆里数者,侨寓无实土也。诸州皆仿此。"按钱氏此条颇具卓识,它为我们根据《宋志》所载水陆道里,判断州郡是否侨置、侨置是否改为实土,提供了重要的依据。但是细检志文,实土州郡有失书水陆道里者,又有侨郡已割为实土而水陆道里仍缺书者。由此造成的麻烦是,依据《宋志》有无水陆道里判断州郡县有无实土,又不可一概而论。

其三,彼此矛盾。最明显者如户口数字与郡县数目。《宋志》各州小序中所说的户口数,与该州各郡户口数之和,只有郢州是相合的,其他都不一样;《宋志》各州小序中所说的郡县数,以及各郡所说的县数,也与各州实列郡县数、各郡实列县数常有出入。为什么会造成这样的情况呢？其原因在于年代断限不严格及所据材料来源不一致两个方面。如据何德章《读〈宋书·州郡志〉札记二则》(《魏晋南北朝隋唐史资料》第十五辑，武汉大学出版社1997年版)的讨论，《宋志》各州所列户口总数反映的是大明八年的状况，而各郡户口数则是宋末的数字，具体是"宋末"的哪一年，又难以确定。这方面的情况再往下说，就更加复杂了。如《宋志》所载户口数，既有土著户口，也有侨流户口，侨流户口又包括经过土断的黄籍户口与未经土断的白籍户口，就其准确性来说，土著黄籍户口数胜过侨流黄籍户口数，侨流黄籍户口数又胜过侨流白籍户口数，如此，我们要做刘宋户口的文章，对于《宋志》这份珍贵的人口资料，就得进行分别处理，而分别处理的难度又极大。

当然，除了以上这三大问题外，《宋志》中属于沈约原本的各样问题还有许多，如记载疏漏、考辨讹误、叙次不清，若再加上传抄过程中出现的夺误讹衍，今天《宋书》通行本亦即中华书局点校本存在的各样错误，则引证《宋志》之前我们必须先做的考证工作，就势必耗费大量的时间与精力。而针对四卷《宋志》中的以上各类问题，笔者在拙著《六朝疆域与政区研究》(增订本，学苑出版社2005年版)中，专门安排了"《宋书·州郡志》献疑"作为附录，整理出178条札记；在《宋书州郡志汇释》(安徽教育出版社2006年版)的"代序"中，笔者更是说出了这样的狠话："《宋书·州郡志》本身的失误、流传过程中产生的失误、中华本校点中存在的失误，共同决定了《宋书·州郡志》成为不能拿来就用的重要文献"，"如果不甚明了这些问题，不但《宋书·州郡志》无可替代的史料价值难以充分发挥出来，而且严重者还会误读误用史料，或者根本就无法理解史料。"

（三）

然而，就是这样一部杂乱、缺憾、疑误丛集的《宋志》，钱大昕的评价却不算差，所谓"休文上考沿革，差有条理，而或失之繁"(《东晋南北朝舆地表·序》),杨守敬的评价更是褒扬有加,所谓"翔实精密,校之晋、隋二《志》,有上下床之别"(《刘宋州郡图·序》)。其实围绕《宋志》的类似正面评价,是有前提的,是以又差一等甚至几等的《晋书·地理志》《南齐书·州郡志》《隋书·地理志》(以下分别简称《晋志》《南齐志》《隋志》)为比较对象,"矮子里面拔高个"得出的认识。如果说《宋志》的主要缺憾在一个"乱"字,那么《晋志》之"错"、《南齐志》之"简"、《隋志》之"散",就是这三部志的主要缺憾所在了。

关于《晋志》之"错"。相对于《宋志》的"乱",《晋志》的"错"越发显得麻烦。《晋志》有两大类错误。一是志文往往与纪传不合,钱大昕曾称:"即一部《晋书》论之,纪传之文,无有与志相应者;以矛刺盾,当不待鸣鼓之攻矣。"(《十驾斋养新余录》卷中"晋书地理志之误"条)那为何错至如此呢?缘在《晋书》成于众手,参加编写者有二十多人,彼此之间既不相互关照,又缺乏统一的加工修订。这也是众手成书的官修史书的普遍问题,刘知几在《史通》中对此即多有批评。二是往往误刘宋制度以为东晋制度,最明显的例子是侨置州郡名称。《晋志》中东晋的南兖、南徐、南青、南豫等州,南东海、南琅琊、南东平、南沛、南清河、南下邳、南东莞、南平昌、南济阴、南濮阳等郡,其实都是刘宋时的名称,东晋时并无这个"南"字。而出现如此低级的失误,盖因编修《晋书》的唐初史臣多属文学之士,既不懂地理之学,又乱抄沈约的《宋志》一类前人史书。

关于《南齐志》之"简"。与《宋志》的繁冗相反,《南齐志》的主要缺憾在于太简。萧齐年祀虽短,政区却度属宏多,置立不少,《南齐志》对此略而不书处太多,如清人牛运震即指出:《南齐志》"第存郡县名目大概,疆域沿革,邑里物产,均阙如也,岂特户口不详而已"(《读史纠谬》卷七),又民国姚士鳌《历代地理志评议(续)》(《地学杂志》第12年第2期,1921年)也说:《南齐志》"记述之法,以州统郡,郡下仅具县名,鲜有注释,而沿革且尽缺略。既未言物产风俗,亦未言户口数目,盖一残缺之郡县名册表耳……又未举缺略之故以告人,其何以自解于后人耶?总而论之,惟视北齐、北周、陈书等,聊胜于无耳"。按姚氏责备之"未举缺略之故以告人"，应该是疏于检索。据南宋高似孙《史略》所引《子显进书表》："素不知户口，故州郡志辄不载。"看来《南齐志》的简略，主要还是材料不足的缘故，当然也与《南齐书》的叙事风格向称简洁有关。

关于《隋志》中有关梁、陈政区内容之"散"。按《隋书》十志本名《五代史志》，是修成后才编入先前成书的《隋书》的。这些志或按梁、陈、北齐、北周、隋的次序记述，面貌比较清楚；或以隋为主为纲，梁、陈、北齐、北周四代的面貌就不清楚。《隋志》属于不清楚的情形，如梁、陈政区仅以小字夹注，不仅谈不上系统、全面，而且失之简略、零散。然而问题在于，《隋志》中关于梁、陈政区的记载，又是最值得重视的、最为集中的第一手资料，如此，《隋志》中梁、陈政区记载之"散"，也就造成了梁、陈政区研究的极大麻烦。

那么，对于上述这些或乱或错、或简或散的正史地理志，我们在利用时需要注意些什么呢？从笔者的经验出发，这里提出四点：

其一，做足心理准备。文献资料的数量多寡、难易程度，自会影响到研究的路径、联系到研究者的素质。具体到三国两晋南朝政区的研究，从事者首先需要掂量掂量自己的素质、性情是否适合于处理这"乱"、"错"、"简"、"散"的文献资料。理乱，需要好记性、心平如水，纠错，需要好眼光、考证功夫，而充实简略的记载、梳理零散的资料，需要好的悟性、广事扩展，需要好的逻辑推理能力、不可急躁。

其二，明确成志次序。如研究两晋政区，《宋志》比《晋志》更加重要，更加是第一手资料。这不仅因为《晋志》断限在统一之初的太康初年，显得太早，而且因为《晋志》的不少内容，尤其是永嘉以后及东晋百余年的记载，部分来自《宋志》，柴德赓在《史籍举要·晋书》（北京出版社1982年版）中，就直言《晋志》"钞撮《宋书》而未精密"。何以如此呢？很简单，《晋书》的成书时间晚于《宋书》。古人编书修史，往往抄袭，所以明确典籍的史料来源或承袭关系非常重要。就关涉三国两晋南朝政区研究的几部正史地理志来说，其成志先后如下：《宋书·州郡志》《南齐书·州郡志》《魏书·地形志》《晋书·地理志》《隋书·地理志》。这里特别补充说明一下《魏书·地形志》(以下简称《魏志》)。《魏志》在州郡县的注文中,常会提及晋、宋、齐、梁的政区,而当《魏志》与《晋志》《宋志》《南齐志》《隋志》说法有异时,其取舍的原则,还是需要考虑到成志的时间先后。

其三,考证断限年代。正史地理志所记载的政区,理论上都是某个特定年代的情况,明确这一点,是正确利用正史地理志资料的前提。历史地理专业的学者都有这个意识,其他专业的学者就不一定了,于是往往闹出笑话。如周振鹤在《西汉政区地理》(人民出版社1987年版)"附篇"第二章中,批评清人刘文淇所著的《楚汉诸侯疆域志》直接套用两百年后的《汉书·地理志》所载郡县,划定汉元年各诸侯的封域,结果"谬误百出,几无一是,必须重加考订"。再如马王堆汉墓联系着西汉的长沙国,曾有几位考古专家径以《汉书·地理志》所载十三县认定长沙国的辖境,又在此基础上大事发挥,论述长沙国的政治状况、经济发展、文化面貌、科技水平。这便差之千里了。汉初马王堆汉墓时期的长沙国,比汉末《汉书·地理志》的长沙国大了两倍以上。然而问题在于,正史地理志的断限年代有时并不严格,有时则不清楚。不清楚者,如《南齐志》的断限,有建元年间(479—482年)、永明八年(490年)两说;《晋志》的断限,也有太康三年(282年)、太康四年两说。这就需要研究者下功夫去考证,起码要能自圆其说,否则正史地理志如何去用?

其四,致力课题发掘。魏晋南北朝时代虽然总志与方志众多,但后来基本都散失了,而后人辑佚出来的吉光片羽,并不足以解决涉及全域性的问题。于是相形之下,正史地理志作为各别政权之全域性的文献资料,对于做历史地理的复原、变迁、分布、差异四大"关键词"的研究,就具有了弥足珍贵而且无可替代的价值。这方面的范例,有依据《汉书·地理志》而成就的周振鹤的《西汉政区地理》、葛剑雄的《西汉人口地理》、卢云的《汉晋文化地理》,以至笔者常开玩笑,称一部《汉书·地理志》养出了三篇优异的博士论文。具体到三国两晋南朝的正史地理志,举凡政区、人口、道里、职官等,也都可以尝试进行全域的或分区的复原、变迁、分布、差异研究。如结合《续汉书·郡国志》的道里记载,可以做《宋志》的水陆道里及相关的交通地理研究;结合相关的正史《百官志》的记载,可以讨论《宋志》刺史、太守、内史、令、长、相的分布与变迁,以及相关的封国制度;依据《宋志》的两晋内容,可以考辨补正《晋志》;比较《晋志》《宋志》《南齐志》《魏志》《隋志》中各类特殊政区的记载,诸如出现与消失的时间,分布地域的盈缩演变,改制的情形,可以证明政府管理、行政制度、民族状况、户口分布、人口迁移、交通形势、地区开发、军事地位等方面的史实;当然,就正史地理志这类文献资料本身论,梳理其体例、类目、内容方面的继承、创新或舍弃的情形,也是富有魅力的、相当独特的研究领域。

(四)

历史研究离不开文献资料。有关三国两晋南朝政区研究的相对原始的文献资料,似可分为传世文献与考古文献,传世文献又可以分为习见文献与扩展文献。集中记载三国两晋南朝政区的传世习见文献,即几部正史地理志,如上所述,既相当混乱、错讹、简略、零散,则其对于系统的政区考证尤其是全面的政区复原而言,实在是不敷使用的。如此,我们就必须充分关注传世扩展文献与考古出土文献。

先说传世扩展文献。魏晋南北朝文献学有个明显的特点,就是作注之风盛行,或进行文字训诂,或大量拾遗补缺。在这些注里,或保存了许多今已失传的古籍,或反映了作注者当时的情况。其中,多种注颇有助于三国两晋南朝政区的研究,而有些注是为研究者所忽视的,这里姑且称为"传世扩展文献"。举例来说,为人熟知的北魏郦道元的《水经注》,注的是三国的《水经》,《水经》的现势地名与政区当然是三国的,而《水经注》的现势地名与政区则是南北朝后期的。类似者有高诱注《战国策》《淮南子》所见汉末魏初的地名与政区,杜预《春秋经传集解》《春秋释例》所见魏末晋初的地名与政区,郭璞注《山海经》所见东晋的地名与政区,等等。在这方面,孔祥军的《杜预〈春秋经传集解〉所存晋太康元年地志辑考》(收入所著《汉唐地理志考校》)为我们提供了很好的一份资料,这样的文章,既反映了作者研究视野的开广,也极有功于学界的参用,实在是值得一篇一篇地去做。

再说考古出土文献。关涉三国两晋南朝政区研究的考古出土文献不少,如已经公布的50多方东晋南朝墓志,见诸报道的40多方六朝买地券,长沙走马楼发现的多达十几万枚的三国吴简,湖南郴州苏仙桥出土的约千枚西晋木简。这些出土文献,包含着大量的地名、政区、基层组织名称,其零零碎碎、枝枝节节的证史、补史、纠史作用,纸短话长,这里无法细说,读者诸君如有兴趣,可以检索朱智武、孔祥军、姚乐、陆帅、小尾孝夫、徐成等几位年轻学人的论著。而如果我们善用出土文献,有时还会有意想不到的收获。如日本学者中村圭尔依据南朝几方墓志的出土地点与具体内容,推断南朝著名的实土侨县琅琊郡临沂县的范围,为西、南靠近建康城,北至长江,东以栖霞山附近为界。又如东晋太宁元年(323年)谢鲲墓志说"假葬建康县石子罡……旧墓在荥阳",及东晋义熙三年(407年)谢球墓志已说"安厝丹杨郡秣陵县赖乡石泉里牛头山",刘宋永初二年(421年)谢珫墓志也说"安厝丹杨郡江宁县赖乡石泉里中",张学锋考证指出,这些墓志中的"假葬"指临时葬地,"安厝"为最终埋葬之意。而由此推演,可知东晋初年仍然保留着北归故里之期盼的陈郡谢氏,到了晋末宋初,已经接受了安处南方的事实。这是一件非常重要的史事。作为北方南迁大族,陈郡谢氏本来特别在乎郡望、故土意识强烈,而经过百年左右,还是不可避免地成了南方的一员。那么,南迁的中下层士族与一般百姓,无论是否经过土断,只要历年长久,就会不以个人意志与家族意志为转移地由北方人成为南方人,这也就是《宋书·武帝纪》所载东晋义熙年间刘裕请土断表所说的:"所谓父母之邦以为桑梓者,诚以生焉终焉,敬爱所托耳。今所居累世,坟垄成行,敬恭之诚,岂不与事而至?"

围绕三国两晋南朝政区研究的文献资料,当然还有诸多其他的正史纪、传、志,类书、政书、会要、编年、辑佚,"全文"、"全诗",以及当时与后来的各家专门典籍,只是相对而言,应该达不到"传世习见文献"的级别,算不上基础与典型的文献资料,这里就略去不说了,唯在这篇"笔谈"的最后,笔者还想特别强调一下的是:无论旧史学、新史学乃至"新新史学",只要还是"史学",就无法离开经过考校的准确的文献资料,毕竟文献资料的考校是施惠广泛的功德无量之举,毕竟偶得千年未发之覆是研究者颇可得意之事……

乙编 考据

一、陈寿《三国志》之《蜀书》名义问题[①]

西晋陈寿撰《三国志》，分立《魏书》《蜀书》《吴书》，以述曹魏、刘汉、孙吴历史，并以曹魏为正统。陈寿的这种处理方法是可以理解的，因为司马氏代魏而起，走的不是征伐的路线，而是禅让的形式，如果不以曹魏为正统，无疑等于否定了司马氏晋朝的合法性，作为由刘汉入司马晋的臣子陈寿岂敢如此？连带着，不以《三国志·汉书》述国号为"汉"的刘备、刘禅政权，而改以带有地域色彩的"蜀"[②]，既缘于在当时各方争为正统的背景下，曹魏、司马晋政权即称刘汉政权为"蜀"，又缘于此前已有刘邦的汉（前汉或称西汉）与刘秀的汉（后汉或称东汉），再立《汉书》，容易导致名实的混淆。但是必须指出的是：如果尊重历史的本来事实，尊重名从主人的原则，则述刘备、刘禅政权，自应称"汉"。

221年，即曹丕篡汉建魏、自立为帝的次年四月，219年取得汉中、已称汉中王的"汉景帝子中山靖王胜之后"[③]刘备称帝，建都成都，仍国号汉。按刘备是否真的是汉景帝刘启之子中山靖王刘胜的后代，其实不能肯定，对此，注《三国志》的南朝宋裴松之的一段话颇是意味深长："臣松之以为先主虽云出自孝景，而世数悠远，昭穆难明，既绍汉祚，不知以何帝为元祖以立亲庙。"[④]然而无论怎样，刘备正是凭借着"帝室之

[①] 选自《蜀汉史读书随笔二则》，《南京晓庄学院学报》2009年第1期。
[②] "蜀"为古族名与国号，分布在今四川中部偏西。公元前316年并于秦，秦于其地置蜀郡。
[③] 《三国志·蜀书·先主传》，中华书局1982年版。
[④] 《三国志·蜀书·先主传》裴松之注。

胄"①的身份,用兴复汉室为旗帜,逐渐形成其三分天下有其一的势力,并与曹操对抗、与孙权联合的。当时,曹操"托名汉相,挟天子以征四方,动以朝廷为辞"②,孙权"据有江东,已历三世,国险而民附,贤能为之用"③;而刘备虽偏处一隅,地狭民少,其自居为汉家正统,却也具有一定的政治优势。在这样的背景下,当曹丕公然代汉称帝、废汉帝刘协为山阳公后,刘备之继承汉统、正位汉帝、再建汉国号,就属势所必然。而且刘备做得也相当到位:先是,"或传闻汉帝见害,先主乃发丧制服,追谥曰孝愍皇帝"④,接着,"在所并言众瑞,日月相属"⑤,文武又极力劝进。如此这番之后,汉中王刘备才变身为汉帝刘备。

据上分析,刘备仍用汉国号的原因,在于显示政权的正统性,表明其是汉朝的延续。而刘备政权的自视"正统"⑥,直接的相关证据也甚多,如许靖、诸葛亮等上书劝刘备称帝云:

> 前关羽围樊、襄阳,襄阳男子张嘉、王休献玉玺,玺潜汉水,伏于渊泉,晖景烛耀,灵光彻天。夫汉者,高祖本所起定天下之国号也,大王袭先帝轨迹,亦兴于汉中也。今天子玉玺神光先见,玺出襄阳,汉水之末,明大王承其下流,授与大王以天子之位。瑞命符应,非人力所致……宜即帝位,以纂二祖,绍嗣昭穆,天下幸甚。⑦

---

① 《三国志·蜀书·诸葛亮传》。
② 《三国志·吴书·周瑜传》。
③ 《三国志·蜀书·诸葛亮传》。
④ 《三国志·蜀书·先主传》。据《后汉书·孝献帝纪》,魏青龙二年(234年)刘协死,谥孝献皇帝。
⑤ 《三国志·蜀书·先主传》。
⑥ 关于中国古代政治学说中的"正统",记载盈篇,此不细说。约言之,正统概念,在血缘承嗣方面是与"庶支"相对而言的,其基本含义为"嫡出";在分裂割据或王朝兴替的历史环节上,是与"僭伪"、"偏安"相对而言的,其基本含义为"唯一的合法政权"。"正统"的政权,至少在名义上取得了可以号令天下的资格。
⑦ 《三国志·蜀书·先主传》。

刘备既即帝位,又为文曰:

> 汉有天下,历数无疆。曩者王莽篡盗,光武皇帝震怒致诛,社稷复存。今曹操阻兵安忍,戮杀主后,滔天泯夏,罔顾天显。操子丕,载其凶逆,窃居神器……社稷堕废,备宜修之,嗣武二祖……惟神飨祚于汉家,永绥四海。①

上引史料中,玉玺潜于汉水而出襄阳,刘备之为汉中王,都与汉家高祖、刘备先帝刘邦相呼应,②而刘备也就成了继"二祖"刘邦、刘秀之后再造汉朝的"三祖"了;甚至刘备立国而建元"章武",也寓有彰显光武帝刘秀"建武"年号的意思。

以上所述,在后世也是颇多认同。如明朝谢陛撰述《季汉书》,清人王复礼作有《季汉五志》,都尊刘备的汉(季汉)为正统,直接上承刘邦的前汉与刘秀的后汉;又南宋萧常、元朝郝经的《续后汉书》,以东汉班固的《(前)汉书》与南朝范晔的《后汉书》为接续对象,即同样是以刘备、刘禅为正统,立为帝纪、本纪,而黜孙吴、曹魏为载记、列传。如果刘备身后有知,面对这样的认可,也当含笑九泉了。

然而时至今日,好哭的汉帝大耳刘备、"鞠躬尽力,死而后已"的汉相诸葛亮、忠义象征的汉将关羽等汉家君臣,大概又要长哭于九泉之下了!比如前些年中央电视台拍摄的电视连续剧《三国演义》,片头就自始至终"蜀"旗飘扬;而现今表述、研究三国历史,对于刘备、刘禅政权,习惯称为"蜀汉",甚至就称"蜀"。

把刘备、刘禅的"汉"称为"蜀",当然有着历史的渊源与特殊的考虑,其中影响最大者,便是上述陈寿所撰的《三国志》之立《蜀书》,而《三国志》又是研究三国历史最为重要的正史。然而即便是在陈寿的《三国

---

① 《三国志·蜀书·先主传》。
② 详胡阿祥《刘邦汉国号考原》,载《史学月刊》2001年第6期。

志》中,也有称"汉"而未强改为"蜀"者,如《三国志·吴书·吴主传》所载正式公文刘禅与孙权盟约云:

> 九州幅裂,普天无统,民神痛怨,靡所戾止。及操子丕,桀逆遗丑,荐作奸回,偷取天位,而叡么麽,寻丕凶迹,阻兵盗土,未伏厥诛……今日灭叡,禽其徒党,非汉与吴,将复谁任?夫讨恶翦暴,必声其罪,宜先分裂,夺其土地,使士民之心,各知所归……汉之于吴,虽信由中,然分土裂境,宜有盟约……自今日汉、吴既盟之后,戮力一心,共讨魏贼,救危恤患,分灾共庆,好恶齐之,无或携贰。若有害汉,则吴伐之;若有害吴,则汉伐之。各守分土,无相侵犯。传之后叶,克终若始。

很明显,造立盟约的 229 年,刘禅、孙权、曹叡国号分别为汉、吴、魏。又《三国志·蜀书·杨戏传》记注延熙四年(241 年)杨戏所著的《季汉辅臣传》,陈寿也未改为《蜀辅臣传》,盖"季汉"者,正是刘备、刘禅政权在当时的政治旗号与政权定位。当时,曹操"托名汉相,挟天子以征四方,动以朝廷为辞"①,孙权"据有江东,已历三世,国险而民附,贤能为之用"②,只有刘备偏处一隅,地狭民少,然而其自居为汉家正统,却也因此拥有了相当的政治优势。

要之,我们今天叙述刘备、刘禅政权,不应还如特殊政治背景下陈寿的作史书法之称"蜀"不称"汉",而应据史实书地称"汉",或者沿用旧称地称"季汉",底线是约定俗成地称"蜀汉";独有长久以来称刘备、刘禅政权的"蜀",属于他称,最为不妥,理应废之,否则不仅对不起刘备、诸葛亮、关羽等一班汉家君臣,而且有碍于当时历史的理解。因为,刘备、刘禅父子以及诸葛父子、关羽父子等最大的政治资本,便是作为正

---

① 《三国志·吴书·周瑜传》。
② 《三国志·蜀书·诸葛亮传》。

统象征的"汉"国号。

那么,陈寿为何以《蜀书》的名义写"汉史"呢?这是一个远自东晋、下及现代之探讨众多、争论纷繁的问题。或以为陈寿属于巴蜀土著集团,①而巴蜀土著集团与刘备侨寓集团存在矛盾,而且陈寿之父曾被诸葛亮所髡、陈寿自身又曾为诸葛亮所轻,故此《三国志》贬抑刘备、刘禅之汉,称"蜀"与此有关;或以为陈寿毕竟有故国之思,虽然明处称"蜀",暗里却仍尊"汉"甚至帝"汉";又或以为这是并无多大意义的争论,因为陈寿是继承曹魏的西晋朝臣,按照封建史家照例的做法,陈寿修《三国志》必须以魏为正统。② 然则本则随笔之意,并不在于继续纠缠这个聚讼千载的问题,只是提醒一下基本的事实:刘备、刘禅国号为"汉"。此"汉"不仅与刘邦、刘秀的"汉"一脉相承、一统相接,而且还是中国历史上"汉"国号的关键组成部分,是"汉"称谓以及"汉"族称不可或缺的重要一环。③

---

① 陈寿为巴西郡安汉县人,师事同郡硕儒谯周。
② 详李纯蛟《一千七百年来〈三国志〉研究中的若干论争》,收入氏著《三国志研究》,巴蜀书社 2002 年版。
③ 关于"汉"国号、"汉"称谓、"汉"族称的概况及其关系,详见胡阿祥《源远流长"汉"国号》,载《中华遗产》2009 年第 1 期。

二、《宋书·州郡志》平议[①]

（一）

《宋书·州郡志》四卷，是百卷本《宋书》的组成部分，为三十卷的《宋书》"八志"之一。作者沈约。沈约（441—513年），字休文，吴兴郡武康县（今浙江省德清县）人，历仕宋、齐、梁三朝，官至尚书令；又为当时著名的文坛领袖、历史学家、藏书家。可谓政治地位、学术威望、社会影响三者集于一身的南朝要人。《梁书》《南史》有传，《宋书》卷一百《自序》则有沈约自述家世源流与奉敕撰修《宋书》的过程。

沈约的历史著作，《晋书》《齐纪》《（梁）高祖纪》等今皆不传，保存下来者惟《宋书》一百卷。沈约奉敕撰写《宋书》，始于齐永明五年（487年）春。次年二月即完成本纪十卷，列传六十卷；后十有余年，又续成八志凡三十卷。这里有两点需要明确。其一，沈约《宋书》特别是纪传的成书为何如此之速；其二，八志到底成于何时。这两点又都与释读《宋书·州郡志》有关。

沈约《宋书》特别是纪传的完成时间不足一年，缘于有前人所修国史为基础。据沈约《宋书·自序·上宋书表》，其撰《宋书》乃以徐爰《宋书》为蓝本：先是"宋故著作郎何承天始撰《宋书》，草立纪传，止于武帝功臣，篇牍未广。其所撰志，唯《天文》《律历》，自此外，悉委奉朝请山谦之。谦之，孝建初，又被诏撰述，寻值病亡，仍使南台侍御史苏宝生续造

[①] 原刊《南京晓庄学院学报》2006年第3期。有删节。

诸传,元嘉名臣,皆其所撰。宝生被诛,大明中,又命著作郎徐爰踵成前作。爰因何、苏所述,勒成一史,起自义熙之初,讫于大明之末",是为六十五卷本的徐爰《宋书》。正是主要在徐爰《宋书》的基础上,沈约既改写、重撰、裁夺、调整了若干列传,又补续了"自永光以来,至于禅让,十余年内"事。于是,就纪传部分言,遂成一代全史。

沈约《宋书》八志三十卷是后成的。《上宋书表》云:"所撰诸志,须成续上。"据知沈约在《宋书》纪传完成之后,继续编写诸志。诸志的写成时间,苏晋仁先生依据诸志中避齐明帝萧鸾、梁武帝萧衍及其父萧顺之讳的现象,判断"此类志至天监年间始陆续完成,距离前七十卷,已约十有余年,朝代也由齐易梁了"①。然则编撰难度最大、分量几占全部《宋书》一半的八志(律历、礼、乐、天文、符瑞、五行、州郡、百官)尽管后成,仍是在诸家《宋书》志特别是何承天、徐爰《宋书》志的基础上完成的。关于何承天的《宋书》志,沈约《宋书·志序》有云:"元嘉中,东海何承天受诏纂《宋书》,其志十五篇,以续马彪《汉志》(按即司马彪《续汉书·志》)",而结合上段所引沈约《上宋书表》,则何承天自撰《天文》、《律历》两志,其他志实出山谦之之手,而仍称"何承天志"或"何志",如沈约《宋书》各志中,常见"何承天志"、"何承天曰"、"何承天云"、"何志"一类用语,这既说明了何承天《宋书》有律历、礼、乐、天文、州郡、百官等志,也表明沈约《宋书》志对何承天(以及山谦之)《宋书》志的承袭,沈约《宋书·志序》也说:"其(何承天)证引该博者,即而因之……其有漏阙,及何氏后事,备加搜采,随就补缀焉。"又徐爰《宋书》是继何承天为书的,同样有志,沈约《宋书·志序》云:"《天文》《五行》,自马彪以后,无复记录。何书自黄初之始,徐志肇义熙之元",是徐爰《宋书》有《天文志》《五行志》,均"起自义熙之初,讫于大明之末",而沈约《宋书》礼志、州郡志等所引"徐爰曰"、"徐志"以及《南齐书·百官志》等所引"徐志",也反

---

① 苏晋仁:《论沈约〈宋书〉八志》,收入《周绍良先生欣开九秩庆寿文集》,中华书局1997年版。

映了徐爰《宋书》志的一些情况。当然,沈约于何、徐二氏《宋书》志有所继承外,本人也下了颇大的补缺续新、寻源讨流、辨析条理的功夫,其具体情形,沈约在《宋书》八志卷首的《志序》中有所交代,此篇《志序》历叙了前史设《志》的情况以及沈约《宋书》所设八志的缘由与宗旨。

要之,"谨更创立,制成新史,始自义熙肇号,终于昇明三年"①的《宋书》纪传七十卷与后成的八志三十卷,是沈约在前人《宋书》基础上改造、补续而成的。作为流传至今唯一的一部完整记述刘宋一代之兴亡历史与典章制度的纪传体断代史,其价值不必赘言;而需要特别指出的是,《宋书》八志的史料与认识价值,更是超出了刘宋一代的范围。在"二十四史"中,《史记》八书、《汉书》十志、补入《后汉书》的司马彪《续汉书》八志之后,《宋书》八志是现存史志中资格最老的;而由于《宋书》八志大体都注重渊源沿革,远溯三代,近及秦汉,特别是详载魏晋,此虽有失断限,但其补缺通变、博洽多闻、网罗宏富的特点,使得《宋书》八志既为唐修《晋书》诸志大量取用,又弥补了此前魏晋史籍无志之憾,从而成为古往今来研究三国两晋相关问题的系统、全面甚至第一手之材料,学者们也因此公认《宋书》八志乃《宋书》的精华所在,"是两个半世纪(220—479)天文、地理、政治、社会以及典章制度的总括,为研究了解这一历史阶段,提供了大量宝贵而重要的文献。"②

沈约《宋书》中也存在着诸多的问题,如徐爰旧稿之痕迹尚较明显,叙事有错乱、漏失、详略失宜甚至前后矛盾之处,涉及晋宋与宋齐更替、宋魏和战时多所忌讳、曲意回护、虚美增饰,不设食货、刑法二志,以及《宋书》流传过程中之衍讹脱倒与后人补正情况,清人钱大昕《廿二史考异》卷二三与卷二四、赵翼《廿二史劄记》卷九,今人王树民《史部要籍解题》(中华书局1981年版)、柴德赓《史籍举要》(北京出版社1982年版)、黄宝权《宋书》(收入仓修良主编《中国史学名著评介》第一卷,山东

---

① [南朝梁]沈约:《宋书》卷一〇〇《自序》,中华书局1974年版。
② 苏晋仁:《论沈约〈宋书〉八志》。

教育出版社1990年版)、苏晋仁《论沈约〈宋书〉八志》、邱敏《六朝史学》(南京出版社2003年版),以及蒋福亚、李琼英《〈宋书〉说略》(收入《经史说略》之《二十五史说略》,北京燕山出版社2002年版),等等,都有或详或略的阐说;又有关《宋书》的研究,以清、民国学者取得的成果较为显著,上述今人的论著中也有简单的交代,这里就一并不再细述了。

《宋书》成书至今,已有1500年的历史,早期的各种抄本都已亡佚,赵宋以降的刊刻版本情况也颇是复杂。现存的主要版本有:宋元明三朝递修本(简称三朝本)、明北监本(简称监本)、毛氏汲古阁本(简称毛本)、武英殿本(简称殿本)、金陵书局本(简称局本)、商务印书馆影印三朝本(简称百衲本)、中华书局标点校勘本(简称中华本)。其中中华本被推为"各种版本的《宋书》中最好的本子"。[1] 据中华本《宋书》"出版说明",中华本以上举六种版本互校,择善而从,又"纪传方面,还通校了《南史》《建康实录》《册府元龟》《资治通鉴》和《资治通鉴考异》等书的有关部分;志的方面,也参校了《晋书》《通典》等书的有关部分。对于前人的校勘成果,我们利用了张元济、张森楷的两种《宋书校勘记》稿本,成孺《宋书州郡志校勘记》,李慈铭《宋书札记》,孙虨《宋书考论》,以及钱大昕《廿二史考异》等书"。以此,中华本《宋书》不仅加上了新式标点、颇便阅读,而且整理细致,其校勘记也可称简明且具特色。当然,诚如朱绍侯先生所言,"由于当时人力不足,时间短促,又处于一种特殊时期,中华本《宋书》还没有达到尽善尽美的程度"。[2] 朱绍侯先生的文章即就"《宋书》原有失误应校而未校"、"《宋书》在流传过程中产生的失误未予订正"、"中华本《宋书》在校勘标点中的失误"三方面,提出商榷性意见各五例。又丁福林先生更有《宋书校议》(中华书局2002年版)一书,既肯定王仲荦先生校点的中华本《宋书》"广征博引,又多所创见,用

---

[1] 朱绍侯:《中华本〈宋书〉校点失误商榷》,收入《庆祝何兹全先生九十岁论文集》,北京师范大学出版社2001年版。

[2] 朱绍侯:《中华本〈宋书〉校点失误商榷》。

力之勤,前所未有,可为迄今所见最为完善之精本",也存在"智者千虑,疏忽之处,亦偶有所见。其中有校勘未到者,或有标点欠妥者,又误改原书处间亦有焉"①。

平心而论,王仲荦先生校点的中华本确为目前《宋书》的最佳版本,"但是像这样一部规模颇大的历史著作,在长期的流传过程中或因辑补、或因辗转传抄而造成的讹误,以及由于撰者仓促成书而存在的自身史料的错乱,实在相当之多。要想仅仅凭一人一时之力,使之成为尽善尽美的版本,确难做到。所以中华书局校点本《宋书》存在着一些缺憾也属情理中事"。② 具体来说,纪、传、志比较下来,志的校点缺憾更多一些,八志比较,则《州郡志》似乎问题尤多,如《州郡志》原有失误以及在流传过程中产生的失误,中华本应校而未校者,便不下百条。按王仲荦先生本以治魏晋南北朝制度史著名,其代表作有传之不朽的《北周六典》;在地理方面,王仲荦先生也是卓然大家,代表作有惠及学林的《北周地理志》。然则由此亦可见点校史籍之艰难,不求有功、但求无过之不易。

(二)

沈约的《宋书·州郡志》,相对于其前的司马彪《续汉书·郡国志》、其后的萧子显《南齐书·州郡志》,内容要详实丰富得多;而相对于其后的魏收《魏书·地形志》、唐修《晋书·地理志》,又要明晰确切得多;与唐修《隋书·地理志》比较,也是不相上下。以此,《宋书·州郡志》对于《续汉书·郡国志》与《晋书·地理志》的校勘,对于《南齐书·州郡志》的释读,甚至对于《汉书·地理志》《魏书·地形志》《隋书·地理志》的研究,都具有重要的参考价值。

---

① 丁福林:《宋书校议》"自序",中华书局 2002 年版。
② 丁福林:《宋书校议》"后记"。

二、《宋书·州郡志》平议

清人杨守敬《刘宋州郡图·序》中评价沈约《宋书·州郡志》"翔实精密,校之晋、隋二《志》,有上下床之别"。与杨守敬持同样的褒扬态度者,古今并不乏人,当然持批评意见者也有不少,总体来看,古人的评价是褒贬参半,今人则持肯定意见者居多。兹就代表性意见摘要如下,以见一斑。

明朱明镐《史纠》卷一云:《宋书·州郡志》"本之王隐《地道》、《永初郡国》及何、徐两家,其间朝为庐九,夕入长桂,侨寓土断,离合万千,明序干条,灿同观火。但地理不志,风俗无通,鸿文既落,致无卓观。"

清牛运震《读史纠谬》卷六云:"刘宋偏安半壁,顾乃侨立河北州郡于南,甚属无谓,遂使作史者重列复叙,条理不清。此中宜有删更,庶存史体。"

清邵晋涵《南江文钞》卷十二云:沈约"所撰诸志,实能裨前史所未备……惟《州郡志》只据《太康地志》暨何承天、徐爱原本,间为折衷其异同;而于侨置创立者,多不书其置立年月,犹未免于疏略焉。"

清钱大昕《东晋南北朝舆地表·序》云:"休文上考沿革,差有条理,而或失之繁。"

清姚鼐《惜抱轩文集》卷二云:"南朝诸史,仅沈约为《地志》。约乏于史才,于地志尤为苟简。考其沿革,淆乱莫分,逮于后世而欲求之,不亦难乎?"

清官修《四库全书总目》卷四五"宋书"条云:"八志之中……州郡惟据《太康地志》及何承天、徐爱原本,于侨置创立,并省分析,多不详其年月,亦为疏略……若其追述前代,晁公武《读书志》虽以失于限断为讥,然班固《汉书》增载《地理》,上叙九州,创设《五行》,演明《鸿范》。推原溯本,事有前规。且魏晋并皆短祚,宋承其后,历时未久,多所因仍。约详其沿革之由,未为大失,亦未可遽用纠弹也。"

中华本《宋书》"出版说明"认为:"《州郡志》对南方地区自三国以来的地理沿革,以及东晋以来的侨置州郡分布情况,讲得比较详细。而且在每个州郡名下,都记载着户口数。这些户口数固然不尽准确可信,但多少使人得知当时南方人口分布的一个大概轮廓。"

黄宝权《宋书》指出:"《州郡志》记晋宋间州郡分合、户口消长及侨置州郡县的分布情况,远胜于《晋书地理志》,最孚实用……唐修《晋书》,地志材料,多从《宋书》转录,更显示宋志的宝贵。"

邱敏《六朝史学》第五章评价《宋书·州郡志》为"富于史学价值"的《宋书》之志中"尤为重要"者:"汉魏之际,中国历史陷入割据混战局面,长时期的分裂,使地方行政区划的分合变动情况错综复杂。尤其是晋室南渡前后,北方士民大举南迁,东晋南朝政府遂有侨州郡县之设。此制产生于动荡之际,自难严密。但如无《宋书·州郡志》,后人对南方行政区划更加难以了解掌握……沈约说明,一则此志编纂不易,二则所搜集的材料相当丰富。时至今日,其所据书散佚殆尽,幸赖此志,后人尚可窥见晋宋之间南方州郡地理分合改易,以及户口消长等概貌。20世纪30年代,谭其骧先生撰《晋永嘉丧乱后之民族迁徙》一文,统计南渡士民人数,影响至广,即主要参据此志。足见其价值之珍贵。"

蒋福亚、李琼英《〈宋书〉说略》同样认为:"《州郡志》记述了自魏晋以来州郡沿革、户口数目。魏晋南北朝时期,由于政局动荡,战乱不已,人口辗转迁徙……特别是永嘉丧乱,晋室南渡,南方多设侨州郡县,版图更显混乱……但沈约却将其写得极有特色。他参考王隐《地道》,晋《起居注》、《永初郡国》,何承天、徐爰《宋书·州郡志》,并以司马彪《续汉书·郡国志》校正《太康地志》,以宋孝武帝大明八年(464)为断(属王国的内史、侯、相,则以宋顺帝升明末年为准),分州记载,州下系郡,郡下系县,叙述州郡县的源流分合、境内侨州郡县设置情况,其后的设置流变,随事而列,并开列州、郡户数与人数,不少州郡还载有与京都建康、郡与州的水陆距离。《宋书》以后,仅《南齐书》有《州郡志》,《梁书》、《陈书》皆无,当年郡国县邑之区域,百不存一,而户口消长,亦仅见于此。后来唐人修撰《晋书》,其《地理志》有关资料也多由此转录,于此可见《州郡志》史料价值之高。"

按上引对《宋书·州郡志》的评说,见仁见智,立足点不一,轻重也有不同，但多是公允而中肯的；其明显欠妥者，则为牛运震的评说。在《宋书·州郡志》所载诸多内容中，侨州、侨郡、侨县的记述，具有多方面的史料价值与学术意义，牛运震"宜有删更，庶存史体"的说法，实为拘泥之论。而今人较为一致的肯定性评说，基本都是着眼于《宋书·州郡志》无可替代的史料价值的，这既反映了今人对于史籍的实用态度，也表明了大多数今人对于《宋书·州郡志》存在问题的不甚明了。

（三）

沈约《宋书·州郡志》存在的问题其实不少。如果不甚明了这些问题，不但《宋书·州郡志》无可替代的史料价值难以充分发挥出来，而且严重者还会误读误用史料，或者根本就无法理解史料。

某种意义上说，《宋书·州郡志》是沈约依据各类资料所编撰的一篇论文。沈约虽有文才、史识、政历，专门的地理沿革之学却非其所长。比附一下《晋书·地理志》的情况，我们对此会有更加确切的认识。唐初史臣所修《晋书》，其中《地理志》上下两卷，虽具体成于何人之手今已无可考详，但其"建置沿革，舛错过半"[1]，却是由清迄今的主流评价，如东晋侨州郡县，《晋书·地理志》不仅记述得略而不尽，而且误刘宋制度为东晋制度。然则何以会如此呢？大凡"史之所难，无出于志"[2]，而志地理尤难。班固《汉书·地理志》、司马彪《续汉书·郡国志》尚不无缺憾；及晋时版舆，"上承三国之瓜分，下值南朝之侨置，建置沿革，所系非轻"，而修《晋书》诸人，皆属文士，昧于地理，"以卤莽之群才，承史志之重寄……固宜其纪传所列，既与志殊；志之前所列，又与后殊也"[3]。

沈约较之从事《晋书·地理志》的"卤莽之群才"，水平显然高出不

---

[1] ［清］李兆洛:《补梁疆域志》序,《二十五史补编》本,中华书局1955年版。
[2] ［唐］刘知几:《史通·古今正史》,商务印书馆1937年版。
[3] ［清］毕沅:《晋书地理志新补正》序,《二十五史补编》本,中华书局1955年版。

少,但《宋书·州郡志》的编写难度,又在《晋书·地理志》之上。对此,沈约有不嫌重复的两处感叹。一处见于《宋书·志序》:"地理参差,事难该辨,魏晋以来,迁徙百计,一郡分为四五,一县割成两三,或昨属荆、豫,今隶司、兖,朝为零、桂之士,夕为庐、九之民,去来纷扰,无暂止息,版籍为之浑淆,职方所不能记。自戎狄内侮,有晋东迁,中土遗氓,播徙江外,幽、并、冀、雍、兖、豫、青、徐之境,幽沦寇逆。自扶莫而裹足奉首,免身于荆、越者,百郡千城,流寓比室。人伫鸿雁之歌,士蓄怀本之念,莫不各树邦邑,思复旧井。既而民单户约,不可独建,故魏邦而有韩邑,齐县而有赵民。且省置交加,日回月徙,寄寓迁流,迄无定托,邦名邑号,难或详书。大宋受命,重启边隙,淮北五州,翦为寇境,其或奔亡播迁,复立郡县,斯则元嘉、泰始,同名异实。"又一处见于《宋书·州郡志·序》:"地理参差,其详难举,实由名号骤易,境土屡分,或一郡一县,割成四五,四五之中,亟有离合,千回百改,巧历不算,寻校推求,未易精悉。"而有感于此,平生自负并"尤尽心者,地理也"①的王鸣盛,也得出了"南北地理得其大概不必细求"的结论:"晋武帝天下一统,为二十州……后南北分裂,新置之州更多,展转改易,迷其本来;况又有每州各自析为南、北,再加以侨置寄治之名,纠缠舛错,不可爬梳,其势然也……得之大概可耳,不必细求。"②

　　一方面是《宋书·州郡志》在总志系列中承上启下的重要地位,及其所记载的政区沿革、侨州郡县、州郡户口、人口迁徙、水陆道里、区域状况等等的史料价值,使得今天的学者不得不使用《宋书·州郡志》,而正确使用《宋书·州郡志》,就不得不"细求";另一方面,"细求"《宋书·州郡志》确实难度非常,若非长期致力于此者,往往开卷即目乱神迷。如言《宋书·州郡志》中属于沈约原本存在的较为突出的三大问题,即

---

① [清]王鸣盛:《东晋南北朝舆地表》序,《二十五史补编》本,中华书局1955年版。

② [清]王鸣盛:《十七史商榷》卷五七,中国书店1987年版。

为关系全局的断限不严、为例不纯、彼此矛盾；而除了这三大问题外，《宋书·州郡志》中属于沈约原本的各样具体问题尚所在多有，诸如记载疏漏或欠缺、考辨讹误、叙次不清，以及失之繁冗、体例较为混乱等等。又《宋书·州郡志》存在的另外问题，还有可能不属于沈约原本而是在传抄过程中引致的大量的夺误讹衍以及其他问题。至于今天的《宋书》通行本亦即中华本，如前所述，其《州郡志》中似乎存在的问题尤多。就以传抄过程中引致的夺误讹衍为例，中华本即多有未能校正者。又中华本《宋书·州郡志》之句读、标点以及校勘记本身存在的问题，其实也不鲜见。

据上，《宋书·州郡志》本身的失误、流传过程中产生的失误、中华本校点中存在的失误，共同决定了《宋书·州郡志》成为不能拿来就用的重要文献；引用《宋书·州郡志》，必须持慎重的态度，必须对既往的研究做到心中有数。其实对于积累深厚的中国传统学术的研究而言，了解研究状况是基本的原则，《宋书·州郡志》当然也不例外。

（四）

真正对《宋书·州郡志》进行文本研究，直到清朝以前，尚无可观的成果可述。时及清代，有所谓"朴学"，其中致力舆地之学者也不乏其人。研治《宋书·州郡志》成绩堪瞩目者，有王鸣盛、钱大昕、成孺、洪颐煊、孙彪等人。王鸣盛撰《十七史商榷》，其中卷五七专研《宋书·州郡志》，主要在于尽比勘之劳绩。钱大昕为朴学名家，考史释地颇称精当，有关《宋书·州郡志》的考证，较为集中在《廿二史考异》卷二三中；钱氏还善于由考地理进推制度，如《廿二史考异》卷二三"重安侯相"条云："按《南齐书·王敬则传》，始封重安县子，邑三百五十户，后增封为千三百户，又增至二千五百户，又加五百户。户增则爵宜序迁。据此志有重安侯相，知敬则在宋末已封重安侯，而传不书者，漏也。齐初封敬则寻阳郡公，止三千户，又知二千余户之必为侯国矣。"此说可补南朝宋齐制度之缺。

清人成孺有《宋书州郡志校勘记》,乃《宋书·州郡志》校勘的集大成之作,杨守敬《〈宋州郡志校勘记〉校补》评云:"宋、齐、北魏、隋《地理志》夺误最多,以习之者颇少故也。成氏校之,有功地学不小。如据哀公十二年杜注橐皋在淮南逡遒,证晋世不作逡道;据李雄之汉康晋穆帝改为晋康,疑晋原为晋康之误;又疑治平为始平;白马为白水;农阳为丰阳之误;于建安郡增建安县;于建宁郡增俞元县,皆至精确。是成氏著有《禹贡班义述》,于地理本专家也。然亦有核之未审者……小小疏漏,未足为成氏病也。"杨氏之评应属允正。而可指出的是,成孺也有局限之处,其最大的局限在于迷信殿本,如南兖州"后又省东燕郡"条,仅据上下文,便可断定"郡"字为"县"字之误,成孺反据殿本"郡"改毛本"县";又"永初郡国无苌平父阳"条,毛本已正"父"为"谷",成孺反据下文又"订正"之。如此游移,皆系囿于殿本之故。

清儒中又有洪颐煊撰《诸史考异》,其中卷四有专研《宋书·州郡志》的成果。孙虨《宋书考论》(其子孙鼎宜整理编次),其中有关《宋书·州郡志》的校勘与考证,分量较大,算得上又一集成之作;孙虨的《宋书考论》与近人张元济、张森楷的两种《宋书校勘记》,都是成绩颇多,中华本《宋书·州郡志》多所采用。近世研究《宋书·州郡志》者,又有杨守敬《补校宋书州郡志札记》《历代舆地图·刘宋州郡图》。惟杨图虽自觉"准望方隅,征验史传或亦无甚出入",①其实沿《宋书·州郡志》之误者不少,与《宋书·州郡志》刺谬者也甚多,仅以宁州为例,"建宁郡治味县在曲靖,西平郡治西平县在霑益,夜郎郡治夜郎县在宣威城南,平蛮郡治平蛮县在平夷。此四郡之首邑安置在二三百里之内,只有味县在曲靖是对的"②。

今人考治《宋书·州郡志》的专门成果可谓寥寥。其重要且具代表

---

① 杨守敬:《刘宋州郡图》序,湖北鄂城,1909年版。
② 方国瑜:《中国西南历史地理考释》,中华书局1987年版,第50页。

性者有：谭其骧先生《晋永嘉丧乱后之民族迁徙》(《燕京学报》第十五期，1934年)，此文通过整齐排比《宋书·州郡志》以及《南齐书·州郡志》《晋书·地理志》中所载之侨州郡县，勾画出东晋南朝时代北方人口南迁的概貌；谭其骧先生主编的《中国历史地图集》第四册(地图出版社1982年版)，宋大明八年简图将《宋书·州郡志》部分州郡县落实到图上，而南齐的九幅分幅图，也与《宋书·州郡志》密切相关；严耕望先生所撰《中国地方行政制度史》上编卷中之上《魏晋南朝地方行政制度》(台湾"中研院"历史语言研究所1963年版)，既颇有助于《宋书·州郡志》的解读，对《宋书·州郡志》志文也有若干的考证；周一良先生的《魏晋南北朝史札记》(中华书局1985年版)，专门有"州郡志诸问题"一条；何德章先生撰有《读〈宋书·州郡志〉札记二则》《六朝建康的水陆交通——读〈宋书·州郡志〉札记之二》(《魏晋南北朝隋唐史资料》第十九辑，武汉大学文科学报编辑部2002年版)，讨论了《宋书·州郡志》所记户口数与水陆道里。又丁福林先生撰有《宋书校议》一书，其中有关《宋书·州郡志》者21条，用力较深。至于王仲荦先生点校的中华本《宋书·州郡志》，既对前人成果作了总结与吸纳，又颇富进步与创新，其绩效更是值得肯定的。

特别需要指出的，还有业师吴应寿先生治南朝宋齐沿革地理，饶有发明。先生在《十六国汉、后赵及南朝齐司州治》(《历史地理研究》第二辑，复旦大学出版社1990年版)一文中说："我治《宋书·州郡志》有年。治之愈深，愈发现其错误之多。《南齐书·州郡志》虽较简略而且也有错误，但可补《宋书·州郡志》之失。两志可互相补充。"先生举南齐司州治为例，指出"《宋书·州郡志》司州脱南义阳郡，必须以《南齐书·州郡志》之司州及有关纪、传来补正；《南齐书·州郡志》误以南义阳郡为司州首郡，即误以南齐之司州治南义阳郡，也必须以《宋书·州郡志》及有关纪、传来补正。两志可互相补充，由此可见。"先生所言，为宋、齐两部《州郡志》的研究点明了方法。又清人沈垚《落帆楼文集》卷四"与温铁华书"云："诸史地志皆不可无注，而《宋书·州郡》《魏书·地形》两志则尤不可少注。两史比他史志为难注……夫侨置与实土相混,有州、郡、县皆侨者,有州侨而郡、县实者,有州实而郡、县侨者,既为之注,当分别部居,详注于下;而地之可考者,详注今之所在:二者是皆然矣。"此又为《宋书州郡志》的研究指出了具体的用力重点与努力方向。

三、《宋书·州郡志》脱漏试补[①]

沈约《宋书》流传至今已有1500余年的历史,其间出现了各种传抄翻印本。而在传抄翻印的过程中,讹误脱衍自不能免。即以被推为"各种版本的《宋书》中最好的本子"的中华书局1974年标点校勘本来说,"由于当时人力不足,时间短促,又处于一种特殊时期,中华本《宋书》还没有达到尽善尽美的程度"。[②] 笔者前此曾撰《〈宋书·州郡志〉献疑》,[③]就《宋书·州郡志》前两卷本文之讹误脱衍、疑难之处,以及中华书局本校点方面的问题,整理出89条意见。其中属"脱漏试补"方面的意见,有以下8条:

1. 1057页"又以历阳之乌江"前当补"七年"二字。
2. 1072页"七年,复分历阳、淮阴"云云,"淮阴"为"南汝阴"脱误。
3. 1078页"项城令",各本作"项令"不误,中华本补"城"字不妥。
4. 1083页"襄邑令"下当有"汉旧县,属陈留"六字。
5. 1083页"梁郡太守,……去州陆一百六十。去京都水九百","一百"前脱"一千"二字,或"一"为"七"之讹。
6. 1084页"南顿太守,……去州七百六十。去京都陆一千四百五十","去州"下脱"陆"字,"去京都"下误"水"为"陆"。
7. 1099页"平昌令,汉旧县。后汉无",各本无"无"字不误,中华

[①] 原刊《安徽史学》2004年第4期。
[②] 朱绍侯:《中华本〈宋书〉校点失误商榷》,《庆祝何兹全先生九十岁论文集》,北京师范大学出版社2001年版。
[③] 胡阿祥:《〈宋书·州郡志〉献疑》,《历史地理》第十九辑,上海人民出版社2003年版。

本补"无"字不妥。

8. 1105 页"太康年,又分义阳为随国","太康年"当作"太康九年",志脱"九"字。

这里再以整个《宋书·州郡志》(以下简称《宋志》)四卷为范围,以中华书局 1983 年第 2 次印刷本为工作本,举例讨论其脱漏问题。这些脱漏,多是在流传过程中产生的,但可能也有《宋志》本身的失误,本文不强作区分;对于《宋志》本身不误而中华本认为有脱漏者,本文也进行辨正。①

1. 1030 页:"溧阳令,汉旧县。吴省为屯田。晋武帝太康元年复立。"

按:"屯田"下疑脱"都尉"二字。《宋志》扬州刺史丹阳尹:"湖熟令,汉旧县。吴省为典农都尉。晋武帝太康元年复立。"又南徐州刺史南琅邪太守:"江乘令,汉旧县。本属丹阳,吴省为典农都尉。晋武帝太康元年复立。"孙吴又有"屯田都尉",《三国志·吴书·陆逊传》:"孙权为将军,逊年二十一,始仕幕府,历东西曹令史,出为海昌屯田都尉。"屯田都尉与典农都尉一样,比于县级。② 及晋司马氏灭吴之太康元年,省溧阳屯田都尉,复立溧阳县;同时省湖熟典农都尉、江乘典农都尉,复立湖熟、江乘二县。是《宋志》"溧阳令"条当与"湖熟令"条、"江乘令"条一致,有"都尉"二字。

2. 1049 页:"兰陵太守,晋惠帝元康元年,分东海立。领县三。……昌虑令,汉旧县。承令,汉旧县。合乡令,汉旧县。"

按:钱大昕《廿二史考异》卷二五:"《宋志》徐州兰陵郡领昌虑、承、合乡三县,不见兰陵县,疑《志》有脱漏矣",并举《南齐书·周盘龙传》"北兰陵兰陵人也"为证。今按《宋志》徐州兰陵郡之脱漏兰陵县,另有

---

① 以下 1 至 6 条,胡阿祥《〈宋书·州郡志〉献疑》已经提及,这里作了改写增补。

② 详见胡阿祥:《孙吴特殊政区制度考论》,《赣南师院学报》1994 年第 1 期,又见中国人民大学报刊复印资料《中国古代史》1994 年第 5 期。

证据两条。其一,《宋志》南徐州刺史南兰陵太守兰陵令条注云"别见",而遍检《宋志》,不见兰陵令,故可以肯定是本有兰陵令而后来脱漏;其二,《魏书·地形志》徐州兰陵郡领县四,即昌虑、承、合乡、兰陵,自注并云"二汉、晋属东海,后属",又未见有刘宋废置兰陵县的记载。据此,《宋志》兰陵太守本有"兰陵令,汉旧县"一条,及此条脱漏,校书者遂改"领县四"为"领县三"以求相符。

3. 1059页:"北下邳太守,下邳郡别见。宋失淮北侨立。僮县令。别见。下邳令。别见。宁城令。别见。"

按:《南齐书·州郡志》南兖州条云:"下邳郡四县……见省。"此下邳郡即《宋志》北下邳郡,《宋志》北下邳郡仅领僮、下邳、宁城三县,疑脱一县。考《宋志》宁城令下注"别见",而遍检《宋志》无"宁城",则宁城或为"新立"的侨县,而所脱一县为良成。良成,《宋志》徐州下邳郡实县,当是宋失淮北后侨立,而属北下邳侨郡。① 据此,《宋志》此条志文当作:"北下邳太守,下邳郡别见。宋失淮北侨立。僮县令。别见。下邳令。别见。良成令。别见。宁城令,新立。"

4. 1073页:"南谯太守,谯郡别见。晋孝武太元中,于淮南侨立郡县,后割地成实土。《太康地志》、《永初郡国》又有酂县。"

按:"后割地成实土。《太康地志》、《永初郡国》又有酂县",《宋志》各本并作"后割地志咸实土郡国又有酂县",此诚如中华本1108页校勘记所言,是"文舛夺不可通",然而中华本的"订正"也有问题。考《宋志》紧邻之上文即历阳太守酂令条云:"汉属沛,《晋太康地志》属谯。流寓立,文帝元嘉八年度",如此则不必在南谯太守条重复"《太康地志》……又有酂县",况且"流寓立"的酂县(侨县,今安徽全椒县西南),既不同于西晋《太康地志》属谯郡的酂县(实县,今河南永城市西),西晋《太康地志》也不可能有东晋始置的南谯郡(侨郡)。作为"流寓立"的酂县,宋元

---

① 详胡阿祥:《〈南齐书·州郡志〉札记》"永明元年省北济阴等四郡十七县"条,《历史地理》第十辑,上海人民出版社1992年版。

嘉八年(431年)始度属历阳郡,故代表宋初建制的《永初郡国》(永初,420年至422年)南谯郡有酂县,而以大明八年(464年)为大体标准年代的《宋志》南谯太守领县中即无酂县。如此,中华本之"订正"不妥,今重为订正如下:"后割地成实土。《永初郡国》又有酂县。"至于各本并作之"后割地志咸实土郡国又有酂县"者,"志"字衍,"咸"字为"成"字形近之讹,"郡国"上脱"永初"二字。

5. 1076页:"弋阳太守,……领县六。"

按:中华本1108页校勘记云:"按下只五县,疑有讹夺。"惟所脱究竟为何县,中华本未能指出。检《宋志》南豫州刺史光城左郡太守:"乐安令。菇由令。光城令。此三县,徐志属弋阳。"所谓"徐志",指徐爰《宋书·州郡志》,"徐志"起东晋义熙元年,迄于刘宋大明之末。沈约撰《宋志》,即多取徐爰《宋书·州郡志》旧本而自定体例或承袭或增删之。既然在"徐志"中,光城"属弋阳",而《宋志》弋阳太守领县中,又有乐安令、菇由令,无光城令,则所脱一县为光城无疑。

6. 1104页:"河内寄治河南,领温、野王、轵、河阳、沁水、山阳、怀、平皋,并汉旧名。朝歌二汉属河内,《晋太康地志》属汲郡。晋武太康元年始立。凡十县。"

按:河内郡寄治河南,即侨在今河南洛阳市一带,所领十县,中华本1114页校勘记引《廿二史考异》云:"今数之只九县",是脱一县。对照《晋书·地理志》司州河内郡,所脱一县为"州"县。州,《汉书·地理志》《续汉书·郡国志》为河内郡领县,与温、野王等县一样,"并汉旧名"。

7. 1131页:"零陵内史,……去州一千四百。去京都水四千八百。"

按:此"去州一千四百"者,实指水路里程,依《宋志》志例,当作"去州水一千四百",脱一"水"字。

8. 1134页:"封阳侯相,汉旧县。"

按:依《宋志》前后例,"汉旧县"后,当有"属苍梧"三字。封阳,《汉书·地理志》苍梧郡、《续汉书·郡国志》交州苍梧郡领县。

9. 1134页:"宁新令,二汉无,当是吴所立,属苍梧,晋武帝太康元年更名。"

按:此"晋武帝太康元年更名"一句无所指,志文当有脱漏。检《宋志》广州刺史苍梧太守条:《永初郡国》又有宁新县,宁新,吴立,晋武帝太康元年,改新宁曰宁新,云云。则吴始立时本名新宁,及晋武帝太康元年更名宁新。如此,"当是吴所立"后应补"新宁"二字,于意方通。

10. 1135页:"吴孙晧甘露元年,分零陵南部都尉立始安郡,属广州,晋成帝度荆州。"

按:《晋书·地理志》广州:"及太康中,吴平,遂以荆州始安、始兴、临贺三郡来属",是孙吴时始安郡属荆州;此云"属广州",与《晋书·地理志》异。又洪亮吉《补三国疆域志》卷一四、吴增仅《三国郡县表附考证》卷八、谢钟英《三国疆域表》始安郡皆列在吴荆州内。考始安郡乃分荆州零陵郡立,吴时宜与零陵郡同属荆州,《晋书·地理志》说是。如此,则依《宋志》前广兴公相条例,"属广州"三字前,当补"晋武帝平吴,以"六字。

11. 1135页:"乐化左令,宋末立。"

按:《宋志》南豫州刺史晋熙太守有"太湖左县长",郢州刺史西阳太守有"蕲水左县长""东安左县长""建宁左县长""希水左县长""阳城左县长",江州刺史南新蔡太守有"阳唐左县令",则依志例,"乐化左令"当作"乐化左县令",志脱"县"字。

12. 1137—1138页:"《永初郡国》及何志有朝阳、武当、酂、阴、汎阳、筑,并别见。"

按:"筑"当作"筑阳","别见"雍州刺史扶风太守:"筑阳令,汉旧县,属南阳,又属顺阳。大明土断属此。"

13. 1138—1139页:"《永初郡国》有……南霸城、本霸陵,汉旧县。《太康地志》曰,霸城何志魏□。"

按:"何志"谓宋何承天《宋书·州郡志》,据《宋志》郢州刺史巴陵太守条,何志记载迄元嘉二十年(443年)。"《太康地志》"则为西晋太康地志,也称《晋太康三年地志》,《宋志》注引时,或省"三年"字,或并省"晋"字与"地"字。又唐初史臣所修《晋书·地理志》,大要以太康元年(280年)平吴之后、太康三年废宁州之前为定,故《太康地志》的记载大都与《晋书·地理志》相合。此"《太康地志》曰,霸城何志魏□",句读明显错误,当作"《太康地志》曰霸城,何志魏□"。检《晋书·地理志》雍州京兆郡正领有霸城。又"魏"后所脱一字,疑为"改",谓曹魏改"霸陵"为"霸城"。考汉时三辅诸县,凡以陵名者,皆先帝陵寝所在、因以立县者也;及魏受禅,恶"陵"字而多改之,如改"杜陵"为"杜",改"高陵"为"高陆",改"平陵"为"始平"。然则"霸陵"改"霸城"者同例。

14. 1141页:"广平太守,……阴县令,汉旧县,属南阳。"

按:据《宋志》雍州刺史顺阳太守条"《永初郡国》及何志有"鄀、阴等八县云云,则"属南阳"后当补"后属顺阳"四字,检《晋书·地理志》荆州顺阳郡正领有阴县。又阴县与鄀县汉晋间沿革相同,《宋志》广平太守鄀县令条亦作"汉旧县,属南阳,后属顺阳"。

15. 1142页:"冯翊太守,……领县三。疑……郃县令,……高陆令。"

按:"领县三"而其实只领郃、高陆二县,故校书者注"疑"字。中华本1164页校勘记据成孺、杨守敬两家之说,认为"郃县下,高陆县上似脱'莲勺令,汉旧县,属冯翊'云云一条"。校勘记补"莲勺令"一条是,惟作"莲芍令"更妥,考《宋志》秦州刺史冯翊太守莲芍令条注云"别见",而别不见,然则此所脱一县,应作"莲芍令"。

16. 1147—1148页:"北巫令,何志晋武帝立。按魏所分新城之北巫,应即是此县,然则非晋武立明矣。"

按:"按魏所分新城之北巫",各本并无"北"字,中华本补,1166页校勘记云:"各本并脱'北'字,据成校补。成孺《宋书州郡志校勘记》云:'据上庸太守序云,魏明帝太和二年,分新城之上庸、武陵、北巫为上庸郡,知此"巫"上脱"北"字。'"今按《三国志·魏书·明帝纪》:太和二年"分新城之上庸、武陵、巫县为上庸郡。"据知《宋志》上庸太守序所云"北巫"之"北"字衍。又吴增仅《三国郡县表附考证》荆州上庸郡巫:"案太和二年魏所分新城之巫,上无北字。吴宜都虽有巫县,与魏分立,无取南北以为识别。及晋武平吴,南北一家,始于巫县之在北者加北字,以别于南。沈志引何志云晋武帝立北巫县,亦以晋武改为北巫,遂误云武帝立也。"吴说是,中华本及成孺补"北"字误。盖依中华本及成孺,"应即是此县"一句便无着落。又"然则非晋武立明矣"一句亦当改作"晋武帝改名北巫"。要之,此段志文应作:"北巫令,何志晋武帝立。按魏所分新城之巫,应即是此县。晋武帝改名北巫。"

17. 1156页:"桓道令,汉旧名,属天水,后汉属汉阳,作'獂'。"

按:"獂"当作"獂道"。《汉书·地理志》天水郡、《续汉书·郡国志》凉州汉阳郡作"獂道";《水经·渭水注》作"獂道",并云"昔秦孝公西斩戎之獂王于此",杨守敬曰:"宋、齐县有迁徙,志并作桓道,《史记·秦本纪》则作獂。"又《史记·秦本纪》:秦孝公"西斩戎之獂王",《集解》:"《地理志》天水有獂道县。应劭曰:獂,戎邑,音桓。"按秦汉时,在少数民族地区设置的特殊县称为道,故"獂道"即"獂"县。

18. 1174页:"汉县曰苏示,□曰苏利。"

按:《宋书》之《殿本考证》:"诸本示下俱阙一字,疑是宋字。"孙彪《宋书考论》:"按示音衹,后乃作祁,遂误为利。《考证》云,阙处疑是宋字。按此当是蜀字或晋字,必非宋也。"考《三国志·蜀书·张嶷传》云:"苏祁邑君冬逢、逢弟隗渠等,已降复反。(越嶲太守张)嶷诛逢。"又洪亮吉《东晋疆域志》卷三益州越嶲郡领县作"苏祁"。据此,"□曰苏利"或为"蜀曰苏祁"之脱误。

19. 1181页:"沈黎太守,……领县四。"

按:下仅有城阳、兰、旄牛三县,此云"领县四",或脱漏一县,或"四"为"三"之讹。

20. 1183页:"存䭫□,《晋太康地志》有。"

按:《宋志》体例,郡下列县,类以称令者列前,称长者列后,今存䭫前有新定长等,后有同并长等,皆为"长",则知此处所缺一字当为"长"。

21. 1183页:"晋宁太守,……〔俞元长,汉旧县,属益州郡,《晋太康地志》〕属建宁。"

按:各本"属"上并空十四格,中华本据成孺《宋书州郡志校勘记》说补,1210—1211页校勘记云:"各本并脱'俞元至晋太康地志'十五字。晋宁太守领县七,而下实只六县,盖脱去一县。成孺《宋书州郡志校勘记》云:'《南齐志》晋宁郡有俞元,疑此志所阙,即俞元也。《两汉志》益州郡、《晋志》建宁郡并有俞元,据志例当补云"俞元长,汉旧县,属益州郡,《晋太康地志》属建宁"。'按成校是,今订正。"又孙彪《宋书考论》:"按南齐宁州诸郡领县多与此同,晋宁七县有俞元,俞元亦汉属益州郡,晋属建宁,可据补。"又方国瑜《中国西南历史地理考释》(中华书局1987年版)第二篇建宁郡俞元条云:"《晋》、《宋志》并曰:'惠帝分建宁以西七县别立为益州郡,后改名晋宁郡。'然《宋志》晋宁郡只领六县,缺其一,成孺《宋书州郡志校勘记》、洪亮吉《补东晋疆域志》,并以为所缺者即俞元县,以地理考之,俞元应属晋宁郡,《南齐志》晋宁郡亦有俞元县,所说是也。"今检《宋志》宁州刺史兴古太守律高令条云:"晋武帝咸宁元年,分建宁郡修云、俞元二县间流民复立律高县。修云、俞元二县,二汉无。"此既言俞元县"二汉无",则以上成孺、孙彪、方国瑜、中华本等补"俞元"一条者,仍有疑问,即其实不合《宋志》原文;然则此处所缺究竟为何县,尚待考。

22. 1184页:"故且兰令,汉旧县曰故且兰,《晋太康地志》无。"

按:各本并作"且兰令",无"故"字,中华本1211页校勘记云:"各本无'故'字,而下条'毋敛令'上有'故'字。按两汉皆有故且兰,而无曰故毋敛,今移'毋敛'上'故'字于'且兰'之上。"今按《汉书·地理志》牂柯郡、《续汉书·郡国志》益州牂柯郡并治故且兰,是校勘记之"按两汉皆有故且兰"不误。然考《晋书·地理志》益州牂柯郡、《南齐书·州郡志》宁州南牂柯郡皆领且兰县,清吴增仅《三国郡县表附考证》以为三国蜀汉时改"故且兰"为"且兰";又据"汉旧县云故且兰"一句,则中华本改"且兰令"为"故且兰令"亦不妥,盖改为"故且兰令"后,"汉旧县云故且兰"一句便没有着落。又按"且兰",据《史记·西南夷传》,或作"头兰",为小国名,乃《汉书·地理志》"故且兰"县之前身,"且兰"、"头兰"者,为译音,其义不详。

23. 1187页:"西河阳太守,晋成帝分河阳立。"

按:各本并作"西河太守",无"阳"字,中华本1211页校勘记云:"各本并脱'阳'字,据《南齐书·州郡志》补。按《南齐书·州郡志》,西河阳郡,领比苏、建安、成昌三县。与此领县并同。"此以后出之《南齐书·州郡志》改先前之《宋志》,而又别无依据,不妥。毕沅《晋书地理志新补正》、洪亮吉《东晋疆域志》卷三、汪士铎《南北史补志》卷五、谭其骧主编《中国历史地图集》第四册(中国地图出版社1989年10月第2次印刷本)均作"西河郡",应是。盖晋成帝时分河阳郡西部立西河郡,而原河阳郡也改称东河阳郡。

24. 1190页:"南海太守,……高要子相,汉旧县,属苍梧,文帝废。"

按:高要,《汉书·地理志》、《续汉书·郡国志》交州、《晋书·地理志》广州属苍梧郡,《宋志》、《南齐书·州郡志》属南海郡。此作"文帝废",文意不通,"废"或是"度"之误,言本属苍梧郡,宋文帝度属南海郡,故下苍梧太守条云:"《永初郡国》又有高要、建陵、宁新、都罗、端溪、抚宁六县。……高要何志无,余与《永初郡国》同。"又或"文帝废"后脱"后复置"三字。

25. 1200页:"绥建太守,……今领县七。疑"

按:中华本1214页校勘记云:"按此云领县七,而下只有六县,故校者注云疑。《南齐书·州郡志》绥建郡领县尚有化注县,疑《宋志》夺化注。"考《宋志》于绥建太守条中已明言"化注、永固、绥南、宋昌、宋泰五县","今唯有绥南,余并无",则何来"化注"?所夺一县待考。

四、中华本《宋书·州郡志》校点献疑[1]

沈约所撰《宋书·州郡志》(以下简称《宋志》)四卷,是研究刘宋以及前此之三国两晋疆域政区的主要史料依据,对于《汉书·地理志》(以下简称《汉志》)、《续汉书·郡国志》(以下简称《续汉志》)与《晋书·地理志》(以下简称《晋志》)的校勘,对于《南齐书·州郡志》(以下简称《南齐志》)的释读,《宋志》也具有重要价值。

在现存的《宋志》主要版本中,中华书局1974年的《宋书》标点校勘本(以下简称中华本。又本文工作本为中华书局1983年第2次印刷本),被推为"各种版本的《宋书》中最好的本子"。[2] 中华本广泛汲取了前人的研究成果(如成孺《宋州郡志校勘记》、张森楷《宋书校勘记》、孙虨《宋书考论》、洪颐煊《诸史考异》、钱大昕《廿二史考异》及王鸣盛、杨守敬等人的成果),并多所创见,对《宋志》作了细致的整理,加上了新式标点,写出了简明且具特色的新校勘记。当然,诚如朱绍侯先生所言,"由于当时人力不足,时间短促,又处于一种特殊时期,中华本《宋书》还没有达到尽善尽美的程度"[3]。其中有关《宋志》的校点,似乎问题尤多,如《宋志》原有失误以及在流传过程中产生的失误,中华本应校而未校者,便不下百条。

前此笔者曾撰《〈宋书·州郡志〉补正》,就《宋志》前两卷本文之讹

---

[1] 原刊《文史》2004年第二辑,中华书局2004年版。
[2] 朱绍侯:《中华本〈宋书〉校点失误商榷》,《庆祝何兹全先生九十岁论文集》,北京师范大学出版社2001年版。
[3] 朱绍侯:《中华本〈宋书〉校点失误商榷》。

误脱衍、疑难之处，以及中华书局本校点方面的问题，整理出51条意见。① 其中属校点方面的意见，有以下7条：

1. 1031页"贺《续会稽记》"句读有误，疑当读作"贺续《会稽记》"，或"贺循《会稽记》"，或"贺循《续会稽记》"。

2. 1039页以"毗陵令"云云另行，即作为南东海郡领县之一，误。而1065页校勘记"毗陵令"条"杨守敬云：'毗陵令下，脱"汉旧县属晋陵"六字。'"并无版本依据。相应的志文当作："武进令，晋武帝太康二年，分丹徒、曲阿立，属毗陵。宋孝武大明末，度属此。"

3. 1073页订正的志文"《太康地志》、《永初郡国》又有鄑县"，当订正为"《永初郡国》又有鄑县"。又1108页校勘记"后割地成实土太康地志永初郡国又有鄑县"条之"鄑县，《晋太康地志》属南谯"，当作"鄑县，《晋太康地志》属谯"；而"故《太康地志》、《永初郡国》南谯郡并有鄑县"亦误，《太康地志》不可能有南谯郡。

4. 1108页校勘记"永初郡国又有虞阳夏安丰三县"条以孙虨《宋书考论》为不可信，认为"《宋志》不误"。实则《宋志》确误，志文当作"《永初郡国》又有安阳、阳夏、安丰三县"；又校勘记所引孙虨《宋书考论》既与孙氏原文不符，而且理解有误。

5. 1108页校勘记"领县六"条虽"疑有讹夺"，但未能补出弋阳太守所脱之县，而检《宋志》南豫州刺史光城左郡太守条，所脱一县显为光城。

6. 1109页校勘记"项城令"条据杨守敬说补"城"字，误。各本所作"项令"者是。

7. 1113页校勘记"后汉无"条认为"各本并脱'无'字"而据成孺《宋书州郡志校勘记》补，误。志文"平昌令，汉旧县。后汉、《晋太康地志》曰西平昌"不误。

---

① 《古典文献研究》总第六辑，卞孝萱先生八十寿辰纪念专号，江苏古籍出版社2003年版。

今就中华本《宋志》句读、标点以及校勘记本身存在的问题,再提出13条商榷性意见,①以求教于方家。

1. 1035 页:"东阳太守,……户一万六千二十二,口一十万七千九百六十五。"1065 页校勘记"户一万六千二十二口一十万七千九百六十五"条:"张森楷《校勘记》云:'案户口数,一户皆得十口有余,必无是理。疑一万当作二万。'"

按:张森楷《校勘记》"疑一万当作二万"无依据。检《宋志》户口数,一户十口以上者,有扬州,南兖州之南沛郡,豫州之陈留郡,荆州之宜都郡、建平郡,湘州之桂阳郡、零陵郡、营阳郡、湘东郡、邵陵郡,广州之永平郡、东官郡;又有一户两口以下者,如雍州之始平郡,秦州之安固郡,益州之南晋寿郡,广州之苍梧郡。此别有可以解释之缘由,而不可武断为"必无是理"。

2. 1105—1106 页:"安陆太守,……领县二。……安陆公相。"1114 页校勘记"领县二"条:"按此云领县二而下实安陆一县,疑脱去应城县。《南齐书州郡志》有应城县。《元和志》、《寰宇记》并云分安陆立。本书《孔季恭传》言'大明中安陆应城县民张江陵'云云,则宋世安陆郡有应城县至确,今《宋志》无之,盖脱去。"

按:本志司州刺史条云:"领郡四,县二十",数之,则郡四,县十九,此亦证明脱去一县。所脱一县为应城,校勘记是。惟校勘记与先出之孙彰《宋书考论》说同,而未指明。孙氏云:"《孔季公传》言大明中安陆应城县民张江陵。按安陆应城县,《元和志》《通典》及《太平寰宇记》俱云宋分安陆置,今《宋书·志》乃无此县名,盖脱去矣。"

3. 1117 页:"南郡太守,秦立。汉高帝元年,为临江国,景帝中二年复故。"1159—1160 页校勘记"南郡太守秦立汉高帝元年为临江国景帝中二年复故"条:"'汉高帝'各本作'汉文帝','中二年'各本作'中元

---

① 原文 21 条。今删去与《〈宋书·州郡志〉脱漏试补》大同小异的 8 条(6,13,15,16,21,22,23,25),保留 13 条。

年'，并据《汉书地理志》改。《汉书地理志》南郡下云：'秦置，高帝元年，更为临江郡，五年，复故。景帝二年（当作七年），复为临江，中二年复故。'《宋志》略去高帝五年省临江国复置南郡，景帝七年复为临江国一节，'高帝'又讹'文帝'，'中二年'又讹'中元年'。《汉书·高帝纪》，元年以怀王柱国共敖为临江王，则《宋志》作临江国是，《汉志》作临江郡者误。景帝七年复为临江国，以废太子荣为临江王，至中二年荣自杀，国除。"

按：校勘记之"景帝二年（当作七年）"误。《汉书·景帝纪》：二年"春三月，立皇子德为河间王，阏为临江王"；四年"秋七月，临江王阏薨"；七年"春正月，废皇太子荣为临江王"；中元二年"三月，临江王荣坐侵太宗庙地，征诣中尉，自杀"。据此，则南郡此段沿革如下：南郡，秦立。汉高帝元年，为临江国。五年临江国除，南郡复故。景帝二年，复以南郡置临江国，四年国又除，再为郡，七年又复置临江国，中元二年临江国又再除，为南郡。然则《宋志》所略去者，高帝五年至景帝七年间沿革。按《宋志》类此者颇众，实难一一补出；此所以补者，既为中华本校勘记之误，不可不辨，亦聊作一例耳。

4. 1119页："南安令，晋武帝分江安立。"1160页校勘记"南安令晋武帝分江安立"条："'南安'各本并作'安南'，据成孺《宋书州郡志校勘记》说乙正。按《水经油水注》：'晋太康元年，分孱陵立南安县。'"

按：《水经·澧水注》："澧水又东径安南县南，晋太康元年分孱陵立。"《水经注疏》熊会贞曰："《元和志》、《旧唐志》亦作南安，《宋志》、《齐志》、《隋志》、宋本《寰宇记》、《舆地广记》则作安南，与此同。错出已久，未能定为孰是，当两存之。《宋志》晋武帝分江安立，与此微异。"又方恺《新校晋书地理志》云："《水经注》澧水篇：'澧水又东径安南县南，晋太康元年分孱陵立。'此作南安，未详。"综上，各本并作之"安南"，以不改"南安"为妥。

5. 1120页："巴东公相，谯周《巴记》云，初平元年，荆州帐下司马赵韪建议分巴郡诸县安汉以下为永宁郡。建安六年，刘璋改永宁为巴东郡,以涪陵县分立丹兴、汉葭二县,立巴东属国都尉,后为涪陵郡。"
1160页校勘记"初平元年"条云:"'元年'各本并作'六年',据《晋书地理志》改。成孺《宋书州郡志校勘记》云:'案献帝初平纪元仅四年,六年疑有误。《晋志》益州下云,献帝初平元年,刘璋分巴郡立永宁郡。知"六"为"元"字之误,当据正。'"

按:钱大昕《廿二史考异》卷一九略云:《华阳国志》《水经注》《晋书·地理志》皆言初平元年(190年),而考刘焉以兴平元年(194年)卒,子璋始为益州牧,则初平元年璋尚未牧益州,诸书之初平或当为兴平之讹乎?《晋志》中华本校勘记则直言"初平当为兴平之讹"。又清吴增仅《三国郡县表附考证》、今人刘琳《华阳国志校注》(巴蜀书社1984年版)亦以为应作兴平元年。如此,成孺《宋书州郡志校勘记》与中华本校勘记并误,此各本并作之"初平六年"当为"兴平元年"之讹。

6. 1121页:"南义阳太守,……平阳本为郡,江左侨立。魏世分河东为平阳郡,晋末省为县。"1160页校勘记"魏世分河东为平阳郡晋末省为县"条:"洪亮吉《东晋疆域志》云:'平阳本平春,晋太元中,避郑太后讳乃改,与河东郡之平阳迥别,沈志合以为一,非是。'"

按:平阳郡,《晋志》司州领郡,治平阳(今山西临汾市西南);东晋侨立,后省为县,隶此。据本志荆州刺史南义阳太守条,平阳郡侨地当在南义阳郡内,今湖南安乡县西南一带。又据本志荆州刺史南河东太守条,颇疑平阳侨郡领有永安、临汾等县,及平阳侨郡省为县,永安、临汾二县遂度属河东郡。又洪亮吉《东晋疆域志》卷四荆州南义阳郡平阳县条:"汉县名。《史记正义》:故城即晋州城西面,今平阳故城东面也。沈志:平阳本为郡,江左侨立。魏世分河东为平阳郡,晋末省为县。"据此,本志不误,所谓"晋末省为县"者,指"江左侨立"之平阳郡,而标点应作"魏世分河东为平阳郡。晋末省为县"。

7. 1125页:"沙阳男相,二汉旧县,本名沙羡,属武昌,晋武帝太康元年更名。"

按:二汉有沙羡无沙阳,沙羡于《汉志》《续汉志》属江夏郡,此"二汉旧县,本名沙羡"间不可断句。又"属武昌"者,孙权曾短期置有武昌郡,后改江夏郡,及西晋太康元年又改为武昌郡。又"晋武帝太康元年更名"者,旧沙羡县更名沙阳县也,《水经·江水注》:沙阳"县本江夏之沙羡矣。晋太康中改为沙阳县"。

8. 1146 页:"今亦无复新兴县。何云巴东夷人。"

按:"今亦无复新兴县。何云巴东夷人",标点当作"今亦无复新兴县,何云巴东夷人",意谓何承天《宋书·州郡志》以新兴县为安置巴东夷人而立。

9. 1148 页:"晋寿太守,……而益州南晋寿郡悉有此诸县。《永初郡国》、徐又有南晋寿、南兴、乐南、兴安县。何无南兴乐,云南晋寿,惠帝立。"

按:"南晋寿、南兴、乐南、兴安县"句读错误,当作"南晋寿、南兴乐、南兴安县"。又依志例,"兴安"下当有"三"字。又所谓"益州南晋寿郡悉有此诸县"者,检本志益州刺史南晋寿太守,领有晋寿、兴安、兴乐、邵欢、白马(水)五县,是有兴乐县而无南兴或乐南县;"何无南兴乐"亦证有南兴乐而无南兴或乐南。按东晋十六国南北朝时,州郡县侨置或滥设现象严重,为资区别,加"南""北"等字者众,晋寿、兴乐、兴安与南晋寿、南兴乐、南兴安者即是。又"何无南兴乐,云南晋寿,惠帝立"者,"南晋寿,惠帝立"间以不读开为更妥,意谓何志无南兴乐县,而有南晋寿县,并云南晋寿县为晋惠帝所立。

10. 1187 页:"《永初郡国》又有西阿,领楪榆、遂段、新丰三县。"1211—1212 页校勘记:"'西阿'各本并作'西河阳',据《南齐书州郡志》改。按《南齐志》,西阿郡领楪榆、新丰、遂段三县,与此领县并同。"

按:此以后出之《南齐志》改先前之《宋志》,而又别无依据,不妥。谭其骧主编《中国历史地图集》第四册(中国地图出版社 1989 年 10 月第 2 次印刷本)40—41 南齐建武四年"宁州"东河阳郡(治东河阳)、西河阳郡(治楪榆)、西河郡(治比苏)并列,如此,则应改《南齐志》"西阿郡"为"西河阳郡",而不应改《宋志》此处"西河阳"为"西阿"。

11. 1191—1192页:"晋康太守,……《永初郡国》又有封兴、荡康、思安、辽安、开平县。何志无辽安、开平二县,余与《永初郡国》同。封兴、荡康、思安、别见。辽安、开平,应是晋末立,元嘉二十年前省。"

按:封兴、荡康、思安"别见"者,"别见"本志苍梧太守条,所谓"《永初郡国》有,及何志并属晋康,徐志度此"。又此处标点作"封兴、荡康、思安、别见。辽安、开平,应是晋末立,元嘉二十年前省",与苍梧太守思安令、封兴令、荡康令条不合。推详此段志文,应是"封兴、荡康、思安,别见"与"辽安、开平,应是晋末立,元嘉二十年前省"两层意思,其第一层意思,有苍梧太守思安令、封兴令、荡康令条志文为证;其第二层意思,是就"《永初郡国》又有……辽安、开平县。何志无辽安、开平二县"所作的推论与补充说明,按何志正"讫元嘉二十年"。如此,则此段志文应读作:"封兴、荡康、思安,别见。辽安、开平,应是晋末立,元嘉二十年前省。"

12. 1202页:"宁浦太守,《晋太康地志》,武帝太康七年改合浦属国都尉立。《广州记》,汉献帝建安二十三年,吴分郁林立,治平山县。《吴录》,孙休永安三年,分合浦立为合浦北部尉,领平山、兴道、宁浦三县。又云晋分平山为始定,宁浦为涧阳,未详孰是。"

按:此"未详孰是"者,指前所引《晋太康地志》《广州记》及《吴录》之不同的说法,非指"领平山、兴道、宁浦三县。又云晋分平山为始定,宁浦为涧阳",故"未详孰是"前,当作句号,作逗号不确。

13. 1206—1207页:"九德太守,……都庞长,何志晋武帝分九德立。"1216页校勘记"都庞长"条:"'都庞'《晋书地理志》、《南齐书州郡志》作'吉庞'。"

按:此志文"都庞"当为误字。交州刺史九真太守下已有都庞长,则不得在此重出。旧本(如殿本)《宋志》作都浹,《南齐志》作都浤,此当从旧本正作都浹。又中华本校勘记亦非,检《晋志》交州九真郡既无"都庞",也无"吉庞",而九德郡有"都浤";又《南齐志》交州九真郡有"吉庞",九德郡有"都浤",据此,中华本此条校勘记或当移于九真太守都庞长下言之,然又与《晋志》不合;又疑此是误排,与校勘者本意其实不合。而据实际情况,此校勘记或者应该出为:"都沘长 '都沘'《晋书地理志》、《南齐书州郡志》作'都浍'。"又可以证此者,成孺《宋书州郡志校勘记》"都沘长"云:"沘,《南齐志》作浍";孙彪《宋书考论》"都沘长"云:"都沘,《晋》、《南齐》俱作都浍。"

五、《南齐书·州郡志》札记[①]

萧子显撰《南齐书》，盖本檀超、江淹之旧而小变之，[②]其八《志》基本依据江淹《齐史》十《志》发展而来。江淹《齐史·州郡志》体例依徐爰《宋书·州郡志》，[③]而子显在撰作《州郡志》过程中，虽参阅了《元嘉计偕》《永明三年户口簿》《永明郡国志》《永元元年地志》《永元二年志》《永元三年志》等书，却仅略述建置，又不著户口及去京师、州道里。其年代以齐武帝永明(483—493年)年间为断[④]，而附注建元、隆昌、延兴、建武、永泰、永元中省置得失情况。

《南齐志》分上下两卷，记载了萧齐的二十三州及所领郡县。各州撰有小序，概述一州的沿革、政治、军事、经济、交通、风俗等内容，资料价值较高。于侨州郡县也多有载列。以《南齐志》较沈约《宋书·州郡志》，则其间侨州郡县之省并、改属、移徙、新置、割实等，厘然可寻。与《宋志》失之繁冗相反，《南齐志》存在的主要问题是失之太简，略而不书

---

① 原刊《历史地理》第十辑，上海人民出版社1992年版。
② [清]赵翼:《廿二史劄记》卷九"齐书旧本"，中国书店1987年版。按子显撰《齐书》，北宋时始加"南"字，以别于唐李百药所撰《北齐书》。
③ [南朝梁]萧子显:《南齐书·文学檀超传》，中华书局1972年版。
④ 标准年代大体是永明八年(490年)，南豫州淮南郡于湖注:"永明八年，省角城、高平、下邳三县并。"但有体例不纯、年代错出者，如巴州领四郡，建元二年立，永明元年省，即是。

处太多。前人云:"《齐志》略称形似",①"子显謏闻,更无讥矣",②不无道理。

今本《南齐志》错误不少,其中既有子显本文之误,更多传抄、翻刻或校订中造成的讹误脱衍。中华书局标点本③据前人考订成果及《晋书·地理志》《宋书·州郡志》等,作《校勘记》,有所匡正,但遗漏之处尚多。前此笔者曾撰有《〈南齐书·州郡志〉南高平郡纠谬》、《〈南齐书·州郡志〉三处脱文》④两篇短稿,认为:

1. 南豫州内当补"高平郡　金乡　高平"一目;并移南徐州南高平郡注于其下,注文作"宋泰始五年侨置。初寄治淮阴,复徙淮南当涂。二县。侨属南豫"。原注"后属南徐"四字当删。

2. 南兖州海陵郡海安条"罢新郡"当作"罢新平郡"。

3. 北徐州马头郡己吾条"济县"系"济阳县"之误。

4. 秦州金城郡襄,应作"襄武"。

其后,在编绘《国家大地图集》疆域政区图组有关图幅的过程中,笔者又就《晋书·地理志》《宋书·州郡志》《南齐书·州郡志》的错讹衍脱及疑难之处,陆续写了些札记。这里先整理出的二十二条短札,是读《南齐志》的一些心得,除考订《南齐志》的十几处疑误外,也对志文进行阐释,讨论了几个问题。其中难免卤莽之处,还望方家批评指正。

(一) 义熙土断清河郡不在断例

东晋义熙九年(413年),刘裕"准庚戌土断之科",主持土断。当时

---

① 〔清〕顾祖禹:《读史方舆纪要·凡例》,中华书局1955年版。
② 〔清〕钱大昕:《东晋南北朝舆地表·序》,徐文范《东晋南北朝舆地表》,《二十五史补编》本。
③ 本文以中华书局1972年1月第1版、1983年11月第3次印刷之校点本《南齐书》为工作本。
④ 载《历史地理》第六辑、第七辑,上海人民出版社1988年版、1990年版。

明确规定:"依界土断,唯徐、兖、青三州居晋陵者,不在断例。"①对此,周一良先生指出:"盖刘裕北来而寓晋陵,京口起义及佐命诸臣亦十九隶籍徐、兖、青三州……多居晋陵郡地。故晋陵独异于他郡,以示优异。"②今以《南齐志》南徐州临淮郡以下十二郡证之,旧属徐州者临淮、淮陵、南东莞、南彭城四郡,旧属兖州者南高平、南济阴、南濮阳、南鲁、南泰山、南济阳六郡,旧属青州者南平昌,都侨在旧晋陵郡境,"郡无实土",未经土断。但有一郡不合,即南清河郡。按清河郡旧属冀州,东晋明帝侨立清河郡,宋改南清河郡。《南齐志》在南清河郡下特别注明:"南徐州属冀州",也是"郡无实土"的侨郡,没有土断。可见"唯徐、兖、青三州居晋陵者,不在断例"云云,并不尽然。

清河郡不在土断之例,必有原因。推测与义熙六年(410 年)刘裕灭南燕后,为照顾南迁青齐地区的河北清河大族崔、张、房、傅诸氏利益,及安抚青齐人心有关。③

(二) 北　陵

南徐州南彭城郡领有北陵县。按"陵"应作"淩"。

北淩,"二汉无。《晋太康地志》属下邳,本名淩。而广陵郡旧有淩县,晋武帝太康二年,以下邳之淩县非旧土而同名,改为北淩。"④到东晋,明帝侨立下邳郡(宋改南下邳郡),就领有北淩县(侨)。北淩改属南彭城郡,始于宋大明四年(460 年)南下邳郡并入南彭城郡。在《宋志》南彭城郡所领十二县中,下邳、北淩、僮皆"本属南下邳",而《南齐志》南

---

① 〔南朝梁〕沈约:《宋书·武帝纪》,中华书局 1974 年版。
② 《南朝境内之各种人及政府对待之政策》,收入周一良著《魏晋南北朝史论集》,中华书局 1963 年版。
③ 参考拙文《晋宋时期山东侨州郡县考述》,载《中国历史地理论丛》1989 年第 3 期。
④ 《宋书·州郡志》南徐州刺史南彭城太守北淩令。

彭城所领十二县一如《宋志》,北淩"建武四年省",则"北陵"为"北淩"之误甚明。

(三) 侨郡省称"南"或"北"字

东晋南朝侨立州郡,名称多加"南"、"北"等字。加"南"字绝大多数在宋永初元年(420年)后。晋末刘裕北伐,青、兖、徐、豫、司、雍等州一度收复,然而侨州郡保留不废,乃于收复诸州郡上加"北"字以资区别。永初元年,又诏令"诸旧郡县以北为名者,悉除;寓立于南者,听以南为号",[①]不独郡县,即州名亦从而改易,于是有南青、南徐、南兖、南豫等州及南琅琊、南东莞、南彭城、南平昌、南济阴、南泰山、南鲁、南河东等郡。其后中原、关西、淮北等再度陷没,诸州郡南侨则冠以"北"字,如北徐、北兖等州及北济阴、北淮阴、北下邳、北京兆等郡皆是。

《南齐志》记侨郡名称,于"南"、"北"二字则多有省称,这极易导致误解、误考,应注意。如南徐州南平昌郡:"建武三年省。安丘,郡省,属东莞。新乐,郡省,属东莞。"按东莞郡治莒县(今山东莒县),南平昌郡侨在京口(今江苏镇江市)一带。南平昌郡省,其属县不可能度属东莞。此处"东莞"即"南东莞郡"之省称。南东莞郡侨在晋陵南境,今江苏武进一带。《南齐志》中,类此者尚有南泰山郡省称为泰山郡,南鲁郡省称为鲁郡,南平昌郡省称为平昌郡,等等。[②]

侨郡又有省称"北"字者。冀州条:"建元初,以东海郡属冀州",又《南齐书·周山图传》:建元初,山图"表移东海郡治涟口",这两处东海郡,均为"北东海郡"省称。其他如北淮阳郡省称为淮阳郡,北下邳郡省称为下邳郡,北济阴郡省称为济阴郡,[③]皆此一类。

---

① 《宋书·武帝纪》。
② 详拙文《东晋南朝江苏境内的侨州郡县》,载《江苏地方志》1990年第3期。
③ 南兖州条、南兖州广陵郡条。

（四）东晋侨郡有"以南为号"者

钱大昕曾反复指出："东晋之世,侨立州郡无南字,断可识矣","至永初受禅后,始诏去北加南","而千二百年来,曾无一人悟其失者,甚矣史学之不讲也","至仆始悟其失"。① 按钱氏此说,颇有发现,其立说当据《宋书·武帝纪》永初元年诏,②今人多从之。但钱说并非定论。

《南齐志》豫州条载:"孝武宁康元年(373年),桓冲移姑熟,以边寇未静,分割谯、梁二郡见民,置之浣州,立为南谯、梁郡。"考《宋书·州郡志》,南谯、南梁二郡乃晋孝武太元中侨立于淮南。据知太元年间,侨郡已有加"南"字者。《宋书·武帝纪》永初元年八月辛酉诏"诸旧郡县以北为名者,悉除;寓立于南者,听以南为号","听"即"顺从"、"同意"之意,可见此前即东晋年间,侨郡已有个别"以南为号"者,永初元年诏只是对现状的一种认可。洪亮吉也认为:"宋永初后,侨郡又普加南字耳。南谯、南梁、南汝阴等,则晋太元后已加南字,又非自宋始。"③

然核诸史传,"南"字仍多有省称者。以南梁郡为例,《宋书·向靖传》:义熙"八年,转游击将军,寻督马头、淮西诸郡军事、龙骧将军、镇蛮护军,安丰、汝阴二郡太守、梁国内史,戍寿阳";又《宋书·刘粹传》:永初三年,"督豫、司、雍、并四州、南豫州之梁郡、弋阳、马头三郡诸军事,豫州刺史,领梁郡太守,镇寿阳。"南谯、南汝阴郡亦仿此。

---

① ［清］钱大昕:《十驾斋养新录》卷六"晋侨置州郡无南字",《十驾斋养新余录》卷中"晋书地理志之误",商务印书馆1957年版;《潜研堂集·文集》"东晋疆域志序"、"东晋南北朝舆地表序"、"与徐仲圃书",上海古籍出版社1989年版。

② 《十驾斋养新录》卷六"晋侨置州郡无南字"条称:"此诏载于宋书本纪,可谓信而有徵矣。"

③ ［清］洪亮吉:《东晋疆域志》卷四徐州琅琊郡条,《二十五史补编》本。

(五) 南豫州泰始三年治宣城

南豫州条:"三年治宣城,五年省。"今按《宋书·明帝纪》泰始五年"二月丙申,分豫州、扬州立南豫州,以太尉庐江王祎为车骑将军、开府仪同三司、南豫州刺史"。六月,"南豫州刺史庐江王祎免官爵……罢南豫州。"又《宋书·文五王·庐江王祎传》:泰始五年下诏,"以淮南、宣城、历阳三郡还立南豫州",降祎为刺史,"出镇宣城"。六月,"逼令自杀。时年三十五,即葬宣城。"记述甚明,南豫州治宣城自在泰始五年,六月州废。"三年治宣城"实误。

(六) 永明元年省北济阴等四郡十七县

南兖州条载:"永明元年(483年),刺史柳世隆奏:'尚书符下土断条格,并省侨郡县……'于是济阴郡六县、下邳郡四县、淮阳郡三县、东莞郡四县,以散居无实土,官长无廨舍,寄止民村,及州治立,见省,民户帖属。"而广陵郡注:"建元四年(482年)罢北淮阳、北下邳、北济阴、东莞四郡并。"按以建元四年为是,说详陈乾康《〈南齐书·州郡志〉"永明元年"土断南兖州勘误》,载《中国史研究》1986年第2期。

又所省十七侨县,志无明文,可据《宋书·州郡志》南兖州刺史北济阴太守、北下邳太守、北淮阳太守、东莞太守四条拟补。北济阴郡六县:广平、定陶、阳平、上党、冤句、馆陶,北下邳郡四县:僮、下邳、宁城、良成(?),①北淮阳郡三县:晋宁、宿预、角城,东莞郡四县:莒、诸、东莞、柏人。

---

① 《宋志》北下邳太守领僮、下邳、宁城三县,盖脱一县。又"宁城"注"别见",而遍检《宋志》无此县,疑是新立侨县,所脱一县为良成。良成,《宋志》徐州下邳郡属县。

(七) 北徐州沛、谯、梁、魏、阳平、彭城六郡

北徐州领沛郡(辖相、萧、沛三县),又云:"永明元年,省北徐谯、梁、魏、阳平、彭城五郡。"按:六郡均为侨置,《宋志》失载,《南齐志》又不先叙明原委,考侨置者,遂不知有此六郡。

六郡之侨置,在宋泰始失淮北后。明帝初年,北魏南侵,及泰始五年,青、冀、徐、兖四州及豫州淮西诸郡并皆不守,"自淮以北,化为虏庭",①于是侨置徐州治钟离(今安徽凤阳东北),兖州治淮阴(今江苏淮阴西南),青冀二州治郁洲(今江苏连云港市东云台山),四州原领郡县也多有侨置;至豫州淮西,则不独陷魏十郡悉数予以侨置,即各郡领县也几乎全部侨立。然查考史传,皆未尝言徐、兖、青、冀及豫州淮西之人大量流转入南,则诸州郡县之侨置初非应北人南徙之需而设,徒以职方不可不备,讳言削弱,遂画地立名耳。②沛、谯、梁等六郡也是备职方而立的侨郡,与原郡领县对照关系如下表:

原郡领县③	侨郡领县
谯郡　蒙　蕲　宁陵　魏　襄邑　长垣	谯郡　己吾④(余无考)
梁郡　下邑　砀	梁郡(领县无考)
魏	魏郡(领县无考)
阳平郡　馆陶　阳平　濮阳	阳平郡(领县无考)
彭城郡　彭城　吕　蕃　薛　留	彭城郡(领县无考)
沛郡　萧　相　沛	沛郡　萧　相　沛

---

① 《宋书·州郡志·序》。
② 详见拙文《东晋南朝侨州郡县的设置及其地理分布》(上),载《历史地理》第八辑,上海人民出版社 1990 年版。
③ 《宋志》豫州领谯郡、梁郡,豫州谯郡领魏县,《宋志》徐州领阳平郡、彭城郡、沛郡。
④ 《南齐志》北徐州马头郡领。

又六郡既北徐州(即《宋志》徐州,《通鉴》卷一四六天监五年五月胡注:"南徐治京口,故以钟离为北徐")所领,则侨在北徐州境内,今安徽凤阳、嘉山、滁州市一带。

《南齐志》行文过简,常致文意不明。既略去北徐州沛、谯等六郡侨置经过,则永明元年见省云云,遂觉含糊其词,突无来历。似这等但求简略致伤文意者,尚见多处。①

(八) 泰

青州齐郡领"泰"。按当作"秦",侨秦郡领县。

《南齐书·良政刘怀慰传》:"齐国建,上欲置齐郡于京邑,议者以江右土沃,流民所归,乃治瓜步。"考齐郡先侨治郁洲(江苏连云港市东云台山),"建元初,徙齐郡治瓜步。"② 瓜步,今江苏六合东南瓜埠。秦郡则侨在堂邑,今六合北。"永明元年,罢秦郡并之"齐郡。③ 齐郡凡领九县:临淄、西安、昌国、益都,旧郡所领;④齐安、平房无考,疑新立;宿豫,原北淮阳侨郡所领,建元四年郡省,盖以此县度属;⑤尉氏与秦,则秦郡领县。

按秦郡之侨置,据《晋志》雍州:"有秦国流人至江南,改堂邑为秦郡,侨立尉氏县属焉";又《宋志》南兖州刺史秦郡太守:"晋武帝分扶风

---

① 如《南齐志》记刘宋南豫州省置简略其言:"宋永初二年,分淮东为南豫州,治历阳,而淮西为豫州。元嘉七年省并。大明元年复置,治姑熟。泰始二年治历阳,三年治宣城,五年省。淮西没虏。七年,复分淮东置南豫。"实际南豫省置,远不止此。永初三年,分淮东为南豫州,治历阳,淮西为豫州,治寿阳。元嘉七年省南豫,十六年复置。二十二年罢,大明三年再置。大明五年徙治姑熟。泰始二年又省,九月再置,还治历阳。三年五月又省,五年又立,治宣城。是年又罢。淮西陷没北魏后,泰始七年分淮东置南豫州。
② 《南齐志》青州。
③ 《南齐志》青州齐郡。
④ 《宋志》青州刺史齐郡太守。
⑤ 《宋志》南兖州刺史北淮阳太守、《南齐志》南兖州广陵郡。

为秦国。① 中原乱，其民南流，寄居堂邑……安帝改堂邑为秦郡"，领秦（"本属秦国，流寓立"）、尉氏（"汉旧名，属陈留"）等四县。秦、尉氏改隶齐郡，当是秦郡并入齐郡后度属之故。

（九）东莞琅邪二郡

青州："东莞琅邪二郡，治朐山也。即丘、南东莞（永明元年，以流户置）、北东莞。"顾颉刚、史念海《中国疆域沿革史》第十五章第五节认为："双头郡县始见于《南齐书·州郡志》，青州之东莞琅邪二郡即其滥觞"，按此说欠妥。

《魏书·地形志》中颍州条："汝阴、弋阳二郡。萧衍置双头郡县。魏因之。领县七，户一千六百六十五，口六千七十八。汝阴、陈留、楼烦、宋、弋阳、新息、期思。"钱大昕《廿二史考异》卷二九释曰："双头郡者，两郡同治，一人带两郡守也。此本汝阴郡地，又侨立弋阳郡，《宋志》所谓'帖治'。"按钱氏用"双头郡"来解释"双头郡县"，盖以为"双头郡县"即双头郡及其领县。何谓双头郡？两郡合治一地，设置一名太守，实际上合为一个行政单位。如东莞琅邪二郡，虽侈称二郡，其实是一郡，所领三县也不再分此郡与彼郡，而统隶于东莞琅邪双头郡。

见于地志记载的双头郡，并不昉自东莞琅邪二郡。《宋书·州郡志》就有南豫州南顿郡"帖治陈郡"，豫州新蔡郡"今帖治汝南"。而检诸纪传，东晋最早出现的可考双头郡，则推巴西梓潼二郡，穆帝永和三年（347年）前即已设置。② 其他如谯梁二郡、秦北陈留二郡、高阳临淮二

---

① 《晋志》雍州："惠帝即位，改扶风国为秦国"，与此异。考《晋书·秦献王柬传》："太康十年，徙封于秦，邑八万户。"柬为西晋首封秦王者，则改扶风为秦国在晋武太康十年前，《晋志》误。更考《元和郡县图志》卷二关内道凤翔府云：扶风郡，"晋太康八年为秦国"。

② 吴应寿：《东晋南朝的双头州郡》，载《历史地理研究》(1)，复旦大学出版社1986年版。

郡、西阳新蔡二郡、安固汶山二郡、清河阳平二郡、淮南宣城二郡、略阳武都二郡等，东晋设置；入宋以后，双头郡建置更繁，有南琅邪彭城二郡、南琅邪临淮二郡、南琅邪清河二郡、南彭城下邳二郡、广陵南沛二郡、南高平临淮二郡、京兆广平二郡、平原乐安二郡、清河广川二郡、高阳渤海二郡等等。拙文《东晋南朝双头州郡考论》[1]有说，此不赘述。依此，东莞琅邪二郡只是双头制度推行已久时，齐梁的一个双头郡而已，远非双头郡的肇始。

（十）宁浦、晋兴二郡并有"安广"

广州领郡第十八宁浦，第十九晋兴，并有"安广"县。按二郡壤地相接，安广不应重出，宁浦安广疑涉下（晋兴安广）而衍。

《宋志》宁浦太守领六县：涧阳（《永初郡国》作简阳）、兴道、宁浦、吴安、平山、始定；晋兴太守领八县：晋兴、熙注、桂林、增翊、安广、广郁、晋城、郁阳。《南齐志》晋兴郡八县同《宋志》，宁浦郡六县则有安广，无始定。按始定，晋分平山立，[2]南齐时不云改属，当仍属宁浦。安广，《汉书·地理志》郁林郡领县，宋初曾隶宁浦[3]，后度属晋兴；而晋兴郡正"晋元帝太兴元年，分郁林立"[4]。《补梁疆域志》卷二、《补陈疆域志》卷四，晋兴郡并有安广。据此，《南齐志》宁浦郡疑衍"安广"而脱"始定"。

（十一）寿　冷

交州日南郡领寿冷县。《宋书·州郡志》、《隋书·地理志》、成孺《宋书州郡志校勘记》、《水经·温水注》、《三国郡县表附考证》等，均作

---

[1] 载《中国历史地理论丛》1989年第2辑。
[2] 《宋志》宁浦太守。
[3] 《宋志》宁浦太守："《永初郡国》有安广县。"
[4] 《宋志》晋兴太守。

寿泠。按作寿泠(líng)是。

(十二) 隆川郡

越州隆川郡,领良国。按"隆川"为"陆川"之误。

陆川郡,《宋志》无,当是萧齐新置。杨守敬萧齐、萧梁《疆域图》并有陆川郡,治良国(今广西北流东南陆靖),后省郡为县。汪士铎《南北史补志》卷六《地理志·梁陈》:"陆川郡,齐旧郡,后省为县";《补陈疆域志》卷四合浦郡陆川引一统志:"本齐陆川郡,梁陈间废为县。"隋大业初,陆川县又废入北流县。[①] 唐武德四年复置,宋淳化五年始迁治今广西陆川县。

(十三) 齐隆郡"还属□州"

越州齐隆郡:"永泰元年,改为齐隆,还属□州。"洪齮孙《补梁疆域志》卷二作"越"字,甚是。

(十四) 司州镇义阳

司州"镇义阳",所领郡以南义阳为首,北义阳次之。杨守敬图州郡,据《南齐志》,司州治南义阳。今按:依照州郡志体例,首郡列州所治郡,首县列郡所治县,则司州以南义阳为首郡殊误,首郡当列北义阳。

《南齐志》司州:"宋景平初,失河南地。元嘉末,侨立州于汝南悬

---

① [唐]魏征等:《隋书·地理志》合浦郡北流,中华书局1973年版。

瓠,寻罢。泰始中,立州于义阳郡。"①这里的义阳郡,即《宋志》司州首郡,"魏文帝立,后省,晋武帝又立",领县七,治平阳(今河南信阳市)。《南齐志》司州领有南、北义阳郡,其南义阳是侨郡,寄治孝昌(今湖北孝感北);又改宋义阳郡为北义阳郡(仍治平阳)。司州镇北义阳,故"有三关之隘,北接陈、汝,控带许、洛,自此以来,长为边镇"。②及梁天监三年(504年)八月,"魏陷司州,始诏以南义阳置司州";③天监八年,夏侯亶持节督司州诸军事、司州刺史,领安陆太守,④此后任司州刺史职者,例领安陆太守,盖司州又自南义阳徙镇安陆(今湖北安陆)也。大通二年(528年),魏郢州刺史(魏克义阳,以梁之司州为郢州)元愿达以义阳(即北义阳)内附,诏改为北司州;南司州治安陆依旧。太清初省南司州;而北司州复曰司州,太清三年(549年)后没于北魏。⑤

依上所考史实,萧齐时司州镇北义阳无疑,当列为《南齐志》司州首郡;司州也曾治南义阳,然在梁天监中,且为时甚短。⑥

---

① 立州于义阳,《宋书》《南史》明帝纪并失书;《南齐书·吕安国传》载此事云:"累至宁朔将军、义阳太守。(泰始)四年,又改封湘南县男。虏陷汝南,司州失守,以安国为督司州诸军事、宁朔将军、司州刺史。六年,义阳立州治,仍领义阳太守。"

② 《南齐志》司州。"三关"即北义阳郡境平靖、黄岘、武阳三关。平靖关在今信阳西南,黄岘关在今信阳南,武阳关在今河南罗山南。三关与郡城势如首尾,为南北兵争要地。

③ [唐]姚思廉:《梁书·武帝纪》,中华书局1973年版。

④ 《梁书·夏侯亶传》。

⑤ [清]钱大昕:《廿二史考异》卷二六梁书武帝纪、陈庆之传;《隋志》安陆郡、义阳郡;魏收:《魏书·地形志》中南司州。

⑥ 附记:此条写定后,获读周一良先生《魏晋南北朝史札记》(中华书局1985年版)。在"《南齐书》札记·州郡志郡下列县之次序"条中,周先生指出:"州郡志体例应先举州所治郡,郡下先举郡所治县。而南齐州郡志郡下所列县之次序多与此例不合者",因举不合者十一例,其说极是。可见《南齐志》不仅首列之郡,有非州治者;首县非郡治者亦多。希读者参看。

（十五）苟眺为湘州刺史

湘州条："晋永嘉元年，分荆州置，苟眺为刺史。"此条甚误。据吴廷燮《晋方镇年表》，永嘉元年分荆、江八郡为湘州，永嘉元年至三年，领刺史者温畿。永嘉四年至五年，苟眺刺湘州。适流人汝班等聚众，共推杜弢为主。弢自称湘州刺史，攻破郡县，眺委城走广州，弢追擒之，时在五年五月。六月，琅邪王司马睿承制，以甘卓为湘州刺史。

（十六）东邺阳

梁州北上洛郡领县有"东䣊阳"。按旧无䣊阳，疑"䣊"（邺）是"酆"（豐、丰）字形近之讹。

豐阳，旧县。《魏书·地形志》洛州上庸郡（原东上洛郡）领豐阳，"太安二年置"；《太平寰宇记》："晋泰始三年（267年），分商县之地置豐阳县，因豐阳川以为名，寻废。后魏太安二年（456年），与旧县复置"，其地在今陕西山阳县城关。东晋南朝时，上洛侨郡有四，即《宋志》梁州南、北上洛郡与雍州南、北上洛郡。其雍州北上洛郡领有酆阳，梁州南上洛郡也有豐阳（何承天《州郡志》作酆阳，《南齐志》作北豐阳）。梁州北上洛郡则领豐阳与西豐阳，《南齐志》增领"东䣊阳"，盖因原有豐阳与西豐阳，故冠以"东"，则"东䣊阳"应作东酆阳。

东晋南北朝多有沦没一州一郡一县，而侨置数州数郡数县者。为资区别，侨名遂加"南"、"北"、"东"、"西"等方位字。以侨县为例，南汉中郡所领南长乐、南苞中、南沔阳、南城固，[①]北梁郡所领北蒙、北陈，[②]

---

① 《宋志》益州刺史南汉中太守。
② 《南齐志》豫州北梁郡。

新蔡郡所领东苞信、西苞信,①以及本条所考北上洛郡所领东丰阳、西丰阳等等皆是。

(十七) 高 陵

秦州冯翊郡领高陵县(侨)。按高陵当作高陆(陆),字形相近致误。《元和郡县图志》卷二京兆府高陵:"本秦旧县,孝公置。汉属左冯翊。魏文帝改为高陆,属京兆郡。隋大业二年,复为高陵";又《魏书·地形志》雍州冯翊郡高陆:"郡治。二汉曰高陵,属。晋属京兆,魏明帝改属";又《隋书·地理志》京兆郡高陵:"后魏曰高陆,大业初改焉。"分析上引,则自曹魏文帝至隋大业初,县名高陆。其侨置县亦名高陆。②《宋志》秦州刺史冯翊太守领莲勺等五县,有高陆,"何志流寓割配";《南齐志》秦州冯翊郡领县与《宋志》略同,则"高陵"以作"高陆"为是,即《宋志》高陆也。

(十八) 晋康郡

益州领晋康郡。按"晋康"或是"晋原"之误。

《宋志》益州刺史晋原太守:"李雄分蜀郡为汉原,晋穆帝更名,领县五",即江原(郡治,今四川崇庆西北)、临邛、晋乐、徙阳、汉嘉。《南齐志》益州领江原等五县者,则晋康郡。考晋康,乃"晋穆帝永和七年(351年)分苍梧立,治元溪",宋《永初郡国》治龙乡,元嘉中徙治端溪,③《南齐志》治威城,属广州。可见晋康郡与益州邈不相涉。再检诸史传,未见益州晋原郡有改称晋康郡的记载;诸地志如《隋书·地理志》(蜀郡晋

---

① 《宋志》南豫州刺史新蔡太守。
② 如《宋志》雍州刺史冯翊太守所领高陆令。
③ 《宋志》广州刺史晋康太守。

原:"旧曰江原,及置江原郡,后周废郡,县改名焉")、《元和郡县图志》(卷三一剑南道蜀州晋原县:"本汉江原县,属蜀郡。李雄时改为汉原,晋为晋原。周立多融县,又改为晋原,属益州")、《太平寰宇记》("多融县,后周改为晋原县,以县界晋原山为名")等,记叙晋原沿革甚详备,也都不载晋原曾改晋康,则《南齐志》益州"晋康郡"疑为"晋原郡"之误,"康"、"原"为字形相似致讹。①

(十九) 康 晋

益州有始康郡,领康晋、谈、新成三县。《宋志》益州刺史始康太守:"关陇流民,晋安帝立,领县四……寄治成都。"四县即始康、新城、谈、晋丰,皆"晋安帝立"。据此,始康、晋丰二县齐时并为康晋耶?洪齮孙《补梁疆域志》卷四以为,《南齐志》"康晋"当是上脱"始"字,下脱"丰"字,而误合为一县者。洪说疑是。《读史方舆纪要》卷六七金水废县条:"县治南一里有始康城。晋末置始康郡,寄治成都,始康县属焉。宋齐因之,西魏废。即此城矣",即系佐证。

(二十) 建平郡、建宁郡

宁州领郡,第一建平。按"建平"疑作"建宁"为是。

《南齐志》:"宁州,镇建宁郡。"州郡志体例先书州所治郡,宁州既治建宁,则州下当先书之,《宋志》宁州首郡即为建宁(治味县,今云南曲靖

---

① 成孺《宋书州郡志校勘记》"晋原太守李雄分蜀郡为汉原"条:"南齐志作晋康,疑李雄分蜀郡为汉康,晋穆帝更名晋康。康原形近易致讹舛。"《二十五史补编》本。杨守敬称成氏此条"至精确"(见谭其骧《长水集》上册"宋州郡志校勘记校补",人民出版社1987年版)。成、杨二氏疑晋原为晋康之误,与本条所论晋康为晋原之误恰恰相反。按晋穆帝分广州苍梧郡立晋康郡,则不得于益州改汉原郡为晋康郡以致重名;且晋原郡或以境内晋原山得名,必不作晋康也。

北)。又《宋志》建宁太守领昧、同乐等十三县,《南齐志》领同乐(郡治,今云南陆良县境)、昧等十三县者,则"建平郡",而史传不言建宁曾改建平,是《南齐志》"建平"或系"建宁"之误。齐时也有建平郡,《南齐志》巴州所领,治巫(今四川巫山北),与宁州远不相涉。

又《南齐志》宁州领郡第六为建宁,领新安、永丰等六县。按《宋志》宁州刺史建都太守:"晋成帝分建宁立,领县六",一如《南齐志》建宁郡六县,而建都也不曾改称建宁,是《南齐志》建宁郡又或是建都郡之误。

(二十一) 不 建

宁州永昌郡领不建。按旧无不建,当作不韦,"建"为"韦"字笔误。

不韦,《汉志》益州郡领县,汉武帝置。其得名,据《后汉书·西南夷列传》注引东晋孙盛《蜀谱》曰:"初,秦徙吕不韦子弟宗族于蜀,汉武帝开西南夷,置郡县,徙吕氏以充之,因置不韦县";又《华阳国志·南中志》云:"孝武时通博南山,度兰沧水、渚溪,置巂唐、不韦二县。徙南越相吕嘉子孙宗族实之,因名不韦,以彰其先人恶。"东汉、蜀汉、晋、萧齐因之,隶永昌郡。《宋志》不载,疑以其僻远荒废,不在域内也。

(二十二) 永昌郡"有名无民曰空荒不立"

宁州永昌郡注云:"有名无民曰空荒不立",紧接之益宁郡注云:"永明五年,刺史董仲舒启置,领二县,无民户。"按《南齐志》于无土、无民、"没虏"之郡多有罗列,清牛运震《读史纠谬》第七卷南齐书州郡志举例说:"临淮以下十二郡,'郡无实土';高平以下五郡,并重书注云'右荒';南上洛以下二十一郡,左义阳郡以下十二郡,注云'没虏';宏农郡以下四十五郡,并注云'荒';永昌郡、益宁郡,并'有名无民',注云'空荒不立'。"牛运震就此批评道:"《州郡志》所以履舆地之实也,自东晋刘宋以来,江左偏安,州郡多侨置空立,史官记载,自宜考其本真,不得因仍假备。今载其郡,而'郡无实土',考其地,而民无真户,或云已没强虏,或曰'空荒不立',何以为完志信史也？草率残缺,莫此为甚,读史至此,为之废卷而叹。"今按牛氏所批评者,正是《南齐志》的部分特殊史料价值所在,"郡无实土"表明侨郡尚未经历土断,"没虏"表明疆域已有变迁,"荒"或"有名无民"则联系着边地的民族状况或正常的民政治理的废弃等等复杂情形,然则以上种种,正是当时政治地理的一些关键特征。

六、《南齐书》与《南史》所见谢朓之政治"史记"[①]

谢朓(464—499年),南朝时代一位典型的"名家子"。他的诗文书法成就被认卓越,为官做人品行却颇遭讥刺;他生前并无多大权势,逝后却历史记忆可谓深刻,现实影响也堪称广泛。那么,谢朓究竟是位怎样的人物呢? 如谢朓这样的人物,在魏晋南北朝时代,又实在不乏其人,如此,理解了谢朓,也就颇有助于我们理解那个时代类似的一批人物,进而生发一种对历史人物"理解的同情"……

就史料言,关于谢朓的生平行实,先有梁朝萧子显的《南齐书·谢朓传》,后有初唐李延寿的《南史·谢朓传》,两者虽然大同小异,还是颇具对照价值。盖萧子显(489—537年)出身萧齐皇室(齐高帝孙),所以《南齐书》中曲笔之处、隐晦之文较多;而李延寿既以后人的身份作史,当然就少了些回护与忌讳,因此《南史》更加真实。这种情况也存在于两篇《谢朓传》中,如《南史》本传所记谢朓死事的刘暄告密、谢朓临终叹息的"天道其不可昧乎",即不见于成书在先的《南齐书》本传。

职是之故,本文以《南齐书·谢朓传》[②]为主,以《南史·谢朓传》[③]为辅,参考李猛、曹旭所撰《谢朓年谱汇考》[④],先以"目"为序,梳理谢朓

[①] 原刊《南京晓庄学院学报》2020年第1期,题为《谢朓之政治"史记":品行辨析与文人样貌》。

[②] [南朝梁]萧子显:《南齐书》卷四七《谢朓传》,中华书局1972年版。

[③] [唐]李延寿:《南史》卷一九《谢朓传》,中华书局1975年版。

[④] 李猛、曹旭:《谢朓年谱汇考》(以下简称《汇考》),收入范子烨编:《中古作家年谱汇考辑要(卷三)》,世界图书出版西安有限公司2014年版,第33—114页。

之生平特别是其仕历,以见"官人"谢朓一生之宦迹及其所奉之主①,再就其中四个涉及谢朓"品行"评价的关键问题,展开必要的辨析,复举四例,以见"官人"谢朓之"文人"样貌之一斑。

(一) 宦迹与奉主

1.《南齐书·谢朓传》(以下简称《南齐书》本传):"谢朓字玄晖②,陈郡阳夏人也。祖述,吴兴太守。父纬,散骑侍郎。"

刘宋大明八年(464年),谢朓出生于京师建康(今南京市),具体出生地,或在谢氏世居的乌衣巷,或在建康东郊钟山南麓的谢氏庄宅。③"陈郡阳夏"是谢朓的祖籍,更准确地说是谢朓所隶属的陈郡谢氏的郡望。④

追溯谢朓的直系祖先,由近及远的世系排列是这样的:谢朓—谢纬—谢述—谢允—谢据—谢裒—谢衡—谢缵。姑从谢朓祖父说起。谢朓祖父谢述(390—435年),《宋书》有传。谢述为谢允四子,"美风姿,善举止","以节义流誉"。东晋末年为太尉刘裕参军,因功封吉阳县五等侯。入宋,历仕中央与地方(长沙内史、武陵太守、南郡太守),不仅"才应详练,著于历职",而且"莅官清约,私无宅舍",以此颇为宋武帝刘

---

① 在今人的眼中,谢朓是位以山水诗卓立的"文人";其实回到谢朓生活的时代,他的职业仍是"官人",且是与皇家关系复杂、卷入宫廷矛盾颇深、或在中央或在地方的"官人"。

② 在旧时文献中,"朓"或作"眺","玄晖"或作"元晖",前者是避宋太祖赵匡胤高祖赵朓之讳,后者是避清圣祖爱新觉罗·玄烨之讳。

③ 唐人李善注《文选》所收谢朓《游东田》诗题云:"朓有庄在钟山,东游还作。"[南朝梁]萧统编,[唐]李善注:《文选》,上海书店1988年版,第306页。此庄当为谢氏旧业。又据南朝时皇族与贵族官僚多在钟山南麓"东田"一带置业,则谢氏庄宅或亦在"东田"。

④ "陈郡阳夏"即今河南省太康县。刘宋泰始二年(466年)即谢朓3岁时,该地就沦陷北魏,而且直到谢朓被杀的499年,也未恢复,所以谢朓应该没有踏足过陈郡阳夏县。

裕、宋文帝刘义隆、刘裕四子彭城王刘义康所重,恩遇有加。谢述终于吴兴太守任上,"在郡清省,为吏民所怀"。

谢朓父亲谢纬与两位伯父谢综、谢约,附见《宋书·谢述传》:

> 综有才艺,善隶书,为太子中舍人,与舅范晔谋反,伏诛。约亦坐死。纬尚太祖第五女长城公主,素为约所憎,免死徙广州。孝建中,还京师。方雅有父风。太宗泰始中,至正员郎中。①

据此,谢朓父辈突然遭遇了扑面而来的血雨腥风:一方面,谢述泽被后代,长子谢综为东宫"清官"太子中舍人,次子谢约娶彭城王刘义康女,三子谢纬尚文帝五女长城公主,真是满门贵胄,另一方面,谢纬大概因为"尚公主"的恩荣,却为两位兄长妒恨;一方面,由于卷入所谓的范晔"谋反"案②,谢综、谢约惨遭诛杀,另一方面,谢纬虽因不党二兄、不与同谋且"尚公主"免于一死,却也难免受到物议。又具体说到谢朓,曾经荣盛的祖父谢述一门,竟然落得两位伯父被诛、自己父亲遭贬的境地,这样的家庭悲剧带给谢朓的创伤,是可以想见的;而更令谢朓难以承受的是,振兴家门、起码维持家门不坠的重任,竟然完全落在作为谢纬独子的他一人的肩上③……

2.《南齐书》本传:"朓少好学,有美名,文章清丽。"

如上所述,谢朓父谢纬,泰始中至散骑侍郎;母宋文帝刘义隆第五

---

① 谢纬所任"正员郎中","中"字衍,"正员郎"即《南齐书·谢朓传》所载"父纬,散骑侍郎"。《通典》卷二二《职官四》:"历代所称正员郎者,即散骑侍郎耳。"〔唐〕杜佑:《通典》,中华书局1988年版,第606页。
② 范晔(398—446年),南阳顺阳(今河南淅川县南)人,《后汉书》作者,家世业儒习史。曾为彭城王刘义康参军。迁尚书吏部郎,左迁宣城太守。后累迁至左卫将军、太子詹事。元嘉二十二年(445年),有人告发他与孔熙先等密谋迎立刘义康为帝,乃以谋反罪名,下狱被诛。刘义康被废为庶人。又范晔姐为谢述妻,即谢综、谢约、谢纬母,谢朓祖母。
③ 谢综、谢约子嗣,于史无考,当是无子。

女长城公主。作为皇家驸马、谢氏名门,谢纬仅为五品的散骑侍郎,官品显然低了一些,这当与范晔"谋反"案的牵连有关,即谢纬虽然免死,仍被远徙广州近十年,回到京师后也是"沉沦不起";甚至"长城公主"的封号也透露了其中消息,因为按照制度,公主是封郡的,然而"长城公主"却以长城县(今浙江长兴县)封,实际降等成了诸王之女所封的"县主"。又仕途坎坷的谢纬与封号降等的长城公主之独子谢朓,可能还是这对夫妻老来得子,而且谢纬可能在谢朓童年时即已去世,长城公主可能在谢朓青年入仕前即已亡故。①

综合以上家庭情况并以古今事例推之,一方面,估计谢朓的身体不会很好,抑或较为孱弱,性格有欠开朗,或者有些压抑;另一方面,因为谢朓乃是谢述一支留存的独子,所以肯定颇得父母疼惜而且悉心培养,谢朓之"少好学,有美名"当即与此有关。

3.《南齐书》本传:谢朓"解褐豫章王太尉行参军,度随王东中郎府,转王俭卫军东阁祭酒,太子舍人,随王镇西功曹,转文学。"

所谓"解褐",就是脱下平民所穿的衣服,换上官服,也就是入仕了。《梁书·武帝纪》载天监四年诏:"今九流常选,年未三十,不通一经,不得解褐。"又《梁书》卷十四"姚察曰":"近世取人,多由文史。"齐建元四年(482年),19岁的谢朓解褐入仕,说明他已不仅"有美名,文章清丽",而且具备了一定的经学修养。又约在此前一年,谢朓与寻阳郡公王敬则之女结婚。

从19岁为豫章王太尉行参军,到30岁离开随王文学任,谢朓的官职凡六变,其所奉之主又皆非等闲之人:

谢朓19岁到23岁时,为豫章王太尉行参军。豫章王萧嶷(444—492年),齐朝开国皇帝萧道成第二子。起家宋太学博士、长城县令。

---

① 据《汇考》第42页、第46页、第50页,长城公主生谢朓时,已经年近40,则谢纬当已过不惑之年;又谢朓5岁前后时,谢纬卒于散骑侍郎任上,而据谢朓入仕后未有母忧去职的记载,则其入仕前,母亲当已亡故。

萧道成479年开国伊始,即封萧嶷为豫章王,次年又为中书监、司空、扬州刺史。482年太子萧赜即位(武帝),旋即授萧嶷为太尉,可见对其信任与重用。483年又领太子太傅。萧嶷宽仁弘雅,治民有术,颇得朝野欢心。谢朓482年至486年所任"太尉行参军",为太尉府僚属,品秩不高,约在七品、八品,①又谢朓所任"行参军"未署曹职,可能没有什么具体职事,盖意在官场的历练。

谢朓23岁到25岁时,在随王萧子隆东中郎将府。随王萧子隆(474—494年),武帝萧赜第八子。482年由枝江公晋封随王,486年为持节、督会稽东阳新安临海永嘉五郡、东中郎将、会稽太守。谢朓486年至488年任职萧子隆东中郎将府,具体职务仍然不详,估计为参军、记室一类侍从官。萧子隆颇有文才,萧赜比之为"我家东阿","东阿"即曹操第三子曹植,曹植曾封东阿王;谢朓则"文章清丽",故此甚得萧子隆赏识。又在此期间,萧赜第二子、竟陵王、司徒萧子良在鸡笼山开西邸,招集文学才俊,诗歌唱和,谢朓经常出入其中,并与萧衍、沈约、王融、萧琛、范云、任昉、陆倕一起,被号为"竟陵八友"。

谢朓25岁到26岁时,任王俭卫将军府东阁祭酒。王俭(452—489年)为东晋丞相王导之后,宋时起家秘书郎,尚宋明帝刘彧阳羡公主。宋齐禅让过程中,王俭有佐命之功。入齐,迁尚书左仆射,领吏部,与司徒褚渊共受遗诏辅太子萧赜。萧赜即位,为侍中、尚书令,后进号卫将军,再领国子祭酒、太子少傅,488年授开府仪同三司,489年改领中书监,五月病卒。王俭熟谙文献,精通朝仪,提倡儒学,参掌选事,"士流选用,奏无不可"。王俭又"常谓人曰:'江左风流宰相,唯有谢安。'盖自比也"。②谢朓488年至489年五月所任王俭卫将军府东阁祭酒,约为七

---

① 谢朓从入仕到殁世,皆在萧齐一朝,然而齐朝官品多难确认。阎步克根据《齐职仪》佚文比勘《通典》所载晋宋官品,认为"南齐基本上沿用了晋宋官品,晋宋齐三朝官品大致一脉相承"(阎步克:《品位与职位——秦汉魏晋南北朝官阶制度研究》,中华书局2002年版,第295页)。本文有关谢朓官品亦多据此原则推测。

② 《南齐书》卷二三《王俭传》,第436页。

品官,而考虑到485年朝廷就"于俭宅开学士馆,悉以四部书充俭家,又诏俭以家为府",①则谢朓这位东阁祭酒的主要职守,乃是"接对贤良,导引宾客",即帮助主人王俭迎来送往。

谢朓26岁到27岁时,为太子舍人,所奉太子为萧长懋。萧长懋(458—493年),武帝萧赜长子。479年封南郡王,482年立为皇太子,卒谥文惠太子。萧长懋姿容丰润,礼接文士,究心孝经,好尚佛教,善制珍玩之物,宫室奢侈华丽。萧长懋颇厌恶其堂叔、后来的明帝萧鸾,认为萧鸾乃"德薄"之徒,"后明帝立,果大相诛害"。489年五月王俭病卒,应该在此后不久,谢朓转为太子舍人。太子舍人为太子东宫属官,"宋有四人,齐有一人,梁有十六人,掌文记"②,可见齐时太子舍人虽然仅为七品,但仍职显位重,而且因为此职多由高门甲族有才学者担任,所以又具清美之誉。

谢朓27岁至30岁,先为随王萧子隆镇西将军府功曹参军,后转文学。490年八月,随王萧子隆为使持节、都督荆雍梁宁南北秦六州、镇西将军、荆州刺史,谢朓也改任镇西将军府功曹参军。此功曹参军掌纠驳献替,七品。但因荆州治所江陵府舍在前任荆州刺史、巴东王萧子响叛乱中被毁,修缮尚需时日,所以谢朓未随萧子隆赴任,而是羁留京城建康,并于羁留期间改任文学。所谓"文学",《南齐书·百官志》"诸王,师、友、文学各一人",六品,主要执掌校雠典籍、侍从文章。491年春,谢朓离开建康,赴任随王文学,直到493年夏。在这两年多的时间里,谢朓与萧子隆及其僚友过从甚密,谢朓以其文才,"尤被赏爱"。493年夏,谢朓奉武帝萧赜敕令,回到建康。

4.《南齐书》本传: 谢朓"迁新安王中军记室……寻以本官兼尚书殿中郎……高宗辅政,以朓为骠骑谘议,领记室,掌霸府文笔。又掌中书诏诰,除秘书丞,未拜,仍转中书郎。"

---

① 《南齐书》卷二三《王俭传》,第436页。
② 《通典》卷三〇《职官十二》,第827页。

从30岁到32岁,谢朓在京城建康的官职多变,不变者则是与"上司"萧鸾(452—498年)的密切关系。

先是493年七月,武帝萧赜驾崩,遗诏竟陵王萧子良、西昌侯萧鸾辅政,萧长懋(文惠太子)长子萧昭业(473—494年)继位。八月,迁萧鸾为尚书令。十一月,萧长懋次子、临汝公萧昭文封新安王,为中军将军。494年四月萧子良去世,闰四月萧昭文迁扬州刺史,中军将军如故。七月,萧鸾废杀萧昭业,迎立萧昭文(480—494年),萧鸾为骠骑大将军、录尚书事、扬州刺史、宣城郡公。十月,萧鸾为太傅、大将军、扬州牧、宣城王,旋即废除萧昭文,自立为帝(明帝)。

与此相对应,493年十一月至494年闰四月,谢朓任新安王萧昭文中军将军府记室参军,七品,职掌起草文疏表奏。又约494年初至七月兼任尚书殿中郎,为尚书令萧鸾属官。此尚书殿中郎位在尚书诸郎之首,六品,多由文士担任,主理起草文书。及至494年七月,谢朓既为萧鸾骠骑大将军府咨议参军(五品),职掌咨询谋议军事,又领"掌霸府文笔"①的记室参军,亦即兼任了文武二职。再到萧鸾494年十月称帝后,谢朓先以长兼中书郎的职位"掌中书诏诰",再任秘书丞(六品)而未及拜受,转任中书郎(五品)。按长兼中书郎、中书郎为中书省职位,中书郎员额四人,五品,主掌诏诰,"长兼"作为一种任职方式,虽然秩位稍低于正员,职守则与正员相差无几。简而言之,萧鸾即位之前谢朓所掌"霸府文笔",萧鸾即位之后谢朓所掌"中书诏诰",性质都属于萧鸾的"笔杆子",而萧鸾对谢朓的信任及对谢朓文学才华的肯定,由此可见。

5.《南齐书》本传:谢朓"出为宣城太守,以选复为中书郎。建武四年,出为晋安王镇北咨议、南东海太守,行南徐州事。启王敬则反谋,上甚嘉赏之。迁尚书吏部郎……下狱死。时年三十六"。

从32岁到36岁,谢朓两次出任地方长官,又两次返京任职,并在京城下狱诛死。

---

① "霸府"谓控制朝政、准备称帝的权臣的府署。

495年，谢朓先在中书郎任上，及至暮春时节，出任宣城太守（五品），496年秋实际卸任。宣城郡隶属南豫州，治宛陵（今安徽宣城市），下辖宛陵、广德、怀安、广阳、石城、临城、宁国、宣城、建元、泾、安吴十一县，实际辖地约当跨江南北的南豫州近半，号称"近畿大郡"。明帝萧鸾以谢朓为宣城太守，可见其对谢朓的信重并未稍减。

496年秋，可能是为了奉祀南岳（今湖南衡山），谢朓接受临时差遣，"忝役湘州"①。虽然最后是否成行难以考证，但因此离开宣城，并于本年冬回京再任中书郎，则确切无疑。

497年，谢朓由中书郎出为晋安王镇北咨议、南东海太守，行南徐州事。晋安王指萧鸾长子、晋安王萧宝义。495年，萧宝义为使持节、都督南徐州军事、镇北将军、南徐州刺史。因为萧宝义"少有废疾，不堪出人间"②，所以萧鸾特别安置谢朓辅佐，此即谢朓身兼镇北将军府咨议参军、南东海太守、行南徐州事三职的缘故。咨议参军前文已述；南东海郡治郯县（今镇江市），领郯、祝其、襄贲、利成、西隰、丹徒、武进七县；南徐州镇京口（今镇江市），领南东海、晋陵、义兴、南琅琊四个实土郡以及临淮、淮陵等十二个侨郡，有"因山为垒，望海临江，缘江为境，似河内郡，内镇优重"的重要军事地位，以及"宋氏以来，桑梓帝宅，江左流寓，多出膏腴"的特殊政治地位。③至于谢朓之"行南徐州事"，盖以镇北咨议参军（五品）、南东海太守（五品）代行南徐州刺史职位，权力可谓颇大。④

498年四月，谢朓以"启王敬则反谋"，迁任尚书吏部郎，六月前后回京就职。尚书吏部郎职主选举，五品，有"妙于时选"、"清通为首"的

---

① 此事不见于史传，然据谢朓《忝役湘州与宣城吏民别》诗，应该可证。
② 《南齐书》卷五〇《巴陵隐王宝义传》，第863页。
③ 《南齐书》卷一四《州郡志》，第246—247页。
④ 南徐州刺史属于刺史领兵者，四品。又严耕望指出：咨议参军"地位既仅次于长史、司马，故亦常带大郡太守，且或越次行府州事"。严耕望：《魏晋南北朝地方行政制度》，台湾"中研院"历史语言研究所1990年第3版，第193页。

美誉,谢朓曾四次上表推让。及至499年八月,因在始安王萧遥光谋逆事件中进退失据,谢朓下狱受诛,终年36岁。

以上依据《南齐书》本传,以年为序,简要交代了谢朓的生平特别是其仕历、宦迹及其所奉之主。可以看出,随王萧子隆、明帝萧鸾是谢朓前后服务过的两位最重要的"上司",举发王敬则谋反、下狱受诛则是谢朓政治生命中两个最关键的事件,而且这两位"上司"、这两个事件,还特别关系到谢朓的"品行"评价。其实这样的判断,如果证以《南齐书》与《南史》本传,就更加清楚了:在这两篇各千余字的传记中,与此相关的文字分别占了约70%、约80%的篇幅,可见在史臣萧子显、李延寿看来,这也是谢朓个人政治"史记"中最值得关注的焦点。

(二)"高宗乃顾"与"笺辞子隆"

493年是萧齐王朝政局转折的一年,武帝萧赜驾崩,萧赜长孙萧昭业继位,萧赜堂弟萧鸾辅政。这也是谢朓政治生命转折的一年,"而立之年"的谢朓从随王萧子隆文学侍从,变身为萧鸾政治集团成员。《南齐书》本传记载:

> 子隆在荆州,好辞赋,数集僚友,朓以文才,尤被赏爱,流连晤对,不舍日夕。长史王秀之以朓年少相动,密以启闻。世祖敕曰:"侍读虞云自宜恒应侍接。朓可还都。"朓道中为诗寄西府曰:"常恐鹰隼击,秋菊委严霜。寄言尉罗者,寥廓已高翔。"
>
> 迁新安王中军记室。朓笺辞子隆曰:"朓闻潢汙之水,思朝宗而每竭;驽蹇之乘,希沃若而中疲。何则?皋壤摇落,对之恫怅;岐路东西,或以鸣悒。况乃服义徒拥,归志莫从,邈若坠雨,飘似秋蒂。朓实庸流,行能无算,属天地休明,山川受纳,褒采一介,搜扬小善,舍耒场圃,奉笔菟园。东乱三江,西浮七泽,契阔戎旃,从容宴语。长裾日曳,后乘载脂,荣立府廷,恩加颜色。沐发晞阳,未测

涯涘;抚臆论报,早誓肌骨。不悟沧溟未运,波臣自荡;渤澥方春,旅翮先谢。清切蕃房,寂寥旧荜。轻舟反溯,吊影独留,白云在天,龙门不见。去德滋永,思德滋深。唯待青江可望,候归艎于春渚;朱邸方开,效蓬心于秋实。如其簪履或存,衽席无改,虽复身填沟壑,犹望妻子知归。揽涕告辞,悲来横集。"

寻以本官兼尚书殿中郎。

按上引史料的第一、二段,在中华书局本《南齐书》中并未分段,今为讨论之便,分作两段,盖谢朓还都与迁新安王中军记室之间,有个关键的时间差。结合当时与后来的相关史事而综以观之,可知以下情况:

其一,谢朓受谗,离荆还都。在荆州随王僚友中,谢朓以其优异的文学才华,尤其获得"好辞赋"的随王的欣赏与喜爱,竟至"流连晤对,不舍日夕",这引起了职位高于他的同僚王秀之的嫉恨。王遂暗中上奏萧赜,毁称谢朓年轻浮躁,会把随王带坏,萧赜则听信谗言,敕令谢朓回京。① 大概初次经历"职场"挫折的谢朓,在回京途中作诗《暂使下都夜发新林至京邑赠西府同僚》。诗中既充满着愤懑留恋之情,所谓"大江流日夜,客心悲未央。徒念关山近,终知返路长",也流露了走出险恶、迎接未来的信心:"常恐鹰隼击,时菊委严霜。寄言罻罗者,寥廓已高翔。"②

其二,谢朓赋闲,终附萧鸾。谢朓约在七月返回京城,其时朝政正处波诡云谲之中,下面节录《资治通鉴》的相关记载③,以见 493 年七月

---

① 《南史》卷一九《谢朓传》,第 532 页:"长史王秀之以朓年少相动,欲以启闻。朓知之,因事求还。"据此,谢朓又是主动求还京城,藉以逃避荆州西府的流言蜚语、险恶环境。今姑两存之。

② [南朝齐]谢朓著,曹融南校注集说:《谢宣城集校注》,上海古籍出版社 1991 年版,第 205—206 页。按本文征引谢朓诗文,皆以此本为准。

③ [北宋]司马光:《资治通鉴》卷一三八《齐纪四》、卷一三九《齐纪五》,中华书局 1956 年版,第 4332—4353 页。

起之形势大概：

(七月)上(武帝萧赜)不豫,诏(竟陵王萧)子良甲仗入延昌殿侍医药。子良以萧衍、范云等皆为帐内军主。子良日夜在内,太孙(萧昭业)间日参承。

戊寅,上疾亟,暂绝;太孙未入,内外惶惧,百僚皆已变服。王融欲矫诏立子良,诏草已立。及太孙来,王融戎服绛衫,于中书省阁口断东宫仗不得进。顷之,上复苏,问太孙所在,因召东宫器甲皆入,以朝事委尚书左仆射西昌侯(萧)鸾。俄而上殂,融处分以子良兵禁诸门。鸾闻之,急驰至云龙门,不得进,鸾曰:"有敕召我!"排之而入,奉太孙登殿,命左右扶出子良;指麾部署,音响如钟,殿中无不从命。

遗诏曰:"太孙进德日茂,社稷有寄。子良善相毗辅,思弘治道,内外众事,无大小悉与鸾参怀,共下意!"

郁林王(萧昭业)之未立也,众皆疑立子良,口语喧腾。

帝(萧昭业)少养于子良妃袁氏,慈爱甚著。及王融有谋,遂深忌子良。大行出太极殿,子良居中书省,帝使虎贲中郎将潘敞领二百人仗屯太极西阶以防之。既成服,诸王皆出,子良乞停至山陵,不许。

(八月)壬午,称遗诏,尚书左仆射、西昌侯鸾为尚书令。癸未,以竟陵王子良为太傅。是时西昌侯鸾知政,恩信两行,众皆悦之。

(萧昭业)即位十余日,即收王融下廷尉。融求援于竟陵王子良,子良忧惧,不敢救。遂于狱赐死,时年二十七。初,融欲立子良,太学生虞羲、丘国宾窃相谓曰:"竟陵才弱,王中书无断,败在眼中矣。"

(十一月)辛亥,封皇弟昭文为新安王,昭秀为临海王,昭粲为永嘉王。

(494年正月)西昌侯鸾将谋废立,引前(萧子隆)镇西咨议参军萧衍与同谋。荆州刺史、随王子隆,性温和,有文才;鸾欲征之,恐其不从。衍曰:"随王虽有美名,其实庸劣。既无智谋之士,爪牙唯仗司马垣历生、武陵太守卞白龙耳。二人唯利是从,若啖以显职,无有不来;随王止须折简耳。"鸾从之。征历生为太子左卫率,白龙为游击将军;二人并至。续召子隆为侍中、抚军将军。

朝事大小,皆决于西昌侯鸾。鸾数谏争,帝多不从;心忌鸾,欲除之。以尚书右仆射鄱阳王(萧)锵为世祖(萧赜)所厚,私谓锵曰:"公闻鸾于法身(萧昭业小名法身)如何?"锵素和谨,对曰:"臣鸾于宗戚最长,且受寄先帝;臣等皆年少,朝廷所赖,唯鸾一人,愿陛下无以为虑。"

(四月)戊子,竟陵文宣王子良以忧卒。帝常忧子良为变,闻其卒,甚喜。

臣光曰:王融乘危徼幸,谋易嗣君。子良当时贤王,虽素以忠慎自居,不免忧死。迹其所以然,正由融速求富贵而已。轻躁之士,乌可近哉!

据上所述朝政形势,则谢朓在京赋闲的约百日期间(493年七月下旬到十一月上旬),无论是"高宗始业,乃顾玄晖"①即被动为萧鸾相中,还是谢朓主动投靠萧鸾阵营,便都可以理解了。甚至谢朓作为曾经的"竟陵八友"之一,不愿成为失势的竟陵王萧子良、中书郎王融(出自琅琊王氏,也是"竟陵八友"成员)的羽翼,也是为求自全的合理选择,而这样的选择,大概导致萧鸾既知谢朓不与政敌萧子良同心共谋,于是赐任谢朓为新安王中军记室,又延揽谢朓入其幕府、并且大加信用的结果吧。

其三,笺辞子隆,效劳萧鸾。平实而论,谢朓对于情趣相投的旧主随王萧子隆,还是恋恋难舍的,这不仅表现在上引《赠西府同僚》诗中,更彰显于上引"笺辞子隆"文中,后人亦认《辞笺》《西府赠诗》两篇独

---

① 《南齐书》卷四七《谢朓传》"赞曰",第828页。

六、《南齐书》与《南史》所见谢朓之政治"史记" 117

绝,盖中情深者为言益工也",具体到这篇"执笔便成,文无点易"的《拜中军记室辞随王笺》,可谓"一路疑疑曲曲,申诉离情。起言欲与王始终其事,无如迫于朝命,因言平昔恩遇之深,今日天涯之隔,后此继见之愿"①。然而细玩《辞随王笺》,又能品出谢朓在政治层面告别随王、效劳萧鸾的意味,如此,我们就能理解萧鸾为何既能容忍谢朓向随王抒发"揽涕告辞,悲来横集"之深情,又迅速提拔、兼职重用谢朓。谢朓也未辜负新主萧鸾,一方面,他不仅在短期内为萧鸾撰作了《为齐明帝让封宣城公表》《为明帝拜录尚书表》《为宣城公拜章》《为录公拜扬州恩教》《为百官劝进齐明帝表》②等多篇重要的应用文字,吟咏出《始出尚书省》等"阿附齐明"③的歌功颂德诗章,另一方面,当旧友竟陵王萧子良494年四月"以忧卒"、旧主随王萧子隆494年九月为萧鸾杀害时,信用方隆的谢朓竟无什么像样的悼念活动与真诚的追忆诗文,而其间的缘故,诚如《梁书·庾於陵传》所载:

> 齐随王子隆为荆州,召为主簿,使与谢朓、宗夬抄撰群书。子隆代还,又以为送故主簿。子隆寻为明帝所害,僚吏畏避,莫有至者,唯於陵与夬独留,经理丧事。

"僚吏畏避,莫有至者",谢朓即属其例。一则,萧鸾本就猜忌多虑,二则,"当时贤王"的萧子良既为萧鸾政敌,"有才能"的萧子隆又为萧鸾"尤忌之"④,如此,难以自主地置身于政治漩涡中的谢朓,面对旧友萧子良、同僚王融、旧主萧子隆的死,只能选择逃避,也就顺理成章了。

---

① 分别为明人张溥、清人方伯海评语,《谢宣城集校注》,第 59 页。
② 篇名据《谢宣城集校注》。"齐明帝"、"明帝"自是后人改题或加题的追称。按类似情况,以下不再注明。
③ 清人何焯评语,《谢宣城集校注》,第 213 页。
④ 《资治通鉴》卷一三九《齐纪五》,第 4361 页。

(三)"启王敬则反谋"与"先蹈祸机"

相较于"笺辞子隆"、"阿附齐明"引来后人非议,谢朓"启王敬则反谋"、在萧遥光谋逆事件中因为依违不定而"先蹈祸机",尤其招致时人与后世的诟病。此先述"启王敬则反谋"。《南齐书》本传:

> 启王敬则反谋,上甚嘉赏之。迁尚书吏部郎。朓上表三让,中书疑朓官未及让,以问祭酒沈约。约曰:"……谢吏部今授超阶,让别有意,岂关官之大小?……"朓又启让,上优答不许……
>
> 朓初告王敬则,敬则女为朓妻,常怀刀欲报朓,朓不敢相见。及为吏部郎,沈昭略谓朓曰:"卿人地之美,无忝此职。但恨今日刑于寡妻。"朓临败叹曰:"我不杀王公,王公由我而死。"

又《南史》本传所记有稍异处:

> 及当拜吏部,谦挹尤甚,尚书郎范缜嘲之曰:"卿人才无惭小选,但恨不可刑于寡妻。"朓有愧色。及临诛,叹曰:"天道其不可昧乎!我虽不杀王公,王公因我而死。"

谢朓所叹"由(因)我而死"的"王公",乃是谢朓的岳父王敬则。那么,王、谢两家因何联姻?王敬则为何"反谋"?谢朓又为何启告?

约在谢朓入仕的前一年即 481 年,18 岁的谢朓娶王敬则之女为妻。王敬则(435—498 年),临淮郡射阳县(今江苏宝应县东北)人,侨居晋陵郡南沙县(今江苏常熟市西北),"性倜傥不羁,好刀剑……屠狗商贩,遍于三吴"①,基本不识字。他从"补刀戟左右"做起,一路侠毂队

---

① 《南史》卷四五《王敬则传》,第 1127 页。

主、直阁将军、奋武将军、龙骧将军、辅国将军、冠军将军、右卫将军等,既助刘彧(宋明帝)杀前废帝刘子业,又助萧道成(齐高帝)杀后废帝刘昱。入齐,479年为平北将军、南兖州刺史,封寻阳郡公,次年迁安东将军、吴兴太守,又次年为侍中、抚军将军。约在此时,王、谢联姻。

从门第论,王敬则出身寒微,母为女巫,谢朓为甲族子弟,母为宋文帝女长城公主,两家显然不配。然而,王敬则功勋卓著、开国显贵,谢朓家道衰微、门单户薄,所以两家取长补短,又颇称相配。在后来的发展中,作为郡公的女婿,谢朓的仕途升迁,应有岳父荫庇的因素在焉;而有了"人地之美"的女婿,武将家庭也会添些雅致味道,如"王敬则诸儿并精车牛,丽服饰"[①]。

转眼十多年过去,到了493年七月,武帝萧赜遗诏:"军旅之略,委王敬则、陈显达、王广之、王玄邈、沈文季、张瑰、薛渊等",即以骠骑大将军、司空王敬则居首。然而麻烦在于,前后继位的萧昭业、萧昭文皆为有名无实的皇帝,辅政的萧鸾又"密有废立意",于是萧鸾虽加王敬则为太尉(494年八月),却赶他出京,夺其兵权,外放为使持节、都督会稽东阳临海永嘉新安五郡军事、会稽太守。等到萧鸾篡位称帝(494年十月),王敬则的处境愈加险恶,终于在498年四月起兵反抗,而谢朓的密告萧鸾,又是促发王敬则起兵并败死的关键一环。有关其间史事,《南齐书·王敬则传》记载如下:

> 明帝即位,进(太尉王敬则)大司马……
>
> 帝既多杀害,敬则自以高、武旧臣,心怀忧恐。帝虽外厚其礼,而内相疑备,数访问敬则饮食体干堪宜,闻其衰老,且以居内地,故得少安……
>
> 永泰元年,帝疾,屡经危殆。以张瑰为平东将军、吴郡太守,置兵佐,密防敬则。内外传言当有异处分。敬则闻之,窃曰:"东今有

[①] 《南齐书》卷二六《陈显达传》,第490页。

谁？只是欲平我耳！"①诸子怖惧，第五子幼隆遣正员将军徐岳密以情告徐州行事谢朓为计，若同者，当往报敬则。朓执岳驰启之。敬则城局参军徐庶家在京口，其子密以报庶，庶以告敬则五官王公林。公林，敬则族子，常所委信。公林劝敬则急送启赐儿死……（敬则）乃起兵……

上诏曰："……朓即姻家，岳又邑子，取据匪他，昭然以信……"收敬则子员外郎世[仲]雄、记室参军季哲、太子洗马幼隆、太子舍人少安等，于宅杀之。长子黄门郎元迁，为宁朔将军，领千人于徐州击虏，敕徐州刺史徐玄庆杀之……

敬则以旧将举事，百姓担篝荷锸随逐之，十余万众……至武进陵口，恸哭乘肩舆而前……是时上疾已笃，敬则仓卒东起，朝廷震惧……裁少日而败。

据上，逼迫王敬则反抗的根本原因在于，随着得位不正的明帝萧鸾②病情日益加重，出于为自己年幼的子孙扫清障碍的目的，萧鸾既尽杀高帝萧道成、武帝萧赜、文惠太子萧长懋子孙，对于高、武时代旧臣也是猜疑丛生、严加防范，即如王敬则，先后为司空、太尉、大司马，可谓位高望重，虽然驻守在会稽内地（今浙江绍兴市），萧鸾也是必欲除之而后快。至于引发王敬则仓促起兵的导火索，则是在京城（今南京市）的敬则五子幼隆，情急之下委派徐岳联络在京口（今镇江市）的姐夫（或妹夫）谢朓，希望谢朓举事响应，谢朓却拘捕徐岳，并驰告萧鸾"王敬则反谋"。谢朓此举为萧鸾争得了先机，结果敬则诸子被杀，敬则很快败亡，谢朓

---

① 《南史》卷四五《王敬则传》，第1131页记敬则之言尚有"东亦何易可平，吾终不受金罂"。金罂指盛鸩酒的酒具。

② 萧鸾为萧道成二哥萧道生次子，即萧道成之侄。因为萧道生早逝，故由萧道成抚育，而且"恩过诸子"。萧鸾受武帝萧赜辅政重托，却连弑萧昭业、萧昭文二主，自己登基称帝，以此"明帝取天下，已非次第，天下人至今不服"(《南齐书》卷四二《萧坦之传》，第749页）。

六、《南齐书》与《南史》所见谢朓之政治"史记"

则因首告之功获得萧鸾嘉奖,超阶授为尚书吏部郎。

应该说,谢朓密告岳父,并非为了领赏,如他三让吏部郎时,中书省都以为违例,而他的知己好友沈约"让别有意",可谓一语中的。毕竟谢朓之出卖岳父与超阶授官,具有明显的前后关联,沈昭略、范缜对此都有嘲弄不屑之语。所以,谢朓"让别有意"之"意",实为羞愧。谢朓临终之言"天道其不可昧乎!我虽不杀王公,王公因我而死",正是此种羞愧之意的集中体现。又谢朓之妻对此也是愤恨万分,"常怀刀欲报朓",要为父亲与兄弟报仇雪恨,谢朓从此不敢与妻子见面。①

进而言之,谢朓"启王敬则反谋",又是避灾远祸、保全家族的不得已之举。谢朓不会忘记两位伯父被诛、父亲遭贬广州的血泪家史,也不敢忘怀自己一身维系已经败落的家门的重任。两位还无后人的伯父被诛后,谢述—谢纬—谢朓已是单传,谢朓夫妇又仅有独子谢谟。② 面对岳父毫无胜算的反谋、必定株连灭族的异举,谢朓既无力谏止,同谋也自取灭亡,于是他选择了告发。而这样的告发,如果再联系当时的社会风气,所谓"殉国之感无因,保家之念宜切,市朝亟革,宠贵方求,陵阙虽殊,顾眄如一"③,我们又能获得更深层次的理解。

498年五月王敬则兵败被杀,六月前后谢朓赴京就任尚书吏部郎,

---

① 谢朓夫妻关系可能本就不睦。唐人牛僧孺《玄怪录》卷二《曹惠》:"王氏本屠酤种,性粗率多力。至冥中,犹与宣城琴瑟不睦,伺宣城颜严,则礮石抵关以为威胁。宣城自密启于天帝,帝许逐之。二女一男,悉随母归矣。"按此虽为小说家言,或也有些史实依据(如"屠酤种"与王敬则"屠狗","威胁"与"常怀刀"),只是谢朓夫妇有"二女",不见于史书记载,不知是否有据。(唐)牛僧孺、(唐)李复言:《玄怪录 续玄怪录》,上海古籍出版社1985年版,第47页。

② 据《南史》卷一九《谢朓传》,谢朓与萧衍既为同僚故旧,又"以文章相得",谢谟也与萧衍二女订婚。等到谢朓被杀、萧衍又成为梁朝开国皇帝,萧衍遂"意薄谟,又以门单"而毁婚约,"谟不堪叹恨,为书状如诗赠主。主以呈帝,甚蒙矜叹,而妇终不得往。寻用谟为信安县,稍迁王府咨议"。按信安县(治今浙江衢州市)属东阳郡,县令七班;"稍迁"之王府咨议,当为八班之嗣王公府咨议。梁制十八班,以班多者为贵,谢谟班次属于居中偏下。

③ 《南齐书》卷二三"史臣曰",第438页。

七月萧鸾驾崩,太子萧宝卷即位。萧宝卷(483—501年)时代的萧齐王朝,政局仍然血雨腥风。先是共受萧鸾遗诏的扬州刺史始安王萧遥光、尚书令徐孝嗣、右仆射江祏、右将军萧坦之、侍中江祀、卫尉刘暄号称"六贵",而萧鸾兄子萧遥光潜结萧鸾表弟江祏、江祀兄弟,欲废萧宝卷自立。无法自主地卷入其中的谢朓,则是进退维谷,依违皆难,结果死于非命。《南齐书》本传述其始末道:

> 东昏失德,江祏欲立江夏王宝玄,未更回惑,与弟祀密谓朓曰:"江夏年少轻脱,不堪负荷神器,不可复行废立。始安年长入纂,不乖物望。非以此要富贵,政是求安国家耳。"遥光又遣亲人刘沨密致意于朓,欲以为肺腑。朓自以受恩高宗,非沨所言,不肯答。少日,遥光以朓兼知卫尉事,朓惧见引,即以祏等谋告左兴盛,兴盛不敢发言。祏闻,以告遥光,遥光大怒,乃称敕召朓,仍回车付廷尉,与徐孝嗣、祏、暄等连名启诛朓……诏"公等启事如此……便可收付廷尉,肃明国典。"又使御史中丞范岫奏收朓,下狱死。

关于"祏闻,以告遥光",《南史》本传又记云:

> (谢朓)即以祏等谋告左兴盛,又说刘暄曰:"始安一旦南面,则刘沨、刘晏居卿今地,但以卿为反覆人尔。"暄阳(佯)惊,驰告始安王及江祏。始安欲出朓为东阳郡,祏固执不与……构而害之。

简而言之,江祏、江祀兄弟密谋废萧宝卷、拥萧遥光,并与谢朓密谈,要拉谢朓加盟;萧遥光也派亲信丹阳丞刘沨致意谢朓,以掌"宫城管籥"的三品卫尉要职相许,意欲笼络,引为心腹。谢朓却将此等密谋告知太子右卫率左兴盛,又劝明帝萧鸾皇后刘惠端之弟、卫尉刘暄莫从篡逆,结果刘暄飞报谋主,萧遥光、江祏遂先发制人,反诬谢朓"扇动内外,处处奸说,妄贬乘舆,窃论宫禁,间谤亲贤,轻议朝宰"云云,①经过一番联名上书、皇帝下诏、御史中丞奏请,谢朓入狱,八月被诛。

按在萧遥光篡逆事件中,谢朓可谓书生气十足,完全没有参透政局。他既以"受恩"明帝萧鸾,不肯附从江氏兄弟、始安王萧遥光,又告谋左兴盛、劝说刘暄,这凸显了其政治上的幼稚。而相对于谢朓临终羞愧之言"我虽不杀王公,王公因我而死",谢朓"临终谓门宾"之言"寄语沈公,君方为三代史,亦不得见没",②即希望好友沈约秉笔直书,以使自己的忠心、清誉能为后世铭记,又可见谢朓对于致其丧命的不附篡逆的选择,至死无悔。③ 至于后世围绕谢朓品行的评说,虽然也有"王公甫诛,二江构害,出反之讥,颇挂时论……死于畏祸,天下疑其反覆,即与吕布、许攸同类而共笑"④的恶评,却也不乏"逢昏属乱,先蹈祸机"⑤的同情之辞,以及"尺璧尔何冤"⑥、"谢朓(无终)以冤"⑦的公允之论。

然则据上所述"高宗乃顾"、"笺辞子隆"、"启王敬则反谋"、"先蹈祸机",谢朓可谓一位懦弱怕事、胆小畏祸、依违迟疑、进退失据、从政幼稚的失败者,当然这又绝非谢朓的全部,因为谢朓更为时人推崇、尤为后世仰慕的另重身份,还是文学大家、山水诗杰。而令人深思的是,在谢朓的时代,乃至在中国古代皇权专制时代,从政者与文学家往往难以兼

---

① 其他诸如"资性险薄,大彰远近"、"溪壑无厌,著于触事"、"丑言异计,非可具闻"、"昔在渚宫,构扇蕃邸,日夜纵谀,仰窥俯画"云云,真是欲加之罪,何患无辞!

② 《南史》卷一九《谢朓传》,第534页。

③ 谢朓八月初被诛后,到该年十二月,上述"六贵"也先后被杀。

④ 明人张溥评语,《谢宣城集校注》,第429页。按吕布,东汉末年人,先后杀主丁原、董卓,投奔袁术、张扬、袁绍、刘备等。又许攸,东汉末年人,叛袁绍、投曹操,并献计败袁绍。

⑤ 《南齐书》卷四七《谢朓传》,第828页。

⑥ 沈约:《伤谢朓》,逯钦立辑校:《先秦汉魏晋南北朝诗》,中华书局1983年版,第1653页。

⑦ [明]王世贞著,罗仲鼎校注:《艺苑卮言校注》,齐鲁书社1992年版,第412页。

擅,文人往往失意、落魄乃至丧命于政坛。具体到谢朓,既缺乏周旋政坛的基本技能,又不乏几分仕进取禄之心,这便决定了他悲剧的政治命运,诚如他在《暂使下都夜发新林至京邑赠西府同僚》诗中所言:

> 常恐鹰隼击,时菊委严霜。
> 寄言罻罗者,寥廓已高翔。

这四句的意思是:小鸟时常担心遭到鹰隼的袭击而殒命,犹如秋菊备受严霜的摧残而枯萎;只是我要正告那些张网捕鸟的宵小之徒,鸿鹄已在空旷深远的云端翱翔,怎么会被尔等猎获!其实作为从政者,一个"恐"字、一个"委(萎)"字,正是置身政治漩涡中的谢朓一生的写照,而作为相当自负乃至有些轻狂的文学家,谢朓虽然觉得他能在文学的天空"高翔",但也终究逃不脱"罻罗者"设下的天罗地网!

(四) 文人样貌

如上所述,就政治方面言,谢朓是弱智的失败者,而就文学方面言,谢朓又是卓越的成功者。谢朓是"官人",也是"文人",他以文人的性情做官,以做官的体会作文。那么,置身宦海的谢朓,有着怎样的文人样貌呢?姑举四例,以见一斑。

例一,口讷于言。《南齐书》本传:

> 隆昌初,敕朓接北使,朓自以口讷,启让不当,不见许。

《南史》本传则云:

> 隆昌初,敕朓接北使,朓自以口讷,启让,见许。

"不见许"与"见许",意思大不相同,情况究竟如何?中华书局本《南齐书》校勘记:"南监本无'不当不'三字,《南史》同。殿本无下'不'字,今检北监本又与殿本同。如此,无论是"启让,见许",还是"启让不当,见许",谢朓都未参与这次"接北使",而谢朓"启让"与皇帝萧昭业"见许"的原因,则是谢朓"口讷"。

所谓"口讷",就是口舌迟钝,不善言谈。南北朝时,无论是充当聘使还是接待来使,都挑选善于辞辩的才学之士担任。即以萧齐来说,"竟陵八友"中"文辞辩捷"的王融、"纵横才辩"的萧琛、"机警明赡"的范云、"才思无穷"的任昉都参与过交聘工作,谢朓亦因"文章清丽"而被敕接北使。至于谢朓陈请推辞的理由"口讷",应该是真实的,否则不会得到皇帝的"见许",毕竟接待"北使",事关国家的形象、朝廷的面子。

查考史籍的记载,谢朓"启让"的这次任务,后来竟然演变到非同一般的境地。494年七月齐武帝萧赜驾崩,八月魏孝文帝拓跋宏遣使吊丧,主使为"学涉经史,早有时誉"的范阳卢氏卢昶,又有谒者(掌司仪传宣)张思宁。结果张思宁死难,卢昶回朝后被罢官。有关过程,《魏书·卢昶传》记载:

> 及昶至彼,值萧鸾僭立,于是高祖(拓跋宏)南讨之,昶兄渊为别道将。而萧鸾以朝廷加兵,遂酷遇昶等。昶本非骨鲠,闻南人云兄既作将,弟为使者。乃大恐怖,泪汗交横。鸾以腐米、臭鱼、荳豆供之。而谒者张思宁辞气謇谔,曾不屈挠,遂以壮烈死于馆中。昶还,高祖责之……遂见罢黜。

可以想见,在这场如同战场的"外交"活动中,若果以口舌迟钝的谢朓担纲,很可能会导致被动难堪的局面,至于代替谢朓"接北使"者为谁,史籍缺载。

有趣的是,所谓偃武必定修文,武弱势必文强,眼欠明则耳常聪,拙于"言"则工于"文",口讷的谢朓之文笔畅达、文章清丽,或许也可以作如是解。其实这样的例子不胜枚举,就以较之口讷更加严重的口吃来说,战国的韩非,西汉的司马相如、扬雄,魏晋的成公绥、左思,乃至现代的王国维、刘师培、柳亚子、冯友兰、顾颉刚等,皆是口吃的文章大家。又有清河东武城人崔慰祖(465—499年),与谢朓年龄仿佛、门第相当、同朝为官,谢朓口讷而慰祖口吃,《南齐书·崔慰祖传》记载:

> 国子祭酒沈约、吏部郎谢朓尝于吏部省中宾友俱集,各问慰祖地理中所不悉十余事,慰祖口吃,无华辞,而酬据精悉,一座称服之。朓叹曰:"假使班(固)、马(司马迁)复生,无以过此。"

此亦不失为谢朓"史记"的一桩趣事吧。

例二,感激顿挫。《诗品·齐吏部谢朓诗》:

> 朓极与余论诗,感激顿挫过其文。

曹旭集注:"谓谢朓常与我谈论诗歌,其情辞激昂,声调顿挫,持论超过了他的诗歌创作。"①按《诗品》作者钟嵘(约468—518年),出身颍川世族,永明年间入国子学,因为"好学,有思理……明《周易》,卫军王俭领祭酒,颇赏接之"②。而检上文"宦迹与奉主",知永明六年到七年(488—489年)谢朓任王俭卫将军府东阁祭酒,则谢朓与钟嵘"论诗"当在此时。值得注意的是,在政务如"接北使"上"口讷"的谢朓,讨论起自己的"专业"诗歌来,竟然情绪感动奋发,声调抑扬顿挫,甚至可以想象他的眉飞色舞、滔滔侃侃,当然口舌也全不见了迟钝。

与此可以印证者,又有谢朓与随王萧子隆"流连晤对,不舍日夜",

---

① [南朝梁]钟嵘著,曹旭集注:《诗品集注》,上海古籍出版社1994年版,第298页。
② [唐]姚思廉:《梁书》卷四九《钟嵘传》,中华书局1973年版,第694页。

盖萧子隆"有文才"、"能属文"、"好辞赋",谢朓"文章清丽",所以"主仆"之间交流无碍,晤对顺畅。然则谢朓之疏于政务而习于谈文,由此可以得到鲜活的印象。①

例三,好善奖掖。《南齐书》本传:

> 朓善草隶,长五言诗,沈约常云"二百年来无此诗也"。敬皇后迁祔山陵,朓撰哀策文,齐世莫有及者。

又唐张怀瓘《书断》:

> (谢朓)风华黼藻,当时独步。草书甚有声。草殊流美,薄暮川上,余霞照人,春晚林中,飞花满目。诗曰:"有美一人,清扬婉兮。邂逅相遇,适我愿兮",是之谓矣。②

如此草书与隶书兼善、诗与文膺受盛誉的谢朓,却乐于首肯同行,奖掖人才,处世好善。如《诗品·梁常侍虞羲》:

> 子阳诗奇句清拔,谢朓常嗟颂之。

---

① 与谢朓恰成反例者,如唐人李固言,"固言吃,接宾客颇謇缓,然每议论人主前,乃更详辩。"即李固言口吃,平常交流期期艾艾,然而朝堂之上议事论政时,却能言善辩。[北宋]欧阳修、宋祁:《新唐书》卷一八二《李固言传》,中华书局1975年版,第5359页。

② [唐]张彦远辑录:《法书要录》,上海古籍出版社2013年版,第208—209页。按谢朓撰文并手书的《齐海陵王墓铭》北宋尚存,黄伯思赞其"结字高雅",沈括《梦溪笔谈》则记其偶得而复失之经过:"庆历中,予在金陵,有饔人以一方石镇肉,视之若有镌刻,试取石洗濯,乃宋[齐]《海陵王墓铭》,谢朓撰并书,其字如钟繇,极可爱。予携之十余年,文思副使夏元昭借去,遂托以坠水,今不知落何处。"[北宋]沈括著,胡道静校证:《梦溪笔谈校证》,上海古籍出版社1987年版,第524页。

虞羲字子阳，会稽余姚人，七岁能文。谢朓诗"奇章秀句，往往警遒"，虞羲诗"奇句清拔"，可见二人诗风相类，谢朓没有"文人相轻"的恶习，反而时常赞叹吟诵。又《南史》本传：

> 朓好奖人才，会稽孔觊粗有才笔，未为时知，孔（稚）圭尝令草让表以示朓。朓嗟吟良久，手自折简写之，谓（稚）圭曰："士子声名未立，应共奖成，无惜齿牙余论。"其好善如此。

孔觊"口吃，好读书"，与谢朓口讷、"少好学"颇为相似。又《梁书·江革传》：

> 江革字休映，济阳考城人也……幼而聪敏，早有才思，六岁便解属文……九岁丁父艰，与弟观同生，少孤贫，傍无师友，兄弟自相训勖，读书精力不倦。十六丧母，以孝闻。服阕，与观俱诣太学，补国子生，举高第。齐中书郎王融、吏部谢朓雅相钦重。朓尝宿卫，还过候革，时大雪，见革弊絮单席，而耽学不倦，嗟叹久之，乃脱所著襦，并手割半毡与革充卧具而去。司徒竟陵王闻其名，引为西邸学士。

谢朓冒雪看望江革，脱短袄、割毛毡以赠，好善乐施之举，令人动容。至于竟陵王萧子良引江革为西邸学士，应该也有谢朓举荐之功在焉。又谢朓《临东海饷诸葛璩谷教》：

> 昔长孙东组，降龙丘之节；文举北辂，高通德之称。所以激贪立懦，式扬风范。处士诸葛璩，高风所渐，结辙前修。岂怀珠被褐，韬玉待价；将幽贞独往，不事王侯者邪？闻事亲有啜菽之窭，就养寡藜蒸之给。岂得独享万钟，而忘兹五秉？可饷谷百斛。

六、《南齐书》与《南史》所见谢朓之政治"史记"

据《梁书》与《南史》的《诸葛璩传》,诸葛璩(? —508年)字幼玫,琅邪阳都人,世居京口。他博涉经史,处身清正,安贫守道,悦礼敦诗,朝廷辟为议曹从事,辞不赴任。其时,谢朓正为京口地方长官,任职南东海太守、行南徐州事,于是下教褒扬诸葛璩风范,并且饷谷百斛,由此可见谢朓对于隐居不仕的学行之士的首肯。又《梁书·到洽传》:

> 到洽字茂㳌,彭城武原人也……洽年十八,为南徐州迎西曹行事。洽少知名,清警有才学士行。谢朓文章盛于一时,见洽深相赏好,日引与谈论。每谓洽曰:"君非直名人,乃亦兼资文武。"朓后为吏部,洽去职,朓欲荐之,洽睹世方乱,深相拒绝。

到洽"深相拒绝"的原因,应该还与谢朓"启王敬则反谋"、引发物议有关,然而谢朓"好奖人才"仍然可见。

推而广之,由谢朓游竟陵王萧子良西邸时,与西邸学士如沈约、萧衍、王融等人建立了深厚的乃至终生的友谊,则谢朓与文学才俊、士林人物的良好关系可知。反之,对待他不待见的一些权要小人时,文人谢朓就是另副模样了。

例四,轻视嘲弄。谢朓之不待见权要小人的典型事例,是对江祏、江祀兄弟。江氏兄弟为明帝萧鸾的表弟,①靠着这重身份,得掌机要,渐为心腹。萧鸾遗诏,以江祏为右仆射,江祀为侍中,又"内外众事无大小委徐孝嗣、(萧)遥光、(萧)坦之、江祏,其大事与沈文季、江祀、刘暄参怀",②即继位的萧宝卷时代,江氏兄弟亦为朝中最具实力的人物。然而,谢朓却任情使性地积怨于江氏兄弟。《南史》本传:

> 先是,朓常轻祏为人,祏常诣朓,朓因言有一诗,呼左右取,既

---

① 江氏兄弟的姑姑为萧道生夫人,即萧鸾母亲。
② 《南齐书》卷六《明帝纪》,第91页。

而便停。祐问其故,云"定复不急"。祐以为轻己。后祐及弟祀、刘沨、刘晏俱候朓,朓谓祐曰:"可谓带二江之双流",以嘲弄之。祐转不堪,至是构而害之。

这段史料记载了谢朓与江氏兄弟之间的两件事:一是江祐拜访谢朓,谢朓说送首诗给他,并让左右去取,稍停又说不急,愚弄了江祐一回;二是江祐、江祀、刘沨、刘晏一起候见谢朓,谢朓则调戏江祐道:"可谓带二江之双流。"按此语出自左思《蜀都赋》"带二江之双流,抗峨眉之重阻"。"二江"指江氏兄弟,"双流(刘)"指刘沨(丹阳丞)、刘晏(萧遥光城局参军),"二江"、"双流"应是比喻一串小丑。其实,江氏兄弟也能作诗,所谓江祐诗"猗猗清润"、江祀诗"明靡可怀",[①]故谢朓之"轻祐为人",还在厌恶江氏兄弟作为外戚亲要的飞扬跋扈,江祐则对此"不堪"即忍受不了,结果虽然萧遥光可能顾惜谢朓之才,不想杀之,"欲出朓为东阳郡",江祐"固执不与",终于"构而害之"。

对于谢朓之死,颜之推曾有"自古文人,多陷轻薄……谢玄晖侮慢见及"[②]的说法。的确,谢朓对于怀私乱政的江氏兄弟,轻视傲慢,嘲弄调戏,此视为文人的通病可矣。然而,谢朓得罪的却是得罪不起的外戚权贵、狭隘小人,这样的负才遗行,就是文人谢朓的政治幼稚了!而因为这样的幼稚,才华秀发、正处盛年的一代作者,无谓地丢失了性命,立足于中国文学史的立场言,又殊为深惜!

为政则口讷于言,论诗却感激顿挫,接文学才俊,总是好善奖掖,对权要小人,时常轻视嘲弄,这就是谢朓,一位失败的"官人",一位成功的"文人"……

---

① 《诗品集注》"齐仆射江祐",第458页。按"猗猗",美盛貌;"明靡",明静华靡。
② [北齐]颜之推撰,王利器集解:《颜氏家训集解·文章》,上海古籍出版社1980年版,第221—222页。

阿拉伯谚语有云:"与其说人如其父,不如说人酷似其时代。"

具体以言谢朓,既"人如其父"即浸润在"雅道相传"的陈郡谢氏家风之中,谢朓的仕历宦迹、为人处世、吟诗作文、维系家门,也"酷似其时代",这就是笔者由撰述本文而获得的最浅显也最深刻的感悟。

七、有关扬州隋炀帝陵"质疑"的质疑[①]

2013年4月14日,扬州市文物局召开新闻发布会,正式宣布在扬州市邗江区西湖镇司徒村发现了隋炀帝陵。作出这样的判断,关键证据在出土了"隨故煬帝墓誌",其中已经小范围公布的墓志内容如下:

> 惟随大业十四年太岁/一日帝崩于杨州江都县(……)/于流珠堂其年八月(……雷塘)西陵荆棘芜(……)/永毕苍梧(……)/(……)贞观□□年(……)/朔辛(……)葬炀(帝……)/礼也方(……都)/督府长(史……)[②]

然而很快,各种质疑之声纷起。其中,立足于学术、见诸多种媒体报道的质疑之声,以马伯庸、李文才为代表。作家马伯庸在其微博中的质疑是:墓志中出现了"大业十四年"字样,考虑到大业十三年李渊就已拥立隋恭帝杨侑登基,遥尊杨广为太上皇,改元义宁,所以墓志中不可能还用杨广的大业年号,就算不写武德元年,起码也得写义宁二年。随后,扬州大学李文才教授接受媒体采访,除了赞同马伯庸的观点外,又提出了两点新的质疑:其一,按照制度学上的常识,皇帝的墓穴中不可能有墓志,只可以放玉册;其二,即便唐朝政府真为隋炀帝撰写了墓志,墓志中"隨故煬帝墓誌"的"隨"字的使用,也不符合常识,因为"隨国公"杨坚

[①] 原刊《南京晓庄学院学报》2013年第4期。
[②] 此据南京大学张学锋教授的释读,见《新华日报》2013年5月23日B8版,《释读扬州隋炀帝陵出土墓志,南大教授回应三大质疑》。按"/"为墓志换行符号,"……"为缺字,"()"内的文字为推测。

2013年出土的"随故炀帝墓志"

称帝时,已经改"随"为"隋","隋"是"上自文武百官、下至平头百姓都熟知的国号,怎么可能会在杨广死后,突然又将'隋'字改成之前的'随'字"。及至4月18日,笔者也接受了《新华日报》半个多小时的采访,笔者的倾向性看法是:以上马、李二位的三点质疑,不仅难以成立,反而是坐实此墓为隋炀帝陵的"铁证"。[①] 以下就此稍作说明。

[①] 惟此次采访后,因为江苏省内相关宣传部门限制媒体进行深度报道,所以主要内容并未见报,故有此则札记之作也。又本则札记仅就此三点"质疑"提出"质疑",其他诸如经清朝大学士阮元认定的、今扬州市北郊雷塘作为旅游景点的隋炀帝陵之真伪,今陕西武功隋炀帝陵、河南洛宁杨广墓之究竟,隋末唐初隋炀帝陵迁葬的过程,杨广得"炀"之恶谥的时间等等问题,本则札记不作讨论,或待更多考古材料公布后,再行撰文。

（一）关于"大业十四年"纪年

隋末唐初的617年到618年，纪年情况以及相关史实确实相当复杂。《旧唐书·高祖纪》大业十三年（617年）十一月：

> 癸亥，率百僚，备法驾，立代王侑为天子，遥尊炀帝为太上皇，大赦，改元为义宁。甲子，隋帝诏加高祖假黄钺、使持节、大都督内外诸军事、大丞相，进封唐王，总录万机。

这是说大业十三年十一月，进入长安（今西安市）的李渊，既立杨广的孙子、十四岁的杨侑为隋帝，改元义宁，又"遥尊"身在江都（今扬州市）的杨广为太上皇。至于事实上的隋朝皇帝杨广，当然并未接受"太上皇"的名义，而仍用大业年号。又《旧唐书·高祖纪》义宁二年（618年）五月：

> 隋帝逊于旧邸……甲子，高祖即皇帝位于太极殿，命刑部尚书萧造兼太尉，告于南郊，大赦天下，改隋义宁二年为唐武德元年。

又《资治通鉴·唐高祖武德元年》：

> 三月……帝自解练巾授（令狐）行达，缢杀之……炀帝凶问至长安，唐王哭之恸……五月……戊午，隋恭帝禅位于唐，逊居代邸。甲子，唐王即皇帝位于太极殿，遣刑部尚书萧造告天于南郊，大赦，改元……隋炀帝凶问至东都，戊辰，留守官奉越王即皇帝位，大赦，改元皇泰。

这是说，在江都，大业十四年（618年）三月，杨广被缢杀；在长安，义宁二年(618年)五月,隋帝杨侑禅位于唐王李渊,李渊成为唐帝,并改义宁二年为武德元年;稍后,在洛阳,隋朝越王杨侗即皇帝位,改大业十四年为皇泰元年。

要而言之,杨广死难的618年,既是隋大业十四年、义宁二年、皇泰元年,又是唐武德元年。以此,杨广的墓志中,既承认了其"帝"的身份,当然就应该而且只能使用杨广的纪年,也就是大业十四年。换言之,如果墓志中使用"武德元年",则"崩于杨州江都县"的"帝",将不再是"隋"帝而是"唐"帝;又如果墓志中使用"义宁二年",则义宁本系杨侑年号,故也存在名实不符的问题。况且,李渊的武德既接续的是杨侑的义宁,李渊的唐又是接受杨侑的隋禅让的,若系"义宁"于"太上皇"也就是李渊废除的皇帝杨广,那么李渊的"唐"以及"武德",就失去了正统的依据。

其实,在史籍中、包括墓志中出现"大业十四年"纪年,本来没有疑问。① 清人赵翼在《廿二史劄记》卷一三中,就专门有条"大业十四年":

> 隋炀帝江都之难,在大业十四年,而《隋书》及《北史》只书十三年者,缘十三年唐高祖起兵入长安,奉代王侑为帝,改元义宁,而炀帝大业之号,已从削除,修史者皆唐臣,自应遵本朝之制,以义宁纪年,而炀帝之被弑,转书于义宁二年之内。其实天下共主,一日尚存,终当称其年号,则大业十四年,不可没也。

又李崇智在《中国历代年号考》(中华书局2001年版)"隋"中也指出:

> 《资治通鉴》只书大业十二年,后以"义宁"系年。杨侑为李渊

---

① 如在上引《新华日报》的报道中,提及南京图书馆研究员徐忆农的检索结果,即唐初所修的《隋书·许善心传》之"十四年,化及弑[杀]逆之日,隋官尽诣朝堂谒贺,善心独不至",此"十四年"为"大业十四年";又张学锋列举了唐初《卢文构夫人月相墓志铭》、洛阳出土的王德备墓志,也都有"大业十四年"纪年。

所立,义宁改元,炀帝尚在,大业年号未废。赵氏"大业十四年不可没"之说是也。

也就是说,历史纪年本来就应该是 617 年标注为"隋大业十三年　恭帝义宁元年(十一月改元)",618 年标注为"隋大业十四年　义宁二年　皇泰元年(五月改元)　唐高祖武德元年(五月改元)";①而属于杨广的 618 年,当然应得如墓志的标注为"大业十四年"。

(二) 关于无"玉册"而有"墓志"

作为帝王礼仪用玉的玉册,是用以记录重大事件的玉质文书,多由长条形片状玉用丝线连缀而成。其中与帝王去世后有关的玉册,有上书请谥文字的玉谥册,上书类似现在悼词的玉哀册。就玉哀册言,其最重要的特征,是为本朝先帝先王先后书刻并且入陵的玉册,如南京南唐二陵中高皇帝李昪与皇后宋氏合葬的钦陵,就出土了刻字填金的李昪的玉哀册、玉谥册与宋氏的玉哀册、玉谥册。② 如此,无论李渊还是李世民,作为唐朝皇帝,都没有理由、也没有礼制依据为虽是亲戚、但毕竟是前朝皇帝的杨广制作玉哀册。③ 再者,虽然汉唐文献中颇见为帝王

---

① 沈起炜编著《中国历史大事年表(古代史卷)》(上海辞书出版社 1983 年版)第 228—229 页即如此标注。又 617 年到 618 年间,当时中原地区的各方势力建号称尊者甚多,如以纪年论,就有朱粲的"昌达"、林士弘的"太平"、窦建德的"丁丑"、"五凤",李密的"永平",刘武周的"天兴",梁师都的"永隆",郭子和的"正平"(或作"丑平"),薛举的"秦兴",萧铣的"鸣凤"(或作"凤鸣"),曹武徹的"通圣",宇文化及的"天寿",李轨的"安乐",等等。

② 按谥册读后,藏于金匮,副本藏于庙。至于谥册入陵,大概始于唐。又中主李璟与钟氏合葬的顺陵中,则出土了石灰岩质的石哀册与石谥册。参考曾昭燏、蒋赞初:《南唐二陵发掘报告》,文物出版社 1957 年版;冯汉骥:《论南唐二陵中的玉册》,《考古通讯》1958 年第 9 期。

③ 唐高祖李渊的母亲独孤氏与隋文帝杨坚的皇后独孤氏是姐妹关系,分别是独孤信的四女、七女。至于李渊与杨广,则是年龄相仿的表兄弟关系。

后妃撰作"哀册"的记载,但目前考古所见出于陵墓中的玉哀册,就笔者所知,尚未见到有唐朝以前者,较早的有唐中宗李显长子、韦后所生的李重润陵中所出之玉哀册①。这样,隋末唐初是否使用玉哀册陪葬,也还无法确知。②

另一方面,扬州考古所见之"随故炀帝墓誌",也不能成为质疑此为隋炀帝陵的理由。所谓"礼有经亦有权",帝王崩而有墓志的情况,其实不乏。如卒葬宣陵、追谥昭武皇帝、庙号太祖的闽王王审知,臣下翁承赞为撰《唐故威武军节度使守中书令闽王墓志》;后晋末帝石重贵为契丹虏去、死于建州,契丹(辽)臣牛藏用奉命撰《大契丹国故晋王墓志铭并序》。又975年南唐国灭,南唐后主李煜被迁至开封,及978年李煜死后,葬于洛阳邙山,而南唐旧臣、宋朝臣子徐铉奉旨所撰的《大宋左千牛卫上将军追封吴王陇西公墓志铭》,正是李煜的墓志。然则某种意义上的隋朝末代皇帝、迁葬于唐朝贞观年间的杨广陵中,出土了墓志,而不见玉哀册,即与石重贵、李煜有墓志的情况近同,是并不奇怪的。

(三) 关于"随"字的使用

相对而言,被社会大众与部分学者看作最为有力的质疑,是墓志中"随故炀帝墓誌"、"随大业十四年"中的"随"字。而按照笔者的理解,这却是最能说明事实的证据。

早在十九年前,笔者就在《东南文化》2000年第9期发表过《杨隋国号考说》一文;同年11月出版的《伟哉斯名——"中国"古今称谓研究》(胡阿祥著,湖北教育出版社),第三章第二节为"隋";又2013年1月,新出的《正名中国:胡阿祥说国号》(胡阿祥著,中华书局)第九讲为

---

① 701年李重润为大周女皇武曌杖杀。705年中宗李显复位后,追谥懿德,并自洛阳迁葬,为乾陵陪葬墓,而且号墓为陵。

② 据冯汉骥《论南唐二陵中的玉册》的考证结论:"陵中用玉册,只始于唐代,自汉至唐以前陵中仅用竹册。"

"隋:吉祥还是晦气"。在这些论著中,笔者既详细梳理了隋国号的由来,"今湖北随州市一带,先秦有随国;随国灭亡以后,历置随县、随郡、随州等。北周武成元年,杨忠以扬威汉沔,得封随国公;忠子杨坚袭封,并进爵随王。及杨坚篡周,以'随'寓意不祥而改为'隋'";又全面讨论了围绕"隋"国号之有趣的文化现象,"杨坚着意斟酌出的新国号'隋',既颇受后人之嘲讽;踵'隋'而立的唐朝,于'隋'国号复多增笔作'随'。'隋'国号之种种改动,反映出中国古今文化之一大特色:名号情结"。

按"踵'隋'而立的唐朝,于'隋'国号复多增笔作'随'",可巧又正是理解墓志中"随故炀帝墓誌"、"随大业十四年"中出现了看似反常的"随"字的关键。据顾炎武《金石文字记》卷二"皇甫诞碑"条:

> 隋字作随。虞世南《孔子庙堂碑》、欧阳询《九成宫醴泉铭》、王知敬《李卫公碑》、高宗《李英公碑》、天后《顺陵碑》、于敬之《华阳观王先生碑》、裴漼《少林寺碑》皆然。

由此可见,初唐时代对于"隋"国号的用法,确是多改作"随"。① 而此种改动,其实含有政治寓义在乎其中:"隋"本短促,作"随"正名符其实。又据岑仲勉《隋唐史》上册《隋史》(中华书局 1982 年版)第一节《杨隋之先世及其统一》所述:

> (杨)坚以父忠封随国公,因改朝号曰随,又恶"随"字带"走",故去走为隋。清代金石家见初唐石刻常作"随",遂疑旧说之误。近年石刻大出,则隋石刻无不作"隋"。往日新朝,往往反胜朝之所为,初唐间作"随",实因此之故;然初唐以后,又作隋者多,作"随"

---

① 据日本高桥继男《国号隋字考》(《法制史研究》44,创文社 1995 年版)文中对隋唐石刻资料的统计,隋朝石刻资料中,称"隋"者占九成以上,称"随"者不到一成;唐初到唐玄宗时期,称"随"者达到八成以上,唐中期以后逐渐减少,到晚唐,称"隋"者又恢复到了近九成。

者甚少,苟非杨坚先曾改定,则无以解此等异同之迹也。

是则新朝反胜朝之所为,又可谓中国文化的独特现象之一。至于扬州隋炀帝陵考古所出之墓志中的"随"字,无意之中,又为此种独特现象加上了一条无可置疑的有力的注脚。

进而论之,如果此墓志中的"随"字,按照一般社会大众以及部分学者的理解,写成了看似"正常"的"隋"字,那反而不符初唐时代起码碑刻中"隋字作随"的"惯例"了。换言之,那倒真有可能如某些学者所推测的,是作伪了。再进而论之,这个"随"字,以及"大业十四年"纪年、无"玉册"而有"墓志"现象,既"反常"到了"匪夷所思"的地步,甚至迷惑了、糊弄了许多的学者,则若果然此墓志为伪造,那么作伪者的史学水平,也实在是高超到了"匪夷所思"的程度了。①

---

① 笔者也曾思考为什么现在中国大陆的考古成果及其结论,尤其是历史名人墓葬考古的成果及其结论,基本都会受到来自社会与学界各方的质疑甚至是严重质疑,这是否意味着当今社会的缺乏诚信与当今学界的造假风气,已经"凝聚"成了"怀疑一切"的可怕心理趋向?这方面最典型的例子,应该是2008年12月抢救性发掘以来,走过了近六年的风风雨雨,而最终于2013年5月被确定为第七批全国重点文物保护单位的"安阳高陵(曹操墓)"。笔者对安阳高陵(曹操墓)是持基本肯定态度的,参考胡阿祥:《感受安阳和曹操之间的因缘关系》,收入李凭主编:《曹操高陵——中国秦汉史研究会、中国魏晋南北朝史学会会长联席会议》,浙江人民出版社2010年版。而通过本则札记的讨论,笔者同样倾向于此次扬州司徒村所发现者,确为唐初贞观年间迁建的隋炀帝陵,惟所期望者,系统、全面的考古报告能够尽快问世,以利诸多问题的进一步研究。

丙编 导读

一、妙手回春：《三国志》中的华佗①

《三国演义》里有不少关于华佗的故事，其中最著名的两个，当属他为关羽刮骨去毒、替曹操医治头痛，那么这两个故事到底是不是真的呢？在正史《三国志》中，关羽刮骨去毒和曹操头痛怕风都是确有其事的。不过，为关羽去毒的医者不知其名，而曹操的头痛，华佗倒是的确治过。下面，我就主要依据《三国志·魏书·华佗传》的记载，讲讲华佗的医学智慧。

华佗是沛国谯县人，也就是今安徽亳州人，跟曹操是老乡。生年约在公元145年前后，逝年为公元208年。与汉代的大多数士人一样，他从小学习经文，并且兼通好几种经，其学识也受到很多高官的赏识。然而世事无常，华佗没有从政做官，而是悬壶济世，做起了医生，并终成一代神医。总结起来，华佗的医术主要有以下几个方面的专长：

华佗的第一个专长是方药。方药是中国古典医学中应用最为广泛的医学手段，而华佗下方抓药与常人颇有不同。首先，他常用的汤药只有几味，而且多是常见之药，没有什么花里胡哨的东西；其次，他抓药时从不称重，用手一抓就能知道剂量；最后，他下药很讲究适量，量够了、病除了立即停药，绝不过度用药。

华佗用常见药治病最典型的例子是下面这例。有一次华佗走在路上，遇到一位病人喉咙堵塞，想吃东西却咽不下去，家属正用车推着他去看医生。华佗听见呻吟，停车诊断之后对家属说："前面路边有人卖

---

① 选自本人为喜马拉雅FM所讲的"中国大智慧"课程，该课程已于2019年7月起上线。本讲原题"华佗：妙手回春"，合作撰稿人刘萃峰。

饼,调料有蒜泥酸醋,你取三升来,给他灌下去,病就能好。"病人如此这般后,竟然吐出来一条蛇,于是把蛇挂在车边,来找华佗想着问个究竟。华佗还没回家,小孩们在门口玩耍,看到了就说:"这人肯定遇上我老爹了,车边挂着病呢。"病人进门坐下,发现华佗家的墙上悬挂着十几条这样的蛇。

所谓病人吐出来的蛇,应该就是吃东西的时候带进去的寄生虫。我国古代吃生东西十分普遍,今天日本人、韩国人喜欢吃的生鱼片,就是我们老祖宗曾经的饮食方式。生东西能保留食物原本的味道,但在环境条件不好的古代,卫生难以保证,生食最易导致的就是寄生虫病。比如广陵太守陈登,大概相当于今天苏中地区的一把手,就得过这种病。陈登胸中烦闷,面色肝红,吃不下东西。华佗号脉之后,诊断他的胃中有不少虫子,要结成内疽了,而这是吃生腥之物所致,当即煮了两升汤药,让陈登先喝下去一半,过会儿再喝另一半。喝完汤药后不久,陈太守吐出来三升多的寄生虫,头呈红色,还在蠕动,下半身都是生鱼片。显然,这是陈登吃的生鱼片里带有寄生虫卵,在他肚子里又长成了虫。虫吐下来后,陈登的病当时就好了。不过华佗断言,这病过三年还会复发,到时候还得找好医生治。三年之后,陈登果然发病,那时候华佗不在附近,陈登最终病发而死。

今天我们知道,同一种症状,可能是不同的病因导致的,但在古代,大多数人还没有这种认识,而华佗在治病时,就很懂得对症下药,并不只是靠症状来判断病因。比如府吏倪寻和李延两位卧床不起,都是头疼发热,症状一致。但华佗给倪寻用了泻药,给李延下了发汗药。有人就不明白了,疑问为何同样的病却用不同的药,华佗回答:"倪寻是外实病,李延是内实病,所以疗法不同。"所谓的外实病,是积垢于身,系里热之症,非泻下难于为治,内实病则是湿火上冲,必须发散。而按照华佗的方子用药后,第二天早上,两人都痊愈起床了。

华佗的第二个专长是针灸。华佗的针灸,也像开药方那样,务求精简,不管是针还是灸,都只下一两处,很少像今天许多所谓的"中医大师"那样,把病人扎得像只刺猬,灸得仿佛大香炉,徒增痛苦。

针灸和方药一样,也是中国古代医疗的重要手段,不过,并非每位医生都能熟练掌握它。比如督邮徐毅得病,华佗前往探视,徐毅告诉华佗:"昨天已经让医官刘租用针刺了胃管,但还是咳嗽得厉害,难以入眠。"华佗看了以后说:"麻烦了,针没有刺到胃管,而是刺到了肝上,接下来每天饭量都会减少,五天以后就没命了。"五天以后,徐毅果然病亡。由此可见,针灸绝非平常之技,用得不好,不仅不能治病,还会加重病情,而华佗不仅本人精通此道,还能看出庸医的失误之处来。

华佗的第三个专长是外科手术,这也可以说是华佗在当时的独门绝技。一般来说,外科手术本是西医所长,但在近两千年前,华佗就已熟练掌握了此项技术。当病在体内、针灸或方药不能抵达或难以起效时,华佗就会施行外科手术。他先让病人服下他发明特制的"麻沸散",起到麻醉效果,所谓"须臾便如醉死无所知",再用刀切开胸腹,进行手术,最后缝合,涂上膏药,一般个把月就能痊愈。比如有位病人腹中作痛,而且好像只有半边疼痛,十几天后,头发、眉毛都脱落了。华佗诊视后说:"这是脾半边坏死,剖腹可以治疗。"于是令其服下麻沸散,切开腹腔,脾果然坏死一半。他切除坏死的部分,再用膏药敷在创口上,缝合后辅以汤药,百余天后病人痊愈。可以看出,华佗的这套外科手术流程,与今天的外科手术已经非常相似,真可谓是超越时代的医疗技术,我甚至都有些怀疑。因为剖腹这类外科手术,并不仅是麻醉问题,它还涉及复杂的解剖知识、止血方法、消毒技术等等,然而《三国志》中就是这么记的,又让人不得不信。

除了以上所说方药、针灸、外科手术三项专长外,华佗还特别注重健康养生,当时称为"导引"。他认为,人体需要活动,活动可以增强消化,加强血脉流通,从而预防疾病,这就像门轴一样,只有不停转动,才不会腐朽,但也不能过度运动。而在这样的养生思想指导下,华佗创作了一套名为"五禽戏"的养生操,即摹仿虎、鹿、熊、猿、鸟的动作姿势及表情,以练身保健、预防疾病。一套五禽戏下来,出出汗,爽爽身,增加食欲,延年益寿。

总结华佗的医学实践,可以看出,他用药精简,不滥用药物,而且强调"防大于治",注重疾病的预防。至于华佗在外科手术和养生导引方面的贡献,称之为那个时代的"圣手",也是毫不过誉。这位时代的"圣手",如果不是遭到加害,是应该更加长寿的。

关于华佗的遇害,《三国演义》中的描述是,曹操因为头痛难忍,请来"虽闻其名,未知其术"的华佗为他"诊脉视疾",华佗的诊断结果与治疗方案是:"大王头脑疼痛,因患风而起。病根在脑袋中,风涎不能出,枉服汤药,不可治疗。某有一法:先饮麻肺汤,然后用利斧砍开脑袋,取出风涎,方可除根。"曹操大怒曰:"汝要杀孤耶!"于是将华佗下到狱中,严刑拷问,十多天后,华佗死于狱中。而按照正史《三国志》的记载:曹操常患头痛,要长留华佗在身边随时医治,华佗则思家心切,于是请假"暂还"。回家以后,他借口妻子有病,就是不肯回来,这引得曹操大怒,于是收捕华佗,关押在许都监狱。荀彧出面替华佗求情,也未成功。结果华佗死在狱中,时年63岁上下。华佗去世后,曹操说过这样的话:"佗能愈此。小人养吾病,欲以自重,然吾不杀此子,亦终当不为我断此根原耳",这话的意思是:华佗能治好我的病,但他不为我拔除病根,是想借此自重,所以即便我不杀他,也是无济于事。平心而论,这就是曹操以奸诈多疑之心,臆度大医仁爱的华佗了。后来,曹操的爱子仓舒,也就是那位称象的曹冲,13岁就病重而亡,曹操这才叹息道:"我真后悔杀了华佗,冲儿是我害死的啊!"

一代名医华佗终究死于老乡曹操之手,真是令人扼腕叹息!万幸的是,华佗的医术还有传人,其中最出名者是广陵人吴普和彭城人樊阿。吴普继承了华佗的五禽戏,活到九十多岁了,还耳聪目明,牙齿完整坚固;樊阿继承并发扬了华佗的针术与漆叶青黏散,长命百余岁。而时至今日,华佗仍为中华医药的标志性人物,比如我去过几次的华佗的家乡亳州,有祭祀他的华祖庵,有多处大规模的药材市场,乃至亳州成为中国四大药都即安徽亳州、河北安国、江西樟树、河南禹州之首。我在命名南京仙林新城区道路名称时,也将南京大学仙林校区东门外的大路命名为元化路,元化是华佗的字,借此纪念神医华佗。而说到这里,我又想起了我中学母校安徽省桐城中学的创始人吴汝纶先生。我就不明白,为什么吴先生那么排拒中医,竟然"到死不肯一试中医",最后付出了惨痛的生命代价。这里不妨再说几句,或许对怀疑中医的朋友有些鉴戒作用。事情的经过是这样的:

1902年底,吴汝纶先生从安庆回老家桐城县枞阳镇处理族中事务,因为是顶风冒雪归乡的,得了伤风感冒;又因已近年关,难免饮食油腻,以致消化不良;再因陷入宗族纠纷,引起疝气复发。面对这些症状,吴先生拒绝中医疏解,等到1903年正月初十半夜,内科非其所长的美国医生从安庆赶到桐城,已经施救无术,至十二日凌晨,吴先生去世,终年63岁。说到这里,真是呜呼哀哉!就以我的一点皮毛的中医知识,也知道像吴先生这样的早期症状,西医内科既能药到病除,中医施治也会妙手回春,比如以生姜、红糖驱散风寒,以山楂、热粥消食养胃,以热敷、平躺缓解疝气。既然在清末那个寒冬里的枞阳乡下,一时找不到西医内科医生,中医郎中还是易得的。哪怕乡间郎中不能令人完全信任,以吴先生的名望与地位,早些从安徽省城安庆请来一位乃至一队的杏林高手,应该也非难事。然而在晚清民初那个"三千年未有之变局"的时代,吴先生的"弃中取西",视中医为"含混谬误,一钱不值",也是不难理解的一类取向。其实在吴先生之后,如梁启超、孙文、鲁迅、陈独秀、胡适等一批大师级人物,对待中医的态度,也与吴先生没有两样。换言之,在晚清民初那段中西文化冲突为主、融汇为辅的时代,崇尚西方文化、模仿建立西方政治制度等等,乃是时代的潮流,而裹胁在这个潮流中的中医,也就颇遭新派人物的质疑以至唾弃,即便如吴汝纶先生这样"合东西国学问精粹"的士大夫,也是未能例外。而时代发展到了今天,当历史的尘埃落定之后,由国家的"文化自信"到我本人的切身体验,我似乎越来越理解了一句谚语,那就是"一方水土养一方人"。中医作为中华这方土地上孕育出来的医道、医术,当然与这方土地养育的男女老少相协调,这就是自然与人生合一的既浅显、又深刻的智慧吧,这也就是我们常说藏药猛、而藏族朋友说汉药弱一类现象的缘故吧。

二、"晋图开秘":裴秀的"制图六体"[①]

文字不同于图画的地方,在于它是抽象的天地兆物、社会万象、人生百态,是线条,是符号,哪怕象形字,也是抓住特征的线条或符号。那么地图又作何理解呢?不妨先说一个例子。

有个成语"铸鼎象物",不知诸位听说过没有?《左传·宣公三年》记载,楚庄王伐戎,到了洛阳即周王室京师的郊外,周天子派王孙满犒劳楚军,楚庄王竟然问鼎的大小轻重。王孙满回答:"在德不在重。昔夏之方有德也,远方图物,贡金九牧,铸鼎象物……周德虽衰,天命未改。鼎之轻重,未可问也。"于是有了"问鼎之心"这个成语,意为觊觎天下的野心,因为鼎象征着国家权力。鼎为什么象征着国家权力呢?因为禹治平水土以后,"铸鼎象物",即以九州上贡的金属,铸造了九只大鼎,鼎上则铸有九州的地图,于是九鼎成为王权的标志,九鼎图也堪称中国最早的地图之一。

那么,在早期的地图上,都有些什么内容呢?九鼎图上有天下方国、山林川泽、神灵奇怪等内容。我们再看先秦典籍《管子》的具体记载:"凡兵主者,必先审知地图。"就是作为一军的主将,在作战前,必须详细察看地图,了解山川险阻、道路远近、草木植被、城邑大小等情形,然后才能"不失地利,此地图之常也"。然则由传说中的九鼎图、《管子》书中的《地图》篇以及考古所见实物地图,如1986年发现的天水放马滩秦国的七幅木板地图、1973年发现的长沙马王堆西汉的三幅帛图,我

[①] 选自本人为喜马拉雅FM所讲的"中国大智慧"课程,该课程已于2019年7月起上线。本讲原题"裴秀:制图六体",合作撰稿人刘萃峰。

们得知了中国早期地图上已经以线条、符号、图形等多种形式,表达着丰富多彩的地理内容。

说到这里,问题来了,地图的绘制,涉及许多方面,比如起伏的山地、蜿蜒的河流、曲折的道路,如何在平面图上呈现?地物之间的距离远近、相对方位,如何保证测量的精度?复杂多样的自然地理与人文地理要素,如何设计出一目了然的"图例"?如此等等,都是可想而知的决不简单的事情。而在这些方面,中国古人同样富有智慧,比如其中的代表人物裴秀,就以他在地图方面的科学理论与技术实践,拥有了《晋书·裴秀传》赞颂的与"娲皇炼石"即女娲炼石补天并称的"晋图开秘"之功,而因为这样的揭开中国古地图的秘密之功,英国李约瑟博士又将裴秀推崇为"中国科学制图学之父"。下面,我就来聊聊裴秀和他总结的"制图六体"。

裴秀,224 年出生,271 年逝世,出身于当时的一流豪门河东闻喜裴氏家族,河东闻喜就是今山西省闻喜县。2017 年 11 月,我曾踏访慕名已久的闻喜县裴柏村,村口"宰相村"那三个黄底黑色大字,我至今记忆深刻。以言裴秀,他的祖父裴茂做过东汉的尚书令,父亲裴潜做过曹魏的尚书令,他自己也曾担任西晋的尚书令,尚书令主管政务,相当于宰相,而像这样祖孙三代都做宰相,可见其家族地位的显赫。

裴秀从小聪明好学,风采过人,八岁就能写出很好的文章,十岁时名气已经很大,当时人称他为"后进领袖"。开始在曹魏做官时,他是大将军曹爽的手下。我们知道,司马懿和曹爽之间曾有过一场殊死搏斗,最终司马氏获胜,曹爽被诛灭了三族,而裴秀作为曹爽的故吏,也一度被免职。不过后来他又投靠了司马氏,并在魏晋禅代之际立下了大功,先是担任西晋的尚书令,受封钜鹿郡公,后拜三公之一的司空。

在司空的职责中,包括了掌管全国的户籍、土地、田亩、赋税、地图等事项,这使裴秀有了接触各地地理、增进地图知识的机会,于是他决心绘制新的地图。如所周知,在上古典籍中,有记载天下地理大势的《尚书》中的《禹贡》篇,虽然按照以顾颉刚先生为宗师的"古史辨"派的现代考证,《禹贡》写成于先秦战国时代,但在传统儒家那里,还是认《禹贡》为大禹时代的作品。也就是说,《禹贡》的时代距离西晋已经非常遥远了。而在这遥远的时代里,地名、地物已经发生了巨大的变迁,再加上后人的各种牵强附会、胡乱解释,于是人们对当时古往今来的地理面貌,认识更加模糊。有感于此,裴秀在门客京相璠等人的协助下,遍览群书,甄别考证,结合实际调查,绘制了十八篇《禹贡地域图》,这是见于文字记载的最早的大型历史地图集,可惜这些地图后来失传了。不过幸运的是,《禹贡地域图》的序文却保存了下来。

正是在这篇序文中,裴秀在继承前人宝贵经验的基础上,有所总结、更多创新地提出了绘制地图的六大原则,《晋书·裴秀传》是这样记载的:

> 制图之体有六焉。一曰分率,所以辨广轮之度也。二曰准望,所以正彼此之体也。三曰道里,所以定所由之数也。四曰高下,五曰方邪,六曰迂直,此三者各因地而制宜,所以校夷险之异也。有图象而无分率,则无以审远近之差;有分率而无准望,虽得之于一隅,必失之于他方;有准望而无道里,则施于山海绝隔之地,不能以相通;有道里而无高下、方邪、迂直之校,则径路之数必与远近之实相违,失准望之正矣。故以此六者,参而考之。

这段古文,被民国时代的中国科学史大家王庸视为"中国地图史上至可宝贵之材料",被当代中国地理学领军人物陈述彭誉为"世界地图史上关于地图编制原理的最古老的文献",而这段文字中提到的分率、准望、道里、高下、方邪、迂直,就是闻名遐迩的"制图六体"。然而麻烦的是,由于时代相隔甚远,加上裴秀本人的解释文字不多,关于这"制图六体"的具体内涵,古往今来的解释还是存在不少歧异,我在这里,姑且引述一段王庸先生认为"言之甚明""可以不另作解释"的清代学者胡渭的说法,以供诸位参考:

今按分率者,计里画方,每方百里、五十里之谓也。准望者,辨方正位,某地在东西、某地在南北之谓也。道里者,人迹经由之路,自此至彼,里数若干之谓也。路有高下、方邪、迂直之不同,高则冈峦,下为原野,方如矩之钩,邪如弓之弦,迂如羊肠九折,直如鸟飞准绳,三者皆道路险夷之别也。

换成现在的表述,分率就是比例尺,准望就是方位,道里就是道路距离,这三条原则是制图的基础,是相互独立的要素;而考虑到道路距离会受地形起伏、路途弯曲以及中间物的阻隔等情形的影响,所以绘图时必须采用"高下"即逢高取下(如图一取 AB)、"方邪"即逢方取斜(如图二取 AB)、"迂直"即逢迂取直(如图三取 AB)这三条补充或修正的原则,把人行道路变成水平直线距离,这样图上地物的位置,才能标注准确。

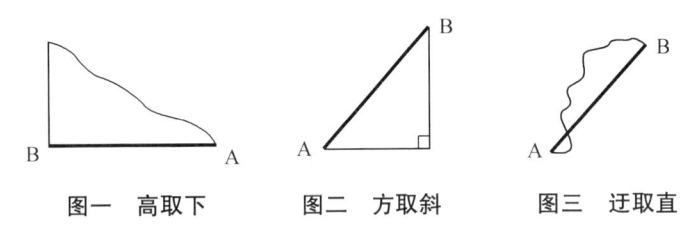

图一 高取下　　图二 方取斜　　图三 迂取直

说到这里,不知道诸位朋友是不是还有点晕?虽然我已尽可能地,甚至不顾严密地朝着通俗的方向解释,但这"制图六体"终究是理论,如果不结合实践,确实不太容易理解。那就这么说吧,在中国古代,甚至在我小时候,常用"计里画方"也就是打方格子的法子画地图,这个"计里画方",就与"制图六体"中最关键的分率即比例尺、准望即方位两条原则比较接近。

正是在"制图六体"原则的指导下,运用"计里画方"等方法,裴秀与京相璠等人绘出了《禹贡地域图》。虽然这部图集今天已经见不到了,但是根据一些零散的文献记载,还是能知晓这部图集的若干情况的。如就内容言,图集上起《禹贡》、下至西晋,包括历代政区沿革、古国盟会地名、山海川流陂泽、道路、疆界等等,可谓丰富多彩;又就分率言,"以二寸为千里",折合成今天的比例尺,大概是1∶9 000 000左右。值得一提的是,裴秀不仅以"制图六体"为指导,主持编绘了历史地图集《禹贡地域图》,还绘制了一幅简缩的《地形方丈图》,这幅西晋的现状地图,"以一分为十里,一寸为百里,备载名山都邑,王者可不下堂而知四方也"。

裴秀的制图实践,尤其是他的"制图六体"理论,对于中国传统地图学的影响,可谓广泛而且深远。可以认为,在明末清初西方地图测绘技术传入中国之前,"制图六体"一直是中国古代绘制地图所遵循的基本原则。举我个人的例子。2017年底,经过四年的努力,由我领衔编纂的《南京古旧地图集》终于出版。在编纂过程中,我们团结了地理信息系统(GIS)和数据库建设方面的相关专家,以便更好地发掘古旧地图中蕴含的历史信息,而面对那一幅幅已经泛黄的古旧地图,面对即便到了民国时代,地方志中还是"计里画方"的那些地图,我不得不感慨李约瑟博士称赞的这位"中国科学制图学之父"裴秀的奠基性的贡献。

最后再说两个裴秀的故事结束本讲。一个故事是,年轻的时候,家世优越、一帆风顺的裴秀颇是自负。有一回,发明了翻水车的著名"科技达人"马钧又设计出一款能连续发射巨石到远方的攻城器,裴秀竟然大加嘲讽,并与马钧辩论。马钧是实干家,口才不济,而裴秀长于辞令,讲个没完,其实裴秀对机械原理并不内行。这个故事说明,尺有所短、寸有所长,擅长编绘地图,并不一定就是位好木匠。又一个故事是,中年的裴秀服食五石散之后,竟然饮下冷酒,其实五石散里含有硫磺、石钟乳等成分,服下之后是要喝热酒、行散发汗的,结果裴秀冷酒下肚,热气散不出来,竟然因此而一命呜呼,终年48岁。看来裴秀的化学知识也实在太差。不过话说回来,裴秀虽有不少的科技知识短板,但他在将近1800年前所确定的"制图六体"原则,至今还闪耀着科技智慧的光芒,现在中国测绘学会甚至专门设立了"裴秀奖",用于在全国范围内评选优秀地图作品。

三、贾思勰:地方官的"齐民要术"[①]

若干年来,雾霾问题逐渐引起了社会各方的广泛关注,特别是农村里焚烧秸秆的现象,不仅存在引发火灾的隐患,还会制造出大量有害、有毒的气体,导致雾霾的产生或加重,以及破坏土壤结构。那么怎样解决这个问题呢?办法还是有的,比如机械化还田、加工为畜牧饲料、培养食用菌、制取沼气等等,但是推广起来难度很大,或者花费较多。相对而言,最佳方案莫过于让废弃的秸秆继续发挥作用,成为有价值的农业资源。其实这个问题,早在约1500年前,就被中国古代农学家贾思勰所关注,并将自己的看法写入了其不朽名著《齐民要术》中。下面,我就与朋友们聊聊贾思勰《齐民要术》中的科技智慧。

说起中国古代利用植物肥料以改良土壤的行为,起码可以追溯到周代,依据《周礼》的记载,当时已经设立专门的官员,指导制作草肥。到了汉代,人们对植物腐殖质改良土壤的认识更进了一步,西汉的《氾胜之书》中,就有"草秽烂,皆成良田"的说法。贾思勰继承前人经验,在《齐民要术》中记载了"踏粪法"。简单说起来,就是让牛用践踏的方法使粪肥和谷物秸秆混合在一起,制作出兼具植物腐殖质和动物肥两种肥料优点的肥料,这在今天被称为"完全肥料"。"踏粪法"巧妙利用了秸秆的保水性能,使得有机质和氮素损失较少,而且由于积肥分解慢,所以能够有效而且长期地为土壤积累腐殖质,从而改良土壤,提高肥力。时至今日,在广大农村仍有不少制作踏粪肥的做法,其科学原理也

[①] 选自本人为喜马拉雅FM所讲的"中国大智慧"课程,该课程已于2019年7月起上线。合作撰稿人刘萃峰。

借助现代实验得到了证明。

那么,贾思勰是何方神圣呢?虽然我们的中学历史教科书中都提到过他,但他为什么会写《齐民要术》这么一本书,恐怕很多人并不清楚。

贾思勰主要生活在北魏后期。由于史书中没有他的传记,其他文献中也没有关于他的只言片语,所以贾思勰的一生事迹,可以说是一纸空白,现在唯一确知的信息,就是《齐民要术》书上的作者署名"后魏高阳太守贾思勰撰"。遗憾的是,即便是这十个字,也还存在模糊之处。比如"后魏",指的是南北朝时期北朝的魏,这个北朝的魏,又包括了我们习称的北魏,以及北魏分裂以后的东魏、西魏,整个的时间,起自386年,讫于557年;又如高阳太守,即高阳郡的太守,然而后魏有两个高阳郡,治所分别在今河北高阳县境与今山东桓台县境,我们无法明确贾大人究竟是哪个高阳郡的太守。又一般的说法是,他是齐郡益都人,也就是今天山东寿光市人,而他既然能担任高阳太守,相当于今天的地级市一把手,看来家世背景也不差,甚至可能出身于大族。不过如果这样的话,新的问题又出现了:魏晋南北朝时期的高门大族子弟,大多做官而少理事,尤其很少去理俗事,那么这位高阳太守贾思勰怎么会去研究焚烧秸秆、琢磨踏粪制肥呢?说起来,这应该与贾思勰生活的北魏后期的社会状况有关。

如所周知,鲜卑族的北魏孝文帝拓跋宏也就是元宏,是位非常倾心汉化的皇帝,如他在位期间,就将首都从边地的平城(今山西大同市)迁到了中原的洛阳,还推行了一系列的汉化改革措施。其中,涉及土地的改革措施是计口分田的"均田制",简而言之,即成年的男性和女性都可以得到国家的授田,包括种粮食的露田、栽桑麻的桑田麻田,而且赋税负担较轻,这样的改革措施无疑刺激了广大人民群众的农业生产积极性。另外,北魏中央政府还把各地农业生产的成绩好坏,列为考核地方官员政绩的主要标准之一。正是在这样的时代背景与社会状况下,有效提高农业生产效率的技术与知识,既受到了人们的普遍关注,也引起了像贾思勰这样的地方长官的特别兴趣。我们看《齐民要术》这本书的书名,"齐民"就是有户籍的平民百姓,"要术"就是重要的技术、技能,合起来说,"齐民要术"就是民众从事生产的重要技术、技能。于是贾思勰"采捃经传,爰及歌谣,询之老成,验之行事",即在尊重历史文献、收集民间谚语、请教群众经验、注重实践验证的基础上,从耕作栽培起,到制醋造酱止,凡是对农业生产生活有用的事项,统统包括在内,大约在公元6世纪30年代到40年代之间,写成了10卷92篇115 000多字的《齐民要术》。而按照缪启愉、缪桂龙父子在《齐民要术译注·前言》(上海古籍出版社2006年版)中的说法,"《齐民要术》是中国现存最早最完整保存下来的古代农学名著,也是世界农学史上最早最有价值的名著之一",又说《齐民要术》"包括农、林、牧、渔、副'大农业'的全部……它几乎囊括了古代农家经营活动的所有事项,以百科全书式的全面性结构展现在我们面前"。

那么,回到"科技智慧"方面,贾思勰及其《齐民要术》有着怎样的反映呢?缪氏父子特别指出,以言思想智慧,《齐民要术》反映了贾思勰的"农本"思想,反对保守、提倡革新的历史观,既尊重自然规律办事,又发挥人的主观能动性的辩证观点,以及强调实践、强调积极劳动、强调节俭、强调防荒备荒的认识;以言科技成就,《齐民要术》同样丰富多彩,比如华北旱作农业以保墒防旱为中心的精细技术措施,种子处理和选种、育种的方法,播种、轮作和套种技术,动植物的保护、饲养、鉴别以及遗传、变异的认识以及副业生产、饮食工艺中酶的广泛利用。就以酶来说,如果按照今天的科学名词,那就涉及微生物学、生物化学一类的广阔领域了。

然则这样充满思想智慧的贾思勰,在以技术、工艺等等为雕虫小技的中国古代,却是生卒年不知,事迹无考,这难免让人感慨而且沉思。幸运的是,这样充满科技成就的《齐民要术》却流传了下来,不仅彰显着"以农为本"的古代中国卓越的科技智慧,而且相当程度上丰富了我们今人的"发思古之幽情",甚至一定程度上满足了我们今人的"口腹之欲"。满足"口腹之欲"？这话怎么说呢？诸位朋友不妨读读《齐民要术》的七、八、九卷，各种酒，各种醋，各种酱，各种咸菜、腌鱼、饴糖，怕是口水都止不住了。以我个人为例，我在南京仙林新城区的道路命名中，就命名了一条"齐民路"，向贾思勰致敬，而且还想着从《齐民要术》中琢磨出一套"六朝菜谱"，找家合作酒店开发出来，以贯彻落实毛主席提倡的"古为今用"。说到这里，我不妨再举些例子，满足一下"吃货"们的"口腹之欲"。

《齐民要术》里记载了许多的肉类烹饪方法。比如有一种"卒成肉酱法"，先把鲜肉切细，配上好酒、曲末、黄蒸末和少许食盐，调匀后放入瓶中，用碗盖住瓶口，以熟泥密封，再放进预先做好的坑中。坑是要事先烧烤过的，周围还要铺满干草，待瓶子放入后，再在上面覆盖厚约七八寸的土，然后在土上焚烧干牛粪，直到烧出酱汁为止。等到食用的时候，拌入麻油炒熟的葱白，"甜美异常也"。再如一种"灌肠法"，先取羊盘肠洗净备用，把羊肉切细，调入葱白、盐、豆豉汁、姜、椒末，一并灌入盘肠。然后将其固定烧烤，完成后用刀割食，"甚香美"。虽然当时的人们还不懂得如何制作肠衣，也不知晓干燥保存灌肠的方法，但是其他的步骤，已与今天制作香肠类食品没有两样了。再来看看贾思勰是怎么记载烧烤的。《齐民要术》中有篇专门的《炙法》，记载了十多种不同的烤肉方法。比如"炙豚法"，是选用正在吃奶的极肥的小猪，先用开水烫一遍，擦洗刮毛，然后剖开腹腔，掏出内脏，再次洗净后，用茅草将其腹腔填满。这样做，是为了在烧烤过程中整体受热均匀，并保持原本的形状。随后，用一根柞木棍贯穿猪身，在缓火上放远些，急急不停地烤，同时再用清酒、新鲜的猪油或洁净的麻油涂抹在表面上，这样烤熟的乳猪，表皮酥脆，色如琥珀，又如真金，真是色、香、味、形俱全，吃起来，"入口即消，状若凌雪，含浆膏润，特异凡常"。由此几例，我称《齐民要术》为"舌尖上的北魏"，大概并不为过吧！

如此这般地"望梅止渴"以后，我们再来看看堪称农业指导手册，尤其是北方旱作农业指导手册的《齐民要术》。就以保持耕地肥力为例，对于以农耕为主要生产方式的百姓而言,这是关系到一家老小来年能否吃饱的重大问题,《齐民要术》对此大致有着三个方面的关照。第一个方面是因时制宜。所谓"凡秋耕欲深,春夏欲浅",我们知道,耕地的深浅取决于时间季节和耕地程序的先后,因为从秋耕到春耕、春种之间,有较长的时间来让土壤自然风化,所以即便耕得深些,翻上一些新土,经过冬春的风化,生土也能变成熟土,至于春耕或夏耕则不然,因为要紧接着播种,土地熟化的时间不够,所以长此以往,会对农作物的生长不利。第二个方面是因地制宜。比如种胡荽(香菜),"若地柔良,不须重加耕垦者",这话的意思是,如果碰上松软肥沃的土地,就没有必要过度翻耕,让它自己保有肥力即可。第三个方面是耕地保墒方式要灵活。比如谈到种麻的时候说,"耕不厌熟。纵横七遍以上,则麻无叶也。田欲岁易。抛子种则节高",意思是说,翻耕土地要尽量熟透,纵横各翻耕七遍以上才好,这样生长出来的麻,就不会有破烂或发黄的叶子。麻田每年都要换地耕种,下种时向上抛撒种子,麻秆就能长得高。诸如此类,不难想象,在通常依靠经验、口口相传的中国古代农业社会,这样周全、系统、实用的农业生产手册,能够基本满足一般农民的生产需求,这就好比今天的我们,遇到什么事情,都习惯求教于百度一样。

总结一下,贾思勰和他的《齐民要术》,是中国古代农业史、科技史,乃至饮食史、酿酒史、环境保护史等等方面的重要学者和非凡著作,呈现了中国古代农业社会最接地气、最为有滋有味的科技智慧。这样的科技智慧,体现在生产与生活的点点滴滴中,它也许很朴实,但却是一代又一代人的经验积累、思想提炼,并为长期的实践所验证,所以这是地地道道的、原汁原味的中国大智慧!

四、玄学:"名教"与"自然"的关系[①]

著名美学家宗白华先生在《论〈世说新语〉和晋人的美》(《星期评论》1941年第10期)中说:"汉末魏晋六朝是中国政治上最混乱、社会上最苦痛的时代,然而却是精神史上极自由、极解放,最富于智慧、最浓于热情的一个时代。"我在《"胡"说六朝》(江苏人民出版社2019年版)书中,则归纳了魏晋南北朝时代的六大特征,即深层的分裂局面、复杂的民族关系、频繁的人口迁徙、特殊的社会结构、变动的典章制度、多元的文化面貌。即以多元的文化面貌来说,这是人性觉醒的时代,是没有思想权威的时代,是多元文化生动活泼、兼容发展、自由争辩的时代,也是吸收与融合外来文化的时代,如此种种,又使魏晋南北朝堪称是继春秋战国之后,第二次百家争鸣的时代。这个时代,儒玄佛道四家并立,而且相互影响,文学地位不断上扬,史学也受到普遍重视。在中国传统文化的积累与演变过程中,这是文化面貌呈现多元性、开放性、兼容性、个性化、率真化的时期,是文化独具特色、思想充满智慧的时代。本讲单言所谓儒玄佛道中的玄学。

《老子》有言:"玄之又玄,众妙之门。""玄"者,深奥、幽远、神妙、难以捉摸。至于"玄学",则是解说、阐述、发挥《老子》《庄子》和《周易》的一种学说。在古人看来,老、庄、易的思想深奥奇妙,可以说是玄之又玄,所以称之为"三玄",而研究"三玄"的学问,就被称为"玄学"。玄学是魏晋南北朝时代盛行于社会上层和知识界的流行思潮,与玄学有关

[①] 选自本人为喜马拉雅FM所讲的"中国大智慧"课程,该课程已于2019年7月起上线。合作撰稿人张兢兢。

的清谈也成为那个时代的特别时尚。

我们先来看个玄学清谈的典型场景。《世说新语·文学》有这么一条记载：

> 丞相(王导)自起,解帐带麈尾,语殷(浩)曰:"身今日当与君共谈析理。"既共清言,遂达三更。丞相与殷共相往反,其余诸贤略无所关。既彼我相尽,丞相乃叹曰:"向来语,乃竟未知理源所归,至于辞喻不相负,正始之音,正当尔耳!"

这里的"麈尾",是清谈家手持的道具,原其本意,麈是一种大鹿,麈尾摇动,可以指挥鹿群的行进方向,所以手持"麈尾",有领袖群伦之义。殷浩是东晋大臣,也是著名的清谈家,丞相王导就不用多说了,他也善于清谈。那么王导与殷浩你来我往、谈到三更,谈的都是些什么呢? 是"析理"即辨析玄理;谈的结果如何? 竟然"未知理源所归",就是还不知道玄理的本源究竟何在;不过尽管如此,谈的感觉却很好,比如言辞玄妙,譬喻高明,以至王导丞相感叹:"正始年间的清谈,也正是这样的吧!"

谈到半夜三更,却谈不出个所以然,这就是谈玄,借用今天的说法,就是讨论哲学问题。何谓哲学问题? 我常开玩笑说,没有答案的问题就是哲学问题,比如"我是谁"、"我从哪里来"、"我往哪里去"、"造物主存在吗"、"死后有余生吗"、"世界是相对的还是绝对的",谈了几千年,谈不出答案。那么,魏晋玄学都谈些什么幽深玄远的问题呢? 罗列一下,比如本与末、有与无、动与静、言与意、才与性、有情与无情、崇有与无为、名教与自然,如此等等,诸位朋友,您感觉能谈出答案吗?

然则相对而言,密切联系着时代背景、社会状况、政治现实、个人言行的玄学问题,还是应该首推"名教"与"自然"的关系。从哲学层面说,"名教"为人为造作,即为调整人与人之间关系而设的等级、教化、制度,"自然"乃宇宙本体、世界本源、万物本来的样子;接些"地气"的说法,

"名教"指等级名分、伦理仪则、制度法规等社会规范,"自然"指人的本初状态、自然本性,同时也指天地万物的自然状态。我们知道,儒家贵名教,道家明自然,因而如何处理儒与道、名教与自然之间的关系抑或矛盾,使二者达于会通,也就成为玄学清谈的热门话题。而在魏晋玄学家那里,围绕这个问题的讨论,又经历了三个阶段:第一阶段是曹魏正始年间,何晏、王弼根据"名教本于自然"的命题,援道而入儒,认为两者之间并无矛盾,即自然是"本",名教是"末",名教是自然的表现,自然是名教的根本;第二阶段是魏晋"禅让"之际,阮籍、嵇康提出了"越名教而任自然"的口号,崇道而反儒,即视名教与自然有着本质的冲突,两者之间不可能互相协调;第三阶段是西晋元康年间,先是裴頠为了纠正当时已经"过分"了的"越名教而任自然",贬斥放诞,维护名教,崇儒而反道,而后郭象论证了"名教即自然"、"自然即名教",即凡是存在皆属自然,名教既是存在,当然也是自然,最终调和了儒道关系。

诸位朋友,我不知道这些"玄之又玄"的玄哲学问题,有没有把诸位绕晕,也不知道堪称"众妙之门"的"名教"与"自然"关系的玄哲学命题,诸位是否已经明白?这里,我谨选择最接当时现实、也最令人感怀的第二阶段,说说其代表人物阮籍和嵇康的所言所行、所思所想。作为"竹林七贤"的灵魂人物,阮籍和嵇康不仅将玄学探讨的领域拓展到文学、美学、语言、艺术等多个领域,更以自己的生命,体证与实践着玄学的智慧,使魏晋玄学真正成为一种极具影响力的社会思潮。

时当魏晋之际,儒家名教思想及其所宣扬的忠孝节义等规范,已逐渐被专擅朝政、阴谋篡国的司马氏所利用,反过来成了他们维护权势、钳制人心的工具。阮籍和嵇康对此可谓深恶痛绝,而他们"越名教而任自然"的理论与实践,正在于从思想根子上动摇司马氏冠冕堂皇的、装模作样的道德说教。

阮籍对名教与自然关系的看法,集中反映在他的《大人先生传》一文中。所谓"大人先生",那是阮籍心目中的理想形象,也是自然精神的凝聚。与"大人先生"相对的则是所谓"域中君子",就是那些拘束于礼乐名教的世俗之人。在阮籍看来，"大人先生"与造物同体、与天地并生，他行为高妙、不拘于俗，以天地为家，以造化为友，视自然为生命；"域中君子"则是"服有常色，貌有常则，言有常度，行有常式"，他循礼守则，"诵周孔之遗训，叹唐虞之道德"，以名教为圭臬。这两个形象的鲜明对照，体现了阮籍崇尚自然、反对名教的自由精神。而在现实生活中，阮籍也毫不掩饰对这两类人的喜恶，见到欣赏的人，他以表达尊重的青眼视之，遇到世俗之人，则以表达轻蔑的白眼对之。

阮籍的玄学智慧不仅蕴含在他的作品里，更体现于他的行为中。人生后半程的阮籍，厌倦为官俗务，纵酒昏酣之间，蔑视世俗礼教，而又谨言慎行、口不臧否人物，以求保全性命。他以真挚的自然为本，抛弃虚假的名教，以任性放诞的身形，疏离混浊不堪的政治，从而写照着玄学名士的风流与智慧。

比起阮籍，更进一步超越名教、彰显自然、表面上旷达洒脱、骨子里性格刚直者，还是阮籍的好友与同道嵇康。集中反映嵇康玄学思想的作品有《声无哀乐论》《养生论》《难自然好学论》《与山巨源绝交书》等。嵇康继承了老庄"绝仁弃义"的理念，将名教与自然完全对立起来，认为名教是对自然大道的凌迟，乃是自然破坏后的产物，自然才是天地间的最高法则，因此他提出"越名教而任自然"。对于当权的司马氏，嵇康采取了坚决的不合作态度，他或与竹林好友相聚纵酒、啸傲弹琴，或避居家中，以锻铁为生，而自得其趣。他不仅自己远离政治、不交世俗，也反对朋友出卖自我、干禄从政。比如嵇康的"竹林同志"山涛从吏部郎的职位上升迁了，推荐嵇康继任吏部郎，嵇康得知此事，写信公开表示与山涛绝交。在信中，嵇康自言"但愿守陋巷，教养子孙，时与亲旧叙离阔，陈说平生。浊酒一杯，弹琴一曲，志愿毕矣"；嵇康还提出了"轻贱唐虞而笑大禹"、"非汤武而薄周孔"的大胆主张，矛头所向，直指名教的核心与司马氏的统治。也因为此，龙性难驯的嵇康深为司马氏所忌恨，最终一曲《广陵散》绝，从容就义。

嵇康通晓音律，尤爱弹琴，而与此相关，"声无哀乐"的命题，也是嵇康玄学智慧的生动体现。我们知道,音乐在中国传统政治文化中拥有崇高的地位,"乐"与"礼"一样,历来就被视为移风易俗、治国兴邦的政治工具,而之所以将音乐与政治牵连在一起,又是因为儒家认为,人的喜怒哀乐,会不自觉地表现在音乐中,而让人产生喜怒哀乐感情的,恰恰是政治的清明或污浊。然而这样的习惯认知,遭到了嵇康的有力挑战。嵇康认为,音乐之声本无所谓"哀",也无所谓"乐",它不是什么感情和形象的载体,因为无论天地自然之声、人声还是器乐之声,自有它恒定不变的本体。比如由于风俗不同,有的地方把歌唱当哭嚎,有的地方把哭嚎当歌唱,因而有人听到歌唱反而会难过,有人听到哭嚎反而会喜悦,但实际上歌归歌,哭归哭,它们又何尝改变过自己?同样,当人吃辣子或开怀大笑时,当人被烟熏或伤心哭泣时,泪水都会从眼里流出来,难道可以说眼泪本身有喜怒哀乐吗?高兴时的眼泪不会是甜的,悲伤时的眼泪也不会是苦的,声音也如同这眼泪一样,无所谓哀,也无所谓乐,与政风、民俗更是沾不上边。嵇康让音乐从政治的枷锁中解放出来,变成一门独立自由的艺术,他所追求的,既是一种超越的音乐境界,也是一种高远的人生境界。

从以阮籍与嵇康为代表的竹林名士身上、竹林玄学那里,我们看到了毫无矫饰做作的率真,这是自我个性的极致张扬,是超俗离尘的风流高洁,这也是魏晋玄学的智慧与魅力所在。探求天地自然虚玄之体和人生安身立命之道的玄学名士们,就是这样实践着哲学化的智慧人生,他们以放达不羁的生活方式与超逸洒脱的精神境界,形成了恣情任性、不拘礼法的魏晋风度,留给后世一幅绘制得别样精彩的思想史画卷。

五、《世说新语》:"一部名士底教科书"①

2014年8月,六朝博物馆开馆,其"回望六朝"展陈中,有"十大'六朝之最'",《世说新语》为"最早的笔记小说集";

2014年9月,南京市全民阅读工作站举办"南京贡献给世界的24部传世名著"评选活动,2015年12月评选结果发布,《世说新语》入选其中;

2017年11月、2019年8月,河南师范大学文学院主办的第一届、南京大学文学院主办的第二届"《世说》学国际学术研讨会"分别在河南新乡、江苏南京召开……

"六朝之最"、"传世名著"、"《世说》学",《世说新语》之于六朝时代、古都南京、人文学术的广泛意义,由此可见一斑;当然又不仅此也,《世说新语》之跨越时空、标志文化、"一书成'学'"的卓越地位,也令人有"清庙之歌,一唱而三叹"的无限感怀!

那么,《世说新语》究竟是部怎样的典籍?《世说新语》对于我们今人又具有怎样的"现世"价值呢?

(一)

怎样的典籍?怎样的"现世"价值?不妨先把这两个问题融为一体,说说品味《世说新语》的合适"语境"——

以言身形,如《任诞》:"毕茂世(卓)云:'一手持蟹螯,一手持酒杯,

---

① 《世说新语》"导读","文学之都经典文库",南京出版社2021年版。此为未经删节的原稿。

拍浮酒池中，便足了一生。'"

以言清谈，如《文学》："丞相（王导）自起，解帐带麈尾，语殷（浩）曰：'身今日当与君共谈析理。'既共清言，遂达三更。丞相与殷共相往反，其余诸贤略无所关。既彼我相尽，丞相乃叹曰：'向来语，乃竟未知理源所归，至于辞喻不相负，正始之音，正当尔耳！'"

以言幽默，如《排调》："元帝（司马睿）皇子生，普赐群臣。殷洪乔（羡）谢曰：'皇子诞育，普天同庆。臣无勋焉，而猥颁厚赉。'中宗（司马睿）笑曰：'此事，岂可使卿有勋邪？'"

以言智慧，如《言语》："孔文举（融）有二子，大者六岁，小者五岁。昼日父眠，小者床头盗酒饮之。大儿谓曰：'何以不拜？'答曰：'偷，那得行礼！'"

以言真情，如《伤逝》："王仲宣（粲）好驴鸣。既葬，文帝（曹丕）临其丧，顾语同游曰：'王好驴鸣，可各作一声以送之。'赴客皆一作驴鸣。"

窥斑见豹，据此五条，孔融、王粲、司马睿、殷羡、王导、殷浩、毕卓诸位的言行风貌，我们应该能够感知大概。怎样的言行风貌呢？首届《世说》学国际学术研讨会文集名为《神超形越》，第二届《世说》学国际学术研讨会主题为"魏晋风流"，然则神超、形越、风流云云，就是《世说新语》蕴含的"语境"与彰显的"味道"吧。这样的《世说新语》，所收获的古往今来的评价也是极高。如明朝王世贞推崇"正史之外……有以一言一事为记者，如刘知几所称琐言，当以刘义庆《世说新语》第一"；冯友兰先生认为《世说新语》堪称"中国的风流宝鉴"；鲁迅先生称赞《世说新语》"记言则玄远冷隽，记行则高简瑰奇"；我的好友、研究《世说新语》的代表学者范子烨自陈："月白风清之际，清露晨流之时，每当我展卷在手，邈然长想，未尝不嗟叹其文章之美与义旨之深"；2015年，我约请葛剑雄先生为《南京传世名著》中的《世说新语》写推荐词，葛先生写道："论文辞优美，简朴隽永，此书可谓篇篇珠玑，是文学中之极品……妙语玄谈，虚实僧俗，寓意深刻，境界无穷。"

如此，就让我们展卷品读《世说新语》。

（二）

品读《世说新语》，当先"知世论人，知人论书"。

以言知人（刘义庆）论书（《世说新语》），《世说新语》的主编是南朝刘宋开国皇帝刘裕的侄子，临川王、江州刺史刘义庆（403—444年）。约在元嘉十六年到十七年（439—440年），刘义庆率领一帮幕府文士在江州（今江西九江）编成《世说新语》。那么刘义庆为何要编此书呢？传统说法认为，刘义庆"为性简素，寡嗜欲，爱好文义，才词虽不多，然足为宗室之表"。也就是说，刘义庆本质上算位文人，所以主编了此书。而按照笔者的理解，先后被封为南郡公、临川王的刘义庆主编《世说新语》，实为替当朝皇室"挣脸面"之举。如刘义庆的伯父、宋武帝刘裕，"家本寒微"，"贫陋过甚"，"以卖履为业，好樗蒲"，"楚音未变，雅道风流无闻焉尔"，刘义庆的生父、长沙王刘道怜，"素无才能，言音甚楚，举止施为多诸鄙拙"，于是在"羡慕嫉妒恨"的心理支配下，嫉妒恨则宋武帝刘裕、宋文帝刘义隆疏隔、排拒乃至诛杀高门士族如谢氏，羡慕则刘义庆的嗣父、临川王刘道规"倜傥有大志"，刘义庆本人虽然"少善骑乘"，但却"及长，以世路艰难，不复跨马，招聚才学之士，近远必至"，比如"太尉袁淑，文冠当时，义庆在江州，请为卫军咨议参军；其余吴郡陆展、东海何长瑜、鲍照等，并为辞章之美，引为佐史国臣"，而宋文帝刘义隆"与义庆书，常加意斟酌"。然则刘义庆主编《世说新语》，亦意在为出身寒门军功势力的刘宋皇室涂抹一层"雅道风流"的色彩吧。

以言知世（汉末魏晋）论人（《世说新语》书中人物的特言独行），汉末魏晋为分裂动荡、战争频繁、政权更替、胡汉冲突、侨旧对抗、疾疫流行、阶层森严、质疑传统、儒玄佛道、少年早成的时代，为宫廷内部、内朝与外朝、中央与地方、门阀之间、民族之间矛盾激化的时代。处身这样的时代，贵族名士们难免悲伤于杀机四伏、朝不保夕、人生无常、礼教虚伪，又好尚清谈品评、讲究形貌举止，于是他们行为旷达、言语张扬、思想彷徨、人性觉醒,这也因此而成就了以他们为主要记载对象的《世说新语》。

《世说新语》的内容,为东汉晚期、三国、西晋、东晋时期(稍及秦末、西汉、宋初)贵族名士、雅道风流之特言独行、逸闻趣事,某种意义上说,又可谓汉末魏晋贵族名士们生活方式与思想风貌的百科全书。如何成为"百科全书"呢?姑且由书名与篇名的"释名"以见之。

先说书名。据《南史》刘义庆本传、《隋书·经籍志》及《旧唐书·经籍志》、《新唐书·艺文志》的记载,该书原名《世说》。而因汉代的刘向曾著《世说》,后人为了有所区别,所以增字称为《世说新书》或《世说新语》,至于"新书"与"新语"孰先孰后,文献阙如,难断究竟,唯从北宋晏殊、黄庭坚家本都作《世说新语》,可知"世说新语"之名由来已久。回到《世说新语》的原名《世说》,所谓"世说",就是世间众说,世间各种道理的解说,通过讲故事而说道理称为"说",这样的"说"通常又包括言与行两方面,这也符合"察其言,观其行"的人物品目标准。

再说篇名。《世说》原分八卷,梁朝刘孝标注本分十卷,今世所传者则为三卷本,此三卷本盖自北宋已然,其分卷情况为(括号内为篇名释义与该篇条数):

上卷4篇:德行(美德懿行,47条),言语(巧言警语,108条),政事(布政治事,26条),文学(文章学术,104条);

中卷9篇:方正(端方正直,66条),雅量(度量宏阔,42条),识鉴(审察鉴别,28条),赏誉(赏识赞誉,156条),品藻(品评人物、较量高下,88条),规箴(规劝告诫,27条),捷悟(敏捷领悟,7条),夙惠(幼年聪慧,7条),豪爽(豪放爽朗,13条);

下卷23篇:容止(形容举止,39条),自新(改过自新,2条),企羡(企望仰慕,6条),伤逝(感伤逝者,19条),栖逸(栖隐退逸,17条),贤媛(贤明女子,32条),术解(方术技艺,11条),巧艺(工程技艺,14条),宠礼(宠幸礼遇,6条),任诞(任意放诞,54条),简傲(轻率傲慢,17条),排调(戏弄调笑,65条),轻诋(轻蔑诋毁,33条),假谲(虚伪诡诈,

14条),黜免(罢官免职,9条),俭啬(俭省吝啬,9条),汰侈(奢侈无度,12条),忿狷(生气暴躁,8条),谗险(陷害诽谤,4条),尤悔(过失悔恨,17条),纰漏(差错疏漏,8条),惑溺(迷惑沉溺,7条),仇隙(仇恨嫌隙,8条)。

以上合计36篇,今本1100多条,总约8万字。美国汉学家马瑞志(Richard B. Mather)就此指出:只要查看一下书中各门的标题,任何人都会首先获得某种万能的百科全书或者类书似的印象。而若浏览并揣摩这些"以类相从"的篇名排列及各篇的条数多少,我们也能获得一些品味《世说》的前提性的认识或判断。如由正而负、由赞赏而贬抑即"价值"递减的先后顺序,体现了主编刘义庆的取向与提倡;又如反映品格、性情、趣味、癖好的赏誉、言语、文学、品藻、方正、排调、任诞居多,这既是魏晋士人的风貌特征,也凸显了从东晋门阀政治、贵族社会走过来的南朝刘宋的好尚继承;至于开篇为"德行",又首条为"陈仲举言为士则,行为世范,登车揽辔,有澄清天下之志",表达了该书所载言行的准则与示范宗旨,而终篇为"仇隙",又结条为"桓玄将篡,桓脩欲因玄在脩母许袭之,庾夫人云:'汝等近过我余年,我养之,不忍见行此事'",则表达了人伦亲睦的观念与忠孝矛盾的现实。然则诸如此类的认识或判断,若再联系上述的主编刘义庆的身份、爱好与追求,我们当能获得"知书论人、知人论世"的"读书"效果,然后既读懂那个乱世,也安处这个盛世,既同情魏晋名士,也修养自身言行。

(三)

《世说新语》这样一部汉末魏晋贵族名士们生活方式与思想风貌的百科全书,自然有无尽的题目可以展开,这里单说中国文人应该熟读此书这个主题。笔者的这个说法,来自鲁迅先生的评价:"《世说》这部书,差不多就可以看做一部名士底教科书。"虽然中国的文人,有正有邪,有雅有俗,有清流有迂腐有酸臭,但在主动或被动之间,还是习惯自视为名士或愿意被视为名士的。那么,如果您也想做名士,不妨对照对照《世说》里记载的名士,依样学样,起码在形式上就OK了。

如何在形式上就OK了?举个例子。《世说》里有位大名士王子猷,也就是王羲之的第五子王徽之,王徽之字子猷。他出生于338年,逝世于386年。我们看看这位东晋大名士的言行做派。

比如做官,《简傲》:"王子猷作桓车骑骑兵参军,桓问曰:'卿何署?'答曰:'不知何署,时见牵马来,似是马曹。'桓又问:'官有几马?'答曰:'不问马,何由知其数?'又问:'马比死多少?'答曰:'未知生,焉知死?'"——做官而不理事,乃至于此!

比如率性,《任诞》:"王子猷居山阴,夜大雪,眠觉,开室,命酌酒。四望皎然,因起仿偟,咏左思《招隐诗》。忽忆戴安道,时戴在剡,即便夜乘小船就之。经宿方至,造门不前而返。人问其故,王曰:'吾本乘兴而行,兴尽而返,何必见戴?'"——想见朋友了,就赶一宿的水路,不想见朋友了,就造门而返,率性以致任性如此!

比如喜好,《任诞》:"王子猷尝暂寄人空宅住,便令种竹。或问:'暂住何烦尔?'王啸咏良久,直指竹曰:'何可一日无此君?'"——原来北宋大文豪苏轼的"可使食无肉,不可居无竹。无肉令人瘦,无竹令人俗。人瘦尚可肥,士俗不可医",诗意出自王徽之的这类雅事。

当然,《世说新语》之所以被推为"名士底教科书",还在于书中记载的众多名士,那是言行做派各具风格。比如按照传统的说法,魏晋名士可分三类:

第一类名士是正始名士,以活跃于曹魏正始年间的何晏、王弼、夏侯玄等为代表,他们最显著的特征是服散,用现在的话说就是"嗑药"。《世说·言语》记载何晏之语:"服五石散,非唯治病,亦觉神明开朗。"这五石散又名"寒食散",是由白石英、紫石英、石钟乳、赤石脂、石硫磺五种矿物质调配而成的。据说服用初期,能够帮助消化,改进血象,提升精神,刺激性能力,如此一来,食欲与性欲增强了,脸色红润了,精神焕发了,眼睛也炯炯有神了。另外,服散以后,周身发热,必须行走散热,这叫"行散"。原来今天的所谓"散步",追溯起来,竟然还是名士的派头之一。总之,服五石散,既能长寿,还能锻炼减肥,使得身材如玉树临风,双目则清澈明亮,这又符合当时的审美标准,真是何乐而不为!然而事实并非如此,相当昂贵的五石散,归根结底是种毒药,比如其中的石硫磺含砷,久服或过量就会引起砷中毒,导致死亡。悲剧的是,按照当时道家与医家的理论与实践,这些矿物质都被列为上品之药,所以服散致死者,可以理解为服法不当,而公认最会服散的何晏又是被杀的。于是这场服散运动,伴随着魏晋南北朝,持续了300多年,多少的名士因此残废甚至丧生!同样悲剧的是,服散以后种种有异常人的举动,又被视为名士风度,为世人与后人仰慕,比如服散以后,周身发热,导致皮肤敏感,容易磨破,所以不能穿新衣服或洗后浆过的衣服,而服散以后的快速散步,又会出汗,两相叠加,于是尽管熏香、仍然充满汗渍的宽大的旧衣服里,便会长出虱子,这样就有了"扪虱而谈",即一边捻着虱子、一边挥麈清谈的名士奇观,其实这是不舒服的。也是因为这样的不舒服,这派名士的脾气往往很坏,哪怕苍蝇扰他,有时也会发狂火爆地拔剑追赶。

　　第二类名士是竹林名士,世称"竹林七贤",即以嵇康、阮籍、山涛、向秀、刘伶、阮咸、王戎七位为代表的一派名士。当曹魏正始、嘉平之间,他们经常相聚于竹林之下,相聚后的主要事情就是清谈喝酒,除了嵇康以外的六位也都非常能喝。其实能喝酒、酒量大,与是不是名士没有必然关系。那么竹林名士是如何喝酒的呢?仅以刘伶为例,《世说·任诞》记载:"刘伶恒纵酒放达,或脱衣裸形在屋中。人见讥之,伶曰:'我以天地为栋宇,屋室为裈衣。诸君何为入我裈中?'"《世说·任诞》又记载:"刘伶病酒,渴甚,从妇求酒。妇捐酒毁器,涕泣谏曰:'君饮太过,非摄生之道,必宜断之!'伶曰:'甚善。我不能自禁,唯当祝鬼神,自誓断之耳!便可具酒肉。'妇曰:'敬闻命。'供酒肉于神前,请伶祝誓。伶跪而祝曰:'天生刘伶,以酒为名,一饮一斛,五斗解酲。妇人之言,慎不可听。'便引酒进肉,隗然已醉矣。"如此喝酒,才当得上名士吧,而在竹林七贤之后,酒才成为中国文学"永恒的主题"、中国传统文人的典型标志。

第三类名士是中朝名士,"中朝"本指西晋,其实中朝名士可以包括两晋南朝的大多数名士。《世说·任诞》记载东晋名士王恭"不打自招"的名言:"名士不必须奇才。但使常得无事,痛饮酒,熟读离骚,便可称名士。"也就是说,这些名士的外在表现是,无所事事或者不务正业,酣畅饮酒,又"为赋新词强说愁"或"吾将上下而求索"地清谈着人生的困惑、生死与说不清道不明的玄妙追求。

诸位读者,《世说新语》记载的这三类名士,您倾向哪一类? 其实,您要想成为当今浮躁社会里的一股清流,成为一位真正的名士,关键还在透过上述的现象,理解名士的本质。如从本质上说,正始名士处身宗室曹爽与重臣司马懿的争斗漩涡之中,纠结于到底选择哪个主子、上哪条船? 一旦选错主子、上错船,就有可能身首异处乃至夷灭三族,所以他们感慨人生无常、悲伤性命短促。反过来,这又促使他们执着于服散,以追求生命的长度。至于竹林名士的肆意畅饮,看似是为了追求生命的密度,是为了享乐,其实,他们喝的大多是闷酒、苦酒、含泪带血的酒。当其时也,司马师、司马昭阴谋篡窃之势已成,并且残酷地剪除异己,于是竹林名士借酒浇愁、借酒远祸、借酒装糊涂,毕竟喝酒有助于进入物我两忘的自然境界,酒后说错话、做错事可以有回旋的余地,久醉不醒也是逃避政治斗争、远离人事纠纷的有效手段。然则这样的喝酒,是不是一种巨大的、深刻的乃至绝望的悲哀? 而相对于正始名士与竹林名士,大部分的中朝名士,位居显要,锦衣玉食,他们的服散纵酒,既没有痛苦的思索,也缺乏光明的追求,他们少了正始与竹林的精神,有的只是空虚的、病态的乃至变态的形迹。

(四)

笔者曾在网上看过一个很有趣的帖子,"北方土豪与南方土豪的九大区别",大体意思是这样的:北方土豪的特点,买家具不问哪国的,而问哪朝的;不再谈有多少钱,而谈有几个政要朋友;买房不问房子的面积,而问庭院的面积;吃饭不点菜,而是点厨子;不再问有多少车,而问有几个司机;穿衣服不问牌子,而问哪国的裁缝做的;不聊有多少项目,而聊有几家上市公司;饭局不问多少人,而问有几个明星;娶老婆不找眼前的,而是直接拿遥控板点电视里的。南方土豪的特点,从带金链子变成带佛珠;从游山玩水变成结伙辟谷;从喝茅台变为喝茶;从西装领带变为麻衣布鞋;从搓麻将改为玩德州扑克;从开奔驰改为骑自行车;从买油画到收唐卡;从投资夜总会变为投资国学馆;从狐朋狗友聚会变为EMBA同学会。

诸位读者,土豪不等于贵族,土豪也不等于名士。清末梁启超曾经有言:"战国以后至今日,中间惟六朝时代,颇有贵族阶级。"即魏晋南北朝是中国历史上唯一的贵族时代。何谓贵族?《新唐书·高俭传》里唐太宗说:"太上有立德,其次有立功,其次有立言,其次有爵为公卿大夫,世世不绝。"也就是在婚、宦、学三方面都有得一说的家族。婚,指的是小圈子通婚,以保证血统的高贵纯正;宦,指的是做官,起码连续三代五品;学,就是有专门的学术传承。至于大多出于贵族阶级或者拥有贵族精神的六朝名士们,他们的言行做派,则广泛而鲜活地见诸《世说新语》这部"名士底教科书"里。如此,在不乏"土豪"而缺少"名士"的当今时代,《世说新语》又具有了不仅丰富而且真切的社会价值,其中的关键,则在于您能否"悟道",即悟出《世说》名士们的精神追慕、道德修为、人生启示……

比如贵得适意。《识鉴》:"张季鹰(翰)辟齐王(司马冏)东曹掾,在洛,见秋风起,因思吴中菰菜羹、鲈鱼脍,曰:'人生贵得适意尔,何能羁宦数千里以要名爵!'遂命驾便归。"——此即人生有得有失,贵在舒适如意。

又如超越世俗。《任诞》:"阮公(籍)邻家妇有美色,当垆酤酒。阮与王安丰(戎)常从妇饮酒,阮醉,便眠其妇侧。夫始殊疑之,伺察,终无他意。"——此即我行我素,风流而不下流。

再如崇尚自然。《言语》:"顾长康(恺之)从会稽还,人问山川之美,顾云:'千岩竞秀,万壑争流,草木蒙笼其上,若云兴霞蔚。'"——此即天地有大美,人生当自然。

还如奉献国家。《言语》:"过江诸人,每至美日,辄相邀新亭,藉卉饮宴。周侯(顗)中坐而叹曰:'风景不殊,正自有山河之异!'皆相视流泪。唯王丞相(导)愀然变色曰:'当共戮力王室,克复神州,何至作楚囚相对'"——王导由此成为陈寅恪先生所推尊的"民族之功臣"、笔者所赞美的"千古一相"。

贵得适意、超越世俗、崇尚自然、奉献国家,如此等等,我们从《世说新语》中悟出的道,亦大有助于我们的修身、养性、明理。进而言之,那个远去的时代里真正的名士,还有《世说新语》里没有记载的陶渊明。晋宋之间的陶渊明,结庐在人境,而无车马喧,采菊东篱下,悠然见南山,不为五斗米折腰,自命为"五柳先生"。他好读书,不求甚解,著《归去来兮辞》,写《桃花源记》,他的诗中篇篇有酒,这样的陶渊明,又堪称六朝名士最后一抹灿烂的晚霞。而在这抹晚霞的映照下,若您能慕其形、追其神,也许您就有可能成为形神兼备、悟道明理的名士,也许《新世说新语》里就会有您的经典故事……

(五)

如果说不读《唐诗三百首》就不算合格的中国人,不读《颜氏家训》就不算负责任的中国家长,那么,不读《世说新语》,大概就不算真正的中国文人了。《世说新语》是贵族"范"(而非土豪、暴发户)的形象写照,是文人雅士张扬个性的玩酷宝典,是华夏民族的千古经典。

阅读、品味《世说新语》这部千古经典,宏观方法上当求"知世论人,知人论书"与"知书论人,知人论世"的回旋往复;文本理解方面,可以参照以考案史实、旁征博引见长的余嘉锡的《世说新语笺疏》,以训诂名物、解释词语见长的徐震堮的《世说新语校笺》,以史料翔实、索引完备见长的杨勇的《世说新语校笺》,以相对精审、方便入门见长的张㧑之的《世说新语译注》;又延伸拓展方面,北宋孔平仲所撰《续世说》,可见"书写"的传承,今人蔡志忠漫画《世说新语:六朝的清谈》,可当提鲜的佐料,鲁迅的趣文《魏晋风度及文章与药及酒之关系》、宗白华的美文《论〈世说新语〉和晋人的美》,则不妨作为辅助读物。至于南京出版社此番排印出版的"文学之都经典文库"之刘孝标注《世说新语》,底本选择了金陵图书馆藏清光绪三年(1877年)湖北崇文书局刻本,这也是《世说新语》诸多版本中值得信任的官刻佳本。

六、"金陵有天子气"与"龙盘虎踞"解说①

清光绪二十八年（1902年），梁启超在《中国地理大势论》中指出：

> 历代帝王定鼎，其在黄河流域者最占多数……而其据于此者，为外界之现象所风动、所熏染，其规模常宏远，其局势常壮阔，其气魄常磅礴英鸷，有俊鹘盘云横绝朔漠之概。
>
> 建都于扬子江流域者，除明太祖外，大率皆创业未就，或败亡之余，苟安旦夕者也。其为外界之现象所风动、所熏染，其规模常绮丽，其局势常清隐，其气魄常文弱，有月明画舫缓歌慢舞之规。

梁氏的"建都于扬子江流域者"，包括了建都建业的吴，建都建康的东晋、宋、齐、梁、陈，它们合称"六朝"；又有建都应天府的明朝初期，以及曾经拟都建康府、后来建都"虽在钱塘江口，然实延缘于扬子江之河系"的临安府的南宋。建业、建康、应天即今南京，临安即今杭州。而在历数这些王朝的兴衰起灭后，梁氏得出了"自古南渡偏安之局，曾无一焉能北进以恢复者"的结论。

有意思的是，同在1902年，梁启超撰写了政治小说《新中国未来记》，此书虽未完成，但其中的预言实在令人瞠目结舌，诸如南方各省先行自治，1912年维新，大统领罗在田（谐音光绪皇帝"载湉"）退位，黄克强（1904年黄轸改名黄兴，字克强）接任大统领，大中华民主国成立，定都南京——因为这些都与后来的历史事实基本吻合，所以中华民国元

---

① 本文撰于2023年7月初。

年(1912年)时,就连梁氏自己也感慨"若符谶然,岂不异哉"!①

说到这里,问题来了:既然梁启超已视建都南京、杭州的王朝为"大率皆创业未就,或败亡之余,苟安旦夕者也",为什么把他心目中的"新中国"定都在南京?"六朝"时代的南京,果真是偏安之都吗?"大中华民主国"定都在南京,又具有怎样的象征意义呢?

(一) 孙权、司马睿:谁应"金陵有天子气"?

东汉建安十六年(211年),讨虏将军、会稽太守孙权把他的政治中心从京(今镇江)迁到秣陵(今南京),次年改秣陵为"建业"。那时,汉朝的皇帝刘协虽在丞相曹操的掌控之下,但毕竟汉朝还在,所以孙权寓意"建功立业"的"建业"可谓涉嫌僭越,而南京作为孙氏政权事实上的"首都",也可以从212年算起。221年,孙权获得了曹魏的"吴王"封号。及至222年,孙权建元"黄武",这就等于独立建国了。229年,孙权在武昌(今湖北鄂州)称帝,国号"吴",并以建业为都,于是南京正式迎来了都城时代。

然而论起出身,富春(今杭州富阳)孙氏委实一般。孙权是继承其父孙坚、其兄孙策的事业而割据江东的。《三国志·吴书·孙坚传》中既说孙坚为人"轻狡",即是无赖,又说孙坚"孤微发迹",这是说他起家盐渎、盱眙、下邳县丞,在黄巾民变前,连一个小小的县令都没混上。《宋书·符瑞志》中还有一段神异的记载:

> 孙坚之祖名钟,家在吴郡富春,独与母居。性至孝。遭岁荒,以种瓜为业。忽有三少年诣钟乞瓜,钟厚待之。三人谓钟曰:"此山下善,可作冢,葬之,当出天子。君可下山百步许,顾见我去,即

---

① 梁启超:《鄙人对于言论界之过去及将来》,收入侯宜杰选注:《新民时代:梁启超文选》,百花文艺出版社2002年版。

可葬也。"钟去三十步,便反顾,见三人并乘白鹤飞去。钟死,即葬其地。地在县城东。

此类关乎帝王之家的后起的"传说",在讲究出身的中国古代甚是常见,于是"瓜农"孙钟的后代孙权果真成了"天子"。只是孙权这样的出身,较之《三国志》中记载的曹操自认的"汉相国(曹)参之后"、刘备自认的"汉景帝子中山靖王(刘)胜之后",档次明显差了太多。这时,《孟子·公孙丑下》"五百年必有王者兴,其间必有名世者"的认知、《史记·高祖本纪》"秦始皇帝常曰'东南有天子气',于是因东游以厌之"的历史,便被定都建业的孙权适时地改造与利用了,如《晋书·元帝纪》记载:

始秦时,望气者云"五百年后金陵有天子气",故始皇东游以厌之,改其地曰秣陵,斩北山以绝其势。及孙权之称号,自谓当之。

换言之,孙权把"东南有天子气"具体为"金陵有天子气",而应此天子气者,就是他本人,如此这般,他所得的"天意",就绝对不输曹操的实力、刘备的"血统"了。至于"五百年",因为《孟子·尽心下》明确说过"由尧舜至于汤,五百有余岁……由汤至于文王,五百有余岁……由文王至于孔子,五百有余岁",不便更改,所以孙权沿用了下来。然而漏洞也就在这个"五百年",如上引《晋书·元帝纪》在"及孙权之称号,自谓当之"后接着记载:

孙盛以为始皇逮于孙氏四百三十七载,考其历数犹为未及;元帝之渡江也,乃五百二十六年,真人之应在于此矣。

孙盛,太原中都(今山西平遥)人,东晋史学家,著有编年体东晋史《晋阳秋》,"孙盛以为"云云,即据《晋阳秋》中的孙盛案语概括得来。孙盛站在司马氏晋朝的立场,为把"金陵有天子气"落实在司马睿的身上,于是打起了算盘:从秦始皇三十七年(公元前210年)的"东游",到孙权称帝的黄龙元年(229年),相隔437年(我算下来是439年),而到司马睿在建康即晋王位的建武元年(317年)或称帝的大兴元年(318年),则是526年(我算下来分别是527年、528年),所以应"金陵有天子气"者,并非鼎立一方的吴大帝孙权,而是再建晋朝(史称"东晋")的晋元帝司马睿。

司马睿何许人?他是晋武帝司马炎叔父、琅琊王司马伷的孙子,已属司马皇族的旁支。更加麻烦的是,正是司马伷接受了孙吴末主孙皓的投降。换言之,307年渡江南下、来到建康的琅琊王司马睿,对于吴国旧人来说,竟是灭国仇人的后代。当时的北方,已是胡马纵横、烽火狼烟。而为了能在吴地安置下来,司马睿、王导君臣既屈尊降贵,亲善吴人,又激励南渡的北人,"戮力王室,克复神州"。最终的结果,就是自以为对应了童谣"五马浮渡江,一马化为龙"①的"真龙天子"司马睿在江南站稳了脚跟,并奠定了东晋王朝的百年基业。至于800多年后,北宋康王赵构之开创南宋王朝,成为宋高宗,又可谓西晋琅琊王司马睿开创东晋王朝、成为晋元帝的历史的重演。所不同者,东晋定都建康,南宋最终定都临安而已。

其实,无论孙权还是司马睿,对于今日南京拥有"六朝古都"的美誉,都是居功至伟:孙权是建都南京的第一人,也是埋骨钟山的第一位皇帝,孙吴一朝(212—280年)提升了南中国的政治地位,促进了南中国的经济发展;司马睿开创的东晋王朝(317—420年),以及通过禅让形式接续其后的"南朝"即刘宋(420—479年)、萧齐(479—502年)、萧梁(502—557年)、陈朝(557—589年),则使传统华夏文化在南方得以保存与延续、发展并丰富,东晋南朝的都城建康由此奠定了华夏正统之都的非凡地位,这也就是钱穆先生称道的"东晋南渡,长江流域遂正式

---

① [唐]房玄龄等:《晋书》卷六《元帝纪》,中华书局1974年版。

代表着传统的中国"①之大义所在吧!

(二) 诸葛亮、刘备:"龙盘虎踞"的版权归谁?

从孙吴初都南京,到东晋南朝续都南京,"金陵有天子气"反复得到了验证。那么,何谓"金陵有天子气"?《三国志·吴书·张纮传》刘宋裴松之注引西晋虞溥《江表传》:

> (张)纮谓(孙)权曰:"秣陵,楚武王所置,名曰金陵。地势冈阜连石头,访问故老,云昔秦始皇东巡会稽,经此县,望气者云金陵地形有王者都邑之气,故掘断连冈,改名秣陵。今处所具存,地有其气,天之所命,宜为都邑。"权善其议,未能从也。后刘备之东,宿于秣陵,周观地形,亦劝权都之。权曰:"智者意同。"遂都焉。

这是一段很有趣也很麻烦的记载:首先,关于楚武王(应是楚威王)置金陵邑、秦始皇掘断连冈云云,属于"层累地造成的中国古史",纸短话长,这里姑置不论;其次,在东汉末年"故老"亦即社会大众的认知中,因为金陵"地势冈阜连石头",所以其"地形有王者都邑之气",于是孙权的谋臣张纮、盟友刘备都建议孙权移治秣陵,《三国志·吴书·张纮传》更称"纮建计宜出都秣陵,权从之",裴注又称"诸书皆云刘备劝都秣陵,而此独云权自欲都之,又为虚错";再次,与此相关的风水表述,则是流播更加广泛的"龙盘(蟠)虎踞",而"龙盘(蟠)虎踞"说法的版权所有人,竟也存在着认识的分歧。

提到南京的"龙盘虎踞",传世文献与地方胜迹多将版权归属诸葛亮。例以史书,如唐人许嵩《建康实录》自注引西晋张勃《吴录》:"刘备曾使诸葛亮至京,因观秣陵山阜,曰:'钟山龙盘,石头虎踞,此乃帝王之

---

① 钱穆:《国史大纲(修订本)》第十四章,商务印书馆1996年版。

宅也。'"例以地志，如晋宋之际庾仲雍《九江记》："建业宫城，孙权所筑。昔诸葛亮劝都之，云：'钟山龙蟠，石城虎踞，有王者气。'权从之"，南宋张敦颐《六朝事迹编类》："诸葛亮论金陵地形云：'钟阜龙盘，石头虎踞，真帝王之宅。'"再例以古往今来的南京胜迹，今清凉山公园里有诸葛亮挽缰的驻马坡，今乌龙潭畔则是诸葛亮的饮马处。如此这般，诸葛亮遂成为南京的"地理之神"，既与南京的"规划之神"大明的刘伯温前后辉映，诸葛亮"帝王之宅"的预言，也真多次应验在了这"龙盘虎踞"之地。

不过甚显尴尬的是，检索更加权威的典籍，如西晋陈寿的《三国志》、刘宋裴松之的《三国志注》，我们得知：首先，赤壁之战（208 年）前，诸葛亮与孙权见面的地点在柴桑（今江西九江）而不在京（今镇江），所以诸葛亮没有机会途经秣陵，发出"龙盘虎踞"、"帝王之宅"感叹的可能性也就不大；其次，依据上引虞溥《江表传》、《三国志》裴松之自注判断，"龙盘虎踞"、"帝王之宅"云云，更可能是刘备说的；再次，《晋书·王导传》也记载，后来辅佐西晋琅琊王司马睿退守孙吴旧都、开创东晋局面的"千古一相"王导明确指出："建康，古之金陵，旧为帝里，又孙仲谋、刘玄德俱言王者之宅。"

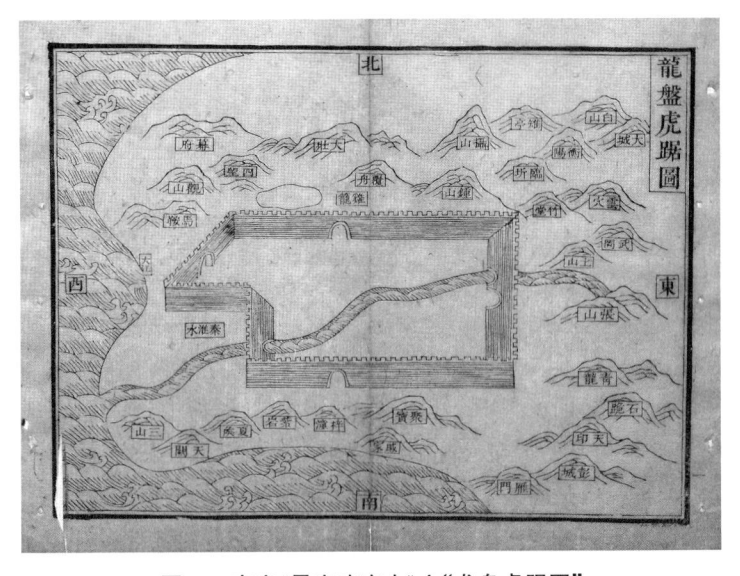

图一　南宋《景定建康志》之"龙盘虎踞图"

然则"龙盘虎踞"的版权,究竟归属诸葛亮还是刘备,"泾渭"之间似也分明,其大致的情况是:社会大众乃至地方文人大多倾向诸葛亮,毕竟相对于鞠躬尽瘁、死而后已、亦人亦神亦仙的诸葛亮,号称"皇叔"、动不动就哭鼻子的"大耳"刘备,不那么受南京人的待见;而在求真多疑的不少学者那里,或持刘备的说法,或视诸葛亮的说法为不太可靠的"传说"。1984年11月26日,谭其骧师在"中国古都学会第二次学术讨论会"的会议发言中,更是直言不讳地指出:

> 所谓"钟山龙蟠,石头虎踞,真帝王之宅也",这决不是诸葛亮的口气,这是一般的逻辑推理就可以明了的。诸葛亮当时是刘备的谋臣,而孙权据有江东六郡,诸葛亮是代表刘备来见孙权,孙权当时的身份还是汉朝的将军,既没有称王,更没有称帝。
>
> 再就是诸葛亮如果到过南京,看了其山川形势,才会发出上述感叹,但诸葛亮根本就没来过南京,怎么会说过那些话呢?
>
> 我们史学工作者不应该把这些很不可信的传说再继续传播下去了,不要因为诸葛亮鼎鼎大名,扯上这关系就是南京的光荣。我们应该实事求是,在这个基础上才能谈得上真正的科学性的研究。①

那么如何"实事求是"地展开"科学性的研究"呢? 其实,只要跳出诸葛亮与刘备的上述纠葛,回归到传统时代的"风水"语境中,则因为"龙盘虎踞"的地理,所以"帝王之宅"的人事之密切关联,仍是毫无疑问的"南京的光荣"。这样的"南京的光荣",体现在"帝王之宅"上,就是南京历为六朝首都乃至"十朝都会"(六朝加上南唐、大明、太平天国、中华民国),累计建都时间长达450多年。至于保障这样的"帝王之宅"的地理条件,则在"龙盘虎踞"。

---

① 谭其骧:《古都研究如何深入》,《南京史志》1985年第1期。

所谓"龙盘虎踞",从字面义看,是说"钟山龙盘",即钟山像条青龙,盘曲在南京的东面,"石头虎踞",即石头山像只白虎,踞坐在南京的西面。显然,这样的"龙盘虎踞"来源于风水理念。具体而言,又来源于风水系统之生气、觅龙、察砂、观水、点穴、取向中的"察砂"。"察砂"指对"吉地"周围群山的考察,最重要者当属"四神砂",即左(东)青龙、右(西)白虎、前(南)朱雀、后(北)玄武,它们不仅要周旋围护着吉地,而且外观要秀丽端庄。南京正是具备了这样"四神砂"的地方。如以"理想风水模式"对照,孙吴建业、东晋南朝建康的自然山水,可谓完备秀美:幕府山、大壮观山等为主山,覆舟山、鸡笼山等为坐山,聚宝山(石子冈)为案山,牛首山(天阙山)为朝山,加上钟山青龙、石头白虎为左、右护山,于是"山环",西、南有秦淮河,东北有金川河,东有青溪、前湖(燕雀湖),北有后湖(玄武湖),外围的西、北为长江,于是"水抱",而中间为"宽平宏衍之区"的"吉祥地",这正是"山环水抱必有气"的风水格局,而历久流传的"金陵有天子气"的说法也正因此发生。

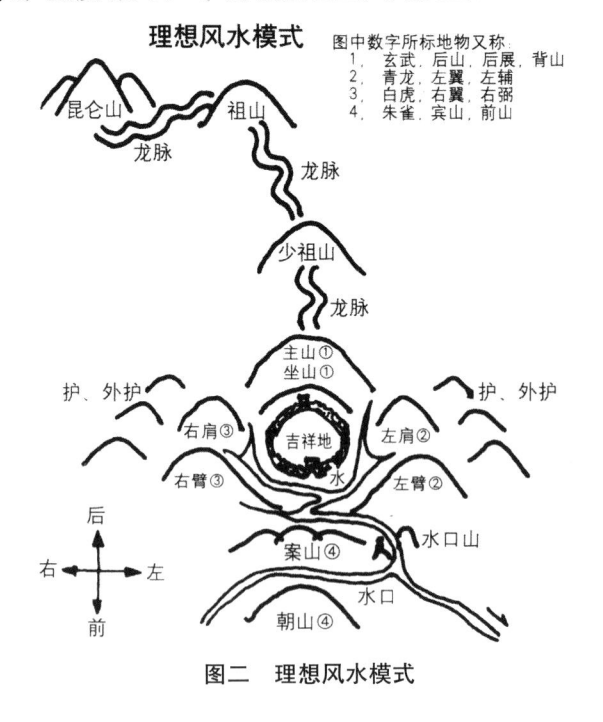

图二 理想风水模式

六、"金陵有天子气"与"龙盘虎踞"解说　183

放大视野,"金陵有天子气"又不仅表现在金陵本身的"龙盘虎踞"、"山环水抱"。从地形地势看,六朝疆域的东、南两面被大海封闭,缺乏回旋余地,又处低地,不便仰攻,加上经济实力弱于北方,人口数量也远少于北方,所以六朝着重采取以守为主的防御战略。这样的守,东晋末年至刘宋初年守黄河,以保河淮之间;东晋南朝的其他时间守淮河、守汉水,以保河淮之间、江汉之间以及汉中、巴蜀;孙吴与陈朝的多数时间守长江,以保江南根本。在这三条防线中,守黄河、守长江的时间其实都不长,"盖守江则已蹙,守河则已远。蹙国而守非勇者不能,远国而守非强者不能"①,所以六朝的守国常态,还是守淮河、守汉水,淮河、汉水的得失,也就往往关乎金陵王朝的兴衰。进而言之,六朝的防守还需做到唇齿相依。如三国时,孙吴虽限江自保,但却固国江外,在江淮之间、江汉之间建立前沿防线;又西联蜀汉,"蜀有重险之固,吴有三江之阻,合此二长,共为唇齿,进可并兼天下,退可鼎足而立"②。及至东晋南

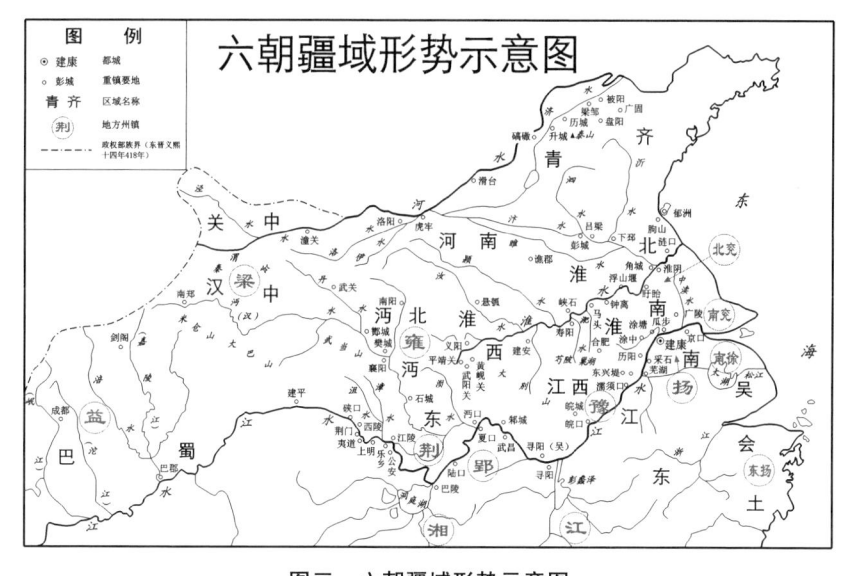

图三　六朝疆域形势示意图

---

① 〔南宋〕李焘:《六朝通鉴博议》卷九,南京出版社 2007 年版。
② 〔西晋〕陈寿:《三国志》卷四五《蜀书·邓芝传》,中华书局 1982 年版。

朝,既以孙吴旧壤而大多兼有蜀汉故地,于是西守汉中、巴蜀,东守长江,守长江又必须守淮河、守汉水,以为长江屏蔽,甚至守汉还重于守淮,这就诚如顾祖禹在《读史方舆纪要》"江南序"中的分析:"敌在淮南,而长江之险,吾与敌共;敌在上游,而长江之险,乃制之于敌矣。"同样的道理,守淮、守汉,也必须尽可能地控制淮河、汉水以北的土地,以为南北缓冲。要之,六朝时代的金陵天子们,正是凭借着这样的河、淮、汉、江层层设防,辅以秦岭、大巴、米仓、巫山线线固守,以及重镇要地之间的此呼彼应,达到了抗御外侮、延续国祚的目的。

(三) 南京:偏安之都? 进取之都?

"龙盘虎踞"的风水格局,长川大山的设防固守,既书写了六朝"四十余帝三百秋"的政治辉煌,也孕育出"梁都之时,城中二十八万余户"[①]的经济繁盛,既造就了"庄严微妙,犹如天宫"[②]的都城面貌,也引发出"兴废由人事,山川空地形"的历史鉴戒……这些方方面面,呈现于文人的笔端,便诞生了"江南佳丽地,金陵帝王州"的都邑文学与"山围故国周遭在,潮打空城寂寞回"的怀古文学,乃至南京被联合国教科文组织认定为中国唯一的"文学之都";表现在大众的认知,乃至成为学术界历来的倾向性观点,则是以守为主的六朝被认作偏安王朝,六朝之都南京也随之被认作偏安之都。

其实以守为主的六朝,并不缺少攻伐,如李焘《六朝通鉴博议》卷一概括性地指出:

吴之与陈,虽皆守江,吴围合肥,陈攻寿春,所争常在于淮甸。

---

① [北宋]乐史:《太平寰宇记》卷九〇"昇州"条引《金陵记》,中华书局 2007 年版。
② [梁]沈约:《宋书》卷九十七《夷蛮传·诃罗陁国》,中华书局 1974 年版。

东晋以还,虽皆守淮……然考其兵之所出,不过二道,一自建康济江,或指梁宋,或向青齐,一自荆襄逾沔,或掠秦雍,或徇许洛。东晋之祖逖、庾亮、褚裒、殷浩、桓温、谢玄,宋之武帝、檀道济、到彦之、萧斌、(萧)思话,梁之韦叡、裴邃、曹景宗、陈庆之之徒,北伐之师不由于此则由于彼。中原有衅则进兵,寇盗方强则入守,史策所载,皆可知矣。况夫江南地险,其固可恃。

然则这样的六朝,既充满着祖逖中流击楫、桓温收复洛阳、淝水之战堪称传奇、北府兵将气吞万里、陈庆之"所向皆克"、吴明彻挺进淮泗的荣耀,也彰显着"王业不偏安……惟坐而待亡,孰与伐之"①的辛酸!而将这样的六朝南京,定性为进取之都而非偏安之都,也许更加写实吧!如守江时代,南京自为经常"胡马临江"的兵冲要地,守淮时代,南京也属前沿并不宽深的防御重镇,南京所受威胁,还有来自上游敌对势力的顺江而下,以此,定都南京的六朝尤其是东晋南朝,总体仍属"乘间攻取,则亦不惮用兵"②的进取王朝。至于攻取抑或防守的战略选择,或者防守多于攻取的历史事实,那是因时而异、视乎内外形势而定的,并不足以据此判断其王朝是偏安还是进取。

改变南京乃是偏安之都的成见,我在这里不妨再举一条典型史料。《晋书·王导传》记东晋咸和四年(329年)事曰:

> 温峤议迁都豫章,三吴之豪请都会稽,二论纷纭,未有所适。导曰:"建康,古之金陵,旧为帝里,又孙仲谋、刘玄德俱言王者之宅……且北寇游魂,伺我之隙,一旦示弱,窜于蛮越,求之望实,惧非良计。今特宜镇之以静,群情自安。"由是峤等谋并不行。

---

① [蜀汉]诸葛亮:《后出师表》,凤凰出版社2020年版。
② [南宋]李焘:《六朝通鉴博议》卷一,南京出版社2007年版。

这次迁都之议的背景,在于历阳(今安徽和县)内史苏峻叛乱,造成建康满目疮痍,"宗庙宫室并为灰烬"。而若迁都豫章(今江西南昌)或会稽(今浙江绍兴),那就真属"窜于蛮越"、示弱"北寇"后赵的举动了,认之为偏安可矣。然而,不仅东晋一朝百余年始终都于建康,前此之孙吴、后此之南朝,这些所谓的"偏安王朝",也都以并不"示弱"的南京为都。如此,南京就亦非偏安之都了。

南京又岂止是进取之都!立足整个的中国古代历史,可以认为,南京为汉人心目中永远的都城,也是事功业绩值得汉人长久追忆的都城。如当东晋十六国南北朝分裂时代,退守南方、定都南京的汉人政权,既是华夏传统文化的避难所,又在一定程度上反哺了北方非汉民族政权,使其在"汉化"的过程中有了一个现实存在的鲜活样板或完整模本;又如以"驱逐胡虏,恢复中华"为号召的朱元璋,正是在"龙蟠虎踞,宅是旧都"的"郁郁金陵",完成了"廓清中土,日月重光,河山再造,光复大义"的丰功伟业[①]。进而言之,南京这座故都的诸多往事,如王导新亭愀然变色、谢安东山弈棋破秦、杨邦乂剖心就义、岳飞大破金兀术等等,又总是在民族危亡、内忧外患的时刻,为史家放大渲染,为文人重新书写,为大众深切缅怀,从而发挥出或警醒或激励或鼓舞的现实作用,南京也因此成为一座具备鲜明的政治记忆、民族象征、文化标志意义的古都,这样的"六朝古都"南京,当然值得我们特别致敬!

(四) 从李焘到梁启超:致敬"六朝古都"

读者朋友们应该注意到了,我在这篇短文中,屡次引用了李焘的《六朝通鉴博议》,这不仅是因为我点校过此书,更因为南宋史学大师李焘的《六朝通鉴博议》,本就是在借着六朝说南宋,因为六朝与南宋、金

[①] 孙文:《祭明太祖陵昭告光复成功民国统一文》《谒明太祖陵敬陈颠覆清廷创建共和文》,《孙文全集》第四册,广东人民出版社、南方出版传媒2021年版。

陵与临安在政治格局、民族形势、军事对抗等方面,如出一辙。所以李焘称道吴都建业的"因山为垒,缘江为境,山川形胜,气象雄伟……内以固江,外以援淮,而江南之根本不可拔矣",①是意在为已都临安的南宋朝廷提供六朝的龟鉴,甚至不乏劝谏南宋朝廷移都建康的深意远旨;李焘致敬的"虽江南之险,兵不可攻,而天意佑华,亦不可以厚诬其实",②则明显是在为南宋君臣提气鼓劲。而回到本文的开篇,晚清新史学大师梁启超应该也正是致敬于这样的"天意佑华",即南京所拥有的华夏文化、正统资格、合法地位、政治记忆,所以把他心目中的"新中国"定都在了南京,毕竟历经时移岁易,随着南方经济的富庶、文化的繁盛,六朝时代定都南京的那些劣势,明朝以降,已经质变成了优势,所以梁启超在《中国地理大势论》中感慨道:"庸讵知地运之骎骎,自北而南者,今固有以异于古所云也!"

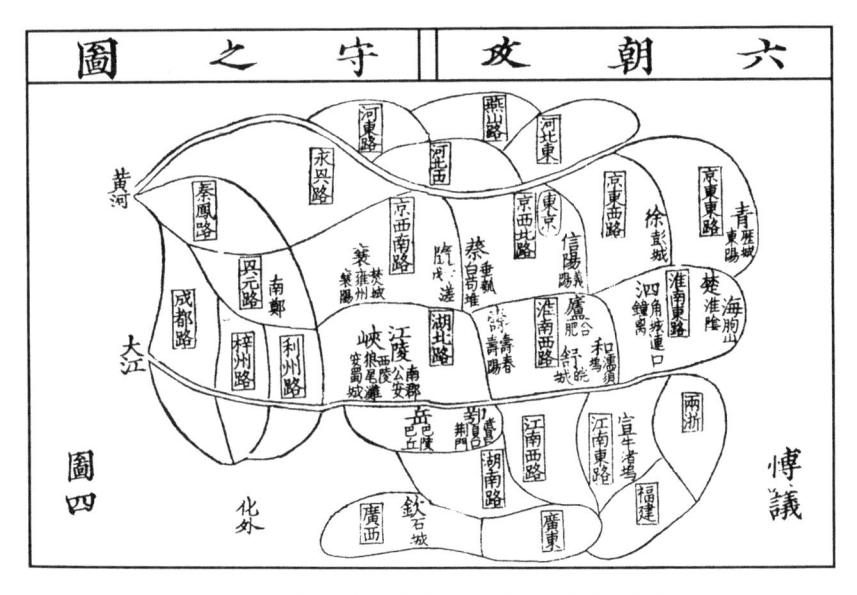

图四 李焘《六朝通鉴博议》之"六朝攻守之图"

---

① [南宋]李焘:《六朝通鉴博议》卷一,南京出版社2007年版。
② [南宋]李焘:《六朝通鉴博议》卷一,南京出版社2007年版。

七、蒋山、蒋州、蒋王庙与蒋子文崇拜：由干宝《搜神记》说起①

《资治通鉴》卷一七七隋开皇九年(589年)春："于是陈国皆平……更于石头置蒋州。"

《隋书》卷三一《地理志》丹阳郡江宁县："有蒋山"；又《元和郡县图志》卷二五润州上元县钟山："吴大帝时……改山曰蒋山。宋复名钟山。"

按置蒋州于石头城(今南京市清凉山)，亦见于《隋书·地理志》丹阳郡；而《隋书·地理志》江宁，蒋州属县，即《元和郡县图志》之润州上元。又据相关史志考之，②蒋州废于隋大业三年(607年)，复置于唐武德七年(624年)至八年。是则隋唐两代，南京两度膺有蒋州之称，合计21个年头。至于钟山，则由东汉末以迄刘宋，两百多年的时间里，主名蒋山；又唐玄宗时官修《唐六典》，以蒋山为江南道名山之一，北宋初年乐史撰《太平寰宇记》，卷九〇昇州上元县以"蒋山"立目，而史载元末朱元璋败元人于蒋山、进克集庆城，如此等等，据知刘宋以后以迄元、明，

---

① 原题《蒋山、蒋州、蒋王庙与蒋子文崇拜》，《南京师范专科学校学报》1999年第2期。有改写。

② ［南宋］张敦颐撰，张忱石点校：《六朝事迹编类》卷二"形势门·钟阜"、卷一二"庙宇门·蒋帝庙"，上海古籍出版社1995年版；［唐］李吉甫撰，贺次君点校：《元和郡县图志》卷二五润州上元县，中华书局1983年版；［北宋］乐史撰：《太平寰宇记》卷九〇昇州，清光绪八年金陵书局刻本；［南宋］祝穆撰、祝洙补订：《宋本方舆胜览》卷一四建康府，上海古籍出版社1991年版；［清］顾祖禹撰：《读史方舆纪要》卷二〇应天府，中华书局1955年版；清官修：《嘉庆重修一统志》卷七三《江宁府》，中华书局1986年版；等等。

钟山又名蒋山。①

然则蒋山、蒋州缘何得名？《资治通鉴》卷一七七隋开皇九年元人胡三省注："汉末秣陵尉蒋子文讨贼死此山下，孙氏都秣陵，以其祖讳钟，因改名蒋山"；又注："以蒋山名州也。"如此，蒋州取名于蒋山，蒋山取名于蒋子文。其实，因蒋子文而蒋山得名，两晋南北朝以来无有异说；因蒋山而蒋州得名，隋唐以来亦无异说。然而问题在于：蒋子文不过小小的一名县尉②，何以既用之名山、又因山以名州呢？兹就读书所及，列举史料若干如下，以求释之。

关于蒋子文本事，不见正史，东晋干宝《搜神记》卷五"蒋子文成神"条载：

> 蒋子文，广陵人也。嗜酒好色，挑达无度。常自谓己骨清，死当为神。汉末为秣陵尉，逐贼至钟山下，贼击伤额，因解绶缚之，有顷遂死。及吴先主之初，其故吏见文于道，乘白马，执白羽，侍从如平生。见者惊走。文追之，谓曰："我当为此土地神，以福尔下民。尔可宣告百姓，为我立祠。不尔，将有大咎。"是岁夏，大疫，百姓窃相恐动，颇有窃祠之者矣。文又下巫祝："吾将大启祐孙氏，宜为我立祠。不尔，将使虫入人耳为灾。"俄而小虫如尘虻，入耳皆死，医不能治。百姓愈恐。孙主未之信也。又下巫祝："若不祀我，将又以大火为灾。"是岁，火灾大发，一日数十处。火及公宫。议者以为鬼有所归，乃不为厉，宜有以抚之。于是使使者封子文为中都侯，次弟子绪为长水校尉，皆加印绶。为立庙堂。转号钟山为蒋山，今建康东北蒋山是也。自是灾厉止息，百姓遂大事之。③

---

① 钟山名称众多：古称金陵。钟山之名始见秦代。东晋南朝时也称紫金山、金山、北山、圣游山。明嘉靖时名神烈山。太平天国后又称天堡山。

② 汉制：县有令、长，掌一县政事。万户以上称令，万户以下称长。令、长佐属有县尉，主管军事，缉捕盗贼，案察奸宄。

③ ［东晋］干宝撰，汪绍楹校注：《搜神记》卷五，中华书局1979年版，第57页。

按《搜神记》,今人或看作是一部志怪小说集。其实研究中国古代早期的"人鬼"崇拜,①《搜神记》堪称最为系统、全面、具体的典籍,有着独特的史料价值。如由传统目录看,检唐初《隋书》卷三三《经籍志》,《搜神记》列在"推其本源,盖亦史官之末事也"的史部杂传类,五代《旧唐书》卷四六《经籍志》同样列《搜神记》于"以纪先圣人物"的乙部(即史部)杂传类;变化起自北宋的《新唐书·艺文志》,《搜神记》已入丙部(即子部)小说家类,直到清代的《四库全书总目》不变。换言之,宋以前《搜神记》被认作史书,宋以降则被认作不可信据的小说家言。及至近世,鲁迅再为《搜神记》正性,略云:"六朝人之志怪,却大抵一如今日之记新闻,在当时并非有意做小说。"②那么,如何认识《搜神记》作为史书的价值呢?即以上引"蒋子文成神"条而言,便颇具典型意义,拂开其侈谈鬼神、称道灵异的表面,是可以钩沉出当时历史的真实的:

其一,蒋子文由人而神的具体时间,当在东汉建安十六年(211年)孙权自京(今江苏镇江市)徙镇秣陵(今江苏南京市)之后。

其二,所谓"我当为此土地神,以福尔下民"者,犹言蒋子文是秣陵地方的土地神,③其职责则在于使一方平安、百姓福佑。按土地神有姓有名,即以生人为其原型,蒋子文不敢说是最早的一个,起码也是较早的一个。作为一方土地,蒋子文不加安抚即成厉鬼,而封侯立庙后,就

---

① 中国古代无论民间还是官方,都存在所谓的"人鬼"崇拜。"人鬼"崇拜以"人"的原型为基础,以"神"的地位为极端;而在此"人"—"鬼"—"神"的演变过程中,颇可见出相应时代某些地方的信仰状况,乃至民俗、文化、思想以及政治等诸多方面的面貌。

② 鲁迅:《中国小说的历史的变迁》,《鲁迅全集》,第9卷,人民文学出版社2005年版,第318页。

③ 土地神即古代的"社神"。《公羊传》庄公二十五年:"鼓用牲于社。"何休注:"社者,土地之主也。"[清]翟灏《通俗编》卷一九《神鬼》:"今凡社神,俱呼土地。"又引《孝经纬》:"社者,土地之神。土地阔不可尽祭,故封土为社,以报功也。"按祭土地表现了原始宗教时期先民对土地的依赖。随着社会的发展,土地被人格化,并慢慢具有了掌管生人吉凶祸福的威权。

"灾厉止息",其神通可谓广大。① 其实这也不奇怪:若没有些真本领,凭什么能护佑一方?

其三,作为秣陵土地之神,孙权"有以抚之"、"为立庙堂"、使"有所归"所选择的地点是钟山,而钟山既被选作土地神蒋子文的祖山,其名也因此而更,径称蒋山了。②

然而孙权为什么认可蒋子文来做京畿地面的土地神?又为什么立庙于钟山、并"转号钟山为蒋山"?仍是必须疏通的三个问题。

孙权认可蒋子文为京畿土地,窃以为其中的关键在于蒋子文的身份与行事。蒋子文行武出身,是秣陵县的军事长官,并"因公殉职";子文又好喝酒、喜欢女色,轻薄放纵没有节制。有意思的是,孙权的父亲孙坚竟与蒋子文同类。孙坚早年任过"假尉"(代理县尉),其性情"勇挚刚毅",《三国志》卷四六《吴书·孙坚传》载:"年十七,与父共载船至钱唐",会海贼掠取贾人财物,"坚行操刀上岸,以手东西指麾,若分部人兵以罗遮贼状。贼望见,以为官兵捕之,即委财物散走。坚追,斩得一级以还;父大惊。由是显闻,府召署假尉。"好一位少年好汉!然而正是这位少年好汉,却强娶夫人:"孙坚闻其才貌,欲娶之。吴氏亲戚嫌坚轻狡,将拒焉,坚甚以惭恨。夫人谓亲戚曰:'何爱一女以取祸乎?如有不遇,命也。'于是遂许为婚,生四男一女。"③"轻狡"者何?用今天的话来

---

① 佛教地狱观念在中国传播以后,土地渐渐被纳入冥神体系,并演化成相当于民间里社级小官的下属小神,没有多少的威权,如《西游记》中的"土地老儿",即被孙大圣呼来遣去;不过揆诸土地的起始,绝非如此,蒋子文即可为例。又唐宋以来土地的形象逐步定型,民间里社的土地多由该地善良慈祥的老者充任,虽然没有实际权力,但因与民众关系密切,所以香火一直很盛,这也应了那句俗语:"县官不如现管。"

② 《六朝事迹编类》卷一二"庙宇门·蒋帝庙"引《金陵图经》:"帝乃立庙于钟山,封子文为蒋侯。权避祖讳,因改钟山曰蒋山。"

③ 《三国志》卷五〇《吴书·吴夫人传》,中华书局1982年版,第1195页。

说即是无赖。① 孙坚、蒋子文两相对照,是何其一致!

以蒋子文的身份与行事,自不妨立为一方土地。然而立庙何处呢?立庙钟山。钟山者,"磅礴奇秀,比诸山特高。林木郁葱,泉流清冽……钟祥衍庆,有由来矣"②。《元和郡县图志》卷二五润州上元县称钟山为"众山之杰"。以此之故,钟山成为南京先民心目中的圣山,③是一方的标志④;把土地神蒋子文安置于既是孙吴政治中心以至都城之镇、也是蒋子文死难之地的钟山,自然再也合适不过了。

"转号钟山为蒋山"的原因又何在呢?《方舆胜览》卷一四建康府钟山引《舆地志》:"汉末秣陵尉蒋子文讨贼死事于此,吴大帝为立庙,子文祖讳钟,因改曰蒋山。"今按"祖讳钟"者是孙权而非蒋子文,《宋书》卷二七《符瑞志》有云:

> 孙坚之祖名钟,家在吴郡富春,独与母居。性至孝。遭岁荒,以种瓜为业。忽有三少年诣钟乞瓜,钟厚待之。三人谓钟曰:"此山下善,可作冢,葬之,当出天子。君可下山百步许,顾见我去,即

---

① 详见方诗铭:《孙坚军事力量的形成壮大及其争夺荆豫两州的战争》,纪念陈寅恪教授国际学术讨论会秘书组编:《纪念陈寅恪先生诞辰百年学术论文集》,北京大学出版社 1989 年版。

② 《读史方舆纪要》卷一九"南直·钟山"引明陈沂《金陵记》。按钟山最高峰(北高峰)海拔 448 米,居宁镇山脉及南京诸山之首。钟山东西蜿蜒 8 千米,南北宽约 3 千米,周广约 30 多千米,因呈弧形,山势陡峭,势若蟠龙。

③ 刘宗意《"金陵"之名的由来》(《南京史志》1996 年第 1 期):"高山对人类生活有很大影响,原始崇拜中的一种重要形式就是高山崇拜……各地区居民在自己生活的区域选择一座高山作为崇拜对象,以满足心灵的寄托。钟山就是南京地区居民的圣山,祭山求福是居民主要宗教活动之一。"

④ 南朝刘宋山谦之《丹阳记》:"京师南北并有连岭,而蒋山独隆穹峻异,其形象龙,实扬都之镇也。"[南朝梁]沈约《郊居赋》:"惟钟岩之隐郁,表皇都而作峻,盖望秩之所宗,含风云而吐润。其为状也,则巍峨崇崒,乔枝拂日;岧嶤岩亭,坠石堆星。岑崟嵂屼,或坳或平;盘坚枕卧,诡状殊形。孤嶂横插,洞穴斜经;千丈万仞,三袭九成。亘绕州邑,款跨郊坰;素烟晚带,白雾晨萦。近循则一岩异色,远望则百岭俱青。"

可葬也。"钟去三十步,便反顾,见三人并乘白鹤飞去。钟死,即葬其地。地在县城东,冢上数有光怪,云气五色上属天,衍数里。①

孙权以一国之尊,奠都建业(今江苏南京市),而钟山之名触其祖讳,势在必改。改称何名呢? 最合理的选择便是因中都侯、土地神蒋子文而改称蒋山。

孙权既以政府名义为蒋子文建祠立祀,"百姓遂大事之",蒋子文崇拜于是成风。此风东晋南朝时尤为盛行。《晋书》卷六四《司马道子传》:

> 会孙恩至京口,元显栅断石头,率兵距战,频不利。(其父)道子无他谋略,唯日祷蒋侯庙为厌胜之术。②

又《晋书》卷一一四《苻坚载记》记晋秦淝水之战云:

> 坚与苻融登城而望王师,见部阵齐整,将士精锐,又北望八公山上草木,皆类人形……初,朝廷闻坚入寇,会稽王道子以威仪鼓吹求助于钟山之神,奉以相国之号。及坚之见草木状人,若有力焉。

"钟山之神"即蒋子文。③ 又《宋书》卷一七《礼志》:

> 宋武帝永初二年,普禁淫祀。由是蒋子文祠以下,普皆毁绝。孝武孝建初,更修起蒋山祠,所在山川,渐皆修复……蒋侯宋代稍

---

① 孙钟,《三国志》未载,此为首见。
② 厌胜是古代方士的一种巫术,谓能以诅咒制服人或物。
③ 钟山之神原无特指,及六朝起定位于蒋子文。

加爵,位至相国、大都督中外诸军事,加殊礼,钟山王。①

又《南史》卷五《齐废帝东昏侯纪》:

>　　偏信蒋侯神,迎来入宫,昼夜祈祷。左右朱光尚诈云见神,动辄咨启,并云降福。始安之平,遂加位相国,末又号为"灵帝",车服羽仪,一依王者。②

又《南史》卷五五《曹景宗传》记蒋帝两事,颇是有趣:

>　　先是旱甚,诏祈蒋帝神求雨,十旬不降。(梁武)帝怒,命载荻欲焚蒋庙并神影。尔日开朗,欲起火,当神上忽有云如伞,倏忽骤雨如写,台中宫殿皆自振动。帝惧,驰诏追停,少时还静。自此帝畏信遂深。自践阼以来,未尝躬自到庙,于是备法驾将朝臣修谒。是时,魏军攻围钟离,蒋帝神报敕,必许扶助。既而无雨水长,遂挫敌人,亦神之力焉。凯旋之后,庙中人马脚尽有泥湿,当时并目睹焉。

按梁武帝本笃信佛教,此借蒋子文振作士气耳。又《陈书》卷二《高祖纪》:

>　　永定元年冬十月乙亥,高祖即皇帝位于南郊,柴燎告天曰……景子,舆驾幸钟山祠蒋帝庙。

---

①　"大都督中外诸军事"总管中央和地方军队,当然,蒋子文所任只是象征性的神职而已。

②　又南朝梁萧子显《南齐书》卷七《东昏侯纪》:"信鬼神,崔慧景事时,拜蒋子文神为假黄钺、使持节、相国、太宰、大将军、录尚书、扬州牧、钟山王。至是又尊为皇帝。迎神像及诸庙杂神皆入后堂,使所亲巫朱光尚祷祀祈福。"

是陈霸先即皇帝位的次日即祭祀蒋子文,蒋子文地位之尊由此可见。

综上引述,东汉末年以来,历孙吴、东晋、宋、齐、梁、陈六朝,蒋子文崇拜显为不争的事实。蒋子文的本领也越来越大,东晋以降,已不限于止息灾厉,还能兴云作雨。尤其重要的是,祭奉蒋子文,即可平民变、靖内乱、御外敌、固城池,①蒋子文成了相当灵验的战神,护佑着东晋南朝的半壁江山。② 蒋子文的地位也在步步抬升:东晋"奉以相国之号",刘宋"位至相国、大都督中外诸军事,加殊礼,钟山王",齐东昏侯更"号为'灵帝'",而梁、陈帝位不改。

值得注意的是,蒋子文崇拜不独盛行于六朝的建业、建康,更广泛存在于东晋南朝疆域范围内的其他许多地方。考《搜神记》卷五"蒋侯爱吴望子",东晋扬州会稽郡鄞县(今浙江鄞州东鄞山之北)有蒋侯庙;又《南史》卷三二《张冲传》载萧衍起兵,围郢城(今湖北武汉市武昌),城中文武"无他经略,唯迎蒋子文及苏侯神,日昼中于州厅上祀以求福,铃铎声昼夜不止。又使子文导从登陴巡行,旦日辄复如之"。③ 著名史家吕思勉因谓:蒋子文崇拜,流播所及,西至长江中游荆郢之地矣。④ 又据上引《晋书》卷一一四《苻坚载记》及《南史》卷五五《曹景宗传》,蒋子文所管地面,北又及于淮水流域。⑤

按《隋书·地理志》述各地风俗,指陈《禹贡》淮海之地的扬州"俗信鬼神,好淫祀",又"大抵荆州率敬鬼,尤重祠祀之事";⑥六朝时淮域以

---

① 平民变如孙恩变乱,靖内乱如始安之平(指齐永元元年扬州刺史始安王萧遥光之反),御外敌如淝水之战,固城池如钟离之役。

② 南京形势号称"钟阜龙盘,石头虎踞,真帝王之宅"。"钟阜龙盘"作为南京东南的一道坚固屏障,具有重要的军事意义,于是钟山神蒋子文在六朝,也便成了攘外安内的战神。

③ "苏侯神"谓苏峻,有关苏侯神崇拜,详见权家玉:《南朝的"苏侯"神信仰》,《南京晓庄学院学报》2010年第2期。

④ 吕思勉:《两晋南北朝史》,下册,上海古籍出版社1983年版,第1466页。

⑤ 八公山在今安徽寿县西北,钟离城即今安徽凤阳县东北临淮关。两地都在淮水南岸。

⑥ 《禹贡》分九州,荆、扬两州大致有淮、汉以南的广大地域。

南之崇拜蒋子文,盖即淫祀的一种。① 而此种崇拜影响所及,不独使蒋子文事迹之本山钟山改称蒋山,复使蒋子文任职之秣陵隋唐时两度改称蒋州。至于蒋庙(蒋侯庙、蒋王庙、蒋帝庙一类),更应是当时普遍存在于南方各地的一类显目的小地名,其孑遗至今尚存:南京市有蒋王庙、蒋王庙街、蒋王庙居委会等,在钟山脚下。扬州市邗江区旧有蒋王乡,以驻地蒋王庙镇得名,镇名又来自蒋忠烈王庙。蒋忠烈王即蒋子文,蒋子文广陵人,或即蒋王乡(驻地旧在今扬州市区西南七公里处)人。

然则与盛行于六朝、在某些地区迁延至赵宋以迄近代的蒋子文崇拜②差相仿佛者,是赵宋以来覆盖全域的关羽崇拜。理解了关羽崇拜,便也可理解蒋子文崇拜。

关羽,汉末刘备麾下大将,刚愎自用,恃勇轻敌,但也忠贞义烈。关羽死难后,民感其德义,岁时奉祀。宋代以来,关羽忽然"官运亨通"了起来,宋、元、明、清先后有十几位皇帝为他加封晋级,如宋封武安王、崇宁至道真君,元称关帝,明万历间号三界伏魔大帝神威远震天尊关圣帝君,清顺治皇帝的封敕更达二十六字:忠义神武灵祐仁勇威显护国保民精诚绥靖翊赞宣德关圣大帝。帝王们对关羽的顶礼膜拜之心,由此可见。在民间,关羽也成为万能之神,司命禄,佑科举,除强暴,致财宝,凡民间所需祈求者,关羽都能给予满足。而在统治者的极力推崇、民间的

---

① 所谓"淫祀",指不合礼制规定的祭祀。《礼记·曲礼》:"非其所祭而祭之,名曰淫祀。"六朝时南土淫祀所奉,泛然不一,详见吕思勉:《两晋南北朝史》,下册,第1464—1467页;又六朝时南京地方除祭奉蒋子文外,还尊奉多种神灵,详见《六朝事迹编类》卷一二"庙宇门"。

② 《六朝事迹编类》卷一二"庙宇门·蒋帝庙":"南唐追谥曰庄武帝,更修庙宇,本朝开宝八年焚毁,雍熙四年,邑人张革于旧基重建。景祐二年,知府陈待制执中复增修之,朝廷赐额曰惠应。政和八年,本县复加修饰。有南唐及景祐、政和庙记可考。今隶蒋山之北,去城二十里。"按南唐建都江宁府(今南京市)。又赵宋诗人曾极《金陵百咏·蒋帝庙》诗:"白马千年系庙门,炉烟浮动衮龙昏。阖棺漫说荣枯定,青骨犹当复至尊。"又据笔者的调查,南京蒋王庙在民国元年(1912年)被改为私塾,后又改为小学。20世纪60时代,庙被毁坏。

虔诚奉祀下,"四海九州,皆有关神庙"①,又称关公庙、关庙、关帝庙,"举天下之人,下逮妇人孺子,莫不归心向往,而香火为之占尽"②。关羽这种跳出凡界、先武穆而神、后文宣而圣以致关庙林立的情形,岂不正类于六朝时代以建业、建康为中心的南方地区之蒋子文崇拜?

以上围绕《搜神记》中"蒋子文成神"条,参考其他史书地志材料,讨论了六朝时代大体属于国家层面的蒋子文崇拜。走笔至此,孙权改钟山为蒋山、隋唐两度因蒋山置蒋州,以及现势地名中多有蒋王庙的缘由,大体已经清楚。进而言之,依据《搜神记》中有关蒋子文的另外四条记载,即"蒋侯召刘赤父"、"蒋山庙戏婚"、"蒋侯爱吴望子"、"蒋侯助杀虎",③我们还可以钩沉出当时民间层面的蒋子文崇拜之历史真实,诸如蒋子文拥有绝对权威,掌握着世人的生死大权;蒋子文不可戏弄,否则当受惩戒;蒋子文既有鬼神的威严,也有俗身的情欲,既能为厉作祸,也能除暴安良;民间不仅可于庙中以三牲祭神或有事陈请,而且有交通神祇的专门人物、击鼓跳舞娱神的特别活动。如此等等的认识,当能升华我们对于蒋子文崇拜的全面把握,即国家层面的蒋子文崇拜的缘起,乃是厉鬼作祟信仰的传统与汉末疾疫灾害流行的现实两者的综合;国家把蒋子文一类厉鬼纳入祀典进行祭祀的基础,又在愈演愈烈、普遍流行、深入社会的民间信仰。

再进一步推而论之,诸如托名晋陶潜所作的《搜神后记》、十六国前秦王嘉的《拾遗记》、南朝宋刘敬叔的《异苑》、南朝宋刘义庆的《幽明录》、南朝梁吴均的《续齐谐记》一类"搜神志怪"的文献,其实都颇有助

---

① [清]袁枚编撰,申孟、甘林点校:《子不语》卷二"关神断狱"条,上海古籍出版社1986年版,第43页。按南京也有关庙,又称关帝庙、武夫子庙、武庙,始建于明洪武二十三年(1390年),今废,建筑尚存,今南京市北京东路41号、43号是其地。
② [清]刘献廷:《广阳杂记》卷四,中华书局1957年版,第192页。
③ "蒋子文成神"以及此四条拟名,见[东晋]干宝撰、黄涤明注译:《搜神记全译》,贵州人民出版社1991年版,第127—134页。

于我们对于中古社会的研究。仍以"人鬼"崇拜来说,依据上述文献,中古时代受到崇拜、建祠立庙的"人鬼",就有舜、禹、师门、彭祖、太伯、延娟、延娱、冠先、伍子胥、屈原、梅姑、紫姑、秦始皇、黄石公、楚怀王、项羽、刘玘、苏峻、袁双、邓县令、何远、伏晅、任昉、萧昱、夏侯亶、萧纶、赵哂、于吉、孔瑜、豫章戴氏女、乌伤陈氏女、蒋姑、丁姑、许君、仇王、圣公等等,其中蒋姑还是蒋子文之妹①。这些"人鬼",或者并不见于相关的正史,但却真实存在于当时的社会。要之,由《搜神记》开创或丰富的这类传统"文学"文献的特殊价值,实在值得文学以外的诸多学科之重视与利用。

---

① 即青溪姑,《六朝事迹编类》卷一二"庙宇门·青溪夫人庙":"按《舆地志》青溪岸侧有神祠,世谓青溪姑,南朝甚有灵验,尝见形于人。"传说青溪姑原为蒋子文的妹妹,未嫁而亡,亡而成鬼,故建祠祀之。南京民间有青溪小姑曲:"开门白水,侧近桥梁。小姑所居,独处无郎。"

八、南京何以"文学之都"：
从都邑文学到怀古文学①

2017年5月15日，"文学多样性与城市可持续发展"国际高峰论坛在南京大学举行，南京正式宣布将申报联合国教科文组织"创意城市网络"之"文学之都"。历经两年多的努力，2019年10月31日，南京成功入选"文学之都"，成为中国首座获此殊荣的城市。紧随其后，2019年11月11日，第二届"文学多样性与城市可持续发展"国际高峰论坛在六朝博物馆举行，中外学者与作家纵论南京如何在世界范围内发挥"文学之都"的影响力。

身为南京大学文学博士、六朝博物馆馆长，在南京申报"文学之都"的过程中，我也曾多次接受媒体的采访。大概是受专业领域的限制或影响，当时乃至现在，我的基本认知都无改变：

> 南京文学最大的特点是"怀古"，从唐朝到清朝到民国到今天，南京最好的文学作品，都离不开"怀古"这个母题……"金陵怀古"，是南京沧桑历史的文学表达，它孕育于繁华与衰落的强烈对比中，是让人深刻的文学，具有超越地域的普遍意义。②

因为南京文学"具有超越地域的普遍意义"，所以能够获得非只中

---

① 原刊《江苏地方志》2023年第5期。
② 记者宗青、郑文静、王子扬：《南京新名片：世界文学之都》，《现代快报》2019年11月1日，第A6版。

国、而且世界的广泛认同。这样的认同,按照我的理解,关键又在"'怀古'这个母题"。盖"怀古"者,本是个人的"念旧"、民族的"传统"、国家的"记忆"的文学表达,作为"文学母题","怀古"与爱情与亲情、生命与死亡、战争与和平、复仇与报恩等等一样,具有恒久的"审美"价值。而具体到"金陵怀古",又以其"孕育于繁华与衰落的强烈对比中",鲜活诠释了"国家不幸诗家幸,赋到沧桑句便工"的文学规律,并以其寄寓深远的家国情怀,升华为弥足珍贵的精神遗产,于是既弥散着跨越地域与国界的文化魅力,又充满着贯穿古今的哲学思考。以此,南京的"怀古文学"以及作为"怀古文学"比照对象的"都邑文学",遂构成了文学南京的意象与具象,奠定了南京作为"文学之都"的坚实基础……

(一) 谢朓《入朝曲》所见南京都邑文学

2006年2月,《南京晨报》承办、百万读者参与、百日斟酌评出、我为评委之一的"南京城市名片"——十张当选名片、十张提名名片正式揭晓。其中,出自谢朓《入朝曲》的"江南佳丽地,金陵帝王州"入选"文人看南京"提名名片。其实又岂止是"文人看南京"!如近些年来,"江南佳丽地,金陵帝王州"亦是高铁驶入南京时的欢迎语、广告词,从而成了"六朝古都"乃至"十朝都会"南京最典型的文学表达。

先是,1500余年前的南朝萧齐永明九年(491年),28岁的谢朓离开京城建康(今南京市),赶赴荆州治所江陵(今湖北江陵县),就任随郡王、镇西将军、荆州刺史萧子隆文学侍从官。途中,他接受萧子隆的教令,创作了《鼓吹曲》十首,其中"颂藩德"的《入朝曲》云:

> 江南佳丽地,金陵帝王州。
> 逶迤带绿水,迢递起朱楼。
> 飞甍夹驰道,垂杨荫御沟。
> 凝笳翼高盖,叠鼓送华辀。

献纳云台表,功名良可收。

此诗五联十句,笔致明快、气势轩敞地描绘了建康帝都的富丽堂皇与繁荣昌盛。

首联"江南佳丽地,金陵帝王州",总揽地理形势与历史变迁。江南土地广大,风光秀丽,物产富饶;金陵历史悠久,王气所钟,四朝建都。这两句,一从空间着墨,一从时间措笔,笔墨之中,闪烁着显赫辉煌的气派。

"逶迤带绿水"到"垂杨荫御沟"两联,具体描绘了其时"帝王州"的壮丽风貌,而又特别注重视角的变化。"逶迤带绿水,迢递起朱楼"为远眺:碧波荡漾的城河环绕着蜿蜒曲折的城墙,鳞次栉比、阳光照耀的高楼层层叠叠;"飞甍夹驰道,垂杨荫御沟"取近观:驰道两旁,矗立着甍宇齐飞、威仪舛互的皇宫高院,随着视野的延伸,驰道越远越窄,猛然看去,好像"飞甍"夹住了"驰道",而伴着御沟,婆娑摇曳、垂枝拂水的杨柳,茂茂密密、一望无际。又重新组合来看,"逶迤带绿水"、"飞甍夹驰道"以城墙的蜿蜒曲折和道路的绵长延伸,挖掘出诗境的远近纵深感,"迢递起朱楼"、"垂杨荫御沟"以高楼的嵯峨入云和杨柳的婀娜多姿,拓展了诗境的上下层次感;这样的远近上下,又是绿水朱楼,红绿相映,飞甍杨柳,青黄相间。

然而谢朓仍不满足,他似乎觉察到静态刻画容易流于呆板单调,于是再紧跟"凝笳翼高盖,叠鼓送华辀"一联,以驷马飞驰、车盖摩云,极写道路的繁华,以华辀画舫、从容悠游,描摹河流的胜景。出入的车辆、上下的画舫,又伴着舒缓的笳声与轻密的鼓点。这样,运动物于静景,寓音响于色彩,便景境全活,臻于高妙了,而皇京帝都的辉煌、壮丽、繁华、富足,也可谓渲染至极。

最后一联"献纳云台表,功名良可收"升华全篇。《后汉书》卷二十二"论曰":"永平中,显宗追感前世功臣,乃图画二十八将于南宫云台",此"云台二十八将","咸能感会风云,奋其智勇,称为佐命,亦各志能之士也。"如此,建言以供采纳,成就功名事业,这虽是谢朓对幕主随王萧子隆的祝颂,其实也写照了青年谢朓那激昂的政治热情与进取的精神风貌。在皇京帝都,谢朓心心念念着的,是不负陈郡谢氏往日的功名,是成就一番贵胄子弟的事业。

要之,谢朓的这首《入朝曲》,虽不出"颂藩德"的樊篱,格调却非同一般,其造境宏伟高健,措笔秀丽工整,语言清鲜流丽,洵为《鼓吹曲》中难得一见的上品。至于佳丽地、帝王州、逶迤的绿水、迢递的朱楼、飞甍与驰道、垂杨与御沟、凝笳与叠鼓、高盖与华辀等都邑与山水,至今读来,还是宛然在目、真切入耳,富有极高的审美价值。①

谢朓描绘建康帝都的诗作,当然不仅这首《入朝曲》。以音韵铿锵、词采华丽的《永明乐》十首为例,即重在歌颂京都气象,如第三首:"朱台郁相望,青槐纷驰道。秋云湛甘露,春风散芝草。"亭台楼阁,星罗棋布,绿柳青槐,列于道旁,秋云飘来甘露纷降,春风吹拂灵芝仙草,一派宫室壮丽、祥瑞纷呈的景象。又如第十首:"彩凤鸣朝阳,玄鹤舞清商。瑞此永明曲,千载今为皇。"彩凤长鸣,旭日东升,玄鹤起舞,清商奏响,可谓贤才逢时,千载辉煌。

当谢朓生活的时代,"钟山龙盘,石头虎踞,此乃帝王之宅也"②的南京,已经历为孙吴、东晋、刘宋、萧齐四朝都城,累计两百多年。以此,谢朓诗中的都城风貌,也是前有所承。如西晋左思的《吴都赋》咏吴都建业云:

> 高闬有闶,洞门方轨。朱阙双立,驰道如砥。树以青槐,亘以绿水。玄荫眈眈,清流亹亹。列寺七里,侠栋阳路。屯营栉比,解署棋布。横塘查下,邑屋隆夸。长干延属,飞甍舛互。

---

① 参考吴小如、王运熙、章培恒、曹道衡、骆玉明等:《汉魏六朝诗鉴赏辞典》,上海辞书出版社1992年版,第819—820页。

② [唐]许嵩:《建康实录》卷一《太祖下》引《吴录》,上海古籍出版社1987年版,第27页。

又刘宋元嘉七年（430年）诃罗陁国（今印尼苏门答腊）使臣的奉表中所见宋都建康：

> 城郭庄严，清净无秽，四衢交通，广博平坦。台殿罗列，状若众山，庄严微妙，犹如天宫。圣王出时，四兵具足，导从无数，以为守卫。都人士女，丽服光饰，市鄽丰富，珍贿无量，王法清整，无相侵夺。学徒游集，三乘竞进，敷演正法，云布雨润。四海流通，万国交会，长江眇漫，清净深广，有生咸资，莫能销秽，阴阳调和，灾厉不行。谁有斯美，大宋扬都。①

"谁有斯美"的建康都城，就是这样的南中国的首善之区；而发展到谢朓之后的梁朝，建康更是宫室巍峨、人口密集、社会繁盛的东方世界的第一大城，仿佛东方的太阳，照亮了周边的部族与国家。

然而如西晋左思赋、刘宋使臣表、萧齐谢朓诗中写实的南京都邑文学，起码在后来的隋唐宋元时代，却又大体上后无所继，取而代之的，则是更富感情的南京怀古文学，其中最著名的作品，当推唐人刘禹锡的《金陵五题》。

（二）刘禹锡《金陵五题》所见南京怀古文学

2017年5月，中共江苏省委宣传部指导、十三个地级市宣传部联动、《现代快报》承办、我为评审委员的"江苏最美诗词大会"，历经两个月的专家推荐、市民投票、会议评审，最终结果出炉。其中，入选百首"江苏最美诗词"的南京诗词，有萧齐谢朓的《入朝曲》，唐朝李白的《登金陵凤凰台》《金陵酒肆留别》《长干行》，刘禹锡的《石头城》《乌衣巷》，杜牧的《江南春》《泊秦淮》，韦庄的《台城》，而"南京最美诗词"不出我的

---

① ［南朝梁］沈约：《宋书·夷蛮传》，中华书局1974年版，第2380页。

预料,果然就是刘禹锡的《乌衣巷》。

《乌衣巷》是唐朝宝历年间(825—826年),年过半百的刘禹锡在和州(今安徽和县)刺史任上所作《金陵五题》组诗中的第二首。诗云:

> 朱雀桥边野草花,乌衣巷口夕阳斜。
> 旧时王谢堂前燕,飞入寻常百姓家。

乌衣巷以曾为孙吴乌衣营驻地而得名;东晋南朝时,以琅琊王氏、陈郡谢氏为领袖的一些世家大族多居乌衣巷。朱雀桥是一座浮桥,以船相连,距乌衣巷很近,在秦淮河上,是东晋南朝都城建康的交通要津。这两处昔日的富贵之乡与繁华之地,如今却别是一番情景:野草开花,点染出朱雀桥畔的荒芜;夕阳斜晖,映衬着乌衣巷里的寂寥。那正在就巢的无知飞燕,怎能晓得华堂易为民居的人世变迁!此诗之妙,在乎句句是景,而又借眼于燕,故托兴玄远,用笔极曲,感慨无穷!

入选"最美江苏诗词"的《石头城》,则是刘禹锡《金陵五题》的第一首:

> 山围故国周遭在,潮打空城寂寞回。
> 淮水东边旧时月,夜深还过女墙来。

好一派苍莽悲凉的氛围:环绕金陵"故国"的群山依然存在,江潮拍打着已经荒废的石头"空城",又寂寞地退了下来,只有月亮还和六朝时一样,从秦淮河的东边升起,夜深的时候无声地照见城上的短墙。白居易"掉头苦吟,叹赏良久"而赞美道:"吾知后之诗人不复措词矣!"[①]的确,《石头城》不作一字议论,不用人之目睹,而以群山、潮水、明月作证,此

[①] [唐]刘禹锡撰,卞孝萱校订:《刘禹锡集》,上册,中华书局1990年版,第310页。

种写法,可谓匠心独运,别出心裁。

刘禹锡《金陵五题》的第三首是《台城》:

> 台城六代竞豪华,结绮临春事最奢。
> 万户千门成野草,只缘一曲后庭花。

台城指东晋南朝皇城,故址在今南京市总统府、大行宫一带。此诗首句总写台城,勾画一幅富丽堂皇的六代皇宫图;次句突出陈后主营造的结绮、临春二阁,使人联想起楼台之中轻歌阵阵、舞影翩翩的情景;又句是画面的变迁:当年万户千门,而今野草丛生;结句改用听觉形象表达,仿佛闻听得陈后主谱词、绮艳轻浪的《玉树后庭花》乐曲在空际回荡。《台城》于奢华与荒凉的对比中,引出真切的历史教训:一味追求穷奢极欲、荒淫无度的腐朽生活,便逃脱不了陈后主那样被俘景阳井中、可悲又可笑的亡国命运。

《金陵五题》的第四首《生公讲堂》嗤笑南朝皇帝提倡佛教的荒唐,第五首《江令宅》指斥狎客词臣惑主误国,同样是借金陵古迹、抒兴亡感慨的名篇。而非常值得关注的是,刘禹锡创作《金陵五题》组诗时,还从未到过南京,所谓"余少为江南客,而未游秣陵,尝有遗恨。后为历阳守,跂而望之。适有客以《金陵五题》相示,逌尔生思,欻然有得"[①],以此这些诗中所写,皆为意中虚景。不过虚景藏情,较之按实平铺直叙,更能包孕诗人的主观情思和审美理想,艺术上则意境尤为深邃含蓄;再者,它也反映出刘禹锡对南京故实的了然于中与心向往之,以及寂寞、沧桑的文学意象,已经成为唐代文人——无论来过还是没有来过南京——对于这座"六朝古都"的共同认识。

刘禹锡的另一首《金陵怀古》作于宝历二年(826年)。这年冬,他宿愿得偿,畅游了南京。足履目验,刘禹锡写下了这样的四联八句:

---

① [唐]刘禹锡撰,卞孝萱校订:《刘禹锡集》,上册,第309—310页。

> 潮满冶城渚,日斜征虏亭。
> 蔡洲新草绿,幕府旧烟青。
> 兴废由人事,山川空地形。
> 后庭花一曲,幽怨不堪听。

此诗的前两联写景咏史,潮满、日斜、草绿、烟青,只是些普通风物;冶城、征虏亭、蔡洲、幕府山,则保存着六朝历史变迁的痕迹;而两相联系,眼前景便笼罩着思古情。诗的三、四两联转入议论抒情,诗人直截了当地指出:国家兴废,决于人事;地形险阻,岂足依凭?亡国之音,不堪卒听;以古鉴今,莫蹈覆辙。这是历史的经验教训!

要之,刘禹锡的《金陵五题》《金陵怀古》,咏史则小中见大,蕴藉含蓄;怀古则针砭时弊,立意精深。由此产生出的,是巨大的感人力量,长远的醒世效果;其诗作本身,也因此而驰名遐迩,传诵千年,时至今日,《石头城》《乌衣巷》仍在"江苏最美诗词"的南京诗词中九居其二,《乌衣巷》更被推为唯一的"南京最美诗词"!

然则稍加品味"江苏最美诗词"中的南京诗词,不难发现一些意味深长的现象,比如除了谢朓《入朝曲》为南朝都邑诗,其他八首都是唐诗;又如除了李白《金陵酒肆留别》《长干行》以外的六首,都是怀古诗。这无疑凸显了唐朝金陵怀古诗在南京文学天地中,那仿佛日月光华、五岳独尊的显赫地位。

其实与刘禹锡一样,唐朝诸多的诗人对南京可谓情有独钟,因为南京留给诗人们的是太多的思考与太多的感喟:六朝的南京,繁华兴盛,纸醉金迷;隋唐的南京,王气消歇,冷寂萧条——隋灭陈,南京既惨遭"城邑宫阙,并平荡耕垦"[①]的损毁;唐替隋,南京竟常为普通的州县,原居民也多被迁往扬州(今江苏扬州市)。按建都大兴、长安即今西安的隋、唐王朝,对"四十余帝三百秋"的南京,如此严加防范,一再贬抑,是

---

① [北宋]司马光:《资治通鉴》卷一七七,中华书局1956年版,第5516页。

符合传统帝制时代"天无二日,民无二主"的政治逻辑的,并不奇怪。但南京政治地位如此地飙升急降,却给文人咏史怀古诗的创作,提供了广阔的空间与众多的题材。如早于"诗豪"刘禹锡,"诗仙"李白《登金陵凤凰台》:

> 凤凰台上凤凰游,凤去台空江自流。
> 吴宫花草埋幽径,晋代衣冠成古丘。
> 三山半落青天外,二水中分白鹭洲。
> 总为浮云能蔽日,长安不见使人愁。

当年凤凰来游象征着王朝的兴盛,而今凤去台空,繁华不再,只有大江东流,不舍昼夜。又晚于刘禹锡,如杜牧《江南春》:

> 千里莺啼绿映红,水村山郭酒旗风。
> 南朝四百八十寺,多少楼台烟雨中。

遥想当年,南朝佞佛,"都下佛寺五百余所,穷极宏丽"[1],到头来却是一场空,误国害民。又晚于杜牧,韦庄《台城》:

> 江雨霏霏江草齐,六朝如梦鸟空啼。
> 无情最是台城柳,依旧烟笼十里堤。

凄凉的雨,悲鸣的鸟,与生机盎然地笼罩着十里长堤的台城柳,恰成鲜明对照。而类似这种风格的唐人金陵怀古诗,又是不胜枚举。唐朝以降,若宋人王安石的《桂枝香·金陵怀古》、元人萨都剌的《念奴娇·登

---

[1] [唐]李延寿:《南史》卷七〇《循吏·郭祖深传》,中华书局1975年版,第1721页。

石头城》、明人余怀的《金陵杂感》、清人孔尚任的《桃花扇·哀江南》,又是尤其不胜枚举。演至近代,朱自清在《南京》中乃有这样的感叹:

> 逛南京像逛古董铺子,到处都有些时代侵蚀的遗痕。你可以摩挲,可以凭吊,可以悠然遐想。想到六朝的兴废,王谢的风流,秦淮的艳迹……(台)城上可以望南京的每一角。这时候若有个熟悉历代形势的人,给你指点,隋兵是从这角进来的,湘军是从那角进来的,你可以想象异样装束的队伍,打着异样的旗帜,拿着异样的武器,汹汹涌涌地进来,远远仿佛还有哭喊之声。假如你记得一些金陵怀古的诗词,趁这时候暗诵几回,也可印证印证,许更能领略作者当日的情思。

然则这样的文学书写所导致的结果,是南京作为中国历史上最沧桑也最深刻的古都,其意象甚至具象已经定格。而被不断吟咏的这种定格,一方面造成了文学审美的"疲劳",另一方面,也是更重要的,作为进取而非偏安的华夏(汉族)正统之都,南京以其鲜明的政治记忆、突出的民族象征、丰富的文化标志,而引发史家探索,而启迪哲人思考,而一次又一次地印证了革命导师卡尔·马克思在《不列颠在印度统治的未来结果》文中的论断:

> 相继征服过印度的阿拉伯人、土耳其人、鞑靼人和莫卧儿人,不久就被当地居民同化了。野蛮的征服者总是被那些他们所征服的民族的较高文明所征服,这是一条永恒的历史规律。

于是沧桑浮沉、屡仆屡起的南京,因之而坚韧,军事上被征服、文化上反征服的南京,因之而伟大,于是辉煌灿烂的金陵都邑文学令人缅想千古,沉郁深刻的金陵怀古文学矗为怀古文学的巅峰……

（三）坚实基础与连云栋梁

本篇小文，视南京的"都邑文学"尤其"怀古文学"为奠定南京"文学之都"的坚实基础，既如开篇所陈，是受本人专业领域的限制或影响，故而这样的认知，可能不乏偏颇之处；也是已在南京生活了半个多甲子的本人，对因历史兴衰、地理成败而文学沧桑的南京，所悟出的真切感受。当然，在此"坚实基础"之上，古往今来的南京，那些厚重丰硕、推陈出新的文学作品、文学理论、文学传统、文学氛围、文学关怀、文学巨匠等等，又正如连云的栋梁，构筑起飞甍舛互、蔚为大观的"文学之都"。

这样飞甍舛互的"文学之都"，如1949年11月胡小石先生在金陵大学所作"南京在中国文学史上的地位"之主题演讲，"愚意中国文学及其有关诸方面，真正在南京本地创成者，以次数之，可有下列诸事：（一）山水文学。（二）文学教育，即文学之得列入大学分科。（三）文学批评之独立。（四）声律及宫体文学"，至于"合而观之，则南京在文学史上可谓诗国。尤以在六朝建都之数百年中，国势虽属偏安，而其人士之文学思想，多倾向自由方面，能打破传统之桎梏，而又富于创造能力，足称黄金时代，其影响后世至巨"。然则本文所述之谢朓，正是"山水文学"的杰出代表，其金陵诗篇且呈现出"以山水作都邑诗，非惟不堕清寒，愈见旷逸"①的特点，谢朓还是对"声律"即"永明新变"作出最大贡献的诗人。②

这样蔚为大观的"文学之都"，又如2020年8月本人与南京大学胡箫白博士为大型季播节目《南京》第六季《文都本纪》所拟拍摄大纲的12集标题：斯文在兹，谁有斯美，金声玉振，怀古寻梦，南都繁会，家国

---

① ［明］钟惺、谭元春：《诗归—古诗归》，湖北人民出版社1985年版，第247页。

② 胡阿祥、王景福：《谢朓传》，凤凰出版社2019年版，第37—41页。

山河,山水性灵,南国烟水,旧都背影,殊方未远,内聚外扬,古往今来。而以此衡之于本篇小文,所对应者只是"谁有斯美"、"怀古寻梦"两集而已,则南京收获"世界文学之都"的特别荣誉,可谓实至名归,又由此不难感知矣!

九、再说南京何以"文学之都"①

2019年10月31日,第六个"世界城市日",联合国教科文组织正式宣布中国南京入选"世界文学之都"。南京凭什么成为中国首个、也是中国目前唯一获此殊荣的城市?前此,笔者已经发表《南京何以"文学之都":从都邑文学到怀古文学》,指出"南京的'怀古文学'以及作为'怀古文学'比照对象的'都邑文学',遂构成了文学南京的意象与具象,奠定了南京作为'文学之都'的坚实基础"。② 只是兹题甚大,前文难得周全,所以借此盛会,③再说南京何以"文学之都",意在补充前文未及或未详的一些想法或内容。

(一)

南京何以"文学之都"的解答,学术奠基的作品,应推1949年11月胡小石先生在金陵大学所作"南京在中国文学史上的地位"之主题演讲,"愚意中国文学及其有关诸方面,真正在南京本地创成者,以次数之,可有下列诸事:(一)山水文学。(二)文学教育,即文学之得列入大学分科。(三)文学批评之独立。(四)声律及宫体文学",至于"合

---

① 原刊《唯实》2024年第5期。
② 胡阿祥:《南京何以"文学之都":从都邑文学到怀古文学》,《江苏地方志》2023年第5期。
③ 中国地方志工作办公室主办"中国地方志与中华优秀传统文化论坛——从天下文枢到世界文学之都",2023年10月19日,南京·世界文学客厅。本文据论坛发言稿润色而成。

而观之,则南京在文学史上可谓诗国。尤以在六朝建都之数百年中,国势虽属偏安,而其人士之文学思想,多倾向自由方面,能打破传统之桎梏,而又富于创造能力,足称黄金时代,其影响后世至巨"。① 这是诸位都耳熟能详的一篇名文,在此不必赘言。

南京何以"文学之都"的解答,影响颇大的节目,可以南京广电集团制作的、2022年初首播的大型季播节目《南京》第六季《文都本纪》为代表。"文都本纪"这个题目是笔者起的,取义于太史公司马迁《史记》的"本纪"。在纪传体史书中,"本纪"是记天子行迹与朝廷大事的,切合南京作为"文学之都"的地位;12集的题目与大纲,则由笔者与南京大学历史学院胡箫白副教授共同拟就,分别为斯文在兹、谁有斯美、金声玉振、怀古寻梦、南都繁会、家国山河、山水性灵、南国烟水、旧都背影、殊方未远、内聚外扬、古往今来。这一季的撰稿,胡箫白组织的团队也是贡献良多。因为这些缘故,因为有过"通史"式的浏览、各时段的比较、多门类的关注,所以对于"南京何以'文学之都'",自我感觉还是有些想法的。

南京何以"文学之都"的解答,从1993年笔者攻读文学博士学位以来,都无改变的基本认知是:"南京文学最大的特点是'怀古',从唐朝到清朝到民国到今天,南京最好的文学作品,都离不开'怀古'这个母题……'金陵怀古',是南京沧桑历史的文学表达,它孕育于繁华与衰落的强烈对比中,是让人深刻的文学,具有超越地域的普遍意义。"②拙文《南京何以"文学之都":从都邑文学到怀古文学》的立足点正在于此。当然,这样的认知,或许受到了笔者专业领域的限制,所以笔者在文中,既视南京的"都邑文学"尤其"怀古文学"为奠定南京"文学之都"地位的坚实基础,也指出在此"坚实基础"之上,古往今来的南京,那些厚重丰

---

① 胡小石:《南京在中国文学史上的地位》,首刊于金陵大学中国文化研究所等:《中国文化研究汇刊》第九卷,1950年。
② 记者宗青、郑文静、王子扬:《南京新名片:世界文学之都》,《现代快报》2019年11月1日,第A6版。

硕、推陈出新的文学作品、文学理论、文学传统、文学氛围、文学关怀、文学巨匠等等,①又正如连云的栋梁,构筑起飞甍舛互、蔚为大观的"文学之都"。

(二)

笔者为什么会有上述的基本认知呢？这飞甍舛互、蔚为大观的南京"文学之都",回到传统的语境,也可称为"天下文枢"。南京作为"天下文枢",本是古已有之的说法。在今南京夫子庙前的广场上,有座闻名遐迩的"天下文枢"牌坊。该牌坊始建于明朝万历十四年(1586年),后来两毁两建。牌坊坊额上的"天下文枢"四个大字,先后为清朝书法家陈澍、词人端木埰题写。现在所见青底金字的"天下文枢",则是20世纪80年代时集自唐人颜真卿的字帖。"天下文枢"意为南京曾经堪称全国的文化中心。而若以"文化"的重要表征之一"文学"言之,"天下文枢"的字面含义,某种意义上又是白话形式的"世界文学之都"的文言表达。又不论白话抑或文言,其内涵都堪称丰富。

首先,南京是历史之都。南京先为孙吴、东晋、宋、齐、梁、陈"六朝古都",续以南唐、大明、太平天国、中华民国,所以也称"十朝都会"。南京的都城史不长,累计只有450多年;然而南京的都城史,从212年起,②到1949年终,历时1700余年,又实在很长。在这1700余年里,1/4的都城时代与3/4的非都城时代的交替演变,既展现了南京的兴

---

① 有关这些方面的基本情况,可参《世界文学之都:南京》编写组编:《世界文学之都:南京》,南京出版社2022年版。
② 南京正式成为都城是在公元229年,该年四月,孙权在武昌(今湖北鄂州市)即皇帝位,九月迁都建业(今江苏南京市)。实际早在211年,当孙权将其政治中心从京(今江苏镇江市)迁到秣陵,并于次年取"建功立业"(建立帝王大业)之意改秣陵为建业时,南京已经成为孙氏政权的政治中心、事实上的首都。笔者的这种看法,也获得了学界的认同,如2012年12月20日,中山陵园管理局与江苏省六朝史研究会即合作召开了"孙权与南京——南京建都1800年"研讨会。

盛与衰落、辉煌与寂寥的沧桑过往,又凸显着南京作为进取而非偏安、坚韧而且光荣、薪火相传华夏文明之都的非凡贡献。南京这样的历史是令人沉思的。

其次,南京是地理之都。南京东有钟山龙蟠,西有石头虎踞,北有幕府为坐,南有聚宝为案、牛首为朝,这是"山环"的南京;南京西、南有秦淮河,东北有金川河,东有燕雀湖,北有玄武湖,外围有长江,这是"水抱"的南京。在此"山环水抱必有气"的中间,则是"宽平宏衍"的"江南佳丽地,金陵帝王州",这正是中华传统语境中的"风水宝地"。然而正如刘禹锡的感慨,"兴废由人事,山川空地形。后庭花一曲,幽怨不堪听"。诗人的意思是,国家兴废,决于人事;地形险阻,岂足依凭?亡国之音,不堪卒听;以古鉴今,莫蹈覆辙。南京这样的地理是令人感悟的。

再次,南京是文学之都。联系着上面所说的南京兴衰起伏的历史令人沉思、南京王气成败的地理令人感悟,古代的南京文学,从庾信的赋,到李白、刘禹锡、杜牧、李商隐、韦庄的诗,从李煜、王安石、贺铸、周邦彦、萨都剌的词,到孔尚任的曲,一脉相承、一唱三叹,总是在"金陵怀古"。这样的"金陵怀古",既孕育于繁华与衰落的强烈对比中,也诠释了"国家不幸诗家幸,赋到沧桑句便工"①的文学规律。

在这中间,又有两部作品值得我们特别关注。

一是中国古代的,即中唐"诗豪"刘禹锡创作的、包括了《石头城》《乌衣巷》等杰出作品的《金陵五题》组诗。大约30年前,笔者就注意到《刘禹锡集》中《金陵五题》前的小引,所谓"余少为江南客,而未游秣陵,尝有遗恨。后为历阳守,跂而望之。适有客以《金陵五题》相示,逌尔生思,欻然有得",②所以这些诗中所写,都是还未曾到过南京的刘禹锡意

---

① 〔清〕赵翼撰,胡忆肖选注:《赵翼诗选》,中州古籍出版社1985年版,第162页。
② 〔唐〕刘禹锡撰,卞孝萱校订:《刘禹锡集》,上册,中华书局1990年版,第309—310页。

中的虚景,①这无疑反映出沧桑、寂寞的文学意象,已经成为唐代文人乃至后世文人——无论来过还是没有来过南京——对于南京这座"六朝古都""十朝都会"的共同认识。

二是外国现代的,即美国哈佛大学东亚系宇文所安(Stephen Owen)教授的名文《地·金陵怀古》。② 这篇文章中说:"我们的兴趣更多地在于这座城市的一种情绪和一种诗的意象的构成,一种构成这座城市被看方式的地点、意象和言辞的表层之物",金陵"主要是通过文本以它们程式化的意象而被知晓、被记住并成为值得追忆的"。什么样的情绪、意象、表层并被知晓、被记住、被追忆呢? 就是南京既是"龙盘虎踞"的"江南佳丽地,金陵帝王州"(谢朓),又是文人墨客凭吊怀古的"一国兴来一国亡,六朝兴废太匆忙"(郑燮)、"逛南京像逛古董铺子,到处都有些时代侵蚀的遗痕"(朱自清),就是六朝以后直到今天,南京文学的味道或者说基调,总是在执着书写与繁华对比的衰落、因兴废而生的感慨,于是南京作为中国历史上最为沧桑的古都,她的意象甚至具象已经定格,而被不断吟咏的这种定格,使得"金陵怀古"以其堪称巅峰的卓越成就,凝聚为永恒的文学母题。而这样令人深刻的文学南京,在中国的"七大古都"③中,可谓首屈一指,无出其右。

(三)

回到我们的主题,南京何以"文学之都",笔者以为关键有两点:一是南京的"古"太辉煌,所以成了"怀古文学"的"圣地";二是"怀古"是人

---

① 卞孝萱、胡阿祥:《刘禹锡的金陵怀古诗》,《紫金岁月》1997年第2期。
② 收入乐黛云、陈珏选编:《北美中国古典文学研究名家十年文选》,江苏人民出版社1996年版,第138—169页。
③ "七大古都",指西安、北京、洛阳、南京、开封、安阳、杭州。详谭其骧:《中国历史上的七大古都》,收入谭其骧:《长水集续编》,人民出版社1994年版,第18—38页。

类最普遍、最朴素的感情,所以南京文学具有了超越南京、超越中国的世界认同。

南京的"古"如何太辉煌? 姑引三条描绘六朝都城建业、建康城市面貌的史料为例。

西晋左思的《吴都赋》咏吴都建业云:"高闱有阒,洞门方轨。朱阙双立,驰道如砥。树以青槐,亘以绿水。玄荫眈眈,清流亹亹。列寺七里,侠栋阳路。屯营栉比,解署碁布。横塘查下,邑屋隆夸。长干延属,飞甍舛互。"①

刘宋时期诃罗陁国(今印尼苏门答腊)使臣奉表中所称的宋都建康是这样的:"城郭庄严,清净无秽,四衢交通,广博平坦。台殿罗列,状若众山,庄严微妙,犹如天宫。圣王出时,四兵具足,导从无数,以为守卫。都人士女,丽服光饰,市廛丰富,珍贿无量,王法清整,无相侵夺。学徒游集,三乘竞进,敷演正法,云布雨润。四海流通,万国交会,长江眇漫,清净深广,有生咸资,莫能销秽,阴阳调和,灾厉不行。谁有斯美,大宋扬都。"②

南朝萧齐谢朓的《入朝曲》吟颂都城建康道:"江南佳丽地,金陵帝王州。逶迤带绿水,迢递起朱楼。飞甍夹驰道,垂杨荫御沟。凝笳翼高盖,叠鼓送华辀。献纳云台表,功名良可收。"③

这样的六朝都城,真是繁华兴盛,纸醉金迷! 然而公元589年,隋灭陈,建康惨遭"城邑宫阙,并平荡耕垦"④的损毁;唐替隋,南京也常为普通的州县,原居民也多被迁往扬州(今江苏扬州市)。说起来,建都大兴、长安即今西安的隋、唐王朝,对"四十余帝三百秋"(李白)的南京,如此地严加防范,一再贬抑,是符合传统帝制时代"天无二日,民无二主"

---

① [南朝梁]萧统编,[唐]李善注:《文选》,上海书店1988年版,第70页。
② [南朝梁]沈约:《宋书》,中华书局1974年版,第2380页。
③ [南朝齐]谢朓著,曹融南校注集说:《谢宣城集校注》,上海古籍出版社1991年版,第149—150页。
④ [北宋]司马光:《资治通鉴》,中华书局1956年版,第5516页。

的政治逻辑的,这并不奇怪。但南京政治地位如此地飙升急降,却给文人咏史怀古诗的创作,提供了广阔的空间与众多的题材。

与六朝辉煌的"古"、隋唐巅峰的"怀古"相类似的,还有明朝辉煌的"古"、清朝同样杰出的"怀古"。明朝辉煌的"古",笔者就举一个例子。《利玛窦中国札记》中描写大明南都道:"在中国人看来,论秀丽和雄伟,这座城市超过世上所有其他的城市,而且在这方面,确实或许很少有其他城市可以与它匹敌或胜过它。它真的到处都是殿、庙、塔、桥,欧洲简直没有能超过这些的类似建筑。在某些方面,它超过我们的欧洲城市……在整个中国及邻近各邦,南京被算作第一座城市。"①然而经历了明清的改朝换代,起码在清初,南京不再拥有曾经的繁华,整个城市的气氛也是相当压抑的,于是康熙三十八年(1699年)完成的孔尚任的《桃花扇》,其最后的曲子《离亭宴带歇指煞》真是让人潸然泪下:"俺曾见金陵玉殿莺啼晓,秦淮水榭花开早,谁知道容易冰消。眼看他起朱楼,眼看他宴宾客,眼看他楼塌了。这青苔碧瓦堆,俺曾睡风流觉,将五十年兴亡看饱。那乌衣巷不姓王,莫愁湖鬼夜哭,凤凰台栖枭鸟。残山梦最真,旧境丢难掉,不信这舆图换稿。诌一套《哀江南》,放悲声唱到老。"②

然则在这里必须强调的是,六朝古都、十朝都会的南京,又绝不仅是"哀江南",更是"梦华夏",这就是笔者一直坚持的观点:在中国传统帝制时代,南京是汉人心目中永远的都城,也是事功业绩值得汉人长久追忆的都城。③ 如当东晋十六国南北朝分裂时代,退守南方、定都南京的汉人政权,既是华夏(汉族)传统文化薪尽火传、救亡图存的避难所,又在一定程度上反哺了北方非汉民族政权,使其在"汉化"的过程中有

---

① [意]利玛窦、[比]金尼阁著,何高济、王遵仲、李申译:《利玛窦中国札记》,广西师范大学出版社2001年版,第201页。
② [清]孔尚任:《桃花扇》,知识出版社2015年版,第205页。
③ 胡阿祥:《华夏正统与城市兴衰:古都南京的历史特质》,《南京社会科学》2013年第12期,复印报刊资料《地理》2014年第2期转载。

了一个现实存在的鲜活样板或完整模本;又如以"反元复宋"为目标,以"驱逐胡虏,恢复中华"为号召的朱元璋,以"反清复明"为目标,同样以"驱除鞑虏,恢复中华"为号召,尊称朱元璋为"我太祖""我高皇帝"的孙文,正是在"龙蟠虎踞,宅是旧都"的"郁郁金陵",完成了"廓清中土,日月重光,河山再造,光复大义"的丰功伟业。① 进而言之,南京这座汉人故都的诸多往事,如王导新亭愀然变色、谢安东山弈棋破秦、刘裕气吞万里如虎、杨邦乂剖心就义、郑和七下西洋、李香君桃花扇传奇等等,又总是在国运衰弱、民族危亡、内忧外患的时刻,为史家放大渲染,为文人重新书写,为大众深切缅怀,从而发挥出或警醒或激励或鼓舞的现实作用,南京也因此成为一座具备鲜明政治记忆、民族象征、文化标志意义的古都,而南京的"怀古文学",也因此而不缺乏昂扬向上的坚定意志,这由李白的《金陵新亭》就可窥斑见豹:"金陵风景好,豪士集新亭。举目山河异,偏伤周颢情。四坐楚囚悲,不忧社稷倾。王公何慷慨,千载仰雄名。"② 所以我们说,"金陵怀古"不仅沧桑、忧愁乃至悲伤,也坚韧、光荣乃至伟大! 所以南京成了"怀古文学"的"圣地",而且这样的"圣地",不仅属于古代,也属于现代;不仅属于中国,也属于世界;不仅属于文学,也属于人类。这也就是笔者要说的"南京何以'文学之都'"的第二点关键。

关于这第二点关键,笔者在《南京何以"文学之都":从都邑文学到怀古文学》文中,有着虽然简单、但意思已很明确的表述,这里转引如下:

"怀古"者,本是个人的"念旧"、民族的"传统"、国家的"记忆"的文学表达,作为"文学母题","怀古"与爱情与亲情、生命与死亡、

---

① 孙文:《祭明太祖文》《谒明太祖陵文》,收入《孙中山全集》第二卷,中华书局1982年版,第94—97页。
② [唐]李白:《李太白集》,岳麓书社1989年版,第194页。

战争与和平、复仇与报恩等等一样,具有恒久的"审美"价值。而具体到"金陵怀古",又以其"孕育于繁华与衰落的强烈对比中",鲜活诠释了"国家不幸诗家幸,赋到沧桑句便工"的文学规律,并以其寄寓深远的家国情怀,升华为弥足珍贵的精神遗产,于是既弥散着跨越地域与国界的文化魅力,又充满着贯穿古今的哲学思考。

简而言之,因为"怀古"是人类最普遍、最朴素、最浅显也最深刻的感情,所以,南京文学具有了超越古今、超越民族、超越南京、超越中国的世界认同;所以,南京文学升华为全人类共同的文化遗产;所以,南京收获"世界文学之都"的特别荣誉,可谓实至名归!

十、"以山水作都邑诗"：
谢朓金陵诗赏析[①]

（一）

谢朓（464—499年）出生于建康（今南京市），冤死于建康；谢朓之仕历，除了两年多在江陵（今湖北江陵县）、一年多在宣城（今安徽宣城市）、约一年在京口（今江苏镇江市）外，其他时间皆在建康。如此，历经孙吴、东晋、刘宋及至萧齐皆为都城的建康之人文风貌、自然景观，在谢朓的笔下也有精彩的呈现。如"秋河曙耿耿，寒渚夜苍苍。引领见京室，宫雉正相望。金波丽鳷鹊，玉绳低建章"（《暂使下都夜发新林至京邑赠西府同僚》），真切反映出皇都的秋夜景象；"远树暧仟仟，生烟纷漠漠。鱼戏新荷动，鸟散余花落。不对芳春酒，还望青山郭"（《游东田》），精细摹写了京郊的春日晴态；"朔风吹飞雨，萧条江上来。既洒百常观，复集九成台。空蒙如薄雾，散漫似轻埃"（《观朝雨》），则如画描绘出京华的雨景。[②]

特别值得指出的是，谢朓的金陵诗篇又呈现出明显的取向，此即明朝竟陵派文学大师钟惺所称道的：

---

① 选自胡阿祥、王景福：《谢朓传》，凤凰出版社2019年版。有改写。
② 参考[南朝齐]谢朓著，曹融南校注集说：《谢宣城集校注》"前言"，上海古籍出版社1991年版。按本文征引谢朓诗文，皆以此本为准。

十、"以山水作都邑诗":谢朓金陵诗赏析 221

> 玄晖以山水作都邑诗,非惟不堕清寒,愈见旷逸。①

何谓"以山水作都邑诗"? 按在中国文学史上,最早以都邑为创作对象的文人作品,当推东汉初期杜笃的《论都赋》。该赋以主客问答的形式,将长安与洛阳两座都城进行了反复对比,认为东汉光武帝欲定都洛阳乃权宜之计,长安才是"帝王之渊囿,而守国之利器也"。其后,东汉班固的《两都赋》、张衡的《二京赋》以及西晋左思的《三都赋》先后问世,形成了著名的京都赋派。至于诗人的作品,最早涉笔这一题材者,首推曹植的《赠丁仪》《赠王粲》与左思的《咏史》等,及至刘宋鲍照《还都至三山望石头城》等诗问世,则标志着都邑诗这类山水诗新品种的基本确立。而受到上述诗赋作品的影响,谢朓在山水诗创作中,也有意识地选取当时的京城建康为描写对象,创作出颇多备受后人称道的"山水都邑诗",此不仅扩大了山水诗的表现领域,丰富了山水诗的题材与内容,而且体现了山水诗新的审美追求。进之,相当程度上受到谢朓的影响,差相同时的沈约、王融、范云等人,也加入都邑诗的创作行列中,齐梁诗坛由此出现了一股新的创作潮流。②

(二)

谢朓"以山水作都邑诗"或吟咏山水都邑的金陵诗篇不少,其中颇有古往今来被推为名篇者。以下例举最负盛名的《入朝曲》以外的四

---

① [明]钟惺、谭元春:《诗归—古诗归》卷一三"齐·谢朓",湖北人民出版社1985年版。谢朓,字玄晖,而在旧时文献中,"朓"或作"脁","玄晖"或作"元晖",前者是避宋太祖赵匡胤高祖赵朓之讳,后者是避清圣祖爱新觉罗·玄烨之讳。本文统一作"朓"、"玄晖"。

② 参考王辉斌:《先唐诗人考论》第八章"谢朓诗歌探索",吉林文史出版社2007年版。

首,稍作赏析,①以见谢朓金陵山水都邑诗之一斑。

例一:《和江丞北戍琅邪城》

此诗作于491年春,谢朓时年28岁。"江丞"即江孝嗣,事迹不详。"琅邪城"即南琅邪郡城,本治金城(今南京市东郊),萧齐永明六年(488年)徙治白下(今南京市幕府山南麓),武帝萧赜曾多次驾临讲武。先是江孝嗣作《北戍琅邪城》诗以赠,诗云:"驱马一连翩,日下情不息。芳树似佳人,惆怅余何极。薄暮苦羁愁,终朝伤旅食。丈夫许人世,安得顾心臆。按剑勿复言,谁能耕与织。"诗意颇为愁苦,谢朓则和诗以勉励之:

春城丽白日,阿阁跨层楼。
沧江忽渺渺,驱马复悠悠。
京洛多尘雾,淮济未安流。
岂不思抚剑,惜哉无轻舟。
夫君良自勉,岁暮勿淹留。

全诗十句,每两句构成一个层次,其写景、抒情、议政、言志、劝勉,可谓层层推进,委婉曲折,顿挫往复。

首二句"春城丽白日,阿阁跨层楼"写城中静景,而又静中见动,烘托出京城建康的美丽壮伟。次二句"沧江忽渺渺,驱马复悠悠"写城外动景,诗人跨马出城,走近江边,面对滚滚东流的苍茫长江,心潮起伏,忧思难收。忧思何在?在于"京洛多尘雾,淮济未安流"。按洛阳为魏晋旧都,此处借"京洛"指京城建康,"尘雾"则暗喻统治集团内部的争权夺利;又淮水和济水都在当时的北部边境,"淮济"流水"未安",实谓边境战事不息。盖谢朓以此劝慰江孝嗣,朝官并不值得羡慕,京城建康既

---

① 参考吴小如、王运熙、章培恒、曹道衡、骆玉明等:《汉魏六朝诗鉴赏辞典》,上海辞书出版社1992年版。

"尘雾"极多,处身其间也是吉凶难卜,而北戍琅邪城虽苦,却是有志之士建功立业的天赐良机。即如谢朓自己,"岂不思抚剑,惜哉无轻舟",①就期望着驾轻舟、抚利剑,奔赴边境,驰骋疆场,只可惜没有实现宏愿的途径。诗的最后,谢朓直言"夫君良自勉,岁暮勿淹留",意为属于我们的英雄时代即将过去,切莫贻误了良机!

然则以劝勉为主旨的《和江丞北戍琅邪城》,不仅立意充满"正能量",描写都邑山水之景也是颇富技巧。如"春城丽白日,阿阁跨层楼","丽"、"跨"二字即为点睛神笔,因为"春城"可能风雨如晦,"白日"也可能烈炎可畏,着一"丽"字,春城便明媚景象全出,白日更显光彩绚烂可掬;"阿阁"指檐宇屈曲翘起之阁,"层楼"指多层高楼,着一"跨"字,阿阁与层楼便互欲超越、争奇斗胜,显得既壮观又活跃。又如由苍茫浩渺的江景,引出迷惘深沉的忧思,可谓平顺自然,于是渺渺具有了人文的感情,悠悠带上了自然的意味,城里的楼阁与城外的江流,便都人文与自然合一了。

例二:《直中书省》

495年春,中书郎谢朓在中书省值班,吟出了"在省思归"的《直中书省》诗:

> 紫殿肃阴阴,彤庭赫弘敞。
> 风动万年枝,日华承露掌。
> 玲珑结绮钱,深沈映朱网。
> 红药当阶翻,苍苔依砌上。
> 兹言翔凤池,鸣佩多清响。
> 信美非吾室,中园思偃仰。
> 朋情以郁陶,春物方骀荡。

---

① 此二句系化用曹植《杂诗七首》之五的诗句与诗意:"江介多悲风,淮泗驰急流。愿欲一轻济,惜哉无方舟。闲居非吾志,甘心赴国忧。"

> 安得凌风翰,聊恣山泉赏。

此诗历来评价甚高,如清人张荫嘉云:"前十,起即点清省中,随细写省中之景,而以'兹言'一联,就省中之人皆艳羡顿住,反喝下文。后六,接落己身。'信美'句,忽将上文一齐撇落,转出归思,怀人玩物,恣赏山泉,皆思归之故也。前路啧啧铺陈,不图后路烟云尽扫,笔极不测。"①

所谓"前路啧啧铺陈",可见萧齐建康皇城中书省的环境与景物:紫殿皇宫,彤庭深院,气势宏敞,威仪显赫,在这森严肃穆的氛围中,谢朓独自一人,置身其间,周围一片寂静,仿佛感受到一种莫名的压力。于是,他信步室外,但见熙熙春风,拂动着万年树,洋溢出脉脉生机,日光照耀,辉映着承露盘,闪现出熠熠金光。②回望绮钱窗装、朱网帘饰,那精巧的窗牖,玲珑剔透,一扇连着一扇,窗牖的上面,坠着华美的珠帘,显得富丽堂皇。③再低头细看,红的芍药,布满台阶,在春风摇荡中频频招展,青的莓苔,沿着石级,向上生长,一派春意盎然。这样风和日丽、宁静优雅的中书省,掌管机要,接近皇帝,位尊权重,可谓翔凤之池④,其间达官显贵,来来往往,珮饰作响,清越悠扬。以上这写景的十句,彰显了谢朓的艺术功力,如"'风动'二句,'动'字、'华'字活。'红药'二句,状物生动,出句尤佳"⑤。

所谓"后路烟云尽扫",又可见谢朓超尘出世的真心、返归自然的情怀:如此环境优雅、地位显赫的中书省,美则美矣,却非我身追求的"吾室"、我意栖止的"中园",盖官场的沉浮荣辱与我的旨趣相去甚远,我心我身已然融入"中园",那里山清水秀,春日胜游,嘉朋好友、朝夕欢聚,

---

① 《谢宣城集校注》卷三。
② 西汉都城长安郊外上林苑有万年树,又宫中有仙人掌托承露盘。
③ 窗牖的四面,称绫、绮、连、钱;绮制的网状帘幕称"朱网"。
④ "翔凤池"系化用"凤凰池"典故。西晋荀勖由中书监徙为尚书令,有人祝贺他,荀勖气愤道:"夺我凤凰池,卿诸人何贺我邪?"中书省遂有"凤凰池"美称。
⑤ 清人陈胤倩评语,《谢宣城集校注》卷三。

赋诗饮酒、俯仰终日,这样的山水之乐、朋友之谊、身心之畅,才是熏熏然令我陶醉的生活。谢朓梦想着插上翅膀、凌风凭虚,飞向那山水自然之境,自由自在地恣赏山泉、啸傲林壑。

"前路喷喷铺陈"、"后路烟云尽扫",这样欲扬先抑、欲正先反的表现手法,既使全诗结构波澜起伏,饶有一唱三叹之致,又让读者在峰回路转之中,领悟到诗人厌弃官场、畅心达性的真情。

例三:《和徐都曹出新亭渚》

同样是在495年春,先是都曹徐勉作《昧旦出新亭渚》诗:"驱车凌早术,山华映初日。揽辔且徘徊,复值清江谧。杳霭枫树林,参差黄鸟匹。气物宛如斯,重以心期逸。春堤一游衍,终朝意殊悉。"谢朓乃和诗云:

> 宛洛佳遨游,春色满皇州。
> 结轸青郊路,回瞰沧江流。
> 日华川上动,风光草际浮。
> 桃李成蹊径,桑榆荫道周。
> 东都已俶载,言归望绿畴。

此诗的风格与意境,清人方伯海评曰:"一幅春游图,清新生动。不以摹拟损才。但据大意,是刺其乐游无节,非美之也。"①

据徐勉诗题与谢朓和诗,②"昧旦"乃天色将明未明之时,新亭渚在都城建康郊外江边,所以这是一首纪游诗。春天的早晨,天刚蒙蒙放亮,诗人就已来到新亭渚。当他停车小憩,回望郊外黎明曙光,不禁怦然心动,被迷离春色深深吸引,于是发言赞叹:"宛洛佳遨游,春色满皇州。""宛洛"本指东汉"南都"南阳郡宛县与都城洛阳,《古诗·青青陵上

---

① 《谢宣城集校注》卷四。
② 唐人李善注《文选》云谢朓诗原题作"和徐都曹勉昧旦出新渚"。

柏》即有"驱车策驽马,游戏宛与洛"诗句;"皇州"指都城建康。正是由于"宛洛佳遨游"的雅兴勃发和"春色满皇州"的神奇吸引,诗人才鸡鸣驱车、遨游郊外。

娱情遣兴的这次出游,景随时异:先是停车郊路,远望长江,但见东方熹微,黎明曙光在江面上轻抹了一层苍茫之色。稍待,一轮红日冉冉升起,万道霞光洒满江面,流水滔滔,波光粼粼,仿佛阳光在水面上泛动;青青原草,沐浴着火红的朝霞,宛如春风日光浮现其上,煞是可爱。这联绘景,清鲜明丽,细腻新颖,最富魅力,"看他自在写来,能不推为绝唱",可谓"千古如新"。① 再看那桃李成蹊、桑榆荫道,也觉新鲜可爱。值得玩味的是,这三联虽都全力写景,但先写内蕴浑厚之苍江曙色,接写旭日初升之自然景象,再写春满大地之桃李成蹊、红日高照的桑榆树影,如此不仅时间流程非常明显,而且各联景致别具特色,诗人驻足郊外而移时入神的形象、留连春光而赏爱自然的情怀,也是跃然纸上。又末联结篇,既写建康已经进入耕种时节,又写诗人在归途中,不时将目光投向绵延无际的绿畴,心情仍然驻守在那随车闪过的农家田园风光。

古来诗评家多以为,此诗对仗工稳,声律考究,显示了"永明体"的鲜明特征,其剪裁布景、因景化境,也是功力深厚,所谓"风华旖旎,句句皆熨贴而成,何等细密","佳处正在字句之间,此所以渐异于古也"。②又与徐勉《昧旦出新亭渚》比较,徐诗逐一描写京郊出游的全部过程,谢朓则或大笔涂染,或精工刻划从京城到郊外、从东方初白到红日高照、从大江小草到桃李桑榆、从来时到归途的景与情、物与心,虽通篇不着一字抒怀,却处处闪现诗人对勃郁而永恒的生命之珍爱,对清新而悦目的春色之沉浸,从而使全诗呈现出篇结而意不绝、言尽而境延伸的风貌,可谓思情邈远,韵味无穷。

---

① 清人成倬云、方植之评语,《谢宣城集校注》卷四。
② 清人成倬云、何焯评语,《谢宣城集校注》卷四。

例四:《晚登三山还望京邑》

495年暮春,谢朓由中书郎改任宣城太守,离京赴任途中,他满怀真情实感,写下了《晚登三山还望京邑》:

> 灞涘望长安,河阳视京县。
> 白日丽飞甍,参差皆可见。
> 余霞散成绮,澄江静如练。
> 喧鸟覆春洲,杂英满芳甸。
> 去矣方滞淫,怀哉罢欢宴。
> 佳期怅何许,泪下如流霰。
> 有情知望乡,谁能鬒不变?

此行宣城,谢朓又有《京路夜发》《之宣城郡出新林浦向板桥》等诗,皆属旅途抒情之名篇,或眷念京邑,或忧惧灾祸,或委婉自宽……

《晚登三山还望京邑》抒写诗人登临三山所见傍晚春景、遥望京邑引起的不忍遽去之情。按三山为从建康到宣城的必经之地,位于建康西南长江东岸,其与建康的距离,相当于从灞桥到长安,以此诗的首句"灞涘望长安"借用汉末王粲《七哀诗》之一"南登灞陵岸,回首望长安"可谓十分贴切;次句"河阳视京县"则借用西晋潘岳《河阳诗》之二"引领望京室"句意,暗示他此去宣城为郡守、遥望京邑建康,正如潘岳在河阳为县令、遥望京城洛阳。王粲的《七哀诗》作于汉末李傕、郭汜大乱长安之时,王粲的"灞涘望长安"不仅是对长安的眷恋,更有向往明王贤伯、重建清平治世的愿望。谢朓这次出守宣城之前,建康朝廷一年之内三换皇帝,也正处于皇权争夺、朝政诡谲的局面之中,以此谢朓的"灞涘望长安",不仅含蓄表达了离京难舍的心情,更有隐忧动荡时局的笔意。

首二句领起恋乡思政之意,接六句遂扣题写景:远远望去,皇宫和贵族邸宅的飞甍,在落日照射下明丽辉煌,参差错落的宫殿楼阙,在专注凝视中清晰可见;白日已经西沉,灿烂的余霞铺满天空,犹如一匹散开的锦缎,山下清澄的大江,不舍昼夜地流向远方,仿佛一条明净的白练;喧闹的归鸟盖满了江中的小岛,各色的野花开遍了芬芳的郊野。感受着此景此情,白日已渐变成余霞,城中的居所却还历历可见,倦飞的鸟儿正在归巢,家乡的春色仍然满目如画,我却将去游宦的他方,怎不教人依恋难舍?于是由景转情,再六句推展抒情:已去而复半途迟留,怀乡而罢旧日欢宴,想到久客在外、还乡佳期遥不可知,泪珠便如雪糁般散落胸前,毕竟人生有情,终知望乡,长此以往,谁能担保黑发不会变白?至此,诗人的情绪也在抒发人生感慨中跌落到了最低点。

作为拥有后世无数知音的这首名篇,其写景,层次清晰,色彩斑斓,其抒情,单纯柔和,轻清温婉,大唐诗仙李白由此吟出"解道澄江净如练,令人长忆谢玄晖"[①](《金陵城西楼月下吟》),清人何焯同情谢朓"'喧鸟'、'杂英'自比,曾不如微禽纤草犹得其所耳",清人陈胤倩赞赏"一起一结,情绪相应,法既密而志复显",云云。[②] 的确,谢朓含英咀华、精锤细炼的遣字用词,如"绮"、"练"两个喻象,既给人静止柔软的直觉感受,也与黄昏时平静柔和的情调十分和谐,又"鸟覆"、"英满"颇得细墨点染的佳趣,"喧鸟"越发衬出傍晚江面的宁静,"杂英"恰似与满天落霞争美斗艳,又"去矣"、"怀哉"一对虚词对仗,造成了散文式的感叹语气,富有声情摇曳的节奏感。虽然相对言之,本篇仍沿袭了谢朓族伯谢灵运前半写景、后半抒情的程式,抒情的最后两联也稍显消沉,不称前面写景的壮阔,但谢朓的景物剪裁、风格清丽、情韵自然,已经标志着山水诗在艺术上的成熟,并对唐诗产生了直接的影响,所以李白每逢胜景,常有"恨不携谢朓惊人诗来,搔首问青天耳"[③]的长叹。

---

① 据逯钦立辑校《先秦汉魏晋南北朝诗》"齐诗卷三",中华书局1983年版,谢朓"澄江静如练"之"静","《文镜秘府》作净。《寰宇记》同"。
② 《谢宣城集校注》卷三。
③ [唐]冯贽编:《云仙杂记》卷一,《丛书集成初编》本。

(三)

以上两节,既简单提示了谢朓"以山水作都邑诗"的艺术特征,又举四首金陵名诗的赏析为例,以见建康山水都邑与谢朓金陵山水都邑诗之一斑。进而言之,这样的建康、这样的金陵,又是时常无力自主的"官人"、性情多愁善感的"文人"谢朓生于斯、长于斯的家乡,成功于斯、纠结于斯的舞台,对于这样的家乡与舞台,谢朓当然是充满感情的。以其思乡念归之情为例,曹融南即指出:

> 他以建康为自己的乡邑,离去时常表现出恋恋不舍,居外时更多表现出眷念深情。如《京路夜发》中,一再慨叹着:"故乡邈已夐,山川修且广";"行矣倦路长,无由税归鞅"。在《晚登三山还望京邑》中,咏唱出:"佳期怅何许,泪下如流霰","有情知望乡,谁能鬒不变"!居外任时,所写"巩洛常睠然,摇心如悬旌"(《后斋迥望》)、"已伤慕归客,复思离居者"(《落日怅望》)、"已惕慕归心,复伤千里目"(《冬日晚郡事隙》)之类的诗句,更是不胜枚举。即使在心情欣快时,他也会唱出:"乐极思故乡。"(《赛敬亭[山]庙喜雨》)这些,都表现出作者对乡邑的渊然深情,能激发游子心弦的共鸣。①

谢朓的矛盾也正在于此:他既畏惧京都朝廷的险恶莫测,向往着"烟霞泉石"的无争无竞,而一旦身居外任,他又感伤离别,怀念家乡,异乡的山水、外任的自在,总使他想起家乡,念及亲友,于是在他的山水诗中,"望"、"归"、"乡"及相关的心情,成了频密的字眼、寄托的基调,这样的字眼含情而动人,这样的基调惆怅而缠绵。如在荆州随王文学任上,谢朓《临高台》诗云:

---

① 《谢宣城集校注》"前言"。

>千里常思归,登台瞻绮翼。
>才见孤鸟还,未辨连山极。
>四面动清风,朝夜起寒色。
>谁知倦游者,嗟此故乡忆。

全诗八句,从"常思归"起,到"故乡忆"结,以景衬情,融情入景,如"登台"是为了远眺家乡,"孤鸟"已"还"是为了对比自己不得返乡,而一声"嗟此",则尽显无奈酸楚之气。又赴任宣城太守途中,谢朓《之宣城郡出新林浦向板桥》首两联即云:

>江路西南永,归流东北骛。
>天际识归舟,云中辨江树。

宣城在建康的西南,建康在宣城的东北,赴任的江路逆流而上、向着西南,回家的归流顺流而下、向着东北,迅速奔逝的江水,即将抵达它的归宿,背井离乡的宦游,却才刚刚开始,那帆影点点的江面归舟,已经越来越远,云中雾里的江畔丛树,还在若隐若现,归舟所归处、江树所遮掩,就是家乡金陵!

  这样的谢朓金陵诗中的都邑与山水、风景与感情,这样的谢朓金陵诗,无怪乎成为经典、千古传诵,而这样的谢朓,也无怪乎在灿若星河的金陵历史人物中,仿佛恒星一样,闪耀着特别璀璨的星光……

十一、名随诗行与借诗释名：从刘禹锡诗《乌衣巷》到刘斧小说《乌衣传》[1]

《六朝事迹编类》卷七宅舍门有"乌衣巷"一条，颇是有趣：

> 王榭，金陵人，世以航海为业。一日，海中失船，泛一木登岸，见一翁一妪，皆衣皂，引榭至所居，乃乌衣国也。以女妻之，既久，榭思归，复乘云轩泛海，至其家，有二燕栖于梁上，榭以手招之，即飞来臂上，取片纸书小诗系于燕尾，曰："误到华胥国[2]里来，玉人终日苦怜才。云轩飘出无消息，洒泪临风几百回。"来春，燕又飞来榭身上，有诗云："昔日相逢冥数合，如今睽违是生离。来春纵有相思字，三月天南无雁飞。"至今岁竟不至，因目榭所居为乌衣巷。[3]

好一段令人神往的爱情故事！按《六朝事迹编类》，两宋之交张敦颐撰。敦颐婺源人，绍兴八年（1138年）进士及第。敦颐既侨居建康日久，又精熟六朝（孙吴、东晋、宋、齐、梁、陈）故实，"乃取《吴志》《晋书》及宋、齐而下史传，与夫当时之碑记参订而考之"，并经过实地勘察，于绍兴三十年（1160年）撰成《六朝事迹编类》，其《序》有云："展卷则三百余年兴衰之迹，若身履乎其间，非徒得之传闻而已"，是敦颐对此书颇为自负；清

---

[1] 原刊《古典文学知识》1997年第4期。有改写。
[2] "华胥国"，传说中的国名。《列子》有云："昼寝而梦，游于华胥氏之国。"后因用为梦境的代称。
[3] ［南宋］张敦颐撰，张忱石点校：《六朝事迹编类》卷七"宅舍门·乌衣巷"条，上海古籍出版社1995年版。

修《四库全书总目》卷七〇也说:《编类》"引据颇为详核,而碑刻一门,尤有资于考据。"

今考《编类》,共分总叙、形势、城阙、楼台(亭馆附)、江河(沟渠溪井附)、山冈、宅舍、谶记、灵异、神仙、寺院、庙宇、坟陵、碑刻十四门,每门一卷。其体例整洁,隐括宏富,在南京地方文献史上,具有较显要的地位,所谓"上承《建康实录》,下起景定志书"①,殆为不虚之言。而值得强调的是,除总叙之"六朝兴废"、"六朝建都"、"六朝保守"及谶记、灵异、碑刻三门之大部外,其余各门所出条目均为今南京及其周围地区之地名,且所记大体翔实可信,故就南京区域历史地名的研究来说,《编类》也洵为重要典籍。

然则《编类》并非尽善尽美,它也有"得之传闻"因而可能失实之处,上引"乌衣巷"一条,便可为例。按此条非出敦颐自撰,其资料来源,敦颐注曰"此见《摭遗》"。《摭遗》者何?查与敦颐差相同时的吴曾《能改斋漫录》(此书编成于绍兴二十四年至绍兴二十七年间)卷四"王谢燕"条,应即刘斧《摭遗》。刘斧,生平未详,仅知其为秀才,大约是北宋仁宗、哲宗间人,足迹曾遍太原、汴京、杭州等地,编著有笔记小说"《翰府名谈》二十五卷,又《摭遗》二十卷,《青琐高议》十八卷"。② 其《摭遗》所载《乌衣传》,③博洽多闻的吴曾讥为"近世小说尤可笑者",曾云:

---

① [清]李滨:《重刊〈六朝事迹编类〉叙》,[南宋]张敦颐撰,王进珊点校:《六朝事迹编类》,南京出版社1989年版。按《建康实录》,唐许嵩撰;"景定志书",指南宋马光祖修、周应合纂《景定建康志》。

② [元]脱脱等撰:《宋史》卷二百六《艺文志》,中华书局1977年版。按《翰府名谈》今已失传,两宋之交曾慥《类说》(绍兴六年成书)卷五二中保存了十五则。

③ 《摭遗》原本今已不见,而近代董氏诵芬室据士礼居写本所刻的《青琐高议》,计前后集各十卷,又有别集七卷。按《宋史》卷二六〇《艺文志》著录《青琐高议》十八卷,即《高议》前后集;士礼居写本前后集凡二十卷,其益出二卷者,盖"坊贾传刻,又有所窜入"(《四库全书总目》卷一四四)。至于别集七卷,《郡斋读书志》(南宋晁公武)及《宋史·艺文志》都没有著录,鲁迅考证疑即出自《宋史·艺文志》著录的《摭遗》(鲁迅校录:《唐宋传奇集》卷末《稗边小缀》,齐鲁书社1997年(转下页)

十一、名随诗行与借诗释名:从刘禹锡诗《乌衣巷》到刘斧小说《乌衣传》

因刘禹锡诗:"朱雀桥边野草花,乌衣巷口夕阳斜;旧时王谢堂前燕,飞入寻常百姓家。"遂以唐朝金陵人姓王名谢,因海舶入燕子国,其意以为乌衣为燕子国也,其说甚详。殊不知王者,王导等人也;谢者,谢鲲之徒也。余按《世说》:"诸王、诸谢,世居乌衣巷。"《丹阳记》曰:"乌衣之起,吴时乌衣营处所也。江左初立,琅琊诸王所居。"审此,则名营以乌衣,盖军兵所衣之服,因此得名。《摭遗》之小说,亦何谬邪!①

又两宋之交严有翼《艺苑雌黄》引刘禹锡诗然后云:

朱雀桥、乌衣巷,皆金陵故事。《舆地志》云:"晋时,王导自立乌衣宅,宋时诸谢曰乌衣之聚,皆此巷也。"王氏、谢氏,乃江左衣冠之盛者,故杜诗云:"王谢风流远",又云:"从来王谢郎"。比观刘斧《摭遗》载《乌衣传》,乃以王谢为一人姓名,其言既怪诞……终篇又取梦得诗实其事……是直刘斧之妄言耳。大抵小说所载事,多不足信,而《青琐》、《摭遗》,诞妄尤多。②

综观吴曾、严有翼的引证及对刘斧的辩驳,不可谓不确:

(接上页)版)。今通行本《青琐高议》"出版说明"也指出:"鲁迅先生的推测有一定的根据,因为在(南宋绍兴初年的)《绀珠集》总目中有《摭遗》一种,不著撰人,其文在第十二卷第一篇,惟作'拾遗'不作'摭遗',它的第一条'乌衣国'即是董刻本别集第四卷《王榭》一篇。"(刘斧撰辑:《青琐高议》,"出版说明",上海古籍出版社1983年版)又《王榭》篇也见《类说》,而今本《青琐高议》于"王榭"条下注明"新增",则又或非别集原有。依此,今本《青琐高议·别集》卷四《王榭·风涛飘入乌衣国》殆即同一作者的《摭遗·乌衣传》,起码也是故事同一、仅文字上有详略之别而已。

① [南宋]吴曾:《能改斋漫录》卷四"辨误·王谢燕",上海古籍出版社1979年版。按此条"榭"作"谢",与刘斧原文作"榭"者不合。

② [南宋]胡仔纂集,廖德明校点:《苕溪渔隐丛话·后集》卷一二"刘梦得",人民文学出版社1962年版。按梦得,刘禹锡字;又此条"榭"作"谢",与刘斧原文作"榭"者不合。

其一，乌衣巷名称的由来，《丹阳记》已有明白的交代。《丹阳记》是相当权威的，其作者为刘宋史学博士、受诏修国史的山谦之。谦之既长于史学研究与地方文献著述，《丹阳记》作为一部著名志书，考述南京一带之山川古迹、地理风俗亦甚详确。① 而据《丹阳记》，乌衣巷始名于三国孙吴，当时这一带为乌衣营驻地。乌衣营者，孙吴都城建业的一支部队，②以官兵皆着乌衣，即黑色军服而得名。

其二，乌衣巷名大振于东晋南朝，其时，以"诸王、诸谢"即琅琊王氏、陈郡谢氏为领袖③的一些世家大族都居住在这一带。按王、谢之居乌衣巷，不独《世说新语》《舆地志》见载，正史如《晋书》《南史》更多处提及；而地以人显，④乌衣巷也就尤其出名，王、谢子弟也因之被人称为"乌衣诸郎"或"乌衣子弟"，成了一个特殊的人群。⑤

其三，乌衣巷得以闻名遐迩，妇孺皆知，中唐"诗豪"刘禹锡的上引诗厥功至伟。按隋唐时代，尽管建康已不复六朝的辉煌，然而，这里仍然是诗人们凭吊吟咏的流连忘返之地。其中，刘禹锡的七绝《金陵五题》之二《乌衣巷》，可算是金陵怀古诗中突出的佳作。诗以秦淮要津朱雀桥边的野草花，贵族住宅区乌衣巷口的一抹斜晖，构成一幅荒凉冷落

---

① 《丹阳记》载述丹阳郡（治今江苏南京市）及所辖诸县事，为南京地区早期方志。宋佚，现有清王谟《汉唐地理书钞》等辑本。

② 乌衣营当为孙吴中央兵的组成部分。按吴兵分五类，即中央兵、地方兵、诸将兵、诸王兵、淮兵。其中中央兵可分十八种，即羽林兵、无难兵、解烦兵、绕帐兵、帐下兵、武卫兵、五校兵、虎骑兵、马闲兵、外部兵、中军兵、营下兵、太子兵、水军、敢死兵、车下虎士、武射吏、子弟兵；又地方兵即郡兵、县兵，淮兵即屯田、作士。详陶元珍：《三国吴兵考》，《燕京学报》第十三期，1933年。

③ 按琅琊王氏在东晋南朝诸世族中，地位最显，排名第一；陈郡谢氏仅次之，列在第二。

④ 这样的例子很多，如莫愁湖与莫愁女，隆中与诸葛亮。

⑤ ［清］朱绪曾《六朝事迹编类·附识》："近人谓王谢子弟皆服乌衣，谬甚。"《六朝事迹编类》"附录"。朱说是。"乌衣诸郎"、"乌衣子弟"的称呼缘于住地地名"乌衣巷"，这就仿佛旧时所谓"秦淮粉黛"、"山西票商"、"徽州朝奉"、"绍兴师爷"、"凤阳乞丐"、"扬州瘦马"一类，都是极富鲜明地域色彩的区域人群。

的图景,并通过燕子归巢,托出王侯邸宅易为"寻常百姓家"的慨叹。诗人对历史教训的深沉思考,对人世沧桑的无限感喟,全都寄寓在极为洗练、又似不经意的仅仅四句景物描摹中,让人咀而有味,思而有得。地缘诗重,名随诗行,①乌衣巷由此为社会各阶层的人们所熟知。

其四,乌衣巷的命名取义,后世民间大概已不甚明了,此北宋刘斧《撼遗·乌衣传》所由而作。② 按乌衣巷三国时得名于孙吴的乌衣营,中经两晋南朝及隋唐五代,已历七百余年,其起始词源深埋于时世变迁之中,本是极有可能的事情;东晋南朝时的乌衣巷又是那么有名且富有历史意蕴,乌衣巷的来历含义,若没个说法,未免太不像话,小说家刘斧也许正是考虑及此,遂借诗释名,依托刘禹锡的千古绝唱,演绎脍炙人口的乌衣巷名,从而撰就一篇千六百余字的王榭传奇,且不惜改刘诗之"谢"为"榭",以证"王榭之事非虚矣"。③ 不过遗憾的是,颇资百姓茶余饭后笑谈的这篇传奇,就正宗诗学而言,可谓把吊古伤今、沉郁苍凉的刘禹锡《乌衣巷》诗解说得立意鄙浅、韵味全无,此诚如吴曾、严有翼的品评:"亦何谬邪","是直刘斧之妄言耳"!

回到本文的开头,"博雅好古"④如张敦颐者,撰述志在补正图经、实录之脱误的《六朝事迹编类》时,为何会有欠严谨地引录刘斧《乌衣传》的"小说家言"呢?其实还不独张敦颐,成书于南宋后期的地理总志《方舆胜览》也有类似的引录。《方舆胜览》卷十四江东路建康府"乌衣巷"条引《异闻小说》如下:

---

① 这方面的例子也很多,如张继《枫桥夜泊》之于寒山寺,李白《黄鹤楼送孟浩然之广陵》之于黄鹤楼。而质言之,文学艺术作品对地名的描述,往往相当程度上扩大了地名的知名度,如《水浒传》之于水泊梁山,《三国演义》之于赤壁,李公麟《龙眠山庄图》之于龙眠山,在在如此。

② 据《苕溪渔隐丛话·后集》卷一二"刘梦得"条引《艺苑雌黄》:"刘斧《撼遗》载《乌衣传》……托名钱希白。"

③ [北宋]刘斧撰辑:《青琐高议·别集》卷四《王榭·风涛飘入乌衣国》。

④ [南宋]韩仲通:《六朝事迹编类·跋》,《六朝事迹编类》"附录"。

唐王榭居金陵,以航海为业。一日海风飘舟破,榭独附一板,抵一洲,暮见翁、妪皆皂服,揖榭曰:"吾主人郎也,何由至此?"榭以实对,乃引至其家。住月余,又引见王。翁曰:"某有小女,年方十七,此主人家所生也,欲以奉君。"乃择日备礼成婚。因询其国,(女)曰:"乌衣国也。"女忽阁泪曰:"恐不久睽别。"王果遣人谓榭曰:"君某日当回。"命取飞云轩来,令榭入其中,戒以闭目,不尔,即堕大海。榭如其言,但闻风声涛响,既久,开目,已至其家,四顾无人,惟梁上有双燕呢喃,乃悟所至盖燕子国也。后人因目榭所居为乌衣巷云。①

按《方舆胜览》的上段引录,不仅故事情节与刘斧的《乌衣巷》丝毫不爽,行文、用词方面也吻合无间,是则《异闻小说》即刘斧《摭遗》,抑或"异闻小说"本非书名,而是一个泛称?不管怎样,《胜览》的引录,故事更加完整,也更富神奇色彩,如故事里的飞云轩,②功用略同于阿拉伯《一千零一夜》中的魔毯,真是奇妙无比!若再结合《乌衣传》本文,③则可以明确者还有:

其一,"家巨富,祖以航海为业"的唐金陵人王榭,"具大舶"的目的地本是"大食国"(按唐以来,称阿拉伯帝国为大食),不料行逾月,风涛破舟,举舟之人皆成鱼鳖,独榭附板,飘至南方一洲;

其二,此洲尚黑,百姓既皂服,王亦皂袍、乌冠,而且"器皿陈设俱黑,亭下之乐亦然",是谓乌衣国,又名燕子国,盖燕子毛色玄黑,时人或称燕子为乌衣;

其三,中土之人,得至此国者,"古今止两人,汉有梅成",唐有王榭。王榭既归中土,初"不告所居之国",及后,"其事流传众人口,因目榭所

---

① [南宋]祝穆撰、祝洙补订:《宋本方舆胜览》,上海古籍出版社1991年版。

② 飞云轩者,"乃一乌毡兜子耳",人入其中,以"化羽池水,洒之其毡乘",便可飞腾,千万里而少息即至。见《青琐高议·别集》卷四《王榭·风涛飘入乌衣国》。

③ 详《青琐高议·别集》卷四《王榭·风涛飘入乌衣国》。

居处为乌衣巷。"

刘斧是小说家,其言可信,也可不信;张敦颐、祝穆祝洙父子撰著地理书(一为地方史志,一为全国总志),复引刘斧《摭遗》以证乌衣巷,"是信其说为然也"①;吴曾、严有翼、周应合(南宋学者,纂《景定建康志》)、张铉(元学者,纂《至正金陵新志》)等又力诋其妄。取折衷态度者如南宋胡仔,所撰《苕溪渔隐丛话·后集》卷一二于严有翼、张敦颐互歧的说法下断语:"姑两存之,以俟考。"按小小一条地名,竟引起如此众多的文人学者的关注,且聚讼纷纭,这实不寻常。而笔者以为:这桩公案的始作俑者刘斧,所撰《乌衣传》,恐怕也非空穴来风。最合理的解释应当是:在两宋抑或早至唐末五代,南京就有关于唐人王榭及其乌衣国奇遇的传说,刘斧只不过作了一番整理加工,而成《乌衣传》小说;小说流传开来以后,又使传说更加系统、完整、神奇、浪漫;及至后来,乌衣巷名称的真正来源,民间已不复深究或不愿深究,后起的传说词源,倒成了乌衣巷名称的流行解说。

其实南京之有乌衣国传说,也不是没有证据,兹举一例。《方舆胜览》引《归叟诗话》云:

> 丹阳陈辅每岁清明过金陵,谒湖阴先生杨德逢,清谈终日。元丰癸亥,访之不遇,因题一诗于壁云:"北山杨柳未飘花,白下风轻麦脚斜。身似旧时王榭燕,一年一度到君家。"湖阴吟赏,王介甫笑曰:"此正指君为寻常百姓家耳。"湖阴亦大笑。②

细玩这段诗话,也有点意思:陈辅步刘禹锡《乌衣巷》韵作的这首题壁诗,既作"王榭",末句又似用刘斧《乌衣传》飞燕传书的典故,而时居金

---

① 《苕溪渔隐丛话·后集》卷一二。
② 《宋本方舆胜览》卷十四江东路建康府"乌衣巷"。按"元丰癸亥",公元1083年。

陵的大政治家、大文学家、大思想家王安石竟也笑而不辩其妄。不辩者，民间有此说法，故不必辩也。

综上所述，学者如山谦之说乌衣巷孙吴时得名于乌衣营，传说如《摭遗》说乌衣巷唐时得名于乌衣国，孰是孰非，不难判断。不过，是非是一回事，取舍又是另一回事。就乌衣巷一名的词源来说，笔者以为不妨学学胡仔，豁达一些。

按我国历史上所谓的地名研究，除去梳理沿革之外，主要做的就是"释名"的文章。释名不易，不易在许多历史地名的来历含义，或因记载匮乏而无从考述，或因缺少调查而臆断附会；梳爬文献能得到的结果，又往往是民间的传说，或民间的传说与历史的真实混杂在一起。民间的传说与历史的真实之间，有时存在着悬殊的距离，[①]于是谁真谁伪，经常争论得不可开交，如无锡，民间说取义于"有锡兵，天下争；无锡宁，天下清"，[②]语言学者认定这是个吴语系地名，由来与含义尚待分晓。其实，学者的说法与民间的说法互歧时，可以两存，因为正是大量并不真实的民间"俗词源"，赋予了诸多历史地名以神奇而浪漫的色彩，它充满了人情味，反映了民间的某些美好向往，某些价值取向，从而为寻常百姓所津津乐道；另一方面，这些"俗词源"作为民俗学、社会学以及民

---

① 谭其骧师曾指出："有些文献资料来源于民间传说。尽管传说一经用文字记录下来也就是文献资料了，但事实上传说往往并不反映历史真实……这一类被前人记载下来的靠不住的传说，各种书里都有……一般说来，正史里这种记载比较少，而地方志里则相当多。"（谭其骧：《在历史地理研究中如何正确对待历史文献资料》，《学术月刊》1982年第11期）具体到地名，谭师指出："在地方志里头，对地名来历往往有个说法，而这种说法不可靠的东西相当的多……对方志里地名来历的说法，要十分谨慎，不要盲从。"（谭其骧：《编写古地名条目应该注意的几个问题》，《地名文汇》1989年第1期）

② [唐]陆羽《游惠山寺记》："山东峰当周秦间，大产铅锡，至汉兴，锡方殚，故创无锡县，属会稽。后汉有樵客，山下得铭云：'有锡兵，天下争；无锡宁，天下清。有锡沴，天下弊；无锡乂，天下济。'自光武至孝顺之世，锡果竭，顺帝更为无锡县，属吴郡，故东山谓之锡山。"

间文学的资料渊府,也是有其独特价值的。① 当然,民间文学研究者与历史地名研究者因立足点的不同,其或重趣味性的词源议论,或重严肃的学术探讨,又是无待赘言的。

---

① 谭其骧师曾说:"我并不反对将传说、民间故事载入方志,美丽动人的传说是地方文化的一部分,当然应该在方志中有一席之地,问题是应该注明是传说,不能把传说当成历史。"谭其骧:《地方史志不可偏废　旧志资料不可轻信》,《长水集续编》,人民出版社1994年版。

丁编 追慕

一、纪念前辈学术大师的意义[①]

承蒙会议方的美意,安排我做个发言,因为提交会议的文章、意在致敬万先生主编与参著的《中国长江流域开发史》的《自然与人文交互影响的六朝长江》已经印发,我就不浪费诸位的时间,去讲这篇小文了,而是配合会议的主题,举三个例子,看看我这个桐城后学、南大教师、六朝学人是如何受惠于安徽师范大学历史学科的。

第一个例子,李则纲先生。

我祖籍宁波,籍贯上海,出生地桐城。桐城出了位中古史研究大家、台湾"中研院"院士严耕望先生。因为严先生的主要领域为中古制度与历史地理,与我的关注方向极为吻合,所以我在复旦读本科与硕士时,就一直有意识地追踪严先生的学术经历。2011年5月至7月,还申请了史语所访问学人,追寻严先生在台的学术历程。在严先生的成长过程中,李则纲先生是位关键的引路人。李先生也是桐城人,1932年起在省立安徽大学任教,1941年到1943年任安徽学院历史系主任,而省立安徽大学、安徽学院是安徽师范大学的前身。据严先生弟子、史语所廖伯源先生在《严耕望先生传略》中的回忆:

> 民国以来,社会上重理工而轻文史,资质佳的学生绝大多数投考理工科系,自问无能力读理工的,才退而求其次,进入文史科系。先生在中学时代长于数学,却选考历史系,可谓是少数之例外,必

[①] 此为笔者在"新时代历史学科建设发展研讨会暨《万绳楠全集》首发式"(安徽师范大学,2023年12月28日)上的大会发言。

定是在中学时已培养了对历史的强烈兴趣。此盖受高中历史老师李则纲之教学影响甚大。李则纲是先生之小同乡,安徽桐城人,利用人类学及唯物史观治中国古史,为安庆高中之中国历史科教师,又在安徽大学兼课……中学毕业时,先生的志愿是日后利用人类学的观点研究中国古代史。此皆可见李则纲影响之痕迹。先生之大学同学钱树棠且谓:先生之"粗知治史门径,由李则纲启迪"。

又据严先生在《从师问学六十年》中的自述:

> 李师则纲是桐城县人,在我就读的安庆高级中学教本国史,也在安徽大学兼课。他有些倾向社会主义、民主运动,但非共产党,而与当时等等民主同盟可能有些关系。其时已在商务印书馆出版了《史学通论》、《始祖的诞生与图腾》两书。第二部书可能为中国学人运用人类学上的图腾观念解释中国史前史的一部最早著作。1934年,我由高中师范科转到普通科,第一个纪念周上,由李先生作学术讲演,题目大意是"历史演变的因素",主要是用唯物论的史学观点作解释,我感到非常有兴趣。同时又看到梁启超的《中国历史研究法》。两种机缘的凑合,使我慢慢投身到史学研究的行列中。

我的中古历史、历史地理的私淑老师是严耕望先生,严先生的史学引路人是李则纲先生,我也是桐城人,如此,乡先贤、安师大的李则纲先生可谓我的师祖了。

第二个例子,陈怀荃先生。

就如我在会议文章的"弁言"中所说,1987年我硕士毕业、落实工作单位时,曾在南京大学与安徽师范大学之间甚是犹豫。南京大学历史系与复旦大学史地所之间曾有口头协议,南大派位元史研究生到复旦(王颋),复旦派位历史地理研究生到南大,因为我的硕士论文是《东晋南朝侨州郡县研究》，而南京是六朝古都，所以我成了履行这个协议的合适对象。我是桐城人，芜湖是我喜欢的城市，在安徽人的认知中，芜湖这个城市洋气，当时"傻子瓜子"的名气已经很大，我大哥是 77 级大学生，毕业于芜湖的皖南医学院，而且从可以请教的老师来说，魏晋南北朝史，安师大有万绳楠先生，历史地理，安师大有陈怀荃先生，所以安师大也是很好的选择。也许个人的倾向应该服从于校际的协议吧，我最终到了南大任教，安师大则在我时常的瞩望中。具体说到结识陈怀荃先生，记得是在 1990 年 11 月复旦大学的国际中国历史地理讨论会上，陈先生提交会议的文章是《苍梧考释》，文章指出："苍梧"地名不断南移，与荆州之域不断向南开发、中南各族人民不断融合的过程恰相吻合，反映了中南地区经济和文化的重要发展；而我从 1989 年起，参与了南京大学地名学方向班的创建工作，负责讲授"地名学概论"课程，所以会议期间，几次到陈先生房间请教。后来还有过几次书信往来，并寄上了我发表于《中国方域》1993 年第 1 期创刊号的《拓宽加深中国地名学史的研究》，在这篇文章中，我把陈先生推为"地名大迁徙学说"的代表学者，指出"创其说者为明末清初王夫之，民国钱穆则光其大，发凡起例，童书业、郑德坤、石泉、陈怀荃诸学者踵续于后，推而广之"，并且评价"重视、整理并理解地名大迁移学说，意义非凡，不仅将开创古史研究的新局面，而且能使我们对地名变迁、移动、演化等得一新概念，用之于民族迁移与融合、文化变迁与播散等方面的研究，也可求得许多的新认识"。陈先生非常开心，乃至把我引为学术的知音。2000 年 8 月，在云南大学的国际历史地理学术讨论会上，再见陈先生，陈先生甚至问我是否有意加盟安师大历史系，会议结束，又寄赠《黄牛集》，让我深为感动。我在地名学方面取得的些许成绩，离不开陈先生的肯定与勉励，感恩陈先生！

第三个例子，万绳楠先生。

我不记得是否见过万先生。1990 年 9 月，江苏省六朝史研究会在庐山白鹿洞书院召开"六朝军事学术讨论会"，万先生参加了，提交的论文《赤壁之战拾遗》(《南京史志》1991年第3期)我拜读过，只是那时我还没有参加江苏省六朝史研究会。但我学习万先生的大作，还是蛮早的，就如我在会议文章"弁言"中提到的，1985年春夏间我读硕士生一年级时，就以《东晋南朝侨州郡县研究》作为学位论文选题，在梳理相关学术史的过程中，拜读了万先生发表于《安徽师范大学学报》1982年第2期的《晋、宋时期安徽侨郡县考》，而在那篇完成于1987年的20多万字的硕士论文中，我参考了万先生的多篇论文。后来，我发表于《安徽史学》1990年第2期的《东晋南朝安徽境内侨州郡县考略》、《芜湖师专学报》2001年第4期的《东晋南朝安徽境内侨州郡县及侨流人口考论》，也都是接着万先生的话题往下说。而尤其让我感到有些得意的是，在1989年中山大学出版社出版的《纪念陈寅恪教授国际学术讨论会文集》中，有周一良先生的《纪念陈寅恪先生》，在这篇文章中，周先生历数"从30年代初到60年代末陈先生逝世时，从事这段历史的研究并作出贡献的学者，不少是直接受业于陈先生的学生"，其中提到了"万绳楠（政治史）"，在"并非陈先生及门弟子"又"或多或少受了陈先生学风的影响"的学者中，提到了我的老师"谭其骧（民族史）"，还说谭其骧的"某些论文，成为研究这段历史的人必读的论著"；而让我特别意外的是，周先生的文章中还有这么一段："据我个人所看到，近几年各大学历史系博士硕士生的研究论文，也颇有涉及这一领域的……"周先生金口月旦了几句的本人与卢云的论文，都是复旦大学史地所的，这很有趣。而我能与万先生同时出现在周一良先生《纪念陈寅恪先生》这篇名文中，更是何其有幸！

　　以上，我通过三个例子，说了作为桐城后学、南大教师、六朝学人，我是如何受惠于安徽师范大学历史学科的。这样的安师大历史学科，常在我的瞩望中，也就不是客气话了。况且，安师大历史学科还有那么多时常往来的朋友，平辈的李琳琦，中年的刘道胜，青年的丁修真、刘萃峰；芜湖政务区还有我命名的中江大道、云从路、天池路、清风路、时雨路、河清路、海晏路、安澜路、涌金路、积玉路、政通路、仁和路、瑞祥路，所以芜湖也留下了我的一些印记。

当然，在今天这样庄重的场合，我更想表达的意思是，我们作为学术研究的后来者，要在继承前辈学术遗产的基础上，再谈创新。就以1997年出版的《中国长江流域开发史》来说，这两年，因为习总书记的多次指示，因为长江国家文化公园建设，长江的基础研究与应用研究"热闹非凡"，研究中心、研究院星罗棋布地成立，论坛、会议也是多得无法应对，却多见低水平的重复，乃至没有意义的附和。这样的情况，尤其表现在关于京杭大运河的"热闹非凡"上。这就显出颇具开拓、创新、扎实、系统、全面的《中国长江流域开发史》的意义了，这也是我以小文《自然与人文交互影响的六朝长江》致敬《中国长江流域开发史》的初衷所在。我总觉得，就积累深厚的中国传统人文学科而言，"今日之国内学界，在一味甚或片面强调'创新'的氛围下，'继承'似乎已经被淡忘甚或被蔑视。诚然，'创新'是可贵的，但真正的'创新'，必须以'继承'为基础、为参照，否则，所谓的'创新'既可能是重复的、虚伪的，也可能是相对于先辈成就、理念的倒退、落后"。（《清儒地理考据研究·魏晋南北朝卷》"后记"，齐鲁书社2015年版）其实这层意思，我在2008年发表的《韩愈，中国文艺复兴第一人——读何兹全先生〈中国文化六论〉笔记》中，就有表达，我在文中感叹："往往一等学者天资所纵，领域广泛，精力所限，又于各别领域，开题立意而已。此种开题立意，因予后来学者以众多法门，故极得重视。至于二等学者，文献资料则竭泽而渔，题中之意则务穷以尽，从而区别于开创风气的大师，而为专家。无一等学者即大师，学术难以开拓；无二等学者即专家，学术难以坚实。本着这样的浅识，笔者平常喜读大师的论著，以求开启愚蒙。"我想，这就是今天我们纪念前辈学术大师的意义所在吧，也是本次会议的"主要议题"之三"万绳楠与中国魏晋南北朝史研究"、之四"万绳楠治学思想研究"的旨趣所在吧。

二、魏晋南北朝史研究导引之选文[1]

本章所选的五篇文章,着眼点并不在于其观点是否权威,更多考虑的是其涉及的领域如理论、制度、政治、民族、史料的重要性,运用的方法如比较与演进的眼光、发微与阐宏的分析、地域与人群的视角、由表入里的考辨、史实与史料的关系等等的启示意义。

(一) 何兹全《汉魏之际封建说》(节选)

本文选自《何兹全文集》第一卷《中国社会史论》(中华书局2006年版)。原载《历史研究》1979年第1期。

何兹全,1911年生,山东菏泽人。1935年毕业于北京大学史学系,曾留学日本、美国,1950年从美国回国,执教于北京师范大学历史系。主要研究领域为汉唐经济史、兵制史、寺院经济和魏晋南北朝史。在中国古代史分期问题上,主张"汉魏之际封建说"。

20世纪20年代末开始,史学界曾经掀起一场关于中国社会性质的论战。关于魏晋南北朝社会性质的研究,最重要者是对"魏晋封建说"的讨论。最早提出"魏晋封建说"的学者正是何兹全。他在1934年发表的《中古时代之中国佛教寺院》中称:"中古中国社会是封建社会",时间是"指从三国到唐中叶即从3世纪到9世纪"。半个多世纪以后,

---

[1] 选自范金民等编著:《中国古代史研究导引》,南京大学出版社2011年版。笔者负责第四章"魏晋南北朝时代",第五章"隋唐五代时代"的"导论"、"选文"、"延伸阅读"、"问题与思考"。

何兹全在《汉魏之际封建说》文中,最后确定中国古代社会进入封建社会的时间是汉魏之际。汉魏之际的社会变化,主要有四个方面:战国秦汉的城市经汉魏战乱,遭受毁灭性的破坏,城市交换经济变为农村自然经济;战国秦汉劳动生产者主要是自由民和奴隶,魏晋南北朝则主要是依附民性质的部曲与客;战国秦汉社会的主要问题是土地兼并,魏晋以来劳动力的争夺超过了土地兼并;汉代存在严重的流民问题,曹魏屯田则是地著的鲜明开端。以上四个方面的变化,说明汉魏之际是中国奴隶社会进入封建社会的时期。

这里节选的是《汉魏之际封建说》的第三部分。该文前两部分讨论了"西周春秋是古代奴隶制社会的前期"、"战国秦汉是中国奴隶制社会的发展时期"。由于该文本系作者在 1978 年 10 月长春中国古代社会分期会上的发言稿,所以写得相对随意,但其比较与演进的眼光,可谓锻炼史识的极好借鉴。

提倡"魏晋封建说"的学者,在国内还有尚钺、王仲荦、日知、唐长孺等人,而围绕魏晋南北朝社会性质长达半个多世纪的讨论,今天看来,起码具有两方面的重要意义:其一,对于理论的重视。史料好比一堆散落在地上的大钱,必须用一根绳才能把它贯穿起来,这根绳就是理论;其二,对于社会结构与社会经济等问题的研究,因此得以拓宽与加深,得以科学化与系统化。

(二) 唐长孺《〈晋书·赵至传〉中所见的曹魏士家制度》

本文选自唐长孺《魏晋南北朝史论丛》(生活·读书·新知三联书店 1955 年版)。

唐长孺(1911—1994 年),江苏吴江人。1932 年上海大同大学文科毕业。1940 年任上海光华大学历史系讲师,1942 年任蓝田国师史地系副教授,1944 年后任教于武汉大学历史系。早年从事辽金元史的研究。1944 年后专治魏晋南北朝隋唐史,并从事敦煌吐鲁番出土文书的整理和研究。

就魏晋南北朝史研究言,唐长孺广泛涉及生产关系、阶级结构、土地与赋税制度、兵制、门阀政治、民族、宗教与文化诸多领域,其成就往往超迈前人,卓然成一家之言。其治史的基本路径,朱雷指出:"凡研究每一论题,必广泛搜集和详尽占有资料,然后缜密考校,去伪存真,精深分析,由表及里,探求历史的真实面貌与发展演变的规律;始终注意从具体史实的考订分析入手,溯其渊源,考其流变,以把握历史演进的大势,探求历史发展的趋向,终究达到发微阐宏的境界。"(《二十世纪中国史学名著叙录·魏晋南北朝史论丛(外一种)》,河北教育出版社2002年版)

士家为魏晋以来形成的特殊士兵阶层。士家子弟世代当兵,士家婚配也只能限于同类;其身份地位低下,须经放免方为一般民户。《〈晋书·赵至传〉中所见的曹魏士家制度》一文,由个案以见一般,考证赵至为游学而"佯狂"逃亡,易姓改名,落籍辽西,虽已"宦立",母亡不敢奔丧,终因不能"荣养父母",呕血而亡的原因。如朱雷上引文的评价,"这正是透过扑朔迷离的现象,将士家制度的严酷本质,以不足五千字的篇幅,完整清晰而又令人信服地展示出来。这篇被誉为叹为观止的论文,被后学奉为典范之作"。

(三) 陈寅恪《述东晋王导之功业》

本文选自陈寅恪《金明馆丛稿初编》(上海古籍出版社1980年版)。原载《中山大学学报》1956年第1期。

陈寅恪(1890—1969年),江西修水人,出生于湖南长沙。1909年毕业于上海复旦公学,后相继就读于德国柏林大学、瑞士苏黎世大学、法国巴黎大学、美国哈佛大学等。回国后曾任清华研究院导师,清华大学历史、中文、哲学三系教授,西南联合大学、香港大学、广西大学、燕京大学(成都)、岭南大学、中山大学等校教授。陈寅恪精通多种语言,学识渊博,在魏晋南北朝隋唐史、佛教史、边疆史、文学史等领域都有重要贡献。

笔者在《东晋南朝侨州郡县与侨流人口研究·引言》(江苏教育出版社2008年版)中曾经指出,陈寅恪《述东晋王导之功业》是一篇堪称经典的文章,"陈文表彰了王导笼络吴人之政策,指出'北人南来之路线及其居住地域问题,实为江左三百年政治社会经济史之关键所在',进之,文章'多录史料并推论'了'北人南来避难约略可分为二路线,一至长江上游,一至长江下游,路线固有不同,而避难人群中其社会阶级亦各互异',具体来说,如上层阶级(晋之皇室及洛阳之公卿士大夫)移居新都建康及其近旁之地以及会稽临海间之地域,中层阶级(用武勇擅战著称)早渡者居京口晋陵一带、晚渡者居襄阳一带,下层阶级(低等士族及一般庶族)则与吴人杂居并逐渐同化于土著之吴人。陈文的精彩分析,时间、空间兼备,政治、经济、军事、文化考虑周全,尤于土客矛盾阐说到位,而这都为解释东晋南朝侨州郡县的设置及其地理分布问题,开启了路径"。推而言之,当然又不独仅此,陈文由社会阶级、侨吴关系、地域选择、人群兴替等入手的宏观把握与微观分析,也为江左五朝政局的复杂演进过程,梳理出了清晰的线索,同时又为后来学者预留出了继续探讨的巨大空间。

(四) 缪钺《东魏北齐政治上汉人与鲜卑之冲突》

本文选自《缪钺全集》第一卷《冰茧庵读史存稿》(河北教育出版社2004年版)。原载四川大学《史学论丛》第1期,1949年。

缪钺(1904—1995年),江苏溧阳人,出生于河北迁安。1923年考入北京大学文预科,1924年冬辍学教书,从此开始了长达70年的教学与治学生涯。曾任河南大学、浙江大学、华西协合大学诸校中文系教授,四川大学历史系教授。其史学研究以魏晋南北朝为重点,文学研究以诗词最突出,治学方法则长于文史的互证、渗透与结合。在魏晋南北朝史领域,其研究范围涉及政治、学术思想、典章制度、民族关系、历史人物诸多方面。

《东魏北齐政治上汉人与鲜卑之冲突》一文,缪元朗、景蜀慧所撰《通贯古今　回翔文史——缪钺先生七十年学术生涯述略》(收入《缪钺全集》第一卷)认为代表了缪钺"建国以前在魏晋南北朝民族史方面业已臻达的研究水平",具体而言,"文章从对东魏北齐历史上几次重大政争的分析入手,通过深入细密的史实考辨,揭示这些政争后面所隐含的矛盾冲突的历史真相,并从代表先进文化的汉族士大夫改良朝政的失败,说明了高氏政权不能解决其境内民族融合的重大问题,故为北周所灭乃有以然也。其文运用陈寅恪先生《隋唐制度渊源略论稿》所阐述之民族观,对史家研究较少的北齐之政治与民族进行了透辟独到的探索,其研究结论从一个侧面进一步证明了陈先生的观点,并有所补充"。

(五)周一良《魏晋南北朝史学与王朝禅代》

本文选自《周一良学术论著自选集》(首都师范大学出版社1995年版)。原载《北京大学学报》1987年第2期。

周一良(1913—2001年),安徽东至人,出生于山东青岛,1935年燕京大学历史系毕业,1944年获美国哈佛大学哲学博士学位。曾任哈佛大学日语教员、燕京大学国文系副教授,清华大学外文系、历史系教授,北京大学历史系教授。通晓数种语言,学贯中西。在魏晋南北朝史、敦煌学、佛教史与日本史、中日关系史、亚洲史等领域,造诣尤深。其魏晋南北朝史研究,代表著作如《魏晋南北朝史论集》(1963年)广泛涉及社会、政治、民族、典制、史学等方面问题,《魏晋南北朝史札记》(1985年)则重在诠释史料,两书皆考辨精当、立论严谨、富于创见,受到国内外学者的普遍推重。

如所周知,政权的禅代,在魏晋与南朝时期特别频繁。《魏晋南北朝史学与王朝禅代》一文,讨论了这种政治文化现象在史书修撰上的表现。文章论证了"在弥缝粉饰'篡弑'问题上,晋以后封建统治者使用了两种办法。一是在确定本朝历史的断限时作文章,一是在处理前朝历史的末代或本朝历史的开端时弥缝回护,或略而不详,或公然曲笔。随着以禅代方式夺取政权愈益习以为常、司空见惯之后,这两种手法中,前者已无必要,后者则由隐讳曲笔变成公开宣扬禅代为合理合法了"。又相对说来,"魏晋南北朝时期的史书中,与王朝禅代有联系的另一问题,是所谓正统……正统问题是封建统治者为表明自己政权的合法性而利用史书为之服务的。它不太牵涉到具体历史事实的叙述与评论,只是史家笔下的安排,所以虽具有极重要的政治意义,其敏感与尖锐程度,却远不及历史中禅代问题的处理了。"

史学研究离不开对史料的全面、系统与准确的把握。即以关涉魏晋南北朝的诸多"正史"为例,就存在着回护、比照、正统、类传、删节、散佚等等需要注意的问题。而在魏晋南北朝史学史领域,周一良撰写的多篇论文,从早期的《魏收之史学》,到后期的《魏晋南北朝史学发展的特点》《魏晋南北朝史学著作的几个问题》《略论南朝北朝史学之异同》《魏晋南北朝史学与王朝禅代》等文,便是入门阶段值得深入研读的经典。

(六) 延伸阅读

1. 何兹全:《汉魏之际社会经济的变化》,《社会科学战线》1979年第4期。

2. 谷川道雄:《中国中世社会论序说》,收入谷川道雄著、马彪译《中国中世社会与共同体》,中华书局2002年版。

3. 高敏:《曹魏士家制度的形成与演变》,《历史研究》1989年第5期。

4. 周一良:《〈南齐书·丘灵鞠传〉试释兼论南朝文武官位及清浊》,收入氏著《魏晋南北朝史论集》,中华书局1963年版。

5. 谭其骧:《晋永嘉丧乱后之民族迁徙》,收入氏著《长水集》(上),人民出版社1987年版。

6. 胡阿祥:《〈晋永嘉丧乱后之民族迁徙〉申论》,《安徽大学学报》2010年第5期。

7. 田余庆:《东晋门阀政治·后论》,北京大学出版社2005年版。

8. 万绳楠整理:《陈寅恪魏晋南北朝史讲演录》,黄山书社1987年版。

9. 曹文柱、李传军:《20世纪魏晋南北朝史研究》,收入曹文柱著《魏晋南北朝史论合集》,商务印书馆2008年版。

三、《晋永嘉丧乱后之民族迁徙》申论①

弁　言

　　1980年8月到1987年7月,在复旦大学历史系与历史地理研究所,我度过了七年的本科与硕士研究生求学岁月。本科阶段,听过谭师的几次讲座,作为会务人员参加过1982年9月在上海举办的"中国历史地理学术讨论会",但印象中少有机会获得谭师的亲自指导。硕士研究生阶段,这样的机会多了起来,大体上,每个学期会有两三次,与师兄弟们或者独自一人到淮海中路1753号102室谭师的寓所,汇报学习情况、更多是听谭师的指导或者聊天一两个小时。拜访的时间,总是选择在下午三点以后,为了不打扰谭师的休息。1987年7月到南京大学任教后,与谭师有过几次通信,就其中的学术问题言,主要是两个方面,一是《中国历史地图集》第四册的修订,②一是东晋南北朝双头州郡的讨论③。尤其是关于双头州郡的讨论,谭师竟然一直念念不忘,

---

　　① 收入复旦大学历史地理研究中心主编:《谭其骧先生百年诞辰纪念文集》,上海人民出版社2012年版。原文四节,这里选用"弁言"与一、二、三节。
　　② 周振鹤先生在为拙著《东晋南朝侨州郡县与侨流人口研究》(江苏教育出版社2008年版)赐写的序"继承科学考据的传统"中提到:"谭其骧先生则吸收了阿祥的考证成果,对《中国历史地图集》的第四册一些地方作了修订,细心的读者当会注意到这一册有两个不同的印本存在。"
　　③ 谭师待学生,不仅严格,而且宽容。1987年6月16日,谭师主持我的申请硕士学位论文《东晋南朝侨州郡县研究》答辩。这场答辩的严格,王振忠兄的《悠悠长水》(收入陈思和、龚向群主编《走近复旦》,四川人民出版社2000(转下页)

见面必询我的观点有无改变,惟我的兴趣已经转移、无有深入,所以逢问必讷于言……

谭师离开我们已近20年了,往事历历,并不如烟,况且我有写日记的习惯,于是,谭师曾经的教导,便得以时时温习,指我以方向,砺我之志气!

谭师的教导予我以方向的指示,比如东晋南朝侨州郡县的研究。翻检1985年12月4日的日记,下午三点到四点一刻,在淮海中路谭师的寓所,谭师教导的要点如下:

> 写这个题目,我没有把握。侨置的实际情况非常复杂。清人做了些工作,比如钱大昕,考据是一流的,洪亮吉就属四流的了,洪齮孙也比洪亮吉高明。《东晋疆域志》里的许多问题,是没有搞清楚的,情况并不那么简单。你一定要做这个题目,我同意,但是能做成什么样子,我也没有把握。我想有几点值得提醒。首先,现在是八十年代了,不能只局限于考据,做成洪亮吉《东晋疆域志》的补证。其次,主要的功夫应该用在侨州郡县制度,以及侨州郡县对经济和文化的影响。这两方面,有许多问题需要探讨。比如有的侨州郡下,并没有人民,而是为北地来的官所立的。比如为什么要土断?土断前后的情况有哪些差别?土断的成效怎样?侨置都有哪些类型?再者,研究侨州郡县不能不联系人口迁移,人口迁移又不仅限于南迁,人口迁移都有哪些影响?我的那篇文章是很浅的,我

(接上页)年版)文中有所回忆。其实严格之外,谭师也很宽容。如据我那天的日记,那时的我年轻气盛,答辩中"与谭先生、邹(逸麟)先生对抗性颇强,主要集中在土断与黄白籍、整理侨置的问题上,我坚持己见,一步不退,又确有些史料解释不清,难免答辩升级——吴(应寿)先生使眼色,我悻悻表示:有待探索",但这没有影响谭师对我的论文"阿祥论文很好,就是太长"的肯定性评价,并建议《宋书·州郡志》《南齐书·州郡志》由我整理,《国家历史地图集》中专门为我增设侨州郡县图幅。而更让我感动的是,谭师在答辩中多有保留,答辩结束,交给我三页纸的《与胡阿祥论双头州郡》,如果在答辩中谭师提出这三页纸中的诸多问题,当时的我可能会更加难堪地"解释不清"。

希望你能深入下去,哪怕取得一点点进步也是好的,不一定求其完整。总之,时间有限,精力有限,材料也有限,有些方面、有些地区,讲实话,功夫到了,可能也搞不清楚,但这个题目是有意义的,我也很欣赏你的勇气。

回顾这 20 多年来我对东晋南朝侨州郡县问题的不懈探索,正是遵循着谭师的上述教导,才取得了些微的成果。而以这些微的成果为基础,我也才能厕身于魅力无限的历史地理领域,过着亦苦亦甜的学术人生。感谢谭师!

今值谭师百年诞辰之际,谨述学习谭师宏文《晋永嘉丧乱后之民族迁徙》的体会,以为怀想与纪念。

1934 年 6 月发表于《燕京学报》第 15 期的《晋永嘉丧乱后之民族迁徙》(以下称《民族迁徙》),是谭其骧师(1911 年 2 月 25 日—1992 年 8 月 28 日)早年所撰的一篇论文。[①] 关于该文的思路、方法与意义,谭师弟子葛剑雄在《中国移民史》"前言"中评述道:

> 永嘉之乱后的南迁是中国历史上的一件大事,也是中华民族发展史上的一件大事。但由于正史中本来就没有具体记载,年代久远后更无史料可觅,对这次大规模的移民运动的研究无由开展。先师却在有限的史料中找到了一把"钥匙"——侨州、郡、县的记载。这是因为当时南迁的人口,大多依照他们原来的籍贯,在南方的定居地按原来的名称设置了侨州、郡、县,而这类侨州、郡、县在沈约的《宋书·州郡志》、萧子显的《南齐书·州郡志》和唐人所修的《晋书·地理志》中都有较详细的记录。所以只要将这些资料整理排比,就不难考证出这些单位的设置年代、地点和变迁,从而了

---

① 收入谭其骧:《长水集》(上),人民出版社 1987 年版。

解移民的迁出地、迁移时间、迁入地点,并进而推算出移民的数量。这篇论文对中国移民史研究、地名学研究和定量分析方面都具有开创意义,发表后即受到学术界的高度重视,近六十年来一直被视为该领域的经典。①

诚如葛剑雄所言,就现有史料与研究手段看,迄今为止,学界有关"永嘉之乱后的南迁"的探讨,仍然笼罩在《民族迁徙》的范围之内。而该文的一些具体推断,如"截至宋世止,南渡人口约共有九十万,占当时全国境人口约共五百四十万之六分之一。西晋时北方诸州及徐之淮北,共有户约百四十万(《晋书·地理志》),以一户五口计,共有口七百余万,则南渡人口九十万,占其八分之一强。换言之,即晋永嘉之丧乱,致北方平均凡八人之中,有一人迁徙南土;迁徙之结果,遂使南朝所辖之疆域内,其民六之五为本土旧民,六之一为北方侨民是也",云云,也一直为学界广泛信从、频繁征引,并成为讨论其他相关问题的出发点。经典论文的深远影响力,由此可见一斑。②

然而,这样的状况,却并非谭师的愿望。1985 年 12 月,谭师教导笔者:"我的那篇文章是很浅的,我希望你能深入下去,哪怕取得一点点进步也是好的,不一定求其完整。"③又 1990 年年底,谭师在最后一篇论文《历史人文地理研究发凡与举例》④中,自析《民族迁徙》"决不是一篇完善的论文":⑤

---

① 葛剑雄:《中国移民史》"前言",福建人民出版社 1997 年版。又所谓侨州郡县,即某州某郡某县的实有领地陷没,而政府仍保留其政区名称,借土寄寓,并且设官施政,统辖民户(多为原州郡县侨流及其后裔)。侨州郡县的广泛设立乃至成为制度,是东晋南朝地方行政建置的特殊现象。
② 张伟然:《谭其骧先生的五星级文章及学术活性》,《社会科学论坛》2005 年第 3 期。
③ 此据笔者的日记。
④ 《历史地理》第 10 辑,上海人民出版社 1992 年版。
⑤ 以下引文,原不分段。为清线索,便于下文的申论,姑分四段。

三、《晋永嘉丧乱后之民族迁徙》申论　259

> 永嘉丧乱后引起的民族迁徙是多方面的,岂只是北人南渡而已? 至少还有不少中原人或东徙辽左,或西走凉州。
>
> 即就南渡遗黎而言,也不仅移居于设有侨州郡县之地。实际上不设侨州郡县之地,亦多侨姓高门栖止……
>
> 再者,见于《宋书·州郡志》的州郡户口是宋大明八年(464年)的数字,其时上距永嘉丧乱已百五十年,该文以大明侨州郡县的户口数当南渡人口的约数,从而得出南渡人口占当时南朝人口百分之几,又占西晋时北方人口百分之几这样的结论,实在很不严谨。
>
> 还有一点必须指出的是:这个时代乃是西晋境内与近边塞外汉族和各少数民族的大迁移时代,入居塞内的匈奴、氐、羌、鲜卑、乌桓、丁零等各族的迁徙尤为频繁而错综复杂。此文内容只讲到境内汉族的南迁而题为"民族迁徙",更属名实不相称。

也就是说,按照谭师的自我批评,《民族迁徙》尚有四个方面有待充实、提升或补充;谭师深深期许着"若欲将这个时代的人口移动作出较完备的论述,显然还有待于今后有志于此者的成十倍的努力"[①]。按谭师所云的第四方面,即汉族以外的各少数民族的迁徙,葛剑雄在《中国移民史》第二卷中已有比较系统全面的表述[②]。故今谨就另外的三个方面,秉承谭师之意,略作申论,[③]并以此文纪念谭其骧师百年诞辰。

---

① 谭其骧:《历史人文地理研究发凡与举例》,《历史地理》第 10 辑,上海人民出版社 1992 年版。
② 葛剑雄《中国移民史》第二卷第十二章为"少数民族的进一步内迁",凡设九节,即匈奴、羯、氐、羌、卢水胡、鲜卑、蛮、獠、高句丽(高丽)、夫余、西域诸族。
③ 有关人口迁徙的具体史实,篇幅所限,本文不予罗列。相关的研究成果,有葛剑雄主编《中国移民史》第一卷《大事年表》(葛剑雄、吴松弟、曹树基编),266—589 年;胡阿祥《东晋南朝侨州郡县与侨流人口研究》第三篇"东晋南朝侨流人口专题",江苏教育出版社 2008 年版;胡阿祥《十六国北朝侨州郡县与侨流人口研究引论》,《中国历史地理论丛》2009 年第 3 辑。

（一）

　　如所周知，西晋怀帝永嘉年间的丧乱是由一系列事件构成的，而其主要的两方为匈奴刘汉政权与汉族司马晋政权。先是，永嘉二年（308年）十月，匈奴刘渊在起兵四年后于蒲子（今山西隰县）称汉帝；永嘉五年三月，晋室太傅、录尚书事、丞相、东海王司马越以所在寇乱、上下崩离，忧惧成疾而死于项（今河南沈丘县），太尉王衍等奉越丧还向东海；四月，汉将羯族石勒追王衍等，至苦县宁平城（今河南鹿邑县西南），大败晋军，围杀随军的诸大臣、宗室、将士十余万人，王衍罹难，司马越则被剖棺焚尸；继而六月间，汉将刘曜攻陷洛阳，俘获怀帝，纵兵焚掠，杀太子及诸大臣，士民死者三万余人。又八月，汉兵入关中，下长安，士民存者百无一二。永嘉六年，晋军收复长安；及愍帝建兴四年（316年），刘曜再破长安，愍帝出降，西晋灭亡。

　　以上即"永嘉之乱"，它联系着由"藩王争权，自相诛灭"[1]引起的、前后延续达16年（291—306年）之久的"八王之乱"，其结果便是"遂使戎狄乘隙，毒流中原"[2]的国史上所谓"五胡乱华"。"五胡乱华"然后有北方的十六国北朝，而"永嘉之乱"然后有南方的东晋南朝。

　　具体到永嘉丧乱后的人口迁徙，欲理解其直接的前因后果，也就需要上溯到西晋（265—316年）的中后期，特别是301年"八王之乱"的全面爆发。其时，不仅迁徙人口大量出现，而且已从总体上规定了东晋南朝与十六国北朝两大系统的人口迁徙之诸多方面。

　　西晋中后期的人口迁徙，略有以下几种情形：

　　其一，因为饥荒所致的人口迁徙。

---

[1]《晋书》卷六二《祖逖传》，中华书局1974年版。按"藩王争权"的原因在于晋武帝大封诸王，并使之将兵出镇，而诸王之间特别是宗室王与皇子王之间存在矛盾。

[2]《晋书》卷六二《祖逖传》。

三、《晋永嘉丧乱后之民族迁徙》申论

这类迁徙人口的大量出现,始于晋惠帝元康(291—299 年)后期。据刘掞藜的研究结果,表示如下:①

徙出地	徙入地	流徙之家数	流徙之人数
陕西、甘肃	四川、河南	十万家左右	当二十万人以上
山西	河南	十万家左右	三十万人上下
四川	云南、湖南、湖北	十数万家	当六七十万人
河北	山东、河南	一万家左右	五六万人
云南	越南北部	"甚众"	"甚众"
汉中	四川、湖北	当数万家	当数十万人

又王仲荦统计:"汉族人民迁徙的数目,大概从秦、雍迁出者约四五万户,约占当地总人口数的三分之一;从并州迁出者约四万户,约占当地总人口数的三分之二;从梁、益迁出者约二十万户,约占当地总人口数的十分之九;从冀州迁出者约一万户,约占当地总人口数的三十分之一。总计迁徙的户口,见于记载的,将近三十万户,约占西晋全国总户数(三百七十七万)十二分之一强。占秦、雍、并、冀、梁、益、宁等州总户数(合计约六十万户)的二分之一弱。"②

按以上刘掞藜的研究结果,是据史籍材料的概括,比较写实;王仲荦的统计,西晋总户数与诸州合计户数、各州户数的史料来源,可能分别为《三国志》裴注与《晋书·地理志》,而又存在数据不符的疑问,③也

---

① 刘掞藜:《晋惠帝时代汉族之大流徙》,《禹贡》第 4 卷第 11 期,1936 年。
② 王仲荦:《魏晋南北朝史》第三章"西晋的暂时统一及其崩溃"第三节"人民的流徙与流民的起义",上海人民出版社 1979 年版。
③ 《三国志》卷二二《魏书·陈群传》裴注:"案《晋太康三年地记》,晋户有三百七十七万。"中华书局 1982 年版。《晋书》卷一四《地理志·总序》:太康元年(280 年)平吴后,大凡户 2 459 840,口 16 163 863。又《晋书·地理志》存在全国总户数、各州户数、各郡国统计户数彼此不相一致的问题,如秦、雍、并、冀、梁、益、宁七州总户数 82 万余,分郡国统计则为 81 万余,王仲荦"合计约六十万户"的数字不知如何得出。

未考虑到人口的自然增长、战争损耗、隐匿户口等复杂因素,所以不必理解为精确的比例。只是无论怎样,此种情形的人口迁徙,其规模巨大、人数众多是没有疑义的。① 至于产生这种人口迁徙的原因,则颇为复杂,既联系着已为学者们熟知的西、北各非汉民族的内迁及其引起的动乱的大背景,更与较少为人重视的灾害饥荒有着直接的关系。如《晋书》卷二六《食货志》的扼要描述:

> 及惠帝之后,政教陵夷,至于永嘉,丧乱弥甚。雍州以东,人多饥乏,更相鬻卖,奔迸流移,不可胜数。幽、并、司、冀、秦、雍六州大蝗,草木及牛马毛皆尽。又大疾疫,兼以饥馑,百姓又为寇贼所杀,流尸满河,白骨蔽野。②

而由于陷入"八王之乱"、内斗尚且不暇的西晋中央与地方政府,既缺乏必要的救灾措施,又采取了以武力强迫迁徙人口回返本乡的简单粗暴做法,未能处理好这一问题,导致了此起彼伏的流民起义,③从而加速了西晋政权的灭亡。另一方面,可以认为,东晋南朝采取侨立州郡县的措施以应对侨流人口问题,也正是汲取前代历史教训、改变统治政策的结果。

其二,非汉民族政权的掠夺或招引人口。

---

① 葛剑雄《中国人口史》第一卷第八章"魏晋南北朝的人口数量"第一节"三国和西晋时期的人口数量"粗略估计西晋永康元年(300年)的实际人口可能达到了3500万,若以每户4.7口计,约740余万户。复旦大学出版社2002年版。如果再认可王仲荦的"将近三十万户"的迁徙人口规模,则迁徙户数占其时实际户数的约1/25。

② 类似的或详细的记载,见《晋书》卷四《惠帝纪》、卷五《怀帝纪》、卷二七至卷二九《五行志》;原因与影响的具体分析,参阅胡阿祥:《魏晋南北朝时期的生态环境》,《南京晓庄学院学报》2001年第3期。

③ 如荆州张昌起义(303—304年)、南阳王如起义(310—312年)、荆湘杜弢起义(311—315年)等。

如辽西的鲜卑慕容政权、代北的鲜卑拓跋政权、梁益的巴氐成汉政权、中原的匈奴刘汉政权、河北的羯胡石勒政权等,都颇尽力于招引或掠夺人口。成汉政权的起家即以流人为基础,而起先打着晋朝名号的慕容政权的壮大、本为刘汉政权部将的石勒的自立,也与人口的归附、招纳有着密切联系。对于这些非汉民族政权或势力而言,拥有了足量的人口,拣选其中的壮勇为兵、老弱妇孺耕耘,就有了兵员、财源与劳动人手,①这是战乱频仍的时代从事割据的重要基础;而为了稳固地控制掠夺或招引来的人口,尤其是其中的大族豪户,又多将之集中在都城周围或统治区域内的重要地区。

因为受到招引而迁徙的人口,自然带有一定的主动性。至于被掠夺的被动迁徙人口,则相当一部分本是坞壁民众。当北方陷入离乱后,那些未能远迁的民众、流人往往构筑坞壁,以求自保。不过坞壁的防御效果总有限度,并不容易长期固守,失去了坞壁的保护之后,便不免被强梁者掳掠的命运。如《晋书》卷一〇〇《王弥传》:"与刘曜、石勒等攻魏郡、汲郡、顿丘,陷五十余壁,皆调为军士。"《晋书》卷一〇四《石勒载记》:"率众三万寇魏郡、顿丘诸垒壁,多陷之,假垒主将军、都尉,简强壮五万为军士……陷冀州郡县堡壁百余,众至十余万,其衣冠人物集为君子营。"

其三,汉族人口外迁的三大趋向。

就西晋中后期汉族人口的迁徙言,先是以"就谷"、"乞活"为主,趋向并不明显,带有民众群体性质的大流徙,后是由内而外、由核心地区往周边或偏远地域的迁徙。这后一种迁徙,其迁徙群体层次较高,政治性较强,目的地也较为明显。如《晋书》卷八六《张轨传》:

---

① 如《晋书》卷一〇六《石季龙载记》:"镇远王擢表雍、秦二州望族,自东徙已来,遂在戍役之例,既衣冠华胄,宜蒙优免,从之。自是皇甫、胡、梁、韦、杜、牛、辛等十有七姓蠲其兵贯,一同旧族,随才铨叙,思欲分还桑梓者听之;其非此等,不得为例。"这说明"衣冠华胄"都被编入"兵贯",何况普通百姓?

秘书监缪世征、少府挚虞夜观星象,相与言曰:"天下方乱,避难之国唯凉土耳。张凉州德量不恒,殆其人乎?"……及京都陷……中州避难来者日月相继,分武威置武兴郡以居之。

又《晋书》卷一〇八《慕容廆载记》:

时二京倾覆,幽冀沦陷,廆刑政修明,虚怀引纳,流亡士庶多襁负归之。廆乃立郡以统流人,冀州人为冀阳郡,豫州人为成周郡,青州人为营丘郡,并州人为唐国郡。于是推举贤才,委以庶政……于是路有颂声,礼让兴矣。①

又《晋书》卷六五《王导传》:

洛京倾覆,中州士女避乱江左者十六七。导劝帝收其贤人君子,与之图事。时荆扬晏安,户口殷实,导为政务在清静,每劝帝克己励节,匡主宁邦。

是为"永嘉之乱"前后,以汉族官民为主体的主动迁移。这种主动迁移,明显表现出西北迁河西、东北迁辽西、南迁江南的三大趋向,而迁徙人口之所以作出这样的地域选择,当然与河西、辽西、江南的具体情势有关。先言河西。"家世孝廉,以儒学显"②的安定乌氏(今甘肃平凉市西北)张轨,惠帝永宁元年(301年)拥据河西。《晋书》卷八六《张轨传》:

---

① 《晋书》卷一〇九《慕容皝载记》也有类似的记载:"自永嘉丧乱,百姓流亡,中原萧条,千里无烟,饥寒流陨,相继沟壑。先王以神武圣略,保全一方,威以殄奸,德以怀远,故九州之人,塞表殊类,襁负万里,若赤子之归慈父,流人之多旧土十倍有余,人殷地狭,故无田者十有四焉。"

② 《晋书》卷八六《张轨传》。

轨以时方多难,阴图据河西,筮之,遇《泰》之《观》,乃投筴喜曰:"霸者兆也。"于是求为凉州。公卿亦举轨才堪御远。永宁初,出为护羌校尉、凉州刺史。于时鲜卑反叛,寇盗从横,轨到官,即讨破之,斩首万余级,遂威著西州,化行河右。以宋配、阴充、氾瑗、阴澹为股肱谋主,征九郡胄子五百人,立学校,始置崇文祭酒,位视别驾,春秋行乡射之礼……张氏遂霸河西。

次言辽东。昌黎棘城(今辽宁义县西)鲜卑人、鲜卑大单于慕容廆,既降晋而为鲜卑都督,愍帝建兴中又拜为昌黎、辽东二国公。廆教诸部务农桑、效仿中原法制。司马睿称帝,慕容廆曾遣使劝进。东晋建国,廆加位至"使持节、都督幽平二州东夷诸军事、车骑将军、平州牧,进封辽东郡公"①。再言江南。惠帝永兴二年(305年),东海王司马越命平东将军、监徐州诸军事、琅邪王司马睿留守下邳(今江苏睢宁县北);永嘉元年(307年),安东将军、都督扬州诸军事司马睿移镇建邺(今江苏南京市)。司马睿以琅邪临沂大族王导为谋主,引用吴地著姓顾荣、贺循、周玘等,经营江南。愍帝时,加司马睿左丞相,进位丞相、大都督中外诸军事。317年,司马睿在建康(313年改建邺为建康)即晋王位,改元建武。318年司马睿称帝。

然则河西张氏汉族政权长期效忠晋室司马氏②、辽西慕容政权名义上承认晋室宗主国地位③、江南司马睿政权渐为正朔所在等政治背景,正是谭师所云中原汉族人口"西走凉州"、"东徙辽左"、"北人南渡"的政治引领力。当然,河西地区较为适合农业开发,辽西地区早在秦汉

---

① 《晋书》卷一〇八《慕容廆载记》。
② 如张寔、张茂、张骏、张重华皆用西晋愍帝"建兴"年号,张玄靓先用西晋"建兴"、后用东晋穆帝"升平"年号,张天锡亦用"升平";惟张祚改元"和平"(354—355年)。参考李崇智编著:《中国历代年号考》(修订本),中华书局2001年版。
③ 如《晋书》及《资治通鉴》皆云慕容皝(廆子)到东晋穆帝永和元年(345年)始不用晋年号。

之际、两汉之际、东汉末年都有不少汉人迁入，江南地区历经孙吴的经济开发与文化开发，以及吴地士族愿意接纳"就社会阶级来说，实为同一气类"的"晋之皇室及中州避乱南来之士大夫"①等其他因素，也对这些迁徙人口的地域选择发挥了作用。至于其影响所及，"不独前燕、前凉及东晋的建国中兴与此北方的流民有关，即后来南北朝的士族亦承其系统"②。

总括"八王之乱"、"五胡乱华"及其引发的"永嘉之乱"所导致的西晋人口迁徙，就其被动方面言，中原之地内部争斗、民族仇杀、战事纷起、天灾频至，为避祸、为就食、为求生，或被掳掠，故而不得不迁。就其主动方面言，特别值得注意的是，对于心系晋朝的汉族官民来说，起初就有西北、东北、南方的三大迁移趋向。而其中的汉族官民南迁，迁徙人口规模最大、迁徙延续时间最长、迁徙发生的影响最为深远，也正是谭师《民族迁徙》的论述主旨所在。

（二）

分析谭师指出的"就南渡遗黎而言，也不仅移居于设有侨州郡县之地。实际上不设侨州郡县之地，亦多侨姓高门栖止"的现象，实际上有两种情形。

一种情形是，不设侨州郡县的区域，存在侨流人口。以今安徽省域为例，据宋明时代一些方志、宗谱的记载，河间俞氏晋永嘉之乱后迁移新安郡，北方程、鲍、黄、谢、詹、胡、郑、余诸氏东晋南朝时携子孙徙居新安郡，如此，皖南、浙西的新安郡侨流人口颇多，然而新安郡境并无侨州郡县的设置。谭师也举例说："王羲之、谢安等皆寓居会稽……（孙）恩

---

① 万绳楠整理：《陈寅恪魏晋南北朝史讲演录》第九篇"东晋与江南士族之结合"，黄山书社1987年版。
② 万绳楠整理：《陈寅恪魏晋南北朝史讲演录》第八篇"晋代人口的流动及其影响（附坞）"。

三、《晋永嘉丧乱后之民族迁徙》申论　267

(卢)循都是世居吴(郡)会(稽)的侨人。"①又据陈寅恪的研究,②永嘉乱后,南渡长江下游的上层阶级选择东土五郡(会稽、东阳、新安、临海、永嘉)从事经济活动,③南渡长江下游的下层阶级大抵分散杂居于吴人势力甚大之地域即吴郡、吴兴郡、义兴郡境,④但无论东土五郡还是吴、吴兴、义兴郡境,都未设置侨州郡县。这样的情况也存在于东晋南朝的内地。如世传侨流有南迁八闽者,《直斋书录解题》卷八引唐林谓《闽中记》云:"永嘉之乱,中原仕族林、黄、陈、郑四姓先入闽",而明何乔远《闽书》卷一五二称"衣冠始入闽者八族",又有詹、丘、何、胡四姓。又泉州清原郡,《太平御览》卷一七○引《十道志》:"东晋南渡,衣冠士族多萃其地,以求安堵。"按"中原仕族"、"衣冠士族"云云,出自后世追记,或有附会的可能,但永嘉乱后、东晋南朝有北方一般家族、零散侨流或由海路或由陆路迁入八闽之地,应该还是可以肯定的,因为较之更远的岭南之地,当时史籍也明确记载有北方侨流的踪迹:如东晋义熙末,"东海人徐道期流寓广州,无士行,为侨旧所陵侮。因刺史谢欣死,合率群不逞之徒作乱,攻没州城,杀士庶素憾者百余,倾府库,招集亡命,出攻始兴"⑤,徐道期显然就是北方移民或其后裔,而徐道期所率徒众中也应

---

①　谭其骧:《历史人文地理研究发凡与举例》。
②　陈寅恪:《述东晋王导之功业》,原载《中山大学学报》1956年第1期;收入陈寅恪:《金明馆丛稿初编》,上海古籍出版社1980年版。
③　如北地傅氏、颍川庾氏、高阳许氏、陈郡谢氏、陈留阮氏、太原王氏、琅邪王氏、太原孙氏、高平郗氏、谯郡戴氏、乐安高氏、琅邪颜氏、济阳江氏、济阳蔡氏、庐江何氏、高阳许氏、鲁国孔氏等等。再以会稽郡为例,随举一些曾经生活于此的具体人物如下:北地傅敷、傅晞,颍川庾琛、庾亮,陈郡谢奕、谢安、谢方明、谢灵运,琅邪王羲之、王凝之、王徽之、王献之、王随之、王镇之、王弘之,高平郗愔、郗超,乐安高柔,高阳许询,太原王述、孙统、孙绰,庐江何子平,陈留阮裕、阮万龄,谯郡戴逵,鲁郡孔淳之,河南辛普明。
④　以吴兴郡为例,河内郭文隐居吴兴余杭,颍川陈达家于吴兴长城,详《晋书》卷九四《郭文传》、《陈书》卷一《高祖纪》,中华书局1972年版。又《晋书》卷七八《孔坦传》载其为吴兴内史,"时使坦募江淮流人为军",可见吴兴郡境的江淮流人数量必定不少。
⑤　《宋书》卷五○《刘康祖传》,中华书局1974年版。

当有不少的北方移民或其后裔;又宋泰始中,交州"土人李长仁为乱,悉诛北来流寓,无或免者"①,此"北来流寓",也有直接迁自北方的可能。然而,无论福建八闽,还是岭南交广,也都不见侨州郡县的设立。

另一种情形是,设置有侨州郡县的区域,侨流人口也不一定固定居住在相应区域内。如注籍侨州郡县的侨民只是侨流人口的一大部分,南迁侨流有"多庇大姓以为客"②者,有散居于当地州郡县而编入当地户籍者,有"不乐州县编户"的"浮浪人",③又有政府强令属籍当地者,可见侨流人口不尽注籍于侨州郡县,当地州郡县所领也不是没有侨流人口。至于北方南来上层士族,据秦冬梅考证,"籍属琅邪的王氏家族和颜氏家族都没有居住在侨琅邪郡的范围内,而是居住在秦淮河以南的地区……原籍为陈郡阳夏县都乡吉迁里的谢氏家族也并没有居住在其籍贯所在的侨陈郡或阳夏县中,从上述分析可知,世家大族的居住地与其侨籍所在地是分离的,多数世家大族并没有居住在其所属的侨州郡县之中……世家大族不固定居所的原因有很多,因游宦、退隐、迷信等原因离开他们到南方后第一居所的例子很多,虽然原因不同,但造成的结果是相同的,那就是与侨州郡县及宗族本家的脱离"④。

总结造成东晋南朝侨流人口地理分布与侨州郡县地理分布不相一致的缘故,尤其重要者当有三点。

其一,大凡因侨流人口而置侨州郡县,其侨流人口一般是呈团聚状态的"乡族集团",⑤即人数较多而且相对集中。那些迁入八闽、岭南等

---

① 《宋书》卷九四《徐爰传》。

② 《南齐书》卷一四《州郡志》南兖州,中华书局1972年版。按此"大姓"当既有迁来的侨姓,也有土著的吴姓。

③ 《隋书》卷二四《食货志》,中华书局1973年版。按"浮浪人"还包括南方的"无贯之人"。

④ 秦冬梅:《论东晋北方士族与南方社会的融合》,《北京师范大学学报》2003年第5期。

⑤ 宗主、豪族与所谓宗亲、乡党、部曲、门徒、义附等人群逐渐结成的牢固的整体,可称之为"乡族集团"。

悬远内地的侨流，毕竟只是发源于北方的移民大潮的无力余波，他们人数既少，迁徙时间与迁入地区又较分散而不集中，加之南方地广人稀，便于他们随宜而居，故既不必也无法为他们侨建州郡县。至于进入东土五郡殖产兴利的北方南来上层阶级，居住秦淮河畔、乌衣巷里的琅邪王氏、陈郡谢氏一类侨姓名族，大多已有本籍侨州郡县安置了其乡族，他们本身则因政治而游走宦海、因经济而求田问舍、因文化而纵意肆游、因出身而免除税役，也就是说，他们并不是一般意义上的侨民，又基本享受优复待遇，对于他们，自然也是既不能也不必再置侨州郡县的。即以东土为例，侨姓名族虽多，但无足够数量的下层阶级的团聚侨流人口，所以对于居住东土的这部分特殊侨人，没有采取侨置州郡县的措施；能够证成这一观点者，又有王志邦对东晋朝流寓会稽的北方士人更加细密的研究。王氏的考证揭示了如下的事实：流寓会稽的北方士人"以不侵害会稽土著豪门士族的经济利益为寓居的前提"，选择了土著士族势力薄弱的剡溪—曹娥江流域的剡、始宁、上虞诸县作为集聚地；而由于"北方士人向会稽的迁徙，自西晋末年以来陆续进行，但始终没有形成一个洪峰期；寓居会稽的北方士人，其原籍散布北方诸地，不存在北方某一地域集中侨居会稽的现象。于是，他们原地域圈的观念就显得相对淡薄。因此，在客观上没有必要象江南其他地区那样需朝廷下令侨设州郡县来安置自己"。①

其二，东晋南朝政府侨立州郡县的本意，在于表示一种收复失地的决心，在于以为侨流人口"庶有旋反之期"②、侨置初不过是一时权宜之计，在于利用北方迁来侨流的归本之心、武勇之力屯戍北部疆土、捍卫军事重镇、北伐西征。以此，不仅绝大多数下层阶级的侨流人口无力远迁东晋南朝之内地，政府也不愿他们远迁内地、失去控制、不便利用；与

---

① 王志邦：《东晋朝流寓会稽的北方士人研究》，收入谷川道雄主编《地域社会在六朝政治文化上所起的作用》，日本玄文社1989年版。
② 《晋书》卷七五《范宁传》："昔中原丧乱，流寓江左，庶有旋反之期，故许其挟注本郡。"

此相呼应,政府建立的侨州郡县,自就不必远离北方侨流人口的故土以至深僻南方内地,将州、郡、县侨立在大江南北、淮东淮西、青徐中原、沔汉梁益,使其总的形势靠近北方,这与上述的侨置本意也是一致的。①

其三,东晋南朝侨州郡县的设置,还要考虑到尽量避免与土著发生冲突。自古以来,侨人与土著容易产生矛盾。这种矛盾基础于地域之间的隔阂、对立与歧视,基础于侨人与土著之间礼俗、语言的难以同化,更基础于一定生产力水平下土地"载人量"有限而引起的"生存竞争"。② 如田余庆以东晋为例指出:"严格说来,居政而有实权者限于侨姓士族,吴姓士族只不过是陪衬。吴姓士族政治上不能获得更多好处,经济上却必须坚守既得利益,不容侵犯。"③而所谓"不容侵犯"的经济利益,在东晋南朝特别具体表现在居住地域的冲突上。由此,便可理解上述之吴郡、吴兴郡及义兴郡境不乏侨流人口但无侨州郡县的奇怪现象。④ 当其时也,江南境内地广野丰,水道纵横,交通便利。以一般情势推论,侨流人口自不必汇集于晋陵一隅、傍江一带,而是大可南进,以安家置业。然而从史实看,渗进吴郡、吴兴郡及义兴郡境的北方侨流,人数相对较少、地位一般较低并且不呈团聚状态却是肯定的。这一现象的产生,即与这一区域土著吴人势力强盛,侨流人口尤其是具有一定政治地位、军事力量的侨流人口(陈寅恪所谓上层阶级与中层阶级)不

---

① 本段的讨论,另详见胡阿祥:《侨置的源流与东晋南朝侨州郡县的产生》,郑州大学历史学院编《高敏先生八十华诞纪念文集》,线装书局 2006 年版;《东晋南朝侨州郡县地理分布述论》,武汉大学历史地理研究所编《石泉先生九十诞辰纪念文集》,湖北人民出版社 2007 年版。

② 如清及民国时代,客家与土著之间因土地、因水源的争夺乃至因观念的冲突而引起的武力械斗,便是人所共知的近事。

③ 田余庆:《东晋门阀政治》"后论",北京大学出版社 2005 年版。

④ 惟"晋元帝初,割吴郡海虞县之北境为东海郡,立郯、朐、利城三县……穆帝永和中,郡移出京口,郯等三县亦寄治于京"(《宋书》卷三五《州郡志》)。考海虞,邻晋陵郡境,又近海边荒,所以能够安集一些侨流,侨置郡县。但是这样的例外,维持的时间并不长,不仅即移寄京口。

便或不易插入有关。① 以义兴周氏、吴兴沈氏为例,均势力特强,所谓"今江东之豪莫强周、沈",②诚为实录。他们既难驯服,又最易与北来侨流发生利害冲突。③ 因此,对于散居吴、吴兴、义兴等吴人势力强盛地区的分散杂居侨流,出于避免侨人与土著在政治矛盾之外再起经济冲突的考虑,东晋南朝政府就既难以也不能设置侨州郡县。

要之,东晋南朝境内侨流人口的地理分布与侨州郡县的地理分布,细部不相一致之处甚多。其实这也并不奇怪。本来侨流人口的南来情形就各异,南来后的境况也是颇不相同;而侨州郡县的设立,无论有无实土,总归相对固定。复杂流动的侨流人口与相对固定的侨州郡县,焉能完全对应?而其间的种种差异,以上仅略言大概耳。

(三)

谭师《民族迁徙》以《宋书·州郡志》"侨州、郡、县之户口数当南渡人口之约数",推断出"截至宋世止,南渡人口约共有九十万",这占当时宋朝人口的1/6,又占西晋时北方人口的1/8;与谭师的思路近似,周一良《南朝境内之各种人及政府对待之政策》④计算出的"南朝境内侨人"数字,为919 700口加6 300户。虽然,对于这种研究思路与推算结果,

---

① 其上层阶级已如上述。又中层阶级,陈寅恪《述东晋王导之功业》云:"此种人群在当时既非占有政治文化上之高等地位,自不能亦不必居住长江南岸新立之首都建康及其近旁。复以人数较当时避难南来之上下两层社会阶级为多之故,又不便或不易插入江左文化士族所聚居之吴郡治所及其近旁,故不得不择一距新邦首都不甚远,而又在长江南岸较安全之京口晋陵近旁一带,此为事势所必致者也。"

② 《晋书》卷五八《周札传》。

③ 陈寅恪《述东晋王导之功业》即以义兴周氏为例,论述了南来北人之中层阶级居住地域与义兴周氏居住地域接近,而双方人数、武力又颇足对抗,两不相下,利害冲突,并不能同化,遂势成仇敌的经过。

④ 原载《历史语言研究所集刊》第7本第4分,1938年;收入周一良:《魏晋南北朝史论集》,中华书局1963年版。

谭师谦称"实在很不严谨",但毕竟"这一推论最重大的贡献,在于找到了一种相对可靠的,也是目前唯一的对这次移民进行数量分析的依据……由于现存的史料中只有一般性的描述,如果不采用这种方法,我们就毫无可能对移民的数量作任何有实际意义的估计"。①

然而,学界在充分肯定谭师、周一良上述推论的同时,往往忽视了两位先生在文中本已提及的诸多复杂情况。如谭师指出:"侨郡县所领,非必尽是侨民,而本土郡县所领,亦非尽本土之民也。"②又周一良指出,"休文自称以大明八年为正,(内史侯相则以昇明末为定,然内史侯相之外,所记亦多不以大明八年为准也。)户口之数未言何时","大明八年下距侯景乱梁南朝失江北凡八十余年,距陈之亡凡一百二十余年,此两时期不惟侨人分布莫可知,即州郡户口数目亦不能考","今姑认宋志侨州郡县之户口为侨人户口,而侨人隶实州郡县者不复计算,庶可以截长补短,要是大约之数目,未可固执以求",③等等。也就是说,谭、周两位先生对于西晋永嘉丧乱以迄刘宋大明年间侨人数量的估算,原其本意,只是为后续的研究,包括分期与分区的研究,提供了一个平台而已,相关的侨人数字并不能坐实。

然则以这样的平台为基础,我们一方面认识到,讨论东晋南朝南迁人口及其后裔的数量,《宋书·州郡志》所载侨州郡户口数字的确具有无可替代的关键意义。另一方面也必须明确,运用《宋书·州郡志》所载户口数字不宜简单直接,即尚需考虑到其数字的复杂性,并引入一些历史人口学的理论与方法。

其一,《宋书·州郡志》所载侨州郡户口数一般认为是大明八年(464年)的数字,其时上距西晋永嘉丧乱已有百五十年。"这些侨州、郡、县的户口即[既]包括历年来的移民,也含有这些移民定居后繁衍的

---

① 葛剑雄:《中国移民史》第二卷第十章"永嘉乱后的人口南迁"第四节"对北方移民数量的估计"。
② 谭其骧:《晋永嘉丧乱后之民族迁徙》。
③ 周一良:《南朝境内之各种人及政府对待之政策》。

后代。以首批到达的移民为例,如果他们在定居后以 5‰ 的年平均增长率繁衍的话,150 年内人口总数已经增加到 2.11 倍了。由于我们无法确定在此期间每批移民的数量和他们到达的时间,要推算出初始移民的数量是不可能的。但是因为早期的移民,尤其是永嘉时的移民在总数中占了相当大的比例,所以可以肯定,真正的或第一代移民比这个数字要小得多。"

其二,"无论是西晋的户口数,还是刘宋大明八年的户口数,(《晋书·地理志》《宋书·州郡志》)都只登记了一部分人口,大大低于实际数。而且由于第一代移民中的'衣冠'特多,所谓'中州士女避乱江左者十六七',贵族官僚、世家大族、地主豪强的比例很高,他们所荫庇和隐匿的户口数量也要比全国正常的比例更高"。①

其三,《宋书·州郡志》所载户口数还存在各州小序中所列该州户口数与该州各郡国分列的户口数之和基本不合(只有鄞州完全相合)的情况。实际上,《宋书·州郡志》给出了两组户口数字,即各州所列户口总数为大明八年(464 年)数字,而各郡国户口数及其总计数是"宋末"的数字,具体是"宋末"的哪一年,尚难确定。②

其四,《宋书·州郡志》所载户口数,既有土著户口,也有侨流户口,而侨流户口又来自黄、白两种户籍。道理很简单,《宋书·州郡志》所载

---

① 以上其一、其二,详葛剑雄:《中国移民史》第二卷第十章"永嘉乱后的人口南迁"第四节"对北方移民数量的估计"。

② 何德章《读〈宋书·州郡志〉札记二则》(《魏晋南北朝隋唐史资料》第 15 辑,武汉大学出版社 1997 年版)略谓:《宋书·州郡志》各郡户口与各州小序中所列户口反映的是不同时期的户口数。考《宋书·州郡志》徐州、南兖州、南豫州等州小序中之"旧领"、"徐志",可知《宋书·州郡志》给出了两组户口数字,此两组数字有不同的渊源,代表不同时期的户口数状况。具体来说,《宋书·州郡志》各州所列户口总数反映的是大明八年的状况,这源于"徐志"的"旧"记录。"徐志"者,《宋书·自序》所说由徐爰编定,"起自义熙之初,讫于大明之末"的《宋书》的志。沈约《宋书》以之为底本,故《州郡志》"大较以大明八年为正",于各州兼记"徐志"所列户口数。又《宋书·州郡志》各郡户口数及其总计数是"宋末"的数字,具体是"宋末"的哪一年,则尚难确定。

侨州郡县,有经过土断、已有实土的侨州郡县,其领户由注白籍改注黄籍;又有未经土断、仍无实土的侨州郡县,其领户所注当然仍为白籍。① 白籍对于政府来说,是不税不役的虚户,并无多大的实际意义,因此,《宋书·州郡志》侨流白籍户口数之不系统、不完整,而且准确度要远低于土著黄籍户口数,是可以断言的;② 又相对于土著黄籍户口数,经过意在"明考课之科,修闾伍之法"③ 的土断核定的侨流黄籍户口数,由于侨流不愿属籍等复杂原因,也存在着比较明显的脱籍与离散现象。

考虑到以上四点,可以认为:依据《宋书·州郡志》所载户口数字,只能大体推论东晋刘宋侨流人口及其后裔的大概数量,并不能详知其确切数量;而对谭师1934年、周一良1938年计算出的截至刘宋大明八年约90余万的侨人数字,也有可能进行重新估算。目前所见的重新估算之例有二。

例一是葛剑雄的估算。1997年,葛剑雄指出:"初始移民在迁出地人口中的实际比例应高于八分之一;大明八年移民及其后裔占迁入地人口的实际比例也应高于六分之一。由于移民的迁出地和迁入地都相对集中,所以这些地区人口的迁移率和移民占当地总人口的比例要大大高于这些比例……保守的估计:到宋大明年间,北方移民及其后裔的总数至少应是户口数的一倍有余,即200万左右。"④ 又2002年,葛

---

① 关于土断与黄、白籍的关系,详参胡阿祥:《论土断》,《南京大学学报》2001年第2期。

② 以秦州陇西郡为例,《宋书》卷三七《州郡志》秦州刺史陇西太守:"文帝元嘉初,关中民三千二百三十六户归化,六年立。今领县六。户一千五百六十一,口七千五百三十。"按从元嘉六年(429年)到大明八年(464年)或宋末,凡三五十年时间,其间未见对陇西郡的民户割属,即使不考虑人口自然增长因素,陇西郡领户也失去了一多半。这种侨流人口从版籍上脱漏的现象,可能是无实土侨州郡县的一种普遍现象。参考[日]安田二郎:《关于所谓王玄谟的襄阳土断》,日本《东洋史论集》第2辑,1986年。

③ 《晋书》卷七五《范宁传》。

④ 葛剑雄:《中国移民史》第二卷第十章"永嘉乱后的人口南迁"第四节"对北方移民数量的估计"。葛剑雄并且强调:"200万无论如何只是一个下限。"

剑雄认为:"永嘉年间南迁的北方移民以50万计,则东晋人口的起点为1050万……大明八年的人口数……在1500万—1700万之间。"①这样,综合下来,永嘉年间南迁的北方移民占东晋初年总人口的比例约为1/21(即50万/1050万),而刘宋大明八年时北方移民及其后裔占其时总人口的比例约为1/8(即200万/1600万。按谭师的估算为1/6,即90万/540万)。

例二是笔者的估算。2008年,笔者在《东晋南朝侨流人口的输出与输入——分别以今山西省域与今安徽省域为例》②文中,得出如下看法:西晋末东晋初那段迁徙规模最大的时间,山西官民南迁人口数字,依据《宋书·州郡志》侨郡户口记载逆推,约在8万人左右,即为《晋书·地理志》山西民户的大约1/9;而结合其他文献资料可知,山西官民的外迁数量还远不止《晋书·地理志》山西民户的大约1/9。及至大明八年(464年)或宋末(宋至479年为齐所代),南迁的山西官民包括其后裔在内,更是超过了18万人。又大明八年或宋末时,安徽境内侨流人口及其后裔的总数,较低的估计超过44万人(按谭师的估算为17万人),而这以后新增的侨流人口及其后裔,保守的估计也不下7到8万人。如此,到了南朝末年,分属陈朝与北齐的今安徽省域侨流人口及其后裔的实际总数,至少约在80万之谱。

当然,上举两例,无论是葛剑雄的总体估算,还是笔者以今山西省域为例的侨流人口输出的估算、以今安徽省域为例的侨流人口输入的估算,仍是相当粗略的,更加细致的、分期与分区的估算,都"还有待于今后有志于此者的成十倍的努力"。但可以肯定的是,其一,在研究方法上,无论是侨流人口的输出还是侨流人口的输入,由《宋书·州郡志》侨州郡户口数的记载而进行的侨流人口的数量分析,需要进一步考虑

---

① 葛剑雄:《中国人口史》第一卷第八章"魏晋南北朝的人口数量"第二节"东晋和南朝的人口数量推测",复旦大学出版社2005年版。
② 《文史》2008年第1辑。

种种复杂情形,如没有入籍侨州郡县的零散却也不在少数的侨流,豪强大族与各品官员兼并、隐匿与荫庇的大量侨流人口,侨流成为兵户或营户以及具有私兵性质的部曲,十六国北朝掳掠东晋南朝人口(其中当然包括已经南迁的侨流人口),已经南迁的士族与百姓的重新北返,等等,[1]作出必要的补充、合理的修正与适当的扩展。其二,东晋南朝侨州郡县也并不能全面、详确、系统地反映东晋南朝侨流人口的各个方面。从理论上说,由于侨州郡县多因原州郡县侨流而设,所以侨州郡县可以表达人口迁徙的始点与终点,提供有关迁徙时间、迁徙路线以及迁徙人口数量的线索。然而,不仅《晋书·地理志》、《南齐书·州郡志》中所记东晋、萧齐的侨州郡县,或错误百出或简略不尽,而且缺乏户口信息,因此不能满足研究的需要。[2] 南朝梁、陈的侨置情况,更是缺乏"地理志"一类文献的基本记载。如此,南朝中后期特别是梁陈两朝的侨流人口状况,就必须结合其他文献资料,才能展开探讨。还有一些问题,比如侨流人口的地域选择,主动或被动的地域选择与侨流人口中的世家大族或上层分子之兴衰起伏的关系,等等,也仍然需要在侨州郡县这类"地名"性质的史料之外,穷搜博采其他各类史料,才能稍明大概。

---

[1] 参考唐长孺:《魏晋南北朝隋唐史三论》第二篇"论南北朝的差异"第一章"南北社会经济结构的差异"第一节"南北朝户口多寡的比较",武汉大学出版社1993年版。又谭其骧《晋永嘉丧乱后之民族迁徙》:"魏一于北,齐、梁、陈篡夺于南,治乱之势既非昔比,而中原人民南迁之风,亦因之大杀。魏兵之屡下江、淮,南人既多被虏北迁;至孝文帝立而崇经礼士,浸浸华化,于是中原士族向之避难在江左者,又相率慕化来归。自晋江左以来之移民趋势,至是乃为之一变……不过南渡乃是正流,北旋究属返响。"

[2] 有关《晋书·地理志》、《南齐书·州郡志》的讨论,详见胡阿祥:《东晋南朝侨州郡县与侨流人口的文献记载与研究回顾》,收入中国魏晋南北朝史学会、武汉大学中国三至九世纪研究所编《魏晋南北朝史研究:回顾与探索——中国魏晋南北朝史学会第九届年会论文集》,湖北教育出版社2009年版。

附记两则

(一) 谭其骧致赵永复书[①]

永复兄：

　　地图出版社要再版第四册图，问有些什么地方需要改，并送来图一册，要我们改在图上，我动手补了一个梁安郡，想依据王仲荦说移动北魏密云县就发生了问题。不敢下手，还是得请你查查释文再决定。

　　我写信给胡阿祥要他提出他所发现的第四册的错误，他回信只是把晋、宋、齐三志的问题列举了41条，是对地理志而不是对图提的。地理志错的未必图上也错，我处又没有中华标点本二十四史，因此又想麻烦你根据他提的核对一遍，将图上应改可改的改出。

　　经常麻烦你，至希，鉴谅。

　　又胡阿祥认为齐分幅图青冀二州梁秦二州表面注记不应分标，更不应划界，见《历史地理论丛》1989年第二期。此说似亦可考虑接受，也请你决定。

　　郭黎安星期日上午来看了我，谈起她已在画宋齐图，她很认真，一县一县在细搞。我说比例尺太小，用不着化这么大功夫。她想趁机搞清楚，其志可嘉。敬问

　　近好！

　　其骧　11.7

　　此信右上方又写：后天下午我要到所为方志班讲课，此信就不付邮自己带去了。连同那册图。

[①] 此则附记，乃据2022年1月19日复旦大学中国历史地理研究所孟刚馆员发给笔者的资料录入。孟刚在与笔者的微信交流中有言："今天赵永复先生来信，他整理了谭先生给他的信，拟投稿《历史地理研究》，嘱我转交……里面有一封信涉及到您，估计您有兴趣特转呈。也不知道这批信是否能够刊出。"

278　六朝书话

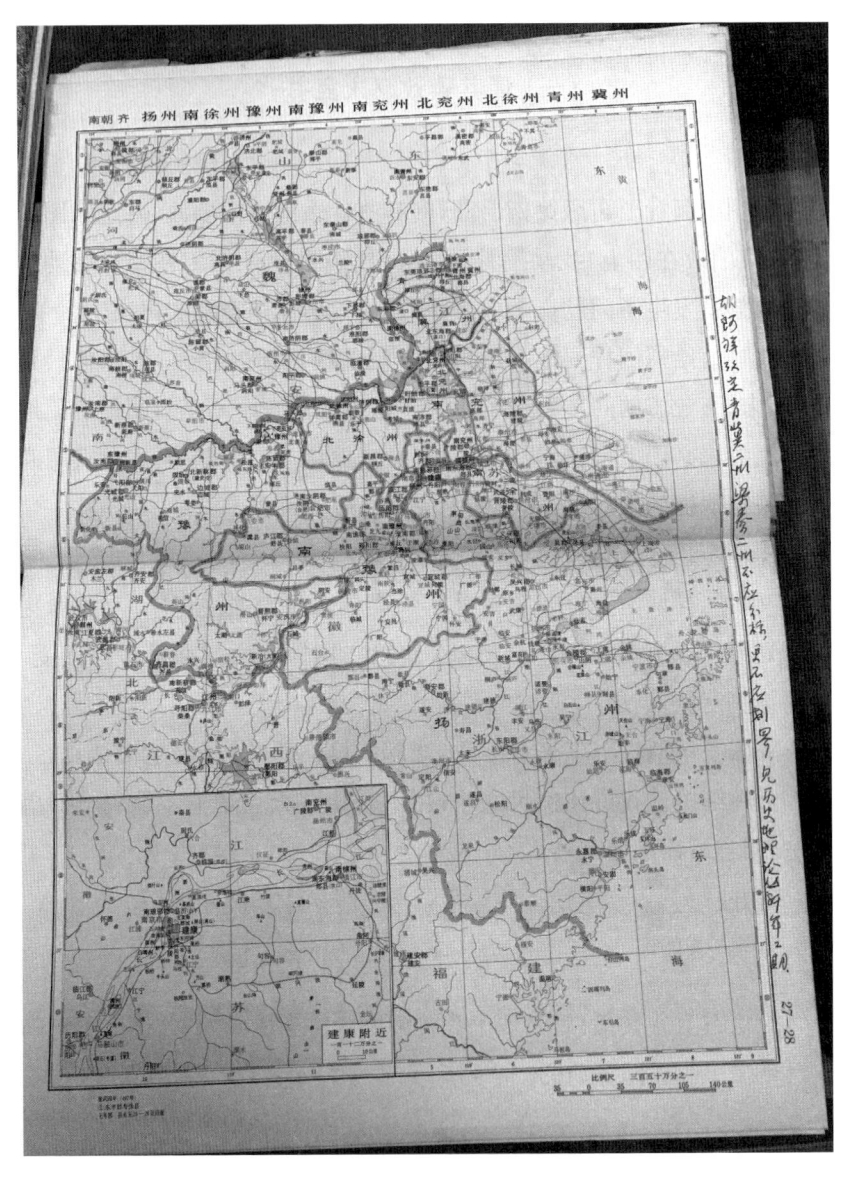

图一　谭师在《中国历史地图集》第四册上所作批注（图幅边框右列）

赵按：据我 1989 年 7 月 24 日日记谭"嘱写信给郭黎安"，8 月 7 日日记"同郭黎安信"，可见请郭黎安画图是谭先生的主意。另据我同年 11 月 18 日的日记"第四册修改再版工作一星期，今天中午交谭"，可见该信确证写于此年。先生在信中提到的胡阿祥为我校历史地理的研究生，后在南京大学工作，他专门研究南朝历史地理，提了一些意见。先生叫我择善而从，我选择一部分在图上作了修改；郭黎安也是我校毕业生，后在南京社科院工作，期间也为谭先生研究生。

胡阿祥同志提出修改意见的是指《中国历史地图集》。郭黎安参加的是社科院领导的疆域政区图，由谭先生编写目录，共一百多幅，两者不是同一部书。社科院领导的这部书，我请本所同仁分别认领编绘，当时已基本完成。我退休后，由钱林书教授接替，据他前年告诉我，现仍由社科院熟悉此项工作的同志修改，至今尚未出版。

（二）谭其骧师与笔者论双头州郡[①]

笔者讨论双头州郡的上述文字，主要部分完成于 1987 年。当时，曾交复旦大学谭其骧师、吴应寿师与北京大学周一良先生审阅，征求意见。周先生以为笔者对双头州郡的研究，"有所贡献，进了一步"，对笔者观点基本给予认同。谭师则草成《与胡阿祥论双头州郡》一文见示，除开讨论一些具体问题（如《中国历史地图集》第四册宋齐诸幅中几个双头州的标注）外，又就双头州郡概要地提出了几点看法与推论，虽有待进一步论证，但颇具启发性，今摘如下。

谭师认为："钱大昕廿二史考异释双头郡一条'双头郡者，两郡同治，一人带两郡守也……宋志所谓帖治'，作者又予以发挥：'何谓双头郡？二郡同治，置一太守，合为一行政单位，虽侈称二郡，其实一郡也。'愚以为钱氏之说未必确切，作者之发挥更属不妥。盖宋志'帖治'，未必

[①] 此则附记，选自胡阿祥著《六朝疆域与政区研究》第八章"附记"，西安地图出版社 2001 年版。

等同于齐梁之双头郡。宋志南顿帖治陈郡,新蔡帖治汝南,然志文四郡各为一目,各有属县;与南齐志之东莞琅琊二郡列为一目,且领县不分固自有别。帖治者,仅为寄其治所于邻近郡治,未必以一人兼两太守。由帖治发展为一人带两太守之双头郡,可能始于泰始失淮北之际。但即使已由一人带两太守,已成为双头郡,亦不等于'合为一行政单位,虽侈称二郡,其实一郡也'。一个政区的行政首长,不能等同于一个行政单位,行政单位是一个机构,由若干人组成之,两个单位的首长由一人兼领,不等于两单位已合而为一。齐梁时的双头郡是否已把行政机构合而为一,在未查出明确史料之前,不能下已'合为一行政单位'这样的断语。"

谭师又指出:"以晋书毛璩传载有东晋孝武太元中的谯梁二郡太守、巴西梓潼二郡太守、略阳武都二郡太守,便说此时双头郡制度推行已广,恐亦不然。宋志中此六郡各有领县,未尝并而为三,怎能说东晋时已是双头郡?愚见以为,南齐志所载东莞琅琊双头郡,见于魏书地形志的'萧衍置魏因之'十几个双头郡,所领县不分属甲属乙,这与晋江左和刘宋的以一人带二郡太守而簿籍仍分载属县显然不同。"

又吴应寿师在《东晋南朝的双头州郡》一文中,根据有关纪传记载,论证了"钱氏双头郡的解释,是正确的";严耕望先生在《中国地方行政制度史》上编卷中之上《魏晋南朝地方行政制度》第四章之(三)中定义"双头郡,即两郡联合为一单位,置一太守也"。

按在我国历史上,只有东晋南北朝存在过双头州郡。对这一特殊的地方行政设置,却一直没有较深入与全面的研究成果发表。笔者结合侨置州郡及六朝政区制度的研究,在排比、整理大量史料的基础上,对东晋南朝的双头州郡作了一些考论,许多问题尚未涉及或涉及了但未能解决,并且存在不少有争议的地方。学贵讨论,今将各家观点列出,希望能引起论争,俾使这项研究进一步深入下去。

四、卞孝萱先生与六朝文史研究[①]

2010年3月29日,"卞孝萱先生奉安故里仪式"在扬州墓园举行,"冬青书屋同学会"敬撰之"故南京大学教授卞孝萱先生墓碑文"有云:

> 先生讳孝萱谱名敬堂晚号冬青老人仪征卞氏生二月而孤母取佣以给从人学字归以课子画荻新篇播在人口先生养亲以志遂自砺向学终生不辍先生治学以实事求是为宗以知人论世文史互证为法以圆通广大为归著述等身教泽周徧卓然为一代宗师

先是,先生弟子赵益博士主笔之墓碑文尚有"用志高德敢告后世"之如次文字:

> 始祖卞壸晋侍中骠骑将军开府仪同三司破家为国守死勤事谥曰忠贞瓜瓞至清卞士云卞宝第两世开府复为海内甲族先生其支也
> 先后受知于金毓黻范文澜章士钊三先生复从民初诸老辈游转益多师……毕力于著述凡四十余种都数百万余言冒叔子孝鲁赠诗有曰老阮诸刘俱往矣觥觥一士又仪征先生为世见重如此

卞孝萱先生(1924年6月20日—2009年9月5日)之家世、生平、学行之大者,于此可见矣。

[①] 原刊《古典文献研究》第二十七辑上,"卞孝萱先生诞辰一百周年纪念专辑",凤凰出版社2024年版。

又 2010 年 9 月 19 日,南京大学文学院、南京大学古典文献研究所、凤凰出版社、江苏省六朝史研究会共同发起召开"卞孝萱先生学术思想研讨会",诸位致辞者所涉主题,有周勋初之南京大学"两古专业"(中国古典文献学、中国古代文学)建设、孙永如之冬青书屋弟子培养、李凭之魏晋南北朝史研究、韩升之唐史研究、张伯伟之唐传奇研究、朱炳国之家谱研究、丁骏之郑板桥研究、许结之桐城派研究、汤勤福之书院研究、廖进之国学研究、邱敏之江苏省六朝史研究会、张清华之中国唐代文学学会韩愈研究会、雷恩海之《中华大典·文学典·隋唐五代文学分典》、蒋广学之《中国思想家评传丛书》、姜小青之古籍整理、于景祥之传统文化出版、郑绍平之卞师与缪钺交往、李菁之卞师与厦大文史学科交流、张强之霍门(霍松林)与卞门交游、赵昌智之扬州家乡情结、武黎嵩之晚年访谱回忆,笔者之卞师游历影像讲解,如此等等,于是卞先生之研究领域、学术贡献、奖掖后进,亦可略知大概矣。

值此纪念卞师诞辰百年之际,笔者不揣浅陋,谨述卞孝萱先生在六朝[①]文史研究方面的功绩,以寓感怀师恩之意。

(一) 前后勾连,探赜索隐

检《卞孝萱先生要著编年》[②],在 1987 年发表《试论六朝的历史地位》[③]专文之前,卞先生的主要学术领域集中在唐代文史、扬州八怪。前者,当与 1960 年代卞先生协助范文澜撰写《中国通史简编》第三编第二册,受命收集、整理唐代经济与文化史料,起草"唐朝的史学、科学、艺

[①] 本文所述"六朝"多指"南六朝",间涉"北六朝"。按"南六朝"为孙吴、东晋、宋、齐、梁、陈的合称,"北六朝"为曹魏、西晋、北魏、北齐、北周、隋的合称。详参胡阿祥:《六朝文化研究刍议》,《东南文化》2009 年第 1 期。

[②] 胡阿祥:《卞孝萱先生要著编年》,《淮阴师范学院学报》2003 年第 3 期。此文曾经卞先生审阅。

[③] 《南京教育学院学报》1987 年第 2 期,"六朝史讲座专辑"。

术"一节等积累有关;后者,卞先生本是扬州人,自述"出生于一个破落的书香之家",扬州书画收藏之风亦盛,所以自小便培养起对书画艺术的兴趣。① 而与六朝时代有关的论文,目前可知的第一篇是《关于北朝、隋、唐的"道"》(《南开大学学报》1977年第6期),该文的问题意识来自"现有字典、词典的错误",认为分"道"其实不始于唐朝,"道"也不仅是行政区域的名称,如以北朝论,通过辨析《魏书》《北齐书》《周书》《隋书》《元和郡县图志》的相关记载,即可判断"道"有临时的军事区域、临时的监察区域、临时的军事区域兼监察区域三种性质。按此关乎唐道、宋路的来源与演变,实为所系匪浅的重要关节。

卞先生重视史事之追源溯流的治学取向,在他"全面进攻"、卓尔不凡的中唐刘禹锡、元稹的研究上,表现尤为突出。如1963年出版的"成名之作"《刘禹锡年谱》(中华书局上海编辑所),卞先生自述"最得意的地方":

> 我从北朝民族融合的背景入手,考出刘禹锡为匈奴族后裔,其祖先随北魏孝文帝迁都,加入洛阳籍。又从唐朝安史之乱时北方人口南迁的背景,考出刘禹锡出生于苏州地区。此观点一出,立即为刘大杰、钱仲联诸先生所肯定,王仲荦先生也欣赏这个考证成果,赞云"不易破也"。

1980年出版的"又一力作"《元稹年谱》(齐鲁书社),卞先生自述"研究心得":

---

① 据邵文实《"在人虽晚达,于树似冬青"——卞孝萱教授访谈录》(《文艺研究》2007年第1期),卞先生自述:"当时扬州书画收藏之风很盛,大街小巷有许多裱画店。在装裱过程中,需将书画粘于板上晾干,装裱的书画不断更换,每个裱画店都无异于一个不断更新的画展。我小时候出门上街,喜欢在这些裱画店前浏览,遇到不懂之处,便回家查书或请教于人,因而从小培养了对书画艺术的兴趣。"

我经过潜心研究,考证出元稹家庭真相,他是没落的鲜卑贵族之后,出生于一个父老母少家庭,父死姊嫁后,不容于异母兄,与寡母流落到凤翔,过着颠沛流离的生活。这对元稹思想和性格的形成,产生了重要影响。①

以上关于刘禹锡、元稹之家世、出身的考证,取用了自传、正史、碑铭、地志、诗文、姓氏书等多类史料,参酌了姚薇元《北朝胡姓考》、岑仲勉《唐人行第录》、陈寅恪《元白诗笺证稿》等前贤成果,既多刊误正谊,证据链亦称严密;而就研究思路言,更与陈寅恪治中古史总将人物与事件置于社会、历史、文化、传统四大背景下考察,诸如"研究当时士大夫之言行出处者,必以详知其家世之姻族连系及宗教信仰二事为先决条件",②"魏、晋、南北朝之学术,宗教皆与家族、地域两点不可分离"③云云,款曲相通。须知《刘禹锡年谱》创稿时,卞先生还未及而立之年,则其学术感觉之敏锐,真令人咋舌也。

如果说刘禹锡、元稹《年谱》之追六朝时代,是往前勾连,则1959年卞先生发表的第一篇汉魏文史研究成果《谈蔡琰作品的真伪问题》,④除了以当时的南匈奴之历史情况、地理环境证明五言体《悲愤诗》与《胡笳十八拍》中,"凡是涉及蔡琰具体事实的句子,从被掳到回汉,几乎处处有漏洞",从而"肯定它是出于后人的假托";又往后勾连,以"南北朝的几位文学家和文艺评论家对待《悲愤诗》的态度",即"萧统编《文选》,徐陵编《玉台新咏》,都未选录《悲愤诗》;刘勰撰《文心雕龙》、钟嵘撰《诗品》,也都没有评述到它……尤其《玉台新咏》专门搜集汉、魏以来有关

---

① 邵文实:《"在人虽晚达,于树似冬青"——卞孝萱教授访谈录》。
② 陈寅恪:《陶渊明之思想与清谈之关系》,收入陈寅恪:《金明馆丛稿初编》,上海古籍出版社1980年版,第204页。
③ 陈寅恪:《隋唐制度渊源略论稿》,中华书局1963年版,第17页。
④ 收入《文学遗产》编辑部编:《胡笳十八拍讨论集》,中华书局1959年版,第227—237页。

妇女的诗歌,才女的作品更是编者所重视的,但竟未采录《悲愤诗》",从而旁证了骚体《悲愤诗》同样出于后人假托。从考证方法说,有时没有"记载"或没有"史料",也是证据,细味卞先生此文,信哉斯言!

纵向的前后勾连以外,卞先生考证史事,还擅长横向的左右顾盼。如解谜鉴真第六次东渡带到日本的王羲之真迹从何而来,既明唐玄宗时王羲之的墨迹已非常难得,又设问鉴真收藏的"王右军真迹行书一帖,小王真迹三帖"如何获得?然后从《晋书》《高僧传》《兰亭记》及相关考古资料中,梳理出清晰的线索:"王羲之晚年的活动地区,相当于唐代的浙江东道,他的墨迹必然在这一带流传较多"→"王羲之晚年与僧侣亦颇有往还……浙东一带的僧人,能得到王羲之墨迹"→"王羲之在会稽的住宅,后为佛寺。他的后裔有出家做和尚的……在浙东、西一带佛寺里,可能还秘藏着王羲之的一点墨迹"→"鉴真第二次东渡失败后,曾在明、越、杭、湖、宣州'巡游、开讲、授戒'……凭着鉴真在佛教徒中的威望,以及他与浙东佛寺主持人的师徒关系,如果这里还秘藏着一点王羲之墨迹的话,是可能赠送或出让给他的"。① 虽然,卞先生的这番考证尚有推想成分,但已在相当程度上,从虚无缥缈进步到云开雾散了。②

然则以上所举诸例,虽皆非六朝时代专文,但卞先生之谙熟六朝文史,并能纵横捭阖地驾驭各类资料,饶有发明地潜研深究,可谓了无疑义。及至1995年刊发的《〈瘗鹤铭〉之谜》③,卞先生所展现之考据功力,真冶众艺于一炉而臻炉火纯青之境界也。按拥有"大字之祖"美誉的焦山《瘗鹤铭》,由于铭文只见撰者、书者、立石者的字号(华阳真逸

---

① 卞孝萱:《鉴真东渡的物质准备》,《徐州师范学院学报》1980年第2期。
② 卞先生的相关论文,尚有《王羲之〈兰亭序〉墨迹是怎样从佛寺进入宫廷的》,收入王尧主编:《佛教与中国传统文化》,宗教文化出版社1997年版;《〈高二适与"兰亭论辨"〉序》《回顾1965年的"兰亭论辨"》,皆收入万门祖、言恭达主编:《高二适与"兰亭论辨"》,中国文史出版社2006年版。
③ 南京大学古典文献研究所编:《古典文献研究(1993—1994)》,南京大学出版社1995年版。

撰，上皇山樵人逸少书，牟山征士、丹杨外仙尉、江阴真宰立石）而未见姓名，只见干支（壬辰岁、甲午岁）而未见朝代，所以书者究竟是谁，历来众说纷纭。如唐代孙处玄认作东晋王羲之，北宋黄伯思认作南朝陶弘景，尤其陶弘景之说，明清学者多有赞附。卞先生"从鹤与文学、碑版署名、干支纪年、文章内容、书法风格五个方面，对流传的王羲之、陶弘景、隋人、颜真卿、顾况、皮日休、王瓒七说，进行审核，纠其讹误，补其阙漏，提出新说"。以言"鹤与文学"，指出"虽然谈鹤的文学作品多得可以汇集成一部书，但却找不到唐朝以前有瘗鹤刻铭的迹象"，"主张《瘗鹤铭》是王羲之书、陶弘景书的人，既未考虑东晋、南朝萧梁有无瘗鹤刻铭的风俗，更未考虑王、陶是否爱鹤……把瘗鹤刻铭的举动，强加于爱鹅的王羲之，养白犬、白鸡的陶弘景，是难以自圆其说的"；以言"碑版署名"，强调"华阳真逸"、"上皇山樵人逸少"都是完整的别号，不可如欧阳修之视"华阳山人"顾况、黄伯思之视"华阳隐居"陶弘景为"华阳真逸"，蔡绦之陶弘景"号华阳真人，晚号华阳真逸"更属错误与捏造，又"王羲之、皮日休都字逸少，但都无'上皇山樵人'之称。丢掉'上皇山樵人'，只用'逸少'进行猜测，当然是徒劳的"，至于清人吴东发将华阳真逸、上皇山樵人逸少、牟山征士、丹杨外仙尉"一齐加在陶弘景头上……是猜测《瘗鹤铭》署名之谜的最武断者"；以言"干支纪年"，对照东晋、梁朝、唐朝凡五对壬辰岁、甲午岁与王羲之、陶弘景、颜真卿、顾况、皮日休之行踪，皆难符合，隋朝则无壬辰、甲午纪年；以言"文章内容"，或其语不类晋人、"雷门去鼓"典故已在王羲之卒后，或口吻与陶弘景身份不合，或养鹤之地、葬鹤之所、鹤之年寿等与皮日休《华亭鹤》诗题、诗句不符；以言"书法风格"，广征各家意见，既否定了东晋南朝之说，又倾向于中晚唐时代，并作出如黄庭坚"主张此《铭》是王羲之所书，是为了表明自己的书法渊源，抬高自己的书法地位"等有趣判断。文章最后结论：

  《瘗鹤铭》的产生，应在受李观、韩愈瘗砚撰铭之影响而出现了皮日休瘗鹤撰铭之后，应在颜真卿新体书法风行之后，应在古文运动取得胜利之后。撰者、书者、立石者是几个普通的修道之人,没有留下真实姓名。

……焦山《瘗鹤铭》唐末才产生,所以东晋、萧梁、隋、唐人未提到它。经过五代乱世,到北宋才大显。北宋距唐末不远,所以石刻如新。

卞先生的《〈瘗鹤铭〉之谜》,以开阔的视野而纵横贯通,以丰厚的学养而左右逢源,堪称追慕乾嘉诸老的考据经典。犹忆当2001年此文入选《二十世纪中国文史考据文录》①时,卞师"笑靥如花",对笔者直称复旦大学傅杰老师真有眼光;2009年7月,笔者又征得卞师同意,将此文选入《中国古代史研究导引》②,寄望诸生"细细品味与学习"。而笔者至今难忘的情景,如2009年8月15日日记所记:

下午从丹阳回,即电话卞师,问候身体状况,师云非一言可明,约我有时间去家,谈近期与远期安排,我感觉有些不对劲,晚上即与夫人来到师家……先生之近期安排、远期安排,已有交代后事的意思,心中凄切。近期安排:新国学三十讲,卞师负责的20讲,仍由卞师约稿,而审稿由我负责;瘗鹤铭作者与年代的考证,发现了新证据,拟完成再考瘗鹤铭短文,此后即封笔;把刘禹锡研究会成立起来,放在连州。远期安排:等到身体真有问题,召集冬青书屋同学会同学,先生口述诸事、治学感言、来不及完成而寄望诸位同学的研究课题;择墓的想法,回到扬州;关于编、出卞孝萱集……

卞师所交代的诸事,后来冬青书屋同学会并配合卞师家人,多已落实,

---

① 傅杰编:《二十世纪中国文史考据文录》,云南人民出版社2001年版。
② 范金民等编著:《中国古代史研究导引》,"大学研究型课程专业系列教材",南京大学出版社2011年版。

惟"口述"云云，天不假年，未能圆满。① 而关于《瘗鹤铭》作者与年代的考证，卞师究竟发现了什么新证据，在当时情景下，笔者未及详询，于是卞师计划中的《瘗鹤铭》"封笔"之作，遂成永远无法弥补的遗憾了。

相对于近代碑传、唐代文史、扬州八怪、国学大师、家谱研究皆有著作、颇富论文来说，卞先生在六朝领域未见专著，考证性质的论文也并不多。然而卞先生的探赜索隐之功、模范表彰之旨，仍在在有可称美者，再举三例如下。

例一，《〈钟氏族谱〉钟嵘序辨伪——从伪序看文化转型》②。

此文本是卞先生给《许昌学院学报》顾问谢文学的回信。1985年始，《许昌学院学报》开设"魏晋史研究"专栏，2000年始，开设"钟嵘与《诗品》研究"专栏，卞先生都多有襄助。在发表于1998年的《〈钟嵘年谱〉序》(《殷都学刊》1998年第1期)中，卞先生既表彰谢文学所撰《钟嵘年谱》为"具有四长"的"佳谱"，又结合自身家世，言及济阴冤句卞氏与颍川长社钟氏的一段"佳话"：

> 《诗品》称齐绥建太守卞彬、齐端溪令卞铄为"二卞"，评"二卞诗，并爱奇崄绝。慕袁彦伯之风。虽不宏绰，而文体勦净，去平美远矣"。寒家本济阴冤句(今山东荷[菏]泽市西南)人，避乱渡江，仕于东晋南朝，《晋书·卞壸传》《南史·儒林传、文学传》的记载，可以为证。宗谱亦存，世系可考。孔融、李膺因孔子、老子关系而"奕世为通好"，则寒家与长社钟氏未尝不可因"二卞"与钟嵘而称为累世通家也。所以，我愿为《钟嵘年谱》撰序，以续卞、钟两姓旧谊。

---

① 据卞孝萱口述、赵益整理的《冬青老人口述》(凤凰出版社2019年版)"说明"："2006年年初，南京大学古典文献研究所商请卞孝萱先生作'口述历史'，同时兼作博士诸生讲义，卞先生欣然同意……先生于当年春天开讲，共讲九次后暂告结束……因先生遽尔仙逝，仅仅达成计划的十分之一而已。"

② 《吴文化博览》2007年第5—6期，"六朝历史与吴文化转型高层论坛"论文专辑。

四、卞孝萱先生与六朝文史研究　289

至于《辨伪》的缘起，则是谢文学"从泰和三塘《钟氏族谱》中看到一篇署名钟嵘的序，复印邮示，请我鉴别真伪"。卞先生先据清钞本《颍川郡钟氏族谱》卷首《总序》"裔等追维家谱纂于南宋"，判断"钟氏家谱纂于南宋，可见原有家谱散轶了。假设钟氏旧谱中有钟嵘序言，也一同散轶了"，所以"泰和三塘《钟氏族谱》中的钟嵘序言，来历不明，不能轻信"。再层层推进，揭示这篇序言的"伪造痕迹"：其一，"梁大通二年岁次戊申嗣孙嵘序"，与钟嵘生平不合；其二，"传至伯州犁仕楚为大夫"、"因地受氏，则钟离眛也"，伯宗、州犁本为父子二人，钟离眛误为钟离眛，都与钟嵘家世不合；其三，"其间为儒、为宦、为士大夫、为素封者，累今相继"，"素封"不符合非常重视门第的钟嵘的思想实际；其四，序中提及的"子寿"（张九龄）、"道济"（张说）、"元振"（郭元振）、"正伦"（杜正伦），"四位唐朝人，怎么可能出现在钟嵘的笔下"？而这篇序言之"文笔拙陋，大大玷污了钟嵘"，更不待言。"辨伪"既毕，卞先生又殿以点睛之笔："考出这篇序言是伪作，不等于它毫无价值……它是六朝的伪材料，却是宋以后的真材料。它所反映的是无身份性地主的社会地位提高之后人们的思想意识，能看出封建社会地主阶级内部结构变化——文化转型的迹象。"前述卞先生《谈蔡琰作品的真伪问题》《〈瘗鹤铭〉之谜》，以及本文未及讨论的卞先生《〈陋室铭〉非刘禹锡作》（《文史知识》1997年第1期）、《柳宗元佚文〈谱牒论〉系伪作》（《寻根》2006年第2期）等辨伪文，也可作如是观吧。而论其在文献学上的意义，则不仅为诸如明人胡应麟"辨伪八法"、近人胡适"审定史料之法"[①]等加上了鲜活的注脚，也辩

---

① 胡应麟之"辨伪八法"为"核之《七略》，以观其源"、"核之群志，以观其绪"、"核之并世之言，以观其称"、"核之异世之言，以观其述"、"核之文，以观其体"、"核之事，以观其时"、"核之撰者，以观其托"、"核之传者，以观其人"；胡适之"审定史料之法……大概可分五种"，即史事、文字、文体、思想、旁证。参考杨绪敏：《辨伪学》，收入卞孝萱、胡阿祥主编：《国学四十讲》，湖北人民出版社2008年版，第57—58页。

证地警醒我们"伪材料亦有时与真材料同一可贵"①。

例二,《卢弼与〈三国志〉集解》②。

卞先生交游广泛,且多交游耆望宿儒,故有《现代国学大师学记》宏著。是书"不蹈空言,不因成说","不拘一格","独抒心得","用材料说话",材料又尤多"独家秘籍"。即以书中所收有关六朝文献的此篇来说,卞先生自陈:"卢氏曾赠我《卢慎之自定义年谱》《慎园文选》《慎园诗选》以及《卢木斋先生年谱》《卢木斋先生遗稿》等未公开出版的油印品。当时印数很少,经过四十余年,已是罕见之物。我根据这些珍贵的第一手资料,撰成此篇。"文中既述卢弼家世、生平、编书刻书著书等,其中颇见学界掌故,如卢弼初拟为《水经注》作疏,"搜集各本郦注,及参考书数十种",后"尽卖归北大图书馆",卞先生在此点明:"卢弼售与北京大学图书馆的这部分书籍,对于治《水经注》的前北大校长胡适,起了作用";复就《三国志集解》的草创权舆、踵续前贤、著述条件等,考说始末,而尤为详尽者,则在"从校勘、注释两方面评述《集解》的业绩"。如述校勘业绩后,引吴金华《三国志丛考》之语,表示所见略同:"中华书局出版的陈乃乾校点本《三国志》就因为没有充分利用《集解》而存在一些问题,此后出版的一部部《三国志》今注今译本,也因为利用不足或运用失误而出现形形色色的问题。"又述注释业绩,既遗憾"《集解》未附录'引用书目',引书时一般只标作者姓名,而不标书名篇名(个别的除外),读者感到查检不便",也以曹操是治世(清平)的"能臣"还是"奸贼"为证,肯定"卢弼兼注《三国志》正文和裴注,是必要的,不是多余的";既从卢弼曾受教于杨守敬、长于地理学,赞美《集解》中"考沿革、释今地两个带全局性的问题",可谓"精义纷呈",也以貂蝉、感甄赋、孙权进妹、孙夫人、绸缪恩纪、单福、"既生瑜,何生亮"、桃园结义、张翼德、落凤坡、"铜雀春深

---

① 陈寅恪:《冯友兰中国哲学史上册审查报告》,收入陈寅恪:《金明馆丛稿二编》,上海古籍出版社1980年版,第248页。

② 收入卞孝萱:《现代国学大师学记》,中华书局2006年版,第280—314页。

锁二乔"、周瑜上疏诸例,检讨《集解》对于后世小说戏曲中的真假虚实,"略有涉及,未深究",对于"前人著作中有疏舛者,《集解》引用时,未辨析"。然则通读卞先生此文,就如笔者,不仅悉知卢弼其人之故实、《三国志集解》其书之价值,而且越发感叹治史的辛苦,盖考据作为治史的基础,不仅要读书、用书,还要知书、疑书,举凡版本、校勘、训诂、传注,乃至知人论书、知书论学等等,都属读书、用书的前提,非如此,则有失严谨,算不得高明。卞先生《现代国学大师学记》表彰"现代中国学术之前驱"的十二位国学大师,"谨遵薪火相传之义,旨在从国学大师的治学方法中吸取营养,重在继承"①,真是美哉斯义与斯旨!

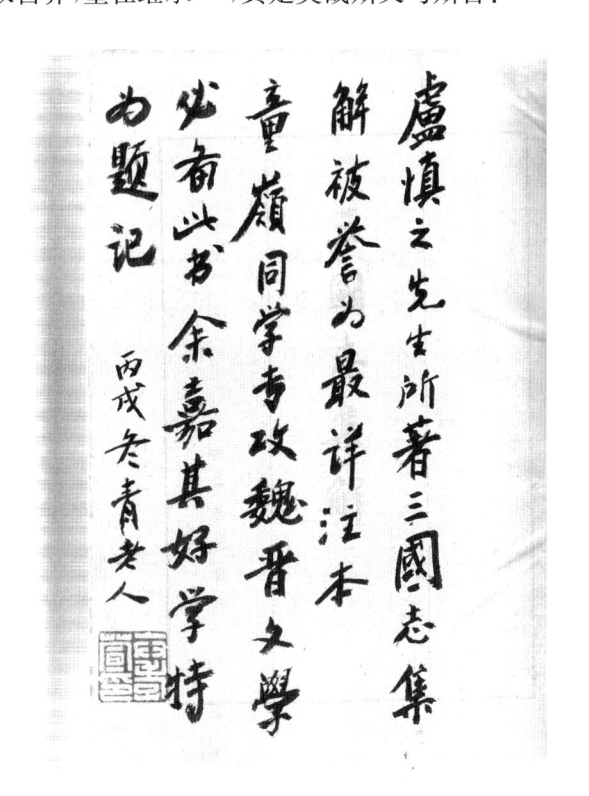

图一　卞先生为童岭所藏《三国志集解》题签(2006年)

---

① 卞孝萱:《现代国学大师学记》,"前言",第1页、第3页。

例三,《陈武帝"汉高、魏武之亚"、"无惭权、备"驳议——宋、齐、梁、陈四帝简论之一》①。

如卞先生这样经历时代巨变的前辈大师,著书作文,往往寄寓深远,考据、辞章以外,亦有义理、经济(经世济用)存焉。回想2003年年底,笔者接受《南京晓庄学院学报》之约,主持重新开设的"六朝研究"专栏,首期专栏即得卞师所赐此文,幸何如之。此文篇幅不长,才四千余字,然其立意之宏大,谓为笼罩了"上下五千年"的中华史,应非过誉。文章以《陈书》中两个针锋相对的史论,即《陈书·高帝纪》陈吏部尚书姚察评陈霸先"盖汉高(刘邦)、魏武(曹操)之亚矣"、《陈书·后主纪》唐史臣侍中、郑国公魏征评陈霸先"足以无惭权(孙权)、备(刘备)矣"起势,结合"具有极为重要的政治意义"的正统、闰位、僭伪等概念②的分析,既定性姚察、魏征的比喻"皆不恰当",又赞同王夫之"陈高非忠于萧氏,而保中国之遗民,延数十年,以待隋之一统,则功亦伟矣哉"、吕思勉"陈武诚文武兼资,不世出之伟人哉……陈氏开创之艰难,实十倍于宋、齐、梁三朝而未有已也"的认识,盖"生活在民族矛盾尖锐时期的史学家,如王夫之、吕思勉,才能充分认识陈霸先抗击异族、保卫汉族政权的历史功绩":

> 生活在满清灭明、"天崩地解"之时的王夫之,是一位具有强烈爱国主义精神的志士和史学家……王夫之以无比崇敬的心情,歌颂陈霸先击退北齐之南侵、"保中国之遗民"的丰功伟绩。他反对以后梁(鲜卑贵族宇文氏所立的傀儡政权)"统陈",也是民族大义

---

① 《南京晓庄学院学报》2004年第1期。相关文章尚有卞孝萱《陈王朝与天台宗——为"帝乡佛国"作》(《南京晓庄学院学报》2006年第3期),此文专为"陈武帝崇尚佛教,并为其子孙文帝、废帝、宣帝、后主所效法,尤以扶植天台宗为中国佛教史上之大事"而作。

② 参考胡阿祥:《理解"正统":魏晋南北朝历史的密钥》,《中华瑰宝》2021年10月号。

的表现。

《两晋南北朝史》作于太平洋战争爆发后、吕氏回故乡"隐晦"时。他晚年在"自述"中,自评此书"表彰抗魏义民,表彰陈武帝……皆佳"……身居沦陷区的吕氏,高度评价陈霸先"克敌卫国","有存亡绝续之功",显然是出于激扬民族主义的爱国情怀。

2009年5月底,因为常州武进、镇江丹阳争执孰为齐梁帝王故里,时任江苏省六朝史研究会会长的笔者,应常州方面的邀请,陪同卞孝萱、许辉、邱敏前后三任会长以及李天石副会长、胡晓明副秘书长前往常州实地考察。犹记5月31日拜谒吕思勉故居的那刻,卞师对着诚之先生铜像三鞠躬,然后久久凝视,再题词"高山仰止"四个大字。这是卞师生前最后一次为了六朝学术的出行。卞师"高山仰止"着他景仰的吕诚之先生,也正如我辈"高山仰止"着敬爱的卞先生吧!

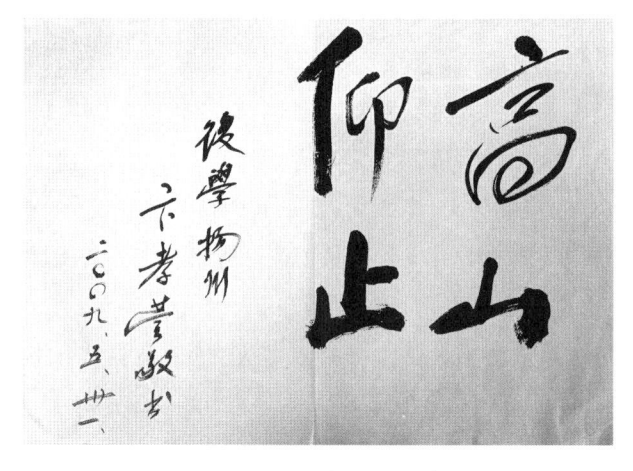

图二　卞师为吕思勉先生敬题"高山仰止"

(二) 殚精竭虑,沾溉深远

上节开头,笔者即提到卞先生1987年发表的《试论六朝的历史地位》专文,并略以此文为分界,阐述卞先生关涉六朝文史的前后勾连、探赜索隐。笔者何以如此布置呢?盖此文之前,卞先生的六朝探索多为唐代文史研究的"副产品";而此文之后,类似的"副产品"虽仍在持续且后出转精,但更丰富的成果,还在擘画宏图、指引途径。为什么会有这样的"转型"?卞先生在接受弟子邵文实博士的访谈时即谈及其中的缘由:

> 邵文实:先生至南京工作后,除了继续潜心研究唐诗、唐传奇外,还做了一项非常重要的工作,就是呼吁关注六朝史研究,倡导成立江苏省六朝史研究会。你这样做是出于什么想法呢?
> 卞孝萱:由于各种原因,虽然南京是六朝古都,但一般人对六朝历史文化知之甚少。我认为应该改变这种状况,应该宣传、研究六朝历史文化。在多方努力下,1985年,江苏省六朝史研究会得以成立,我担任研究会会长十年,现仍为名誉会长。
> 邵文实:学会在大力推进六朝历史文化的学术研究方面做了哪些工作?
> 卞孝萱:一是酝酿、筹划编纂《六朝丛书》,目的是立足南京,面向全国,面向海外,依靠专家学者,组织广泛的社会力量对六朝史进行多渠道、多层次、多方位、多形式的研究和论述。1992年底至1993年初,《六朝丛书》第一批书籍由南京出版社正式推出。1996年,又由黑龙江教育出版社出版了《六朝文学丛书》八种。另外还有一项重要的工作就是着力培养新人,使学会保持较强劲的学术活力。①

笔者不知卞师谈及上引话题时的表情。如果换作是笔者与弟子对谈,应该沉重多过愉悦,毕竟那是何等的殚精竭虑。作为亲历者,1991年始,笔者参加了江苏省六朝史研究会的历届年会,后又历任江苏省六朝

---

① 邵文实:《"在人虽晚达,于树似冬青"——卞孝萱教授访谈录》。

史研究会的副秘书长(1993年始)、秘书长(1996年始)、副会长兼秘书长(2001年始)、会长(2008年始),直到2019年"荣升"名誉会长。由于六朝史研究会不收会费,又每年召开规模不小的年会,年会上还总是送些专门制作的"纪念品"、现在称为"伴手礼",所以经费一直艰困。早年,江苏省社科联每年拨付的一两千元自是不敷支出,于是日常的办公费用多由卞师与笔者自行解决,年会费用不足时,也多由卞师与笔者补贴,前前后后,各自贡献的稿费(如2001年《六朝文化》、2008年《国学四十讲》的稿费)大概就有两三万吧。而如此办会导致的结果之一,竟是换届审计时颇添麻烦,因为审计事务所不相信还有"自掏腰包"办会的"傻子"。

卞先生是江苏省六朝史研究会的发起人、奠基者、学术领袖、精神象征。1984年,卞先生应南京大学中文系之聘,从北京民建中央移砚南京大学工作。来宁伊始,卞先生即深感南京作为六朝古都,江苏作为六朝京畿,应该大力开展六朝研究,而团结高校、科研院所、文博考古单位、方志部门的志同道合者,成立研究会,也是亟待着手的大事。于是经过卞先生与蒋赞初(南京大学历史系)、孟昭庚(南京大学历史系)、罗宗真(南京博物院)、许辉(江苏省社会科学院历史研究所)等精心筹备,1985年11月21日,江苏省六朝史研究会成立大会在南京大学图书馆会议室隆重召开,武汉大学唐长孺教授、厦门大学韩国磐教授等莅临大会并作学术讲演。随后,在青岛路南京军区后勤部招待所,与会代表经过充分酝酿、民主协商,选举产生了研究会的工作班子:会长卞孝萱,秘书长许辉,常务理事卞孝萱、刘希为(徐州师范学院历史系)、许辉、何荣昌(苏州大学历史系)、孟昭庚、罗宗真、蒋赞初,并聘唐长孺为名誉会长,刘毓璜(南京大学历史系)、姚澄宇(南京师范大学历史学)任顾问。从此,江苏地区以及临近江苏的安徽马鞍山、浙江长兴等地从事秦汉魏晋南北朝隋唐研究的多数学者,在江苏省六朝史研究会的旗帜下,在以卞先生为首的老前辈的带领下,将六朝史乃至中古史的研究推入了新阶段。

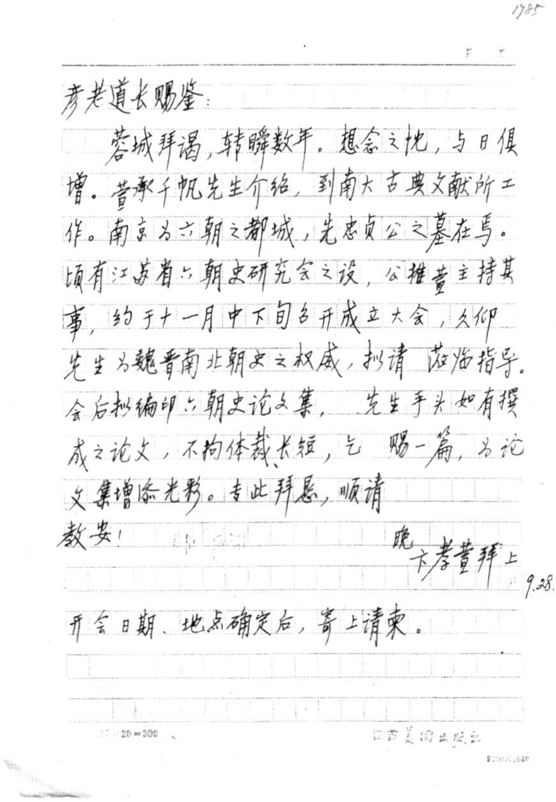
1985

彦老道长赐鉴：

蓉城拜谒，转瞬数年。想念之忱，与日俱增。昔承千帆先生介绍，到南大古典文献所工作。南京为六朝之都城，先忠贞公之墓在焉。顷有江苏省六朝史研究会之设，公推萱主持其事，约于十一月中下旬召开成立大会，久仰先生为魏晋南北朝史之权威，拟请莅临指导。会后拟编印六朝史论文集，先生手头如有撰成之论文，不拘体裁长短，乞赐一篇，为论文集增添光彩。专此拜恳，顺请

教安！

晚　卞孝萱拜上　9.28.

开会日期、地点确定后，寄上请柬。

20×20=300　江苏美术出版社

图三　卞先生致缪钺先生函（1985 年 9 月 28 日）

从 1985 年六朝史研究会成立到 2009 年卞先生辞世，卞先生作为六朝史研究会的会长（1985—1996 年）、终身名誉会长，总是喜欢张罗大事、习惯提携会员，又除非特殊情形，还做到了有会必到、到会必致辞、致辞必呼吁、呼吁必求落实。卞师常对笔者说，中国唐代文学学会韩愈研究会与江苏省六朝史研究会是他爱宠的一对儿女，嘱笔者也要用心尽力。而归纳卞先生之于六朝史研究会有目共睹、无出其右的学术贡献，举其荦荦大端，这里略言三个方面。①

① 参考邱敏：《殚精竭虑，惨淡经营——记卞孝萱先生与江苏省六朝史研究会》，收入冬青书屋同学会编：《庆祝卞孝萱先生八十华诞——文史论集》，江苏古籍出版社 2003 年版，第 9—15 页。

其一，大力呼吁客观公正地评价六朝的历史文化地位。

六朝历史文化之不容忽视，今天已经不言而喻。然而自上世纪五十年代以来的近半个世纪里，"学界"加诸孙吴、东晋、宋、齐、梁、陈之六朝身上的评价，总体而言是负面的。如视六朝为战乱相寻、政治腐败、割据偏安、国运短促、文化消极、思想萎靡等等的黑暗、倒退时代。又如据1954年毕业于南京大学中文系的周勋初回忆："学习文学史而进入魏晋南北朝阶段，犹如进入黑暗时期一样。老师讲到左思《咏史诗》中'世胄蹑高位，英俊沉下僚。地势使之然，由来非一朝'这几句时，总要对这种社会现象大加批判，同学听后也无不义愤填膺。王谢高门，最易遭到挞伐。高等院校中每次搞大批判，常把谢灵运拉出来痛骂一顿，什么生活腐朽，作品形式主义严重等等，当时的古代文学论文中常见这种论调。"①至于学界以外的社会人士，哪怕就在南京、在江苏，也对六朝知之甚少，很不了解。

面对这样的尴尬局面，1986年卞先生利用南京教育学院组织全市中学历史教师进修的机会，安排了六朝史系列讲座，设坛开讲或提供讲稿的学者与讲题，有卞先生的"试论六朝的历史地位"、蒋赞初的"长江中游地区六朝考古的重要发现"、罗宗真的"六朝文物与六朝史"、许辉的"从长江流域经济的发展看魏晋南北朝的历史地位"、简修炜（华东师范大学历史研究所）的"六朝时期劳动者阶层结构略论"、孟昭庚的"六朝门阀士族评述"、黄佩瑾（苏州铁道师范学院历史系）的"略论王导"、孙述圻（南京大学外国学者留学生研修部）的"六朝佛教概说"、邱敏（南京教育学院历史科）的"六朝目录学的发展"。后来，这些讲稿汇编为《南京教育学院学报》1987年第2期"六朝史讲座专辑"，广为散发，甚获好评，一些海外学者与研究机构也不断来电来函索要，可见影响之广泛。又据邱敏回忆，六朝史研究会成立之初的那几年，卞先生满怀热

---

① 周勋初：《六朝江东士族的家学门风》"序"，南京大学出版社2003年版，第1—2页。

情,以高度的责任感,逢会必讲六朝的重要,一再申论其师范文澜先生的观点:"在东晋南朝时期,长江流域开发出来了,使隋唐封建经济得到比两汉增加一倍的来源;文化事业发展起来了,使隋唐文化得到比两汉提高一层的凭借。东晋南朝对历史是有贡献的,不能因为政治上是偏安,轻视它们的贡献","北方承认南方文化为华夏正统,不仅音乐一端。所以,军事上北朝战胜南朝,文化上则是南朝战胜北朝",云云。然则通过卞先生的不断呼吁,正确认识六朝、客观评价六朝的趋势,在学界乃至社会层面,可谓日渐明显。

其二,强力推进六朝学术著作的出版。

卞先生常常教导我们,研究会的使命,一在"会",由"开会"而"会面",二在"研究",即做学术研究。就"会"来说,江苏省六朝史研究会坚持年会制度,每年独立或联合召开一次较大规模的研讨会,其中还不乏全国性或国际性的大型研讨会。由此,六朝史研究会与中国魏晋南北朝史学会以及日、韩、美、德等国学者建立了密切的联系。就"研究"来说,不仅每次会议都确立一个中心议题,求真求实,不务空言,而且屡次由卞先生牵头、以六朝会会员为主力,承担科研项目、出版学术著作。最典型的案例如《六朝文化》。1997年10月,得益于卞先生的声望,六朝会承担了江苏省社科联重点委托课题"六朝文化"。经过六朝会内外三十余位学者三年的劳作,2000年10月完成了近80万字、包括"基础研究编"十章与"应用开发编"七个专题的《六朝文化》书稿,并于2001年由江苏古籍出版社出版。犹记在书稿总体规划、分头撰述、修改统稿的过程中,卞先生数次召集三位主编来家商谈,叮嘱务必避免"众手修史"容易产生的弊端,并以"文章千古事"相勉励。而该书出版后所获荣誉,似也未多辜负卞先生的期许。杨英《2001年魏晋南北朝史研究综述》(《中国史研究动态》2002年第5期)评价:"许辉、邱敏、胡阿祥主编的《六朝文化》(江苏古籍出版社),运用了大量的考古资料、方志笔记等,并吸收天文、地理、建筑、艺术等多种成果,是近年来六朝史研究内容最全面的著作。"2003年12月,《六朝文化》又获"2001—2002年度江苏省哲学社会科学优秀成果一等奖"。

言及卞先生之推进六朝学术研究,还不能不提颇多坎坷、转过几家出版社的"六朝丛书"。先是 1991 年,卞先生争取到南京市出版局局长、南京出版社社长张增泰的支持,成立了《六朝丛书》编委会,并规划丛书暂定八十种,"估算总字数在一千万以上",分为学术编、知识编、文献编,学术编对标富有学术价值的专著,知识编侧重深入浅出、可读性强的作品,文献编则在整理古籍、图谱、文物等资料。邱敏回忆:"那段时期,先生为之几乎倾注全部精力,拟选题、请作者、审初稿,还要与出版社进行联系、交涉,并请当时尚健在的国务院古籍整理出版规划领导小组组长匡亚明前辈为丛书题签。"1992 年底到 1993 年初,卞先生主编的《六朝丛书》第一批五种四册,即卞敏《六朝人生哲学》、吴功正《六朝园林》、孙述圻《六朝思想史》以及邱敏点校《南朝史精语》、巩本栋点校《南史札记》合册,由南京出版社陆续推出。此后,因为出版局、社人事变动,已交付的书稿无法落实出版,卞先生忧心如焚、四处奔波,1994 年才得以在南京大学出版社又出罗宗真《六朝考古》一册。再后,卞先生甚至与远在两千公里外的黑龙江教育出版社取得联系,1998 年到 1999 年出版了颇具规模的《六朝文学丛书》两批八种,即范子烨《〈世说新语〉研究》、赵以武《阴铿与近体诗》、丁福林《东晋南朝的谢氏文学集团》、王琳《六朝辞赋史》、王云路《六朝诗歌语言研究》、罗国威《敦煌本〈昭明文选〉研究》、程章灿《世族与六朝文学》、刘跃进与范子烨编《六朝作家年谱辑要》。在写于 1997 年 4 月 1 日的《六朝文学丛书》"总序"中,卞先生由衷致敬黑龙江教育出版社:

> 在商品经济大潮一浪高过一浪之今日,他们以远见卓识,在白山黑水之间,兢兢业业,辛勤耕耘,为弘扬祖国优秀传统文化作了不懈的努力。对这种高尚的精神情操,我们应致以深深的敬意!

同样,我辈学人应向卞先生致以深深敬意的出版之事还有,最初由卞先生再次酝酿、重新筹划的大型《六朝文化丛书》,在限于财力而大度地转给具有"官方"背景的江苏省炎黄文化研究会、南京六朝文化研究会运作以后,卞先生积极支持六朝史研究会会员继续承担任务。2002年到2004年,南京出版社陆续出版了《六朝都城》(卢海鸣)、《六朝民俗》(张承宗)、《六朝文化概论》(许辉、李天石)、《六朝科技》(周瀚光、戴洪才)、《六朝史学》(邱敏)、《六朝文学》(吴功正、许伯卿)、《六朝经学与玄学》(田汉云)、《六朝宗教》(许抗生、赵建功、田永胜)、《六朝文物》(罗宗真、王志高)、《六朝帝陵》(曾布川宽著,傅江译)、《六朝艺术》(林树中)凡十一种,获得了学界的充分肯定与社会的高度赞誉,作者们也因此获益良多,毕竟那些年出书不易。卞先生总是抱持着这样的信念:只要有利于学术研究事业,有益于学者的成长,有助于优秀的历史文化遗产服务于当今的经济文化建设,都要努力去做,而不必计较一些枝节问题。

其三,着力培养新人,重视学术传承。

卞先生一贯平易近人,尤其热心提携年轻学者。卞先生担任江苏省六朝史研究会会长期间,开展各种学术交流,总是优先安排年轻学者发言,并且直言不讳地点评,接受各种课题项目,也会尽量吸纳合适的年轻学者参与,借以锻炼其能力。笔者长年随侍卞师左右,每每感佩卞师"逮住机会"就推年轻学者。如1992年,六朝史研究会协助南京市秦淮区旅游局开展秦淮风光带建设规划咨询,获得一笔经费,次年遂在黄山书社出版会员成果结集《六朝史论集》,卞先生在"序"中,既感激江苏省委副书记孙家正题写书名、厦门大学教授韩国磐先生与四川大学教授缪钺先生亲撰论文,又专门介绍了笔者、李天石、张学锋、傅江、孙永如"几篇青年学者的论文",并特别强调"青年是我们事业的希望所在,眼见我会一批青年会员茁壮成长,眼见他们的研究成果纷纷问世,使我感到欢欣和慰藉"。

其实又何止在六朝史研究会内,卞先生之关心、提携年轻人,已经习惯成自然了。参加"全国古代文学古典文献学博士点新世纪学科展望及信息交流座谈会",借着发言机会,卞师把门下几位博士如周群、程国赋、景凯旋、邵文实、许云和、笔者的学位论文推介了一番,赞为"都能有自己的见解,或有所发现(指新问题),或有所前进(指老问题),言之成理,持之有故,力求拓宽古代文学研究的新视角、新领域。他们都遵循文史结合(胡君是文史地结合)的原则。至于跨学科的研究,各种先进方法(如分类统计、定量分析)的运用,则因题而异,因人而异。如果不是'专'而求'通',以上几篇论文达不到现有的水平"。[①] 对于卞门弟子的弟子,卞师同样关爱有加,笔者指导的硕士生、博士生的论文答辩,卞师几乎成了"专职主席",如笔者硕士弟子邢东升的回忆:

> 我与卞先生的第一次深入接触,是在我的硕士论文答辩会上,先生是答辩委员会主席。先生那年已有八十高龄了,走路脚步轻健,说话中气十足、音如洪钟,满头银发,修剪得短短的,更显精神矍铄。先生对我的论文看得很仔细,从写作的方法思路,到遣词造句,都详尽地指出其中的优缺点。先生鼓励我多注意学科交叉,认为这是学术发展的大势所趋。先生又特意强调学术研究要注意师承,对我说:"范文澜先生是我的老师,你的老师是我的学生,你是范文澜先生的第三代弟子。"

时至今日,笔者的硕博士弟子还以能得卞师这样的"座师"而自豪、幸福。对于弟子、弟子的弟子以外的年轻学人乃至社会上的文史爱好者,卞先生也能给予加持,有评阅论文、主持答辩者,有求取书序、请赐书评者,有推荐文章、介绍关系者,有请教学问、咨询疑难者,而就我目睹耳闻,卞师少有拒绝,实在抽不出空,也会安排门下弟子代拟书序、书评、回信的草稿,再经卞先生认真改定。

倾心尽力地推进学术著作的出版,提携加持年轻学者的成长,如卞先生者,真可谓沾溉深远也……

[①] 卞孝萱:《浅谈"专"与"通"》,《文学遗产》1999年第2期。

(三) 擘画宏图,指引途径

与上节所述的"三个方面"相联系,自1986年撰写开宗明义的《试论六朝的历史地位》讲稿以后,卞先生发表了包括书序、书评在内的诸多六朝文史领域的研究成果。以言书序,如主编的《六朝丛书》总序(南京出版社1992年)、《六朝文学丛书》总序(黑龙江教育出版社1998年)、伍野春《裴松之评传》序(《南京史学》1989年第4期)、于景祥《唐宋骈文史》序(辽宁人民出版社1991年)、魏明安《中国古代文学论丛》序(黄山书社1992年)、谢文学《〈钟嵘年谱〉序》(《殷都学刊》1998年第1期)、胡阿祥《魏晋本土文学地理研究》序(南京大学出版社2001年)、于景祥《中国骈文通史》序(吉林人民出版社2002年)、邱敏《六朝史学》序(南京出版社2003年)、许云和《汉魏六朝文学考论》序(上海古籍出版社2006年)等;以言书评,如《读〈释氏疑年录〉》(《纪念陈垣校长诞生一百一十周年学术论文集》,北京师范大学出版社1990年)、《把握时代因革,评论人物功过:读赵以武〈梁武帝及其时代〉》(《嘉应学院学报》2007年第1期)等。这些书序与书评虽然难免"古今为序,多有溢美之词,这几乎成为定例"[①],但借由评书说文,卞先生还是要言不烦、画龙点睛地表达了诸多富有启发意义的学术思考、学术观点,这里不妨例举两点。

例一,关于梁武帝的评价。

在《把握时代因革,评论人物功过:读赵以武〈梁武帝及其时代〉》书评中,卞先生写道:

> 在中国历代帝王中,在位久且享寿高者,南朝的梁武帝是其中

---

① 胡阿祥:《东晋南朝侨州郡县与侨流人口研究》,江苏教育出版社2008年版,第20页。

的一位。他在位48年,活了86岁,除了清朝的乾隆帝之外,恐怕再无他人可比了。但是,关于梁武帝一生的所作所为,是非功过,学术界讨论得不多,人们知晓其人的也不多。原因在哪里呢?恐怕跟他是个亡国之君有关吧。梁武帝因为佞佛造成身死国亡的下场,被唐代大文豪韩愈在那篇名文《论佛骨表》中点名,讥以"事佛求福,乃更得祸",后世人们总觉得梁武帝治国入了邪,下场又不光彩,因此不大愿意对这段历史去作深入细致的探讨。时势造英雄,时运毁豪杰。梁武帝的成败得失,不能孤立去看,而要放在南北朝的历史大背景下认识,才有意义。我们不能因为梁武帝佞佛误国,忽略其人曾经有过的雄才大略;不能因为梁亡的下场,轻视梁代学术文化在中国文化史上的重要地位。

这是非常通达的认识。而顺着卞师的指示,笔者在相关课程与随笔中,将梁武帝定位为"英才、庸才、蠢材",英才如"闻萧衍善用兵,勿与争锋"的评价,庸才如"逆天地之性"而修筑浮山堰,蠢材如接纳东魏叛将侯景而引狼入室。① 其实,在历史研究中,人物的评价既是普遍的存在,也绝非简单的命题,不仅按照中国人的习惯思维,提到人物,就离不开评价,而且人物评价中,"传统语境"的道德标准与"现代语境"的事功标准往往"打架",结果给历史人物"翻案"的论著,曾经成为"新中国"史学中所占比例超大的一类"成果"。然则如卞先生以"了解之同情"辩证看待梁武帝萧衍,就因之具有了指引途径的特别价值。

例二,关于六朝骈文的评价。

1991年,卞先生在序于景祥《唐宋骈文史》时指出:"骈文也是我国古代文坛上长期流行的文体之一,也应进行研究,总结得失,取其精华,弃其糟粕,古为今用。"及至1998年《六朝文学丛书》总序,在明确六朝

---

① 胡阿祥等著:《中国通史大师课.2》,岳麓书社2019年版,第39—44页;胡阿祥、张文华:《"逆天地之性":梁武帝筑浮山堰》,《历史学家茶座》2009年第2辑。

文学语言求"丽"、文学创作的"缘情"主张成为主旋律、文学发展进程中不断"新变"等总体倾向与时代特征的大背景下,卞先生更对讲究对仗与声律的骈文作出了"最具'美文学'之意蕴,文体屡变,其中永明体渐开四六的门径,徐庾体已形成为原始的四六体"之判断。在 2000 年发表的《陈寅恪与古典文学》(《古典文学知识》2000 年第 3 期)文中,卞先生进一步从"独立之精神,自由之思想"的高度,引述与诠解陈寅恪对骈文的"自成一说":

> 就吾国数千年文学史言之,骈俪之文以六朝及赵宋一代为最佳。其原因固甚不易推论,然有一点可以确言……六朝及天水一代思想最为自由,故文章亦臻上乘,其骈俪之文遂亦无敌于数千年之间矣。

这就是"无自由之思想,则无优美之文学"的既浅显又深刻的道理。回想上世纪八十年代吾辈学习中国文学史时,骈文还被批判为滥用典故、堆砌词藻、意少词多、形式重于内容、思想受到束缚等等,则投注感情于中唐古文运动、桐城文学的卞先生,借着表彰陈寅恪"独立自由"的治学原则,激赏骈文,的确可"供青年读者参考",而卞先生为人治学之通达,又可见一斑矣。

回到本节的主题,大概秉持着特别的使命感、责任心,卞先生不仅在书序、书评中重视六朝研究的导夫先路,而且前后发表了《试论六朝的历史地位》《略论六朝文学文化文物之综合研究》《关于六朝研究的几点思考》等文,这些文章虽然或详或简,但一以贯之者,总在擘画宏图、指引途径,这就意义非同凡响了。

如 1987 年刊发的《试论六朝的历史地位》,首次从政治、经济、民族融合、中外关系、文化科技五个方面,全面、系统、辩证地表彰了六朝对中国历史的主要贡献,其中有些观点,衡之于当时的学术氛围乃至政治"语境",可谓难能可贵:政治方面,"虽然(东晋、宋、齐、梁、陈)五个朝代的更迭频繁,对稳定社会来说,却有积极意义";经济方面,东晋南朝时"北来的世家大族,在不触动南方豪族利益的前提下,大多在比较地旷人稀的区域落脚,他们拥有部曲、佃客,还有依附的流民,大批的劳动力,对南方山区和荒废地带的开发,起了重要的作用。庄园式的经营比个体农民的开发有效得多";文化方面,"那种忽视南朝诗歌对唐诗的影响,认为唐诗直接继承汉、魏诗歌传统的论调,是不符事实的……我们不能只看到唐人否定六朝文学糟粕的一面,还要看到唐人吸收六朝文学精华的一面",如此等等,都是或破陈言,或立新论。

又如《略论六朝文学文化文物之综合研究》(《许昌师专学报》2001年第3期),意在例证陈寅恪、王国维等中国古典文学研究大师"都不仅是单纯地研究古典文学,他们在各自把握了中西文化精神的基础上进行古典文学的研究,形成各自的特色"。以言陈寅恪,竹林七贤、陶渊明之思想与文学、四声论、六朝骈文与庾信《哀江南赋》四例,典范价值在于"六朝文学必须与六朝文化结合研究,才能大有成就"。以言王国维,典范价值在于"取地下之实物与纸上之遗文互相释证",即考古文物与六朝文史充分沟通,才能补文献之不足。在此,卞先生以南京市博物馆"六朝风采"大型陈列所见考古与文物为例,鲜活说明了吴、西晋与东晋南朝呈现旧与新"两个文化格局",生动展示了六朝生活的衣、食、住、行四个方面,特别揭示了六朝文艺、宗教、中外交流的实景,又据新发现的"东晋高崧墓志楷意浓厚",确认郭沫若《由王谢墓志的出土论到兰亭序的真伪》"专以含隶意的谢(谢鲲)、王(王兴之)二石来定《兰亭序》为伪,就不攻自破了",云云。这篇出手不凡,别出蹊径的"趣文",就如卞先生所言,是"为了表达两层意思:研究六朝文学,必须深刻理解六朝文化;研究六朝文化,应该充分利用六朝文物考古资料"。至于落实这"两层意思"的重要价值,笔者觉得,又是怎么强调都不为过!

然则就六朝研究的擘画宏图、指引途径以及直陈问题、指摘时弊等等而言,最为集中体现了卞先生之思想、气度、率真、期望的大作,还是应推《关于六朝研究的几点思考》[①]（《南京大学学报》2001 年第 2 期）。此文之缘起，是历经江苏省六朝史研究会多年的努力，江苏省、南京市的各级领导以及省市相关科研部门，都已认识到六朝研究的重要性，六朝研究也渐成政府支持、学界重视、社会关心的热点。在这样的形势下，《南京大学学报》拟开设“六朝研究专栏”，并由笔者担任特约主持人，笔者遂向卞师约稿。经过大约近一个月，卞师即赐予宏文，并在写给笔者的便笺上说明文章的立意：“谈这几点思考，意在两方面。一方面，六朝研究中存在着一些似是而非的观点，需要澄清；另一方面，六朝

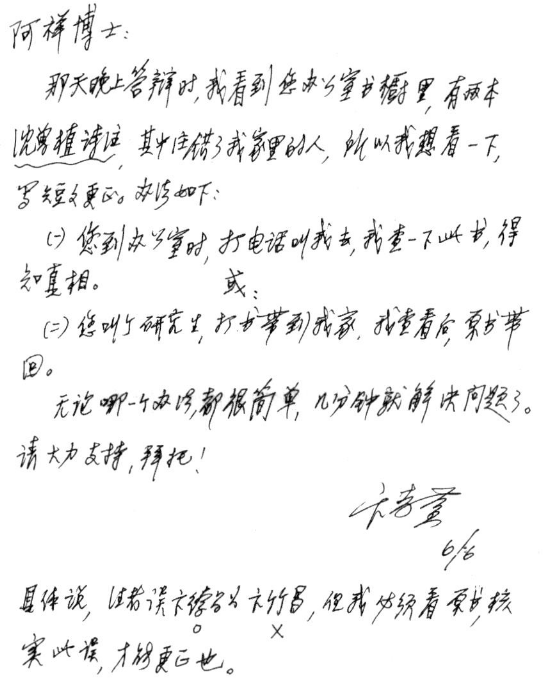
阿祥博士：
那天晚上答辩时，我看到您办公室书橱里，有两本沈曹植诗注，其中注错了我家里的人，所以我想看一下，写短文更正。办法如下：
(一)您到办公室时，打电话叫我去，我查一下此书，得知真相。
或：
(二)您叫个研究生，把书带到我家，我查看后，原书带回。
无论哪一个办法，都很简单，几分钟就解决问题了。
请大力支持，拜托！
卞孝萱
6/6
具体说，注者误卞绶昌为卞竹昌，但我必须看原书，核实此误，才能更正也。

图四　卞师常在笔者的信箱中留下这样的便笺

① 此文由卞师撰写初稿，笔者敷衍成文，最后由卞师再增补定稿。

研究中需要注意的问题,有待努力的方向,也不揣浅陋,借此机会提出来,供大家参考。"

卞先生文章的第一节是"正确看待六朝的历史地位"。此节的内容,既承续前述《试论六朝的历史地位》,又宏观开阔地辩证：

> 我们不能简单地、表面地仅仅把六朝认作分裂割据、偏安短促的王朝,而对其采取轻视的态度。六朝政局是分裂的,但在分裂中孕育着未来的统一；六朝政权是割据的,但在割据中传承着先进的文明；六朝政治上是偏安的,但偏安维护了南方的稳定,为南方经济与文化的发展,提供了必要的条件；六朝的每一王朝,国运是短促的,但总而论之,六朝在许多方面,如首都、疆域、国家性质、社会风气、人物阶级、政策制度、经济发展等方面,一以贯之,保持着相对的共通性。

> 我们应当看到,在五胡十六国大乱时期,正是由于司马睿、王导君臣在南方重建晋朝,及以后的宋、齐、梁、陈较为平稳的递嬗,才使先进的传统文明在南方得以保存与延续,才没有被相对落后、野蛮且具强大破坏力的胡兵毁于一旦。进一步说,保存、延续于南方的先进的传统文明,也给十六国北朝的统治者逐渐接受这种文明提供了机会与条件。

> 至于孙吴,胡阿祥同志提出："在中国史上,孙吴作为第一个确具规模立国于江南的汉族国家,其意义也是重大的。孙吴对江南所作的普遍而又深入的播殖,孙吴对蛮越的开发,实为东晋及其后的南朝立国江南的契机；不仅如此……孙吴一代实已奠定了六朝的立国方针与疆域基础,西晋的统一并没有打断南方地区独立发展的步伐。"这也是言之成理的。

既然轻视六朝的看法虽"由来已久,却是片面的",那么如何开展六朝研究呢？在文章的第二节"文物考古资料的利用与文献资料的发掘"中,卞先生既承续前述《略论六朝文学文化文物之综合研究》,强调"中国古代史的研究,尤其是隋唐以前历史的研究,不结合新出土的文物考古资料,似难有重大的突破。六朝历史的研究,自然不例外",而"目前尚存在考古学与史学之间界限分明、相互脱节的现象,这方面如果做好了,必将使我们的研究更上一层楼";又推而广之,提醒研究者"新发现的文物考古资料是这样,新发现的文献资料也是这样。举例来说,《隋书·经籍志二》著录'《应验记》一卷,宋光禄大夫傅亮撰',此书中国久已失传,而有心者却注意到其抄本留存在日本京都青莲院里。'青莲院本'《应验记》,由宋傅亮《光世音应验记》、宋张演《续光世音应验记》、齐陆杲《系观世音应验记》三种构成。这三种观世音应验故事集,在中国都早已散佚失传,而在东邻日本却完整地保存了下来。1990年,在中日双方学者的共同努力下,此书得以在中国出版(《观世音应验记》三种,中华书局1990年点校本)。这是十分珍贵的六朝小说与佛教文献,对研究社会史、汉语史、民俗史等,亦各有其重要价值";甚至,"有价值的旧有的各种文献,也应予以广泛的关注和充分的利用。如北京图书馆收藏有清朱铭盘的宋、齐、梁、陈四朝《会要》稿本,上海古籍出版社约请学者,于1984年至1986年间,陆续整理校点出版,给研究者提供了方便"。诸如此类,卞先生作为文献学大家的治学风范,卓然可见。

"资料工作为研究工作准备粮草,功德无量",然而仅有资料而欠缺方法,也难取得大的成就。卞先生历来重视专通结合。他赞美"通,是中国历代学者所追求的目标。是通儒,还是陋儒,是中国历代区别学者学术水平高低的尺度",他引述张舜徽"吴学最专"但"其失也固","徽学最精"但"其失也褊",惟"扬州之学最通","无扬州之通学,则清学不能大";他检讨"从1949年以来,学习苏联,高等院校培养人才,强调'专'。这在当时的历史条件下,有其合理性,但不免产生诸多流弊",他以古典文学举证,"文学史与文学批评史是两大块,文学史中又按时代分成四小块,彼此之间都相对隔膜。于是,长期耕耘在某一小块土壤中的莘莘学子,'专'是'专'了,但知识面不宽,学术视野不广,学术结构不健全,就是难免的了"。而在这样的一番铺垫后,在文章的第三节"专与通:六朝史研究者应具的素养"中,卞先生既勉励研究者在求"专"的同时求"通",更擘画他理想中的六朝研究宏图:

> 以文化言,六朝这个时期,文采风流可称是中国文化廊庑中的胜景。在外来文化(如佛教)与中土文化、传统文化与新兴文化(如道教)、士族文化与民间文化的冲突与融合中,六朝文化不断发展,绚丽多姿,异彩纷呈,出现了儒、玄、佛、道、名、法各家争鸣的局面;这个时期的文人学士,很多是亦文亦史亦哲。理解这个时代的文化,非打通中土与异域的界限不可,非贯连当代与前后的关系不可;研究这个时代的文化人,必须文史哲融会贯通,举凡时代背景、学术氛围、家世门风、师承流派,以及有关研究对象的全部著作及资料,都应该全盘把握。当然,达到这个境界是不容易的;而惟有达到了这个境界,才能饶有发明,多有所获,其研究才能真正地胜任愉快。
>
> 研究六朝史的前辈,在"通"这方面为我们做出了榜样。如陈寅恪、周一良、唐长孺、缪钺等,皆为通才。以通才来研治必须上下贯通、中外贯通、门类贯通的六朝历史,始能大有成就。其实不仅六朝这一断代地域史如此。历史有其一贯性,做断代史研究,实在不可专偏于断代;专偏了,便难免缺乏通识。

相对于前述三节谈六朝的历史地位、六朝的研究资料、六朝研究者应具的素养,在第四节"存在的问题与努力的方向"中,卞先生更是毫不客气地指陈问题、指摘时弊:

> 六朝历史的研究,当前最突出的一个问题是:从全国现有成果

看，多数是把六朝作为魏晋南北朝的一部分来处理的，相形之下，研究六朝的专著少了，研究六朝文化的专著更少，这样，六朝的地域性、一贯性以及其不同于十六国北朝的特点，便未能完整、充分地展现出来。又一个较为明显的问题是：在缺口多的同时，"热点"的重复现象严重，如士族研究，往往重复做个案，琅琊王氏、陈郡谢氏等侨姓，吴郡顾、陆等吴姓，文章很多，但较少新的角度，缺乏新的资料；一些过去比较重视的老课题，如人物评价、赋役制度之类，现在还常见"炒冷饭"的论著。六朝文学的研究，也存在重复现象。没有新角度地"炒冷饭"，没有新资料地做"热点"，可能是由于不了解学术信息，也可能是一种急功近利的心理在起作用。东拼西凑、资料陈旧、观点雷同的"论著"，于个人是浪费了时间和精力，更是无功于学术的发展的。

还有些问题是带普遍性的，不止反映在六朝研究领域。比如把复杂的历史简单化、公式化；比如割裂历史的整体感，政治、经济、军事、文化等门类分得过于绝对，互不关照；比如避难就易，不肯下功夫去研究经济基础，研究生产力的发展；比如无心去搜集、占有资料，而好发没有坚强依据的泛泛之论，甚至好发空论。

从全国现有研究六朝文化的专著看，上层的雅文化占大多数，下层的俗文化几乎是绝无仅有。在雅文化中，又以文学占大多数。在文学专著方面，也呈现出不平衡的状态，如：对六朝文学的研究与对六朝文论的研究不平衡，《文心雕龙》的研究非常活跃，《文选》的研究相形见绌；诸种文体的研究不平衡，研究诗的成果多，研究骈文的成果少；作家的研究不平衡，陶渊明的研究者最多，嵇康、陆机、陆云、鲍照、江淹、沈约、庾信的研究者较少。这种不平衡的状态，也存在于史学、哲学领域中。总之，目前的研究成果，尚不能完全、圆满地反映出六朝文化的全貌。

既然问题与时弊如此,那么如何解决问题、针砭时弊呢？卞先生指引途径道:"六朝研究有待努力的方向很多。六朝疆域变迁、政区沿革,六朝都城建设,六朝政治制度、改革措施,六朝民族与人口,六朝宗教与信仰,六朝南北交流与中外交流,六朝社会状况与地区开发,六朝考古发现及其史学意义与史学解释,等等,都还研究得不充分,而又不能不去做深入的探讨。"大概因为纸短话长吧,卞先生又特别以汉唐之际中国区域文化中"最为活泼,富有生气,并具开放性"、"继承发展了秦汉文化,并孕育了空前繁荣昌盛的隋唐文化"之六朝文化为例进行说明：

> 当前开展六朝文化的研究,应开拓新的专题,运用新的材料,提出新的观点,展示新的风格。在研究方法上,分门别类地理清思想、学术、教育、文学、艺术、宗教、风俗等各方面的具体史实与发展线索,是十分必要的;与此同时,更应强调的是：在时间上,把六朝文化与此前的秦汉文化、此后的隋唐文化进行比较,以明了其纵向的流变;在空间上,把六朝文化与同时期的北方文化进行比较,以探究其地域的差异。在层次上,上层的雅文化即以世家大族为代表的文化,值得深入研讨;下层的俗文化——包括民众的衣食住行、婚丧嫁娶等方面,因其丰富多彩,而构成为当时社会文化景观极其重要的一部分,也是六朝文化研究中不可缺少的部门。研究六朝文化,还应避免物质文化与精神文化的轻重失衡,仅仅重视精神文化的研究,是不够的,物质文化、制度文化、精神文化、心态文化,都要顾到。至于六朝文化精神(即六朝文化的精髓所在),六朝文化建设(如图书、目录、官学设施、各级文化机构等),六朝文化内部的时代变迁(如孙吴之尚武,不同于齐、梁之尚文)、区域差异(如淮域不同于江东,江东不同于江汉,江汉有异于巴蜀,巴蜀有异于岭南)、民族特征,各文化因子的交互影响(如佛道与文学之间),北人南迁所带来的南北文化由冲突到融汇,六朝文化遗存及其开发利用等等,也都是六朝文化的题中应有之义。

行文至此，卞先生摘要道："在正确看待六朝历史地位的前提下，以广泛利用文物考古资料、大力发掘文献资料为基础，以'专'而能'通'的个人与学科素质，力求宏观、微观兼备地研究六朝历史，当能弥补既往的不足，开拓今后的局面，当能建立起对六朝历史更深透、更清晰的立体认识，而不致流于浅薄。"这既是卞先生在诸多领域皆锲而不舍的实践经验，也是一代宗师对中青年六朝研究者的殷殷期望吧！

图五　中日六朝文史研究学者（左起：孟昭庚，蒋赞初，王志高，胡阿祥，谷川道雄，卞孝萱，刘进宝，罗宗真，张学锋，谷川良子，吴桂兵，2004 年 10 月 26 日于南京大学）

2006 年 10 月，笔者在提交"韩愈文化论坛"（孟州）的习作《韩愈，中国文艺复兴第一人——读何兹全先生〈中国文化六论〉笔记》[①]中

---

① 收入杨丕祥主编：《韩愈文化论坛文选》，国际炎黄文化出版社 2008 年版，第 8—13 页。

感慨：

> 在学术史上……往往一等学者天资所纵，领域广泛，精力所限，又于各别领域，开题立意而已。此种开题立意，因予后来学者以众多法门，故极得重视。至于二等学者，文献资料则竭泽而渔，题中之意则务穷以尽，从而区别于开创风气的大师，而为专家。无一等学者即大师，学术难以开拓；无二等学者即专家，学术难以坚实。

本着这样的认识，笔者平常喜读大师的论著，以求开启愚蒙；而笔者围绕六朝文史地所做的些许研究，也正是循着卞师指引的途径前行的，这就是大师的力量吧。

2017年，澳门大学教授、中国魏晋南北朝史学会荣誉会长李凭发表《从朱希祖调查六朝陵墓到卞孝萱主编〈六朝丛书〉——六朝学的发轫与拓展》(《南京晓庄学院学报》2017年第3期)，文中追思：

> 朱希祖(朱偰)父子对于六朝陵墓地面遗迹开展科学调查，是建立六朝学的发轫之举。江苏省六朝史研究会成立后，担任会长的卞孝萱先生发挥积极推动作用，将六朝学拓展成为涵盖诸多门类的综合性学科。

"六朝学"如何"拓展成为涵盖诸多门类的综合性学科"？李凭的体会是："六朝学的涵盖面大大拓展，超越了考古学和历史学的局限，发展成为包含文化、军事、社会、政治、经济、宗教、科技、艺术等诸多学科的综合学问。"而由本文略述的卞孝萱先生在六朝文史研究方面的功绩，则诚哉李凭会长之言！

附录　萱师的最后……①

夜不能寐，泪无法止。

1993年拜入师门，随侍萱师，已经十六年，师遽归道山，一切忽然变得空空荡荡……

萱师交游广泛，我亦得识群贤，这两日间，悲而详询萱师究竟者，几十亦或近百矣。乃据日记，述萱师之最后，以告萱师之友好、之弟子、之私淑。

（一）最后的道歉

8月13日晨，萱师电话，称晨起便血，不能履丹阳之约，嘱我向丹阳市教育局、丹阳历史文化研究会道歉。先是，已经约定，师与我15日丹阳讲座，师讲国学，我讲中华文化。接电时，我在赴常熟途中……15日讲座如期举行，我据《国学四十讲》之萱师大序，述其要义而已，并向300余听众，转达萱师的真诚道歉。

（二）最后的安排

8月15日晚八时许，港龙园萱师府上。师约谈近期安排与远期安排，已有交代后事之意，心中颇感凄切。所述近期安排：托付我与刘进宝兄无论如何，务必完成《新国学三十讲》之组编，以了宏愿；关于《瘗鹤铭》之作者与年代，发现了新的证据，将撰再考之短文，此后即封笔。又所述远期安排：择墓之想法，编集之考虑，又另选合适之时间，召集冬青书屋同学会之诸位同学，口述生平经历、治学感言、未能完成而寄望诸位同学之研究课题。

---

① 原刊《南京大学报》2009年9月20日。《谱牒文化》2009年第3期、《江苏文史研究》2009年第3期转载。

（三）最后的希望

8月20日傍晚，鼓楼医院106病区3床。萱师云无论怎样，不必手术，希望总会有段时间，回家处理遗留的事务，"许多的信要回，许多的事要交代，写序写推荐意见，可能就无能为力，对不起大家了"。其时萱师并不知病情，我强忍着眼泪，做轻松状，宽慰着萱师。

（四）最后的组织

9月1日晨七时许，萱师病痛中，电话招我到床前（已换到1床），声音不再如我熟悉的那般作洪钟之响。师云："我有组织，一是中文系，二是老干部处，三是省文史馆"，如果情况不好了，嘱我一定要向组织及时汇报，"组织很关心我，我也很感谢他们"。

（五）最后的力量

9月4日晚七时许，与萱师商量次日出院事。师情绪颇高，声音也显元气较厚。我握着不再温润、略感凉意的萱师的手，以一向随意的口吻，请师用力，"我们比比手劲"。那一刻，我惊奇、开心、充满了信心：萱师的手，竟然还是那么地有力……

（六）最后的论学

9月5日，9∶55到10∶10，萱师坐上了轮椅，我缓缓推着，内人则拎着果篮随着，等电梯、下电梯、寻坡路、出鼓楼医院天津路门……在这十几分钟里，我向担任着中国唐代文学学会韩愈研究会名誉会长的萱师汇报着即将于21日在潮州召开的韩愈研讨会的筹备情况，以及作为韩会常务副会长的我刚刚完成的提交会议论文《韩愈"足弱不能步"与"退之服硫黄"考辨》。萱师听着，不断地表示认同，从中医的扶元固本，说到回家后的调养计划，说到"退之服硫黄"是为治病，说到钱基博对韩愈身材的研究可为我的硫黄治病说提供佐证……在天津路门，等我内人车到的间隙,萱师说道:"搞文学史的人,不能只懂文学,那样限制太多,比如退之服硫黄,争来争去,没有定论。韩愈研究,还是要从各个学科入手,值得做的问题实在还有许多。"——这竟然就是萱师最后的遗言!

(七) 最后的时刻

9月5日,10:10到12:18分。10:10,我边接电话,边与萱师之子敏、女琰与华扶萱师上车,车尚未发动,大约也就在两三分钟之间吧,萱师状况突变——记不清几分钟了,现在想来是那样的漫长,应该不到十分钟吧,急救医生赶到,"心肌梗塞",飞车推往急救室,12:18,医生宣布不治,吾师驾鹤去矣……

(八) 最后的著述

9月6日下午,港龙园萱师府上——我不愿、不能接受、不敢相信仅仅隔日,这已是萱师故居!萱师晚年的"小朋友"——萱师常常这样对我说——武黎嵩博士递给我一张纸,内容如下:

"卞孝萱先生于七月末完成《唐五代笔记诗话纠谬——以刘禹锡事迹为例》,南京信息工程大学《阅江学刊》八月八日发表。是生前发表的最后一文。"

"卞先生于七月廿八日将与武黎嵩合撰的,《没有钱穆名字的钱穆家谱——对锦树堂钱氏宗谱的发掘研究》定稿。并投寄《中国文化》杂志,尚未发表,此系先生生前写定的最后文章。"

又9月1日,南京大学出版社黄继东兄带来萱师与周群师兄主编的"中华传统文化丛书"六册,4日晚我与萱师说起,病床上的萱师听到这套耽搁五年的丛书终于出版,开心地说"总算出了",并关切地问起我与弟子写的《史书地志》一册——这当是萱师生前主编出版的最后一套书吧,而师却未能见。

恩重如山的吾师,您走得突然,也走得平静,大德者寿,大德者福,以八十六岁高龄,在开心论学中遽归道山,吾师,您真是大德者,真是有福气的人!此刻,阿祥透过朦胧的泪眼,从31楼向着夜空看去,分明看见吾师仍然健步如飞地走着,声如洪钟地呼喊着,急切地要去拜会黄炎培、范文澜、章士钊诸位吾师的师辈……

弟子胡阿祥泣述,2009年9月7日凌晨

五、严耕望《唐代交通图考》为蜀道研究奠基[①]

2023年10月25日到26日,为配合博士课程"中国历史地理专题研究",笔者与十多位弟子从安徽绩溪伏岭镇始,到浙江临安永来村止,徒步了长约20公里的徽杭古道。27日,博士课程的讨论主题即设定为读严耕望先生的《唐代交通图考》[②]。课程伊始,笔者即以近年的行走古道经历,如2020年9月云南永平之博南道、宾川鸡足山之霞客道,10月甘肃礼县祁山之武侯祠、西河之仇池山、秦安陇城之街亭、天水麦积之街亭,2023年3月陕西榆林之镇北台,9月甘肃敦煌之阳关道等,诠释《唐代交通图考·序言》之大旨:

> 交通为空间发展之首要条件,盖无论政令推行,政情沟通,军事进退,经济开发,物资流通,与夫文化宗教之传播,民族感情之融和,国际关系之亲睦,皆受交通畅阻之影响,故交通发展为一切政治经济文化发展之基础,交通建设亦居诸般建设之首位……

又因此番讨论,笔者颇忆2011年5月至7月作为台湾地区历史语言研究所访问学人,追寻"中研院"院士、桐城严耕望先生在台学术历程的过

[①] 原刊《看历史》2023年第12期。此据未删减的原稿。
[②] 严耕望撰:《唐代交通图考》第一卷到第五卷,《"中研院"历史语言研究所专刊》之八十三,1985—1986年;严耕望遗著、李启文整理:《唐代交通图考》第六卷,《"中研院"历史语言研究所专刊》之八十三,2003年。2007年,上海古籍出版社以史语所本为底本,影印出版《唐代交通图考》全六册。

往。今承《看历史》约谈"蜀道",遂不揣浅陋,略述严先生在蜀道研究方面的宏基初奠,既寄私淑弟子如笔者感怀乡先贤之意,亦备有意于此的社会人士之参考。

（一）

今人所言之"蜀道",本有狭义与广义之分。狭义之蜀道,主要包括了由关中到汉中、穿越秦岭的陈仓道（故道）、褒斜道（斜谷道）、傥骆道（骆谷道）、子午道,以及从汉中到蜀地、穿越大巴山的金牛道（剑阁道）、米仓道、荔枝道;广义之蜀道,则涵盖了所有连接蜀地与外地的道路以及蜀地范围内的道路。以言连接蜀地与外地的主要道路,除了上述的狭义蜀道外,南向有通往云南的灵关道、五尺道,北向有通往甘肃的祁山道、阴平道,西向有川藏间的茶马道,东向有出三峡的长江水道,等等。这些蜀道,不仅是历古及今、兴衰起伏的"交通要道",也诚如《看历史》2023年第5期"蜀道传奇"专题的提示语,"更是凝聚着物质文明、精神文明与政治文明的景观大道"。

然则这样的交通要道、景观大道,质之以文学,自从大唐"诗仙"李白发出"噫吁嚱,危乎高哉!蜀道之难,难于上青天"的惊叹之后,历代骚人墨客吟咏不辍,于是蜀道与河岳并垂不朽。衡之以史学,古往今来,史书考其人事、地志详其变迁、行记明其途径、图谱见其形势,成果可谓迭出,而近40年前问世的严耕望著《唐代交通图考》,更屹为中古蜀道研究的里程碑,又因交通路线往往古今相沿,所以,亦为研究唐代前后之蜀道的取资宝库。

笔者之视《唐代交通图考》为蜀道研究的里程碑、取资宝库,当然并非出自狭隘的乡邑感情,而是知人论书所得的认识。

以言严耕望先生其人,1916年1月28日出生,字归田,安徽桐城人。家世务农。初读私塾,后就读于故乡之罗家岭小学、安庆第一中学、安庆高级中学、国立武汉大学历史系（武汉—乐山）。求学期间,受高中历史老师、桐城李则纲启迪,粗知治史门径;又受在武大授课的钱穆之"制度与历史地理是讲历史的两只脚"的影响,决心终身从事相关研究。严先生之禀赋,擅长数学,喜好历史,时常翻阅揣摩地图,习惯搜集抄写资料。1941 年大学毕业后,到齐鲁大学国学研究所(成都)追随钱穆学习。两年后,因研究所发生变故,1943 年转入四川大学研究所继续学业,次年又辗转到重庆,先后在北碚修志委员会为编辑员、在金刚碚工艺班任国文教员。1945 年,毛遂自荐于时任中研院史语所所长的傅斯年,入职史语所(南溪李庄)任助理员,后随史语所回南京(1946 年)、迁台北(1949 年),历任助理研究员、副研究员、研究员。1964 年受钱穆邀请,应聘香港中文大学新亚书院,为新亚研究所导师。1978 年退休,转任香港中文大学中国文化研究所高级研究员。1981 年回任新亚研究所专任导师,1983 年以特约研究员身份再返史语所工作。其间,1957—1959 年在美国哈佛大学研究两年,1970 年当选台湾"中研院"院士,1979 年在美国耶鲁大学研究半年。1996 年 10 月 9 日因脑溢血在台北逝世,享年 81 岁。①

以言《唐代交通图考》其书,严先生《自序》叙述始末有云:

> 民国三十五六年,决定从事唐代人文地理之研究,视野所届,除一般政区沿革外,泛及经济、社会、文化、民族各方面,凡涉区域分布发展者,皆在搜讨之列,而特置重交通路线一课题,诸凡正史、通鉴、政书、地书、别史、杂史、诗文、碑刻、佛藏、科技、杂著、类纂诸书,及考古资料,凡涉中古交通,不论片纸巨篇,搜录详密,陈援庵先生谓"竭泽而渔",余此项工作庶几近之。至 1966 年,所录基本资料殆逾十万件,遂开始分区逐题撰述,首成《蓝田武关道篇》。迄去岁(1983 年)又已十七年,完成京都关内、河陇碛西、秦岭仇池、山南剑南、河东河北诸地区之写作,都凡五卷五十余篇,约一百四

---

① 参考林磊撰:《严耕望先生编年事辑》,中华书局 2015 年版。

五十万言。尚有河南淮南、江南岭南、河运海运及馆驿交通制度诸卷待续撰述……余于此书已付出三十七年之岁月,亦为平生功力最深、论辩最繁之述作,然问题不得其解者仍甚多,学术求精,固无际涯!

据知,《唐代交通图考》乃未完成之巨著。及至2002年,严先生遗稿第六卷《河南淮南区》由其弟子李启文整理完成。

严耕望的《唐代交通图考》如何堪称巨著呢?论其资料功夫,不妨就上引《自序》中之"竭泽而渔"再加条形象的脚注。据耶鲁大学教授潜山余英时回忆,1979年严耕望应聘耶鲁大学访问教授期间,就在余英时办公室工作,"这时他正在撰写《唐代交通图考》这部传之久远的大著作,因此从香港携来了无数笔记卡片。这些笔记卡片凝聚了他三四十年的读书功力,有些是写在抗战时期的粗糙纸张上。他告诉我,他有系统地摘录资料,自大学时代便已开始,从来没有中断,所积资料已不下二十万件。以唐代而言,《两唐书》之外,一千卷的《全唐文》他都有分类卡片。这种日积月累的功夫最能显出他的'恒德'",因为"像《唐代交通图考》这样的大计划,在西方或日本都只能出之于集体实践之一途,即由计划的主要执行人指导一二十个助手分头进行。现在耕望则以一手之力完成之,他的恒心和毅力真足以惊天地而泣鬼神了"。[1] 余英时也因此推誉严耕望为"中国史学界的朴实楷模"。述其内容所及,史语所廖伯源研究员有言:"此书已出版之五册,每册有若干篇,每篇研究一交通路线或一地区之交通路线。不但研究驿道,次要之道路亦在研究之列。文中详考道路之里程、沿途地理形势、物产、所经过之城市、乡村、关隘、桥梁、驿站、寺庙等,甚至某处路旁有一奇特之大树,亦根据资料描述。并附论与该道路有关之历史事件。再者,为帮助读者了解,每篇

---

[1] 严耕望先生纪念集编辑委员会编:《充实而有光辉——严耕望先生纪念集》,稻禾出版社1997年版,第37—38页,第41页。

文章都附有一幅或数幅由先生亲绘之地图,先生所绘之地图对历史研究工作者非常有用",[1]云云。又综其学术意义,则诚如严先生的《自序》:"后之读史治史,凡涉政令之推行,军事之进退,物资之流通,宗教文化之传播,民族社会之融和,若欲寻其径途与夫国疆之盈亏者,莫不可取证斯编,此余之职志也。至于解诗、正史,补唐宋志书之夺讹,纠明清志书之失误,皆余事矣。"而笔者行文至此,也不禁为蜀道庆幸:并未完成的《唐代交通图考》,其中有关蜀道且是广义蜀道的研究,终属完帙,这样的完帙,亦与蜀道并垂不朽。

(二)

《唐代交通图考》颇重蜀道。如在《序言》中,严先生为证"交通为空间发展之首要条件"所举的第一例,即为石牛道(金牛道):"秦人为政,尤重交通。惠文图蜀,先诱蜀人通石牛道。昭王承之,'栈道千里,通于蜀汉'。既利巴蜀物资,且以加强控制";为证"内容所获尤非事先所能想象者"而"举其大端"的十例中,第一例为"向视为荒芜境域,人迹罕到"的松潘高原:"乃其实,自汉末南北朝以来,岷岭、松潘草原即为西北河湟青海地区南通长江流域之一要道。唐置馆驿,南通成都,东接散关,北达河陇,为唐与吐蕃必争之地",第八例为通南诏道:"剑南边区,诸道并出,而通南诏之青溪、石门两道为著,此《蛮书》已著录者,前人考研,颇失粗疏,今皆详为比证,事乃大明",又在"反顾内地"的第十例中,特别标示"骆谷道、褒斜道、金牛道……馆驿名称亦颇有可考者。凡此馆驿多出于诗人之吟咏,而可考位其今地,亦出想象之外也",至于"殆难尽列"之例,还有"褒斜、阴平诸道之名实",据知严先生之探赜索隐,有关蜀道的发明甚多,乃至推举成都为唐代交通的"区域发展之核心"大都市之一。

---

[1] 《充实而有光辉——严耕望先生纪念集》,第224页。

五、严耕望《唐代交通图考》为蜀道研究奠基

笔者也曾揣度严先生何以如此致意蜀道,想来不仅联系着蜀道在中国西部交通中的关键地位,亦与严先生的求学与研究经历有关。因为抗日战争,1938年春武汉大学西迁乐山,严先生的四年大学生活,有三年半是在乐山度过的。1941年夏武大毕业后,直到1946年冬史语所迁回南京,严先生又先后在成都、重庆、南溪李庄等地学习、工作与从事研究。这八年多的蜀地岁月,既是严先生学术的起步期与成长期,其所致力的学术领域,也与早期蜀道息息相关。如大学三年级时,严先生即收集了20多万字的材料,尝试编写从秦人初兴到秦朝灭亡的秦史,而如所周知,在秦国富足的过程中,关中通达巴蜀的交通起到了重要作用;又如1940年元旦写成《楚置汉中郡地望考》,武汉大学本科毕业论文与齐鲁大学国学研究所期间的研究课题都是秦汉地方行政制度,而考虑到秦、西汉皆都关中,关中与汉中、汉中与巴蜀又互为唇齿,则蜀道那时就已进入严先生的关注视野,自是不待多言。这种不待多言,在严先生70岁时定稿的《唐代交通图考·自序》中,仍可见其端倪:"今者,书读万卷固有余,路行万里,则托足空航,留鸿异域耳;祖国河山,惟溯三峡,攀峨眉,揽青城,登钟阜而已。"

然则因为严先生在蜀八年足履目验的经历,以及蜀道本身异乎寻常的地位,于是我们就能理解《唐代交通图考》之蜀道的分量何以举足轻重、蜀道的考证何以周详细密。如总计六卷的《唐代交通图考》中,两卷是以蜀道为主的,占比1/3;又以蜀道为主的两卷中,第三卷《秦岭仇池区》专论或涉及蜀道的正篇、附篇有(括号中的数字为初次发表年份,下同):

篇拾柒　子午谷道　附库义锡三谷道(1970年)

篇拾捌　骆谷驿道(1969年)

篇拾玖　汉唐褒斜驿道(1967年)

篇贰拾　通典所记汉中通秦川驿道:散关凤兴汉中道(1968年)

篇贰贰　仇池山区交通诸道(1975年)

　　附篇三　中古时代之仇池山(1974年)

第四卷《山剑滇黔区》专论或涉及蜀道的正篇、附篇有：

　　篇贰叁　金牛成都驿道(1967年)

　　篇贰肆　汉唐阴平道(1970年)

　　篇贰伍　岷山雪岭地区松茂等州交通网(1969年)

　　附篇四　杜工部和严武军城早秋诗笺证(1974年)

　　篇贰陆　山南境内巴山诸谷道(1978年)

　　篇贰柒　天宝荔枝道(1978年)

　　篇贰玖　成都江陵间蜀江水陆道(1980年)

　　附篇五　唐代夔府地理与民户生计(1980年)

　　附篇六　唐代三峡水运小记(1975年)

　　篇叁拾　嘉陵江中江水流域纵横交通线

　　篇叁壹　川滇西道——成都清溪通南诏驿道(1969年)

　　篇叁贰　汉唐川滇东道——戎州石门通南诏道(1976年)

　　篇叁叁　成都西南边区东西交通诸道(1982年)

　　篇叁肆　黔中牂牁诸道(1979年)

　　以上合计正篇16篇、附篇4篇。换言之，即分别占比《唐代交通图考》全书正篇59篇、附篇10篇的27%、40%。而衡以大唐国疆之广袤，若不计未完成的江南岭南区、河运与海运、交通制度、综结四卷，则关涉广义的蜀道内容之厚实丰富，又可谓殊为惊人。

　　殊为惊人者尚有严先生考证蜀道的周详细密，这不仅表现在如书名所示的"唐代"，必须特别强调者，还表现在其多见上下勾连、左右瞻顾。姑举两例。

　　例一，《汉唐褒斜驿道》。此篇"引言"、"综结"以外，分为"汉魏褒斜古道"、"拓跋魏回车道"、"唐褒城北出秦川诸道修治史"、"唐褒斜道(斜谷道)之名与实"、"唐褒斜道之行程"五节。通过详考史传、志书、政典、诗文、石刻、杂著,不仅有唐一代的情况得以大明,还往前追溯,得出如下认识:

>汉、唐两代,褒斜道名同而实异。
>
>汉魏古道之开通当在战国以前。战国秦人充分利用以控制巴蜀。汉世虽偶或堙废,但经常视为关中通汉中、巴、蜀之交通干线,故屡经修建,见于石刻。其道以循褒、斜两河谷而受名……谷道全程约四百七十里,多凿危崖植大木为栈阁以通人马,曹操称为"五百里石穴",郦道元述其惊险万状,先民凿通,艰难可想。
>
>晋室南迁以后,南北对峙,恃险为固,故少修治,道渐废塞。北魏据有汉中,乃由散关大道中梁泉县(今凤县)东南六十里之回车戍,别凿一道,东南达褒谷,亦循谷而南,出石门,达褒中,全长三百余里,称为回车道。当时史家亦称之为褒斜道,此为名实混淆之始。

云云。又向后梳理,指出"明清时代,汉中北通秦川之最主要驿道——连云栈道——亦即承循此(唐代)褒斜新道也"。[①] 而类似这样的时间的上下勾连,遂使《唐代交通图考》从某种意义上说,不啻一部所涉地区的中国古代交通简史。

例二,《中古时代之仇池山》。此附篇的内容,既与正篇《仇池山区交通诸道》彼此印证,又纵横有别地另辟蹊径,全面讨论了从东汉末年到北魏孝文帝太和以后,氐人杨氏割据仇池山的地理条件,以及仇池山"由典型坞堡到避世胜地"之具象与意象的变迁,极富阅读的快感。姑引文末三段以见一斑:

---

① 严耕望撰:《唐代交通图考》,上海古籍出版社2007年版,第750—753页。

杨氏既据此形势之地，于是房掠近郡，招抚关中四方流民之避地者，土墙板屋，聚居数万家。盖地既丰饶，且易守难攻，而四方多难，宜为流民群趋之所，成为山区中之一特殊都会。魏晋南北朝时代，北方兵乱时起，坞堡城守应运繁兴，氐人据守仇池，实为一极大而典型之坞堡也。此一坞堡式之政权，持续二百数十年之久，故衰亡之后，仍有杨将军庙，为土人馨香祷祝，至南宋近千年而不衰；至清末逾千六百年"居民犹自说杨王"，自古君王享祀之久长，恐未有逾于此者矣。

其地既经坞堡式政权长期统治，遂使世人深悉其地之万山环绕、地形险绝，而风土优美，出产甚丰，可以避世如桃源，遂有通天、福地、神鱼、麒麟之传说，太昊所治、伏羲所生等故事，宜杜翁"读记忆仇池"，顿兴遁隐之念，东坡通之癖寐，期以弭节过之也。

然地僻西北，南宋以后，已属境外，遂渐为世人所淡忘；于是中古仇池名山，由典型坞堡转为避世胜地，又由避世胜地而湮没无闻矣。而泉流枯竭，盖亦为名山失色之一因。①

犹忆 2020 年 10 月 25 日，笔者在天水师范学院雍际春、余粮才两位教授的陪同下，车行曲折惊险的窄路，登上这杨氏天险福地的仇池山，对照着《唐代交通图考》的描述，诸如"下石而上土，四面斗绝，壁立千仞，形若覆壶"、"山上小平原，周围二十五里余，面积百顷，平衍如砥，故又有百顷之名。平原土壤良沃，泉流交灌，可耕殖，且产盐"云云，颇是感慨了一番乡先贤严耕望先生的著述功业，并称道《唐代交通图考》书中众多如此的左右瞻顾，譬之为郦道元的《水经注》应不为过，盖《水经注》以千余条大小河流，串连起丰富的自然与缤纷的人文，《唐代交通图考》则以逾百的干支道路，网罗着历史遗迹、地理形势、人物掌故、民族关系、边区开发、军镇变迁、文学书写……

---

① 《唐代交通图考》，第 861 页。

说到文学书写,这里不妨顺带提及,严先生在唐代交通研究中,惯以诗文为证。随举《金牛成都驿道》篇"金牛向西南行即入蜀大道"部分,即颇引诗文为导向,如苏颋《夜发三泉即事》,陆游《大安病酒诗》《赴成都泛舟自三泉至益昌谋以明年下三峡》《自三泉泛嘉陵至利州》《夜梦行南郑道中》,岑参《早上五盘岭》,杜甫"秦州入蜀纪行诸诗"、《龙门阁诗》,李商隐、薛能、罗隐《筹笔驿》诗,孙樵《出蜀赋》,元稹《漫天岭赠僧》《使东川诗》,李白《蜀道难》,李德裕《剑门铭》,等等,盖"剑州至金牛五百里间,途极险峻,多栈阁,是为南栈阁,建设桥阁盖至数万,所谓蜀道之险,全在此段,唐人诗文已尽状摩之能事";又据刘禹锡《山南西道新修驿路记》,"既见险峻之状,又见修缮之方。今日川北交通已化险为夷,皆历代如此凿修之功耳"。①

(三)

2015年1月,笔者在《清儒地理考据研究·魏晋南北朝卷》"后记"中,写下了这么一段:

> 在多年的传统沿革地理与现代历史地理的学习与研究过程中,我们深切感受到了"继承"之于"创新"的前提意义。然而反观今日之国内学界,在一味甚或片面强调"创新"的氛围下,"继承"似乎已经被淡忘甚或被蔑视。诚然,"创新"是可贵的,但真正的"创新",必须以"继承"为基础、为参照,否则,所谓的"创新"既可能是重复的、虚伪的,也可能是相对于先贤成就、理念的倒退、落后——我们坚信,如上所述之"继承"与"创新"的关系,不仅传统沿革地理与现代历史地理是这样,对于积累深厚的中国传统人文学科而言,

---

① 《唐代交通图考》,第869—905页。

也无例外！①

本文之撰述，其实意亦在此。而具体到意义非凡、近年以来愈加受到各方重视的蜀道之基础研究与应用开发而言，当然也不例外。虽然，严耕望先生在"分区逐题撰述"《唐代交通图考》期间，因为不易获得大陆新出的考古资料、缺乏田野考察的条件、所用地图较为陈旧，加上一己之力的手工劳作，故此难免存在一些定点、定位方面的偏差；又书中的"地名今释，除别有考证者外，大体以《读史方舆纪要》（参青山定雄《中国历代地名要览》）、《嘉庆一统志》及臧励龢等《中国古今地名大辞典》（商务印书馆出版）为依据"，②故其所谓"今地"，实为已经严重滞后的清代或民国前期，对于缺乏足够历史地理学素养的现代读者来说，并不容易换算成"名符其实"的"今地"。然而无论如何，严耕望所著《唐代交通图考》终究以其精神的强毅沉潜、宏大的谋篇布局、扎实的材料功夫、细密的考证辨析、广泛的旁涉内容、深刻的人文关怀，以及便于大众领会的纲义、便于专家取资的目义、便于读者一目了然的朱墨套印的地图与随文的局部插图，而被推许为唐代交通乃至中国古代交通研究的朴学典范、空前巨著；落实到蜀道尤其是先秦秦汉魏晋南北朝隋唐五代之蜀道研究，其宏基初奠的学术意义，借用陈寅恪为王国维所撰纪念碑铭之语，亦可谓为"与天壤而同久，共三光而永光"，值得而且亟待吾辈认真学习、切实继承，然后才谈得上继续前行……

---

① 胡阿祥、胡运宏、姚乐著：《清儒地理考据研究·魏晋南北朝卷》，齐鲁书社2015年版，第334页。
② 《唐代交通图考》，"凡例"，第1页。

戊编 序言与评审

一、李立新著《六朝设计史》序[①]

差不多一个月前的1月28日,南京艺术学院李立新先生加我微信,约我为他的新作《六朝设计史》撰序,匆忙之中,我回复:"惭愧!我适合为先生献序吗?吓坏宝宝了……"

我的"吓坏宝宝"的戏言,其实出自真诚:首先,立新先生长我六岁,而且"立德立功立言"也远胜过我,我有何资格写序?其次,我虽勉强可称熟悉"六朝",对于"设计"却近乎茫然无知,我有何本事写序?然而,经不起立新先生一番"以增其光"、"十分荣幸"、"衷心感谢"、"添烦"、"见笑"的纵横捭阖,并且还不由分说地发来"后记"、"奉上拙稿",于是一向珍惜缘分的我,就只能接受了这篇命题作文。

我与立新先生有何缘分呢?借用《庄子·山木》"君子之交淡若水"、"君子淡以亲"与郭象注"无利故淡,道合故亲",真可谓"无利"所以很少见面、"道合"所以学缘长久。比如检索日记能得到的两次见面,一次是在2015年7月4日:

> 参加南京林业大学青年科技创新项目评审。胡运宏来接。在人文组,王国聘担任召集人,每个项目10分钟汇报,5分钟答辩,14选10。从一点半工作到六点,颇辛苦。然后喝酒,认识南京艺术学院李立新教授。李教授承担"六朝设计史"国家项目,收藏六朝铁器300多件,有些意思。酒后,到李教授工作室看藏品,聊天……

[①] 李立新:《六朝设计史》,江苏凤凰文艺出版社2024年版。此序撰于2021年2月23日。

又一次是2017年3月12日,我张罗的"六朝历史与南京记忆"国际学术研讨会在南京晓庄学院方山校区举办,立新先生在分组讨论上报告的题目是《从"人脸"到"兽面"——解开六朝瓦当的变脸之谜》。然则我与立新先生很少见面的印象,据此可以确定。至于学缘长久,盖因我与立新先生都在六朝学术圈内,我虽不懂"六朝设计",对于立新先生的六朝铁器收藏、六朝瓦当报告,却是一则钦佩、一则关注,毕竟这些年我兼任着六朝博物馆馆长,而馆里就展陈了不少铁器、馆里的"瓦当墙"还是网红打卡地呢。

现在,近六年前我日记中提到的"六朝设计史",终于从"国家项目"的概念,成型为四十余万言的《六朝设计史》,我既为立新先生与弟子们多年的"不忘初心,必果本愿"而喜悦,也想着借此献序的机会,验证验证我的"有些意思"的感觉是否到位。

如何验证?不怕读者诸君笑话,我得先明白"设计"是什么意思。从字面义理解,设计就是预先规划、制订图样吧;深入些或"玄妙"些说,设计是人类造物活动——这是人类最基础、最主要的创造活动——的计划技术和计划过程。而按照立新先生的表述,"百工造物制器"意义上的设计,"是人类的一种生存方式","设计的目的是服务于人,用之于生活";又具体到"六朝设计史",则旨在全面总结和深入研究"六朝社会生活中衣食住行用的各个方面",至于这样的总结与研究的意义,《六朝设计史》之洋洋洒洒的"前言"归纳出了四个方面:

其一,"'六朝设计'能为六朝文化及六朝史学带来意想不到的补充和价值,这是六朝文学、美学、宗教、考古等研究所无法提供的";

其二,"缺少六朝设计的传承与发展,秦汉设计传统将难以继承,唐宋设计高峰将失去重要的传统资源,中国设计艺术的历史就会产生断裂";

其三,"考察生活与设计在中古时代前期的种种关系,对于认

识这一时期设计知识的衍变,传播方式以及多样的中古思想极具价值,也对于探寻之后的唐宋文化艺术知识的建立具有参照作用";

其四,"本书研究试图以区域史、断代史为突破口,在方法上以定量的实证方式与定性的阐述方式相结合,以考古新材料与文献资料为依据,并以历史人类学的视野将设计史与生活史相联系,以综合研究的方法为设计史研究开启一个新的窗口。"

这是令人期待的学术目标!而若果然能够达致,那么,《六朝设计史》就不是我个人感觉的"有些意思",而是助力广泛领域的"很有意思"、升华诸多学科的"大矣美哉"。这样的"很有意思"、"大矣美哉",比如灌注于六朝博物馆的丰富展陈,则各类"文物"由表及里的含义剖析、从"是物是体是形而下的器"到"是魂是美是形而上的道"的哲学阐释,就具备了自然过渡的"中介"、架起了彼此沟通的桥梁,于是不仅"文物"之为"物"有了另种"语境"的人文说法,而且"文物"之为"文"也有了另种"路径"的思考空间。

带着这样的"很有意思"的"设计"理解与"大矣美哉"的"意义"期待,我尝试着选择了六朝博物馆的"镇馆之宝"——三国孙吴"青瓷釉下彩羽人纹盘口壶",比较了"展陈"与"设计"两种"语境"或"路径"中的叙述。我的展陈叙述是这样的:

该件盘口壶,束颈丰肩,圆腹平底,浅灰胎,青黄釉,通体绘制褐彩纹饰,辅以各类贴塑形象。其鸾鸟轩昂、神禽起舞、异兽显赫、比翼华丽,又佛像肃穆、羽人奇幻、铺首威严、仙草婉转,远视则浪漫潇洒之风扑面而来,近观则缥缈灵怪之气摄人心魄。至若佛像、羽人之和谐相处,生动表达着外来佛教与本土道教的早期关系;隶属三国时代之釉下彩绘工艺,则有力改写了成熟釉下彩绘瓷器始于唐代的传统认知。洵为石破天惊的考古发现,卓出当时的艺珍品，名副其实的"国宝"文物。

这段近两百字的简要叙述，力图涵盖器型纹饰、艺术风格、宗教意义、科技价值、史料地位等几方面，更详细的八百余字文本，另见南京市博物总馆编《源·流：99件文物里的南京》（南京出版社2019年版），此不赘引。而《六朝设计史》第一编第二章三"最早的釉下彩"的叙述"语境"或"路径"，起码在以六朝文史为专业的我看来，其"工艺创新"部分就显得颇是"别开生面"：

> 釉下彩是瓷器装饰手段之一，是以色料（南京出土孙吴釉下彩是使用含锰稍高的氧化铁作为着色剂），在素胎上彩绘纹饰，外罩一层白色或青色透明釉，入窑高温烧成。
>
> 釉下彩瓷作为日用陶瓷器皿的装饰手法，具有以下两点优势：一是釉下彩绘色彩鲜艳，永不褪色；二是呈色剂被透明釉覆盖在内并经高温烧制，色料中的氧化铝等对人体有害物质不会溶出，适于作为日用瓷器具的装饰技法。孙吴釉下彩制瓷工艺最为引人注目的就是陶瓷烧制与绘画艺术的成功结合，开创了中国彩瓷烧制的新纪元，为后来青花、釉里红、釉下三彩等斑斓绚丽的釉下彩瓷的发展奠定了基础。
>
> 南京出土釉下彩瓷说明孙吴时代釉下彩瓷制作与烧制工艺已经成熟，并达到很高的艺术成就，但是，从目前各地出土文物来看，此种工艺延续至西晋，至东晋则基本消失……

上引的三百来字中，"含锰稍高的氧化铁"、"色料中的氧化铝"等，是我轻易不敢下笔的知识"盲区"，"装饰"、"制作"、"工艺"等，是"百工造物制器"之"设计"的关键词，至于"对人体有害物质不会溶出"、"适于作为日用瓷器具"等叙述，应该就是"设计的目的是服务于人，用之于生活"的观念流露吧。

然则循着这样的方法,我继续验证着六朝博物馆馆藏、《六朝设计史》讨论的石兽、魂瓶、瓦当、铜镜、金饰、玉佩、漆杯、砖画、陶俑、虎子、香薰、马镫、莲花尊、鸡首壶、玻璃器皿等等的叙述异同,系统学习着造物承传、工艺演变、技术进退、图饰沿革、设计规范等等带来的旧物新知,进而结合我早年行走韩国公州、日本奈良的片段记忆,仔细品咂着诸如此类的"义理"与"辞章":

> 中国南方还通过海路向朝鲜半岛和日本输出大量六朝造物,而且是工匠、技术、工艺等全面输入并伴有深入的民间往来。六朝造物作为外来强势权力文化象征引入百济和大和,甚至参与到这些国家在这一时期的文化构建与政权强化进程之中,是隋唐时期与东亚文化交流高峰之前的先奏序曲。

这真是"博览通观"得到的认识。而行文至此,我又想起了拙著《伟哉斯名:"中国"古今称谓研究》(湖北教育出版社 2000 年版)中的相关讨论:

> 中日之间的交往,一是直接通过海道,二是通过朝鲜陆路。海道在中国一方以江南地区为终端,这一带在先秦曾是吴国的疆域,在三国时代又属孙吴,是与日本最早发生联系的地方之一,所以这里的汉语方言传到日本就成了吴音……
>
> 日本称中国为吴,除了上述"吴音"的遗存外,还有其他的例证。如隋唐以前,日本称中国人为吴人,称侨居日本的中国人聚居地为吴原,称在日本劳动生活的中国纺织工匠为吴织,称魏晋南北朝时代的中国胡床(一种坐具)为吴床,等等。

现在看来,我所举的这些"其他的例证",正是《六朝设计史》之"中外设计交流"的内容,只是我缺乏清晰的自觉罢了。换言之,尽管我囿于文史,立新先生长于"设计",还是能够"殊途同归",获得"相映成趣"的结论的。又或许也是因缘于此,我与立新先生"无利故淡"而很少见面、"道合故亲"而学缘长久吧!

推而言之,我与立新先生是这样,我相信,《六朝设计史》的忠实读者也会生发这样"道合故亲"的感觉。因为设计史视野中的六朝与六朝史视野中的设计,实在充满魅力:

> 六朝是中国历史文化艺术的一个大转折时代,也是中国设计史上的一个大转折时期,六朝对于中国设计史的贡献,突出地表现在陶瓷、园林、印染、农具、制漆、造船以及吸收外来文化、寻求自然生命价值等方面,这一以南方为主的中古设计历史,思想空前活跃,设计富于智慧,清新简约,精品迭出,为中国设计艺术的发展注入了新的活力。

至于仿佛卷轴般铺展开来的《六朝设计史》,其义理、考据、辞章、经济(经世济用)的并重兼美,其行文、配图、公家文物、私人收藏的精彩纷呈,读者诸君也会与我一样,"开卷如芝麻开门",从而收获当今已经难得的"很有意思"、"大矣美哉"的知识、视觉乃至精神的享受……

二、六朝博物馆编《六朝建康城城墙遗址研究与保护(2014—2022)》序①

前不久,六朝博物馆的同事们在编著一本很有意思的文集,题为《六朝建康城城墙遗址的研究与保护(2014—2022)》,既嘱我撰文,又约我献序。撰文,我奉上了《古都南京的历史特质与地理形势》,意在诠释"钟山龙盘,石头虎踞"的地理形势,如何成就了"帝王之宅"即六朝古都、十朝都会的政治地位,意在表彰南京之进取而非偏安、坚韧并且光荣、薪火相传华夏文化的历史特质;献序,当几天前我看到这本文集的校样时,传统学术主张的"义理"、"辞章"、"考据"、"经济"几词,油然浮现在了眼前。

以言"义理",上引拙文意即在此,当然未及展开者亦多。如在我的认知中,如果说物质的南京属于大明,建筑的南京属于民国,那么,精神的南京就属于六朝了。这样的六朝之于南京,是中国文化中特别推崇的风流雅致,是传承至今的"菜佣酒保都有六朝烟水气",是到处可见的Logo辟邪,是市民们往往脱口而出的"多大事啊",是承受力强、包容博爱的城市性格,是《自豪的南京人》中的唱词:"我们南京人,总是不慌不忙,不张不扬,不摇不晃,不卑不亢",如此这般,理解南京这座华夏正统之都的前世与今生,就不可不对话六朝、亲近六朝、融入六朝。

以言"辞章",再"高大上"的义理,都离不开优秀辞章的有力加持。

---

① 六朝博物馆编:《六朝建康城城墙遗址研究与保护(2014—2022)》,"南京大学六朝研究所书系"之"丁种资料"第叁号,南京出版社2022年版。此序撰于2022年11月。

而在我的认知中,作为中国迄今唯一的"世界文学之都",南京文学的底蕴,正以六朝为灵魂。这样的灵魂在六朝当时,是"四声、八病,始发明于江左,文选、文心,均载誉于千年",是山水文学、宫体文学、文学教育;这样的灵魂在六朝以后,是从李白、刘禹锡、杜牧、许浑、韦庄的诗,到李煜、王安石、周邦彦、萨都剌、纳兰性德的词,是从孔尚任的曲,到吴敬梓、朱自清、张恨水的文,这些诗词曲文的味道或基调,是因衰落而思慕的六朝繁华、因兴废而生发的六朝感慨,层累叠加,终于成就了怀古文学的南京巅峰,"金陵怀古"也因其普遍的关怀,凝聚为中国文学的恒久母题。

以言"考据",义理不能空谈,辞章需要附丽,所以中国学术尤其尊重探幽索隐的考据。考据之于隋灭陈后惨遭"平荡耕垦"命运的六朝古都,那是还原"江南佳丽地,金陵帝王州。逶迤带绿水,迢递起朱楼。飞甍夹驰道,垂杨荫御沟。凝笳翼高盖,叠鼓送华辀"的景象,那是落实"山围故国周遭在,潮打空城寂寞回。淮水东边旧时月,夜深还过女墙来"的形势,那是深究"兴废由人事,山川空地形。后庭花一曲,幽怨不堪听"的缘故,那是围绕着六朝宫城、都城、外郭的千年寻觅。这样的寻觅,情真意切,锲而不舍,先有唐人许嵩的《建康实录》、宋人张敦颐的《六朝事迹编类》与周应合的《景定建康志》、元人张铉的《至正金陵新志》、明人陈沂的《金陵古今图考》、清人顾祖禹的《读史方舆纪要》等,再是基于这些传世文献作出推测的朱偰的《金陵古迹图考》、蒋赞初的《南京史话》、郭湖生的《六朝建康》以及刘淑芬、郭黎安、马伯伦、罗宗真、中村圭尔、外村中等等中外名家的众多论著;而21世纪以来,伴随着南京城市考古成果的大量涌现,王志高、张学锋、贺云翱、卢海鸣、陈刚、姚亦锋等同仁的研究成果,又使云遮雾绕的六朝建康城的面貌逐渐清晰了起来。

以言"经济"亦即"经世济用",如果说义理、辞章、考据为"形而上"的"道",那么"经济"就是"形而下"的"器"了,虽然这些"道"与"器"已经各美其美,但唯有"道"与"器"相得益彰,才是臻于圆满的美美与共。而具体到以"六朝"为典型象征、重要符号、关键标志的南京，因为有了六朝博物馆，于是越发名实相副：这里有湮没皇宫的盛世重现、考古展示的豪华辉煌、文物诉说的风流英杰，这里生长着六朝京都的根、定格着六朝人物的形、弥漫着六朝文化的魂，这里使远去的六朝鲜活回归到了当下，从而成为今人遇见六朝、感触六朝、爱上六朝的一方圣地！

然则六朝博物馆这方圣地的根、形、魂，追源溯流，又离不开地不爱宝、考古揭示、我们守护的六朝建康城城墙遗址。某种意义上说，没有这段原真守护的六朝建康宫城东墙遗址，就没有六朝博物馆的应运而生，所以我们的殚精竭虑、耗时费力是值得的；而有了应运而生的六朝博物馆，我们就能梦回六朝、寻梦六朝、圆梦六朝。所以我常唠叨：南京梦，梦六朝。曾经的六朝，今日的六朝博物馆，仿佛璀璨的北斗七星，闪耀在古都新城的南京！所以此刻，我也要特别致敬我的同事们，在开拓创新、繁忙琐碎的日常工作之余，为南京城与南京人，为考古界与文物界，贡献了这么一本内容丰富、图文并茂的文集。以我匆匆浏览的感觉，文集上编"相关背景研究"阐发的义理、展开的考据，颇多可圈可点的精彩，文集中编"遗址保护成果"的过程呈现与本土经验，文集下编"遗址保护图录"的岁月留痕与影像存真，尤具示范意义、资料价值与"经济"旨趣。至于读者们，若能通览一过，我相信就会切实明了何谓"纸张与笔墨，可以记载经过选择的今昔；红尘与物件，能够书写更加原真的历史"，进而"知其然，知其所以然"地既见"文物"之为"物"、也见文物之为"文"，然后逛好、看懂六朝博物馆……

三、张可辉著《南京旧志整理与史地研究》序[①]

一个来月前,我在为老博士杨洪俊的大著《他者之镜:日本人笔下的清末上海·南京·武汉》献序时,提到"张可辉《南京旧志整理与史地研究》、白雁《王谢风流:乌衣巷口夕阳斜》,还得抽空翻阅、做点笔记,以便完成弟子们交付'导师'的作业"。现在,忙忙碌碌的一个学期结束了,方才得以在相对平静的寒假节奏中,次第从事感觉亲近的张可辉博士后、白雁博士生两部著作的献序任务。

如何感觉亲近?这里只说可辉其人其书。

大概是在2004年早春时节,我与可辉初次见面,那时可辉任职《南京农业大学学报(社会科学版)》编辑,我又得知他乃邳州人氏,本科与硕士毕业于兰州大学历史学系,于是亲近感油然而生:我发表的首篇论文《宋朝市马三题》,刊于南京农业大学中国农业遗产研究室主办的《中国农史》1986年第3期,因为这篇署名"胡叚"的文章,我还与南农离休干部、《中国养马史》作者谢成侠老先生有过书信往来;我的首次"河西五郡"之行,是1986年8月参加兰州大学承办的"丝绸之路暨历史地理学术研讨会",会议及考察期间,既得识浙江老乡、复旦前辈校友、兰州大学教授齐陈骏先生,颇获逸闻趣事,又得结交南京大学历史学系硕士生张学锋、曾京京一行,五泉山上品三炮台、齐教授家尝甘谷辣椒,亦是印象深刻;至于邳州一带,在我的学术记忆中,那是晋朝续命的前奏曲,

---

[①] 张可辉:《南京旧志整理与史地研究》,江苏人民出版社2022年版。本序撰于2022年1月20日。

洛阳朝廷与建康政权的中转站,盖305年东海王司马越命琅琊王司马睿留守下邳,司马睿以王导为司马,及307年,司马睿移镇建邺,王导笼络江东士族,"而赤县神州免于全部陆沉,东晋南朝三百年之世局因是决定矣",南京也因是屹为六朝古都乃至十朝都会……

　　想来,近20年前那个早春,我与可辉那次见面,回旋往复的愉快交流,应该就不离这些话题吧。然后2004年秋季学期开始时,可辉编辑就变身为博士生张可辉了。又应该是考虑到"教学相长"与"因材施教"两者的结合,我大概早早就与可辉商定了博士论文选题方向。以言"教学相长",就说2004年,我开始主持《南京晓庄学院学报》"六朝研究"专栏,开始在《学海》杂志连载《〈宋书·州郡志〉考疑》,开始张罗"南京十佳老地名"、"新金陵四十八景"评选事宜,开始承担"中国传统文化丛书"之《史书地志》的写作;以言"因材施教",那时我眼里心中的可辉,经过兰州大学敦煌学术的打底训练、《南京农业大学学报》编辑的多年磨砺,加之处世执拗、做事认真、追求完美的性情,却少些潇洒自如、举重若轻、避实就虚的"灵活",于是我感觉他非常适合做文献钩沉辑佚、史事考证稽疑等方面的朴学学问。然则今天看来,我当年的感觉还是相当准确的,比如可辉2007年提交的申请博士学位论文《南京地方文献专题研究》、2021年完成的江苏省社科基金结项著作《南京旧志整理与史地研究》,就是前后跨越15年而后出转精、颇有功于历史文献整理与南京史地研究、虽不"好看"但极有用的优秀成果。

　　如何"后出转精"? 显而易见者是电脑字数16万字的博士论文与电脑字数23万字的结项著作之比较,篇章排布既调整甚大,节目设置亦愈加明晰,其情况略如下页表。

2007年博士论文	2021年结项著作	
专题一 《六朝事迹编类》点校校议	上篇	第一章 《六朝事迹编类》校注校议
专题二 《景定建康志》的地名学成就		第二章 《景定建康志》地名资料整理
专题三 《至正金陵新志》引书研究		第三章 《至正金陵新志》引书研究
		第四章 《丹阳记》辑佚整理
		第五章 《舆地志》辑佚整理
附篇一 古都南京研究概述	下篇	第六章 作为古都的南京:史地研究回顾与展望
		第七章 太湖水系的南京:流域上游与太湖异名
附篇二 南京地区两宋时期自然灾害年表		第八章 两宋时期的南京:自然灾害统计与研究
节目设置举例		
专题一 《六朝事迹编类》点校校议 一、张敦颐生平考补 二、王校本的成就与局限 三、张校本的成就与局限 四、未具校者举例与考证	第一章 《六朝事迹编类》校注校议 第一节 《六朝事迹编类》研究概况 一、建国前研究成果举例 二、建国后研究成果概述 第二节 《六朝事迹编类》著者事略 一、张敦颐籍贯 二、张敦颐事略 第三节 《六朝事迹编类》校注校议 一、王进珊校点本校议 二、张忱石点校本校议 第四节 《六朝事迹编类》校注补正 一、志书未具校者校补 二、志书校注互异者举例	

我又抽样比较了若干节目的具体内容,发见由博士论文到结项著作,在学史补充、观点修正、行文润色、注释规范、技术改动等等方面的后出转精,可谓不胜枚举。凡此种种,可辉之追求完美,可见一斑矣……

如何"有功"? 我在《历史文献是史学研究的原料(上)》(《南京晓庄学院学报》2006年第3期)文中有云:

考据作为基础,不仅要读书、用书,而且要知书、疑书,举凡目录、版本、凡例、校勘、训诂、传注、辨伪,等等,等等,都属读书、用书的前提。非如此,则有失严谨,算不得高明……毕竟文献的考校是功德无量之举,毕竟偶得千年未发之覆是颇可得意之事。

我在《"回顾"与"展望"绝非"小道"》(《南京晓庄学院学报》2010年第1期)文中又指出:

回顾是为了总结,展望是为了开拓……总结前辈成就,然后才得薪火相传;回顾专题论著,然后才得继承创新;检讨理论与方法,能获启发思维之效;把握争论与分歧,能获深入研讨之趣。换言之,学术的进步,离不开回顾,缺乏了回顾,就谈不上前瞻,而没有了前瞻,我们现时的努力,也就失去了真正的目标……"回顾"与"展望"绝非初入门者可以从事的"小道",没有备尝艰辛的研究经历,没有涵泳多年的学术素养,没有古今中外的系统掌控,则真正意义上的回顾与展望,其实无从谈起。

衡以上述意思,我想,可辉大著的上篇五章之于历史文献整理的"功德无量"、下篇第六章之于南京史地研究的广泛意义,已不烦赘言矣……

如何"虽不'好看'但极有用"?诸如校注、补正、引书、辑佚一类文字,社会读者大体难以收获阅读的快感,但在"专门家"那里,总是将此类饾饤琐屑视同珍宝的;若再联系南朝《丹阳记》与《舆地志》、南宋《六朝事迹编类》与《景定建康志》、元朝《至正金陵新志》之于复原、探索、理解屡遭损毁的华夏古都南京的奠基作用与普遍价值,那么呈现在诸位读者面前的这份"青灯黄卷"事业,又实在是令人肃然起敬!

然则这部后出转精、既颇有功又极有用的《南京旧志整理与史地研究》,还不乏宏观层面的真知灼见,随举三例:

例一,关于古都南京研究的学术史分期,可辉明确划分为"明朝中期至清朝末年"的"传统历史地理学时期"、"清朝末年至20世纪70年代末"的"历史自然地理学发展时期"、"从20世纪80年代初至今"的"古都学发展时期"——起码就我寓目的中外论著言,尚未见到这种别致的提法,可辉的创新追求值得肯定。

例二,关于两宋时期南京地区自然灾害史料的评价,可辉特别强调:"两宋时期,南京地位较高,自然灾害的记载自然也就多一些,通过其自然灾害的记载多寡,并不能论证一个地区自然灾害较其他地区多寡的规律性。地方文献详于地方史地,本是其体例使然,因此,也不能据之以非总志、正史等等文献记载之不足,不能强调其补史功能。"——起码就我多年的学习体会言,这是通达高明的非凡见识,值得赞赏。

例三,关于"作为一类独特的文献资源"的地名,可辉通过"太湖异名"的全面考辨,既证明了地名承载着对应地区的"历史变迁、社会发展、自然环境,以及历史上人们的相关语言、认识……具有进一步探讨的理论价值与现实意义",又审慎地提醒研究者"地名渊源解释虽是我国传统地名学的主流,但对于历史地名资料,不可轻信而贸然使用"——起码就我长久的研究经验言,诚哉斯言,可辉亦诚为"三栖四喜斋"之受业弟子也!

细密考据与宏观把握兼美的《南京旧志整理与史地研究》,姑且就说到这里了。而回应可辉大著"后记"中对我的"衷心感谢",我也分享一下可辉带给我的难得欣慰:处世执拗、做事认真、追求完美、耐得住寂寞、坐得住冷板凳的可辉,博士毕业以后,又有了我所没有的法学博士后经历,又承担了我完全不明所以的"田骨田皮与明清乡村社会"国家社科基金后期资助项目,又发表了多篇逸出文献学、南京史、历史地理领域的优秀论文,作为可辉曾经的博士学业指导教师,我因此收获了满满的成就感,所以在这里,我也要向现在的邻居可辉道声真诚的感谢!

四、白雁著《王谢风流：乌衣巷口夕阳斜》序[①]

2021年底,我在给杨洪俊博士的《他者之镜:日本人笔下的清末上海·南京·武汉》献序时,已经预告了一回白雁的这部《王谢风流:乌衣巷口夕阳斜》。一年又三个月过去了,这部篇幅不大的作品终于定稿。翻阅一过,我想与读者诸君分享的感觉是:书名很亲切,内容很有趣,写法很特别,堪称一部蛮好看的"公共史学"作品。

如何书名很亲切?身在"世界文学之都"南京的男女老幼,以及不在南京的士农工商、渔樵耕读,大概无人不知"朱雀桥边野草花,乌衣巷口夕阳斜。旧时王谢堂前燕,飞入寻常百姓家"这首诗吧。虽然我常"掉书袋"地在不少场合考证中唐"诗豪"刘禹锡在写这首《乌衣巷》时,还从没到访过南京,但《乌衣巷》可当南京历史的画龙点睛之笔,堪称"金陵怀古"的文学典范之作,自是没有疑义。而白雁的这部作品,既取此诗为"引子"的引子,又取此诗的诗意与诗句为书名,则诚可谓"想今年'雁'子,依然认得,王谢风流"了,一笑……

如何内容很有趣?白雁书名中的"风流"一词乃是关键,这关键的"风流"一词又特指六朝名士的"人格"之美,诸如自由的精神、脱俗的言行、超逸的风度,它们如同"风"一样"流"着,风靡社会,流韵后世,令人景仰;而其中的"王谢风流",又是"风流名士"的楷模。如琅琊王氏,王

[①] 白雁:《王谢风流:乌衣巷口夕阳斜》,"南京大学六朝研究所书系"之"戊种公共史学"第叁号,南京大学出版社2023年版。此序撰于2023年3月14日,原题"序:想今年雁子,依然认得,王谢风流"。

导拥有"风流百代,于是乎在"的美誉,王羲之、王献之父子更属"风流为一时之冠";又陈郡谢氏,"江左风流宰相,惟有谢安",谢道韫"神情散朗",亦富"雅人深致"。进而言之,如我早年的统计,在两晋南朝的重要"郡姓"中,琅琊王氏、陈郡谢氏的出人数量,既排名前两位;"暨陈之末,诸谢渐微,唐代无人相者",中唐以后,琅琊王氏的族望也是急速下降、趋于没落。然则这样的"王谢堂"到"百姓家"的升降与盛凋,不仅读来有趣,抑且发人深思吧!

如何写法很特别?我所感觉的"写法很特别",是相对于学院派经典而言的。比如田余庆先生的大著《东晋门阀政治》,"释'王与马共天下'"、"陈郡谢氏与淝水之战"两篇,即是本书内容探赜索隐的学术表达;又如萧华荣先生的《华丽家族:两晋南朝陈郡谢氏传奇》《簪缨世家:两晋南朝琅邪王氏传奇》两书,更是本书内容曲折逶迤的历史叙述。而不同于田著"纪事本末"式的鞭辟入里、萧著"谱牒世系"式的全面细致,白雁的这部作品,可谓致敬"世说新语"、追慕"风流宝鉴"的"人物小传"的写法,其选人的"知名度高、美誉度高、成就高的'三高'标准",类型多样但"尽得风流"的五"王"与五"谢"十位代表人物,"不在写其全貌"而在"找出其最显著的特点"、"从细节着手重塑人物形象,并尽可能给予人物以当代人视角的观照"云云,共同决定了这部"一心奔着大众传播的小书",读者诸君定会"喜闻乐见"。

因为书名很亲切、内容很有趣、写法很特别,所以我把这部蛮好看的《王谢风流:乌衣巷口夕阳斜》收入了"南京大学六朝研究所书系",也算是为该书系增添了一册名副其实的"公共史学"优秀作品吧,毕竟立足于整个的中国历史,数风流人物,还看六朝,而数六朝人物,还看王谢!

五、钟海平著《探寻臧质城：刘宋盱眙保卫战史地考实》序①

海平老友这本书的主题，属于历史军事地理范畴，这是我比较熟悉的领域。比如早在25年前，那时我才30岁出头，就与彭安玉学兄、郭黎安先生合作，主编主撰了一本《兵家必争之地——中国历史军事地理要览》。记得写这本书时，正值盛夏炎暑，南大南园筒子楼里装不了空调，电风扇里扇出来的都是热风，为了避免汗水浸湿稿纸，我拿两块毛巾垫着手臂，又一块毛巾随时擦汗，房间里则挂满了全国与分省的地形图、政区图以及一些重要战役的形势图，沉迷其中，我甚至常常不由自主地想象，我如果是孙武子、诸葛亮、戚继光、粟裕，应该如何运筹帷幄、谋篇布局、冲锋陷阵、围城打援。那是一段难以忘怀的经历！所以难以忘怀，一则老在追忆着那精力充沛、思维活跃的青春岁月；二则此书竟然"上得厅堂，下得厨房"，得到了社会与学界两方面的肯定，社会的肯定，此书成了"地摊书"，我收到了几十份读者来信，几位东北抗联老战士还多番约我到白山黑水间访古，学界的肯定，此书竟被推为中国历史军事地理的两部代表作之一，另一部是著名历史地理学家史念海先生的《河山集》第四集；三则1996年河海大学出版社首版此书后，2007年海南出版社主动与我联系，出版了修订本，2019年上海文艺出版社又与我签约，计划出版图文本(只是我至今未及忙到此事)，换言之，大概

---

① 钟海平：《探寻臧质城：刘宋盱眙保卫战史地考实》，"南京大学六朝研究所书系"之"甲种专著"第伍号，南京大学出版社2022年版。此序撰于2021年3月17日，原题"序：'十八般武艺'齐上阵"。

每隔十来年,此书就要修订重版一次,看来此书的学术价值与社会意义,还是显而易见的。

《兵家必争之地》所涉的时空范围,可谓"上下五千年,纵横一万里",而就如我读清初顾祖禹《读史方舆纪要》的感觉,哪儿的山川险隘都关键,哪儿的攻守形势都重要,哪儿的得失成败之故都值得琢磨,以此,《兵家必争之地》尽管篇幅不小、已近50万字,分配到各别的山川险隘、攻守形势、得失成败,仍然仅仅"要览"而已。即言海平不懈探寻的臧质城、尽力考实的刘宋盱眙保卫战史地,《兵家必争之地》的叙述是这样的:

> 盱眙今属江苏省徐淮地区,除了西面临淮河外,全境皆为低山丘陵……唐代以前,县城在山上,背靠绵延起伏的山冈,面临滔滔不绝的淮河以及一望无际的淮北平原,战守形势之利显而易见……在南北分裂以淮河为界时,盱眙对于屏蔽淮南和固守江南具有特殊意义……六朝时发生在这里最激烈的一次战争是451年的盱眙保卫战。其时,北魏拓跋焘进犯刘宋,步骑至六合瓜步,但因无力渡江,只得北返。在撤退途中,为了夺取盱眙城中丰足的军实,"以为北归之资",遂由拓跋焘亲自挂帅,力攻盱眙。盱眙太守深知该地的冲要,所以当战争还在黄河以北进行时就已备足了粮秣,这时便与驰援彭城而被魏军堵截的臧质一起齐心协力,共同守城。双方相持长达一个月,拓跋焘见盱眙城坚固难克,耽心宋军自海入淮断其归路,于是就狼狈北逃。

这段并非出自我手的文字,不知海平看到,是否会有浮光掠影、蜻蜓点水之诮?而我在几番拜读海平的大著后,也颇汗颜于我当初改定书稿时,为何没有补上沈璞——时任盱眙太守——这条信息,因为这条信息既所系非轻、不应遗漏,对于海平的探寻考实,更是具有画龙点睛的意义,理由则很简单直白,记载这场盱眙保卫战的第一手文献,正是沈璞

五、钟海平著《探寻臧质城：刘宋盱眙保卫战史地考实》序　349

之子沈约撰写的《宋书》，诚如海平所指出的：

> 《宋书》是沈约所著，元嘉二十七年，臧质率部与拓跋焘遭遇时，沈约年十岁，随父在盱眙城，对元嘉二十七年底的遭遇战、二十八年初的盱眙城保卫战，可以说都是亲身经历过来的，也许臧质灌装"溲便"时，小沈约就在身边，因而《臧质传》写得活灵活现，神采飞扬，非身临其境不能为。沈璞缮城浚隍时，沈约或曾跟着父亲或登城远眺或出城观览景色，对盱眙城周围的环境是了解的，至少盱眙城哪边有高山、哪边是淮河是清楚的，因而在写《宋书》时，不可能将经常去玩耍的非常熟悉的东山、前浦等地名写错。

这段同样"写得活灵活现"的文字，既显示了海平文字的一贯风格，也反映了海平考证的惯用手段。就以"沈约年十岁，随父在盱眙城"一句为例，《宋书·自序》有言：沈璞"俄迁宣威将军、盱眙太守……老幼在焉"，曹道衡、刘跃进著《南北朝文学编年史》亦云：450年，"沈约十岁，随父至盱眙"，451年，"沈约十一岁，仍随其父在盱眙"；而以此为前提，海平作出了沈约"在写《宋书》时，不可能将经常去玩耍的非常熟悉的东山、前浦等地名写错"的合理判断。

其实通读海平的这本小书大著，诸多的立论定性、考史释地，围绕纷繁复杂之史料的辨析，针对众说纷纭之观点的取舍，始终具有清醒的史源意识，抱持着"身临其境"、换位思考的人文关怀。不妨再举海平书中所论"唐杜佑《通典》记载的盱眙"为例，在历数了杜佑的官职与工作后，海平的判断是：

> 自大历三年(768年)为淮南节度使幕府从事，到贞元十九年(803年)入朝为相，前后约三十五年间，几乎都与盱眙有着疏密不一的关系。设想杜佑会将自己统属多年的县城记错，几乎是不可能的事情，由此可以确定对杜佑关于盱眙的记载不需置疑。

这个"不需置疑",也就意味着海平否认了"后人几乎一边倒地选择采信"的北宋乐史《太平寰宇记》中有关"废臧质城"的记载;有趣的是,海平还就此对话学界地给出了"理解之同情":"也许《通典》本不是以志书面目问世的,以至后人了解不多。"

然则海平如此的史源意识、人文关怀、"理解之同情",施之于臧质城的探寻、刘宋盱眙保卫战史地的考实,又真可谓"不二人选"。此话怎讲？分享两段前辈大师的感悟,即可了然吧。史念海先生之《河山集》第四集"自序":

> 为了使有关的文献记载都能够得到佐证,就必须亲自莅临各处旧战场作实地的考察……陕西的旧战场虽甚繁杂,时移世易,旧迹多已湮没,然荒烟蔓草间,仍可依稀辨认当年的残壁废垒,而积沙厚壤中亦间或可觅得其时的折戟沉钩。能够确定战场旧迹,参以周围的山川形势,就可以略知当年相斫的梗概……这些战地既为戎马金戈相斫相争的沙场,自有道路可以抵达。只是今古异趣,不仅陵谷多变,而且也难免人为的更改……只有逐段探索,始能略知其间的来龙去脉……有些人根据现在的地理形势,侈谈往昔的军事行动,那就不免差之毫厘,谬以千里了!

由此,专注历史军事地理的《河山集》第四集,"取得了足以显示新中国高水平的杰出成果"。又陈桥驿先生《前无古人的历史军事地理研究成果——评〈长平之战——中国古代最大战役之研究〉》:

> 由于历史文献对于古代战争实际过程的记载和描述,基本上都是纸上谈兵,为此,在当今历史地理的各分支学科中,历史军事地理的研究显得非常困难,因为文献记载中缺少当年战场实绩的第一手材料。
>
> 《长平之战》确实是历史军事地理研究中的一块值得称道的里

程碑。此书成功的关键,无疑就是作者打破了纸上谈兵的研究传统,而对这个范围广大的古战场进行了野外实地考察,基本上掌握了这个古战场的地理形势。在这样的基础上,进一步从战争现场研究和分析交战双方的部队驻扎、后勤供应、攻守路线以及进军、战斗等种种实绩,从而对这个古战场上的全部战争过程进行了有科学依据的复原。

读完此书,感慨无穷……《长平之战》为我们作出了一个历史军事地理研究的典范,我们当然不会奢望对中国古代的战争都能进行这样的研究,但是对于一些著名战役,我们期待着看到不同于纸上谈兵的研究成果。

记得大约四五年前,当我听到海平有志于研究刘宋盱眙保卫战时,即刻向他推荐了这部收获盛誉的靳生禾、谢鸿喜所著《长平之战》,并且极力怂恿他也为历史军事地理研究贡献一部"不同于纸上谈兵"的《盱眙之战》,因为我总觉得,盱眙保卫战既值得探寻细节、考实过程,而海平也是堪担此任的"不二人选"。

盱眙保卫战之值得探寻考实,一言以蔽之,这是东晋南朝时与淝水之战齐名、改变了南北双方攻守态势的一场大战。至于海平之为研究的"不二人选",我的认知,基础于以下三点:

其一,海平的乡土经历。从 1958 年来到盱眙,及至 2017 年完成本书初稿,海平之于盱眙,已有 60 年的乡村、工厂、机关、退休经历,盱眙的山水城林、文献掌故、碑碣砖瓦,不仅在他的耳中、眼里,也在他的脚下、心中……

其二,海平的"精算"能力。我和内人曾与海平及其家乡朋友如书法家张永刚、摄影家朱少成等"掼蛋",往往一局下来,我和内人这方"稳如泰山"、岿然不动,海平那方则"星奔电迈"、迅速冲顶,我和内人最多记到老 K,海平及其朋友则不知记到何等小牌,于是我既拜服在淮安(盱眙隶属淮安)"掼蛋"的超高水平之下,也对海平统筹全局的"精算"

能力大为钦佩,进之,我认定这样的海平应该是做考证文章的一把好手……

其三,海平的考证功底。我之初识海平的考证功底,缘于 2016 年年初。其时,任职盱眙县地方税务局的海平以《鲁肃籍贯献疑》一文见示,几经格式规范后,该文发表于由我主持的《南京晓庄学院学报》2017 年第 1 期"六朝研究"栏目,也因该文,这期我的"主持人语"题为"乡曲未必陋儒",既评论"钟海平之文……颇具前瞻后顾的思维、史书地志的兼及……尽显左勾右连的能力、地理比较与计量史学的细密",又不怕得罪"学院派"而特别提出:

> 虽然学院派或对地方文史爱好者不以为意,其实就某些具体问题特别是历史地理问题言,地方文史爱好者熟悉地情,掌握乡邦文献,一旦钻研既深,往往能够取得胜过某些空疏的学院派之扎实成果。钟海平之文即为一例,又本专栏前此连载的朱向东《新亭故址新考》亦为例证。如此,乡曲未必陋儒,陋儒或也见于学院也。

我这里的"乡曲"取其本意"乡野地方",而对常言所谓的"乡曲陋儒"则不尽认同,即如钟海平兄这样经历丰富、能力出众、功底扎实而未经专业训练的地方文史爱好者,一旦专业上了路子、钻研锲而不舍,其文乃至其书,也就往往不可小觑。其文比如《鲁肃籍贯献疑》,综合运用了书法(人物籍贯的判定应以当时政区为准)、地理("往来南山中射猎")、经济("家有两囷米,各三千斛")诸端,并以历史地图与卫星地图相互印证,从而得出"陈寿《三国志·鲁肃传》之'临淮东城人也'的记载,是有违《三国志》人物籍贯书法常例的表述,而鲁肃的籍贯地,应为东汉下邳国盱台县,即今江苏省盱眙县"的结论;其书则如现在成型的《探寻臧质城——刘宋盱眙保卫战史地考实》,既证明了我识人的眼光不错,也凸显了海平考证功底的非同一般。

为何我月旦海平的考证功底非同一般呢?既往的历史军事地理之

五、钟海平著《探寻臧质城：刘宋盱眙保卫战史地考实》序

战场研究，分歧较多的情形，常是战场的位置，如春秋城濮之战、战国马陵之战、楚汉垓下之战、汉末赤壁之战，争论所在，多是这些相关地名的隶属政区以及在隶属政区中的相对方位。海平之臧质城（盱眙郡城）探寻的结论，则力图细化到今盱眙县范围内的某个具体地点：

> 揆诸《宋书》《通典》《寰宇记》《资治通鉴》暨胡注等典籍的记载，并在此基础上进行合理论证和逻辑推理，再与卫星地图及实际地形地貌比对，最终得出结论，盱眙郡城自盱眙郡设立时于都梁山兴建，具体位置为：西濒淮水，南邻陡山（斗山），北近二山（长围山）；东南距东山（戚家山）三里。唐时新置的临淮县及后来移治临淮的泗州与其隔淮相望。现新扬高速盱眙淮河大桥东岸，高架桥下南侧濒淮处。考虑到洪泽湖形成后，淮河入湖口水位受湖水顶托抬高因素，或许有部分甚至大部遗址没于水下。

又以上引结论为基础，海平以为，古往今来围绕盱眙保卫战的诸多矛盾、依违、讹误、疑点皆可"迎刃而解"，比如"从东北方向攻城是唯一的选择"、"水军出击通道在城内"、"长围应是围城工事"、"臧质不可能扎营于城北"，云云。如此，我想，起码从盱眙太守沈璞之子沈约撰成《宋书》纪传的公元488年至今，对于公元451年初的那场盱眙保卫战，1530余年来的学者，再也没有像我们今天这样清楚了，而所以能够达致这样的理想境界，实在离不开钟海平先生之热爱乡邦、潜心学术、丈量大地、矢志求索的可贵精神，更离不开钟海平先生具备"十八般武艺"齐上阵的难得禀赋——史书、地志、舆图、考古等等资料的往复辨析，比较、计量、踏勘、推理等等手段的交替运用，纪事本末、文言白话、解疑释惑、追古证今等等形式的纵横捭阖……

缘此，我乐于与海平交流、愿意为海平看稿，亦荣幸于为海平老友这本形式独特、"文责自负"的《探寻臧质城——刘宋盱眙保卫战史地考实》献序。

六、林树中等著《六朝艺术》读后[①]

政治动乱而文化魅力无穷,这是学者对中国历史上南方六朝的共识。六朝文化的魅力,不仅表现在抽象的思想文化,而且表现在具象的艺术文化。六朝的艺术文化,其形式多姿多彩,其成就令人炫目,而其特别值得重视者,在于艺术创作中的张扬个性、空灵精致:顾恺之等人的绘画、王羲之等人的书法如是,石刻、青瓷、陶俑、佛像,乃至音乐、舞蹈、园林等艺术门类,也无不渗透着如此特性。今读新出的林树中等人合著《六朝艺术》(南京出版社2004年版),笔者又着实感受了一回六朝艺术的魅力。

《六朝艺术》一书正文部分凡七章,叙述了六朝的绘画艺术、书法艺术、陵墓艺术、宗教造像艺术、音乐舞蹈艺术、园林艺术,这便从不同门类较为系统地展示了六朝艺术的概况、价值与成就。其中,就内容的新实而言,第一章"绘画艺术(上)"以及第五章"宗教造像艺术",尤为精彩详尽。

《六朝艺术》的撰述特点与学术价值,要之有三:

其一,结构清晰,文风朴实。

对一种艺术及其发展的完整把握,离不开对艺术史的回顾,更离不开对艺术本身与艺术意识、环境等的结合把握。《六朝艺术》既注意了对某一艺术门类把握的完整性,同时也能照顾到行文的详略得当。该书前言指出了六朝艺术神韵优雅、清秀飘逸的特征,它是特定的历史时

[①] 原刊《江苏炎黄文化研究》2005年第2期,题为《感受六朝艺术的魅力:林树中等著〈六朝艺术〉读后》,署名张可辉、胡阿祥。

代、地域环境、内外因素等综合条件造就的,并对此特征所形成的时代、地域、意识等背景因素的影响给予了简单的交待,而在正文中,则偏重于艺术本身的描述与分析。如此,在有限的篇幅内,就可以更详尽地描述六朝艺术的诸多门类。

在对六朝绘画艺术的研究中,该书可谓深思熟虑、精巧构思。比如,在考察分析漆画、画像砖和画像石时,基本上是依照概说、考释、研究与推论的结构来行文的,清晰合理,从而使得对漆画等艺术的研究走向深入与全面。该书也注意到了文风的朴实,大体做到了深入浅出,从而变晦涩艰深为清新平实,这反映出作者的良苦用心与驾驭语言的能力。

其二,考释严谨,见解独到。

六朝绘画艺术是中国绘画艺术史上的一个分水岭,山水风景画、花鸟虫鱼画已独立或走向独立,所确定的以形写神、骨法用笔等美学原则,也已成为中国传统绘画艺术体系的基石。《六朝艺术》在论述六朝绘画艺术时,大力着墨,严谨考释,新论迭见。比如,在论述漆画、考释画像砖和画像石内容时,十分重视与传世文献的联系、比较,这反映出作者较为深厚的文献功底。而从《童子对棍图》《季札挂剑图》等所画之鱼,谈到了曹不兴的"曹衣出水"及当时海上交通与西来绘画的影响,从萧梁陵墓雕饰,谈到了中外文化交流,又反映出作者学术视野相当开阔。同时该书对三国、西晋从"略"到"精"的绘画风格进行了探讨,由此而对东晋顾恺之《论画》、南齐谢赫《古画品录》等画论专著给予了比较深刻的论述,也对《商山四皓图》漆平盘、《车马人物图》奁等漆画作品以及画像砖、画像石内容进行了较为详尽的考释,常见得意之笔。

"宗教造像艺术"一章在介绍南京栖霞山石窟、浙江新昌大佛及千佛岩的历史沿革与分期的基础上,对造像的诸多因素,如穹隆顶、螺发、裳悬座、褒衣博带式佛衣、飞天等分别加以探讨,对北朝佛像汉式化进程中较为特殊的衣着方式与南朝的关系等问题也给予了考察与研究,注意学术思路的拓宽,并不乏创新之见,这从另一个角度展示了六朝艺术的卓越成就。

其三,史料丰富,图文结合。

《六朝艺术》一书汇集、编排、解释、考证、辩论了大量的文献资料、考古与文物资料,也不乏宝贵的调查材料,仅就这一点言,其学术贡献也是值得肯定的。以石刻艺术为例。六朝的石刻艺术集中在两个方面:一是雕塑艺术,二是书法艺术。六朝石刻上承汉代石刻艺术传统,多方吸收艺术营养,拓宽创作题材,丰富传统技法,在中国艺术史上起到了承前启后、继往开来的作用,艺术成就斐然。《六朝艺术》之"书法艺术"部分,对《曹真碑》《萧融墓志》《爨宝子碑》《爨龙颜碑》《瘗鹤铭》等众多石刻给了关注,而"陵墓艺术"部分又集中讨论了南朝陵墓石刻,读者由此获得了对六朝石刻艺术的整体印象。又如"音乐舞蹈艺术"部分,所附唐卷子本《碣古调·幽兰》古琴谱,可谓心思精巧。特别是"绘画艺术(上)"所附三国孙吴朱然墓漆盘画《贵族生活图》、南朝陵墓画像砖《贵妇出游图》、南朝画像石《萧宏墓碑侧纹饰》等大量重要的相关图片,在向读者展示当时纹饰、衣着的同时,强化了文字的论证力度,其图文结合的撰述特点,使得该书更有生气,更有利于读者对六朝绘画艺术的直观把握。

当然,衡之以"苛求"的标准,《六朝艺术》也存在着不少的缺憾。如"园林艺术"部分,不仅显得过于粗略,有关六朝园林艺术的特征、地位、演变与形成等重要问题的讨论,也深度不够,且或有牵强。《六朝艺术》成于众手,作者五人,通读全书,有行文风格不相一致的感觉,内容及其偏重也有不协调的地方,又间有交叉、重复的现象。再者,《六朝艺术》的作者似乎对艺术的感觉胜过对文献的把握,艺术的分析往往颇见功力,相对而言,在文献引用的严谨性、内容选择的典型性以及注释的规范性方面,显得稍逊一筹。

然则由读《六朝艺术》,笔者在强烈地感受了一回六朝艺术魅力的同时,也困惑于这样的问题:艺术史,离不开"艺术"与"史"两大要素。"艺术"是需要感受与体味的,"史"则离不开严谨与实在。历史学者往往往缺乏对"艺术"的感受与体味,而艺术学者意之所至、笔之所到,又常常流失了"史"的严谨与实在。那么,既有艺术的真实感受、又有史的必要严谨的艺术史论著,果真很难得吗?

七、程维荣著《拓跋宏评传》审稿意见[①]

（一）书稿值得肯定的方面

北魏孝文帝拓跋宏是中国历史上一位重要的少数民族帝王；拓跋宏的"太和改革"是中国历史上以儒学为指导，而又广及经济、法制、政治、文化诸方面的独树一帜的改革运动。拓跋宏本人及其改革思想，在当时及后世都有着广泛而又深远的影响，也存在着或偏执一端、或倚轻倚重的评价。而这些，使得《拓跋宏评传》在本丛书中占有不可或缺的地位。

然而要写好拓跋宏的"评传"，却相当地不容易。其一，拓跋宏五岁即位，虽在位二十九年，但太皇太后冯氏听政二十年，拓跋宏亲政不足十年。拓跋宏的著名，首先在于他的改革；然而拓跋宏的诸多改革，却是由冯氏发其端。如何恰如其分地表述拓跋宏与"太和改革"的关系，可谓颇难处理的一大问题。其二，相对于本丛书的另三位少数民族帝王（成吉思汗、忽必烈、玄烨），拓跋宏三十三岁夭亡，生平事迹足以浓墨重彩地予以评述者较为贫乏。其三，由于"太和改革"的广泛性，本书稿不可避免地在内容上涉及了政治、经济、文化、民族、法律、战争等诸多方面，枝蔓既多，背景讨论也不得不繁。怎样紧紧围绕传主本身，说清

[①] 程维荣：《拓跋宏评传》，《中国思想家评传丛书》之一，南京大学出版社1998年版。此审稿意见，原刊《中国思想家评传丛书》《动态信息》第84期，题为《关于〈拓跋宏评传〉的审稿意见》，1996年8月。

楚这各方面的问题，也是一个难点。

考虑到上述因素，本书稿能在收集大量资料的基础上，把拓跋宏写到"应有尽有"（此借用卞孝萱先生语）的地步，应该说作者是尽了心力的。本书稿认为：拓跋宏"是第一个自觉地吸收汉族文化、自觉地推动本民族实现汉化的君主"；以此为中心，书稿展开了有关时代背景、拓跋文化、迁都及南征诸方面的讨论，分析了传主拓跋宏的成长历程、家世背景、周围环境及其个人性情，探索了拓跋宏改革的必要性，改革思想的渊源及其指导下的实践，宏观而又实事求是地界定了拓跋宏改革思想的历史地位。作为一部学术著作，本书稿能做到上述这些，是值得肯定的，我的意见是经过修改可以出版。

（二）书稿存在的主要问题

虽然本书稿在学术上没有发现致命的"硬伤"，但这不等于说书稿没有问题。审稿人在读稿过程中，对一些具体问题，有把握的，已作了圈改、修正或旁注了意见；有疑问处，则用铅笔作了注记。这里再提出几点意见，供作者改稿时参考。

1. 有些学术问题可以进一步深入。 在中国史断代的研究中，北魏史研究的总体水平是不高的。本书稿既较多地引用了陈说，因而就显得学术深度不够，耐咀嚼处不多。试举一例："太和改革"为什么以儒学为指导、以汉化为取向？这与冯太后、孝文帝身边的关右大族、河北高门的文化背景有什么关系？对这一至关重要的问题，以往学者多泛泛论及，本书稿同样缺乏令人信服的详确说明。类似这样大可深究而书稿却语焉不详的问题，还有一些。

2. 部分章节应作精简。 书稿围绕着传主的事功业绩，大体做到了"应有尽有"，但却没能做到更高一个层次的"应无尽无"，不少章节有累赘之嫌。如第一章"时代与出生"，占去三万余字的篇幅，是全书的近1/5，在这一章的最后一节，主人公才迟迟上场；再如第二章的一、三两节,写皇后嫔妃的内宫生活及心理活动,不仅有些啰嗦,而且有欠严谨;第二章第四节有关太后终制的叙述,第六章专设一节"北魏新都洛阳城",都显得没有多大必要。

3. 注释过分繁琐。比较突出的如人物注过多,所注内容又大体只是生平的简述。其实许多关系匪巨的人物是不必加注的。一些典章制度事物为读史者所熟知的,如什么是塔,一镒等于多少两,也不必加注。有些不很重要的引文,可改为作者自己的语言,如此也可以少出注。

4. 标题风格当求一致。有些章节的标题如"五岁做皇帝"一类过于浅白,第六章"迁都之争"与第九章"南征始末"与其他各章标题的风格又不一致。建议作者对章节标题下番功夫,力求文雅一些,"有味"一些。

5. 行文上尚存在不少问题。首先,铺叙有过于评述,因而稍嫌拖沓;其次,平实有余而文采不足;再次,有些语句文意不明或不准确,如页88第三段的"时代精神"不知何指;页185"这样,到太和十六年颁新律后,夷族和门诛在北魏已经基本消失了","北魏"一代自然不能仅限于太和一朝,上引结论性的语句缺乏比较与展开。

6. 应该统一、规范的地方多有不统一、不规范者,主要有如下三种情形:

(1)专有名词的使用不统一。如南朝齐、梁,也可以称萧齐、南齐、萧梁、南梁,但在一部书稿中,应求一致。本书稿多有同一页上"萧齐"、"南齐"混用,"萧梁"、"南梁"并存者,显得很不整齐。

(2)古地名括注今地不规范。一是没有标准年代。这十几年来,我国政区的名称、级别、辖境等多有变动,括注今地时,若无标准年代,势必会造成混乱。建议作者选择一本《中华人民共和国行政区划》(该书由中国地图出版社每年出版一次,以上年底的区划为准),进行统一处理。二是括注今地时一般要加一"治"字,以表明为该政区的治所所在。如括注北魏时代的州、郡、县今地,大体都是注治所而不是注辖境。本书稿对此未加注意,应作统一处理。

（3）文献出注或不统一，或不规范。如引陈寅恪《隋唐制度渊源略论稿》，一处注页码，一处注节目；注《资治通鉴》，一处作"东晋隆安三年注"，一处作"隆安三年胡三省注"；其他各样情形尚多，卞孝萱先生二审意见中已详细开列，这里不再重复。

（三）建议书稿设置"引言"

考虑到本丛书的选题，十六国北朝一段只有地理学家郦道元、农学家贾思勰，无法勾勒这一时代的历史脉络与大致面貌，以此丛书常务副主编蒋广学先生建议《拓跋宏评传》设置一个五六千字的"引言"，以简单交代这一段历史，审稿人认为这是很有必要的。"引言"的内容，除了要高度概括十六国北朝的历史外，重点要写出北魏这一朝代的重要性，与北魏年轻的君主拓跋宏的非同一般。

北魏的重要性何在？北魏可算是中国史上第一个确具规模、立国于黄河流域的少数民族建立的国家。仅此一点，便足以显示北魏的地位。在政治格局上，北魏结束了黄河流域的混乱局面，由此才有了南北朝的对峙。而南北对峙，是中原地区（大体指燕山、阴山以南，河西走廊、青藏高原东部边缘以东的广大地域）分裂时期的一种常态（另两种情形是东西对峙、地方割据）。北魏在与南朝对峙的过程中，政治、军事、经济上所采取的政策、措施，应该说都具有一定的典型意义，其成功的经验垂范后来，其失败的教训也被后来者引以为戒。如果我们把眼光放广，则北魏立国的艰难又有过于南朝。北魏处于蒙古高原以及西域、东北的民族与南朝政权的夹击之中，它既要防南，又要守北。作为一个入主黄河流域的少数民族政权，北魏还面临着如何在陌生的地理环境（包括自然地理环境、经济地理环境以及文化地理环境）中立足并求得发展的大问题。历史的事实是，北魏部分地解决了上面的两大问题，而这又与北魏诸帝的谋略及逐步改革有着密切的联系。

然则在北魏诸帝中，拓跋宏及其汉化改革无疑最为引人注目。拓跋宏主持的改姓氏、变语言、化风俗、易服制，都可谓大胆的动作；拓跋宏的迁都洛阳，其实也是一步关键的汉化措施（更加深入农业区）。虽然汉化是鲜卑民族进入黄河流域后一直存在的演化趋势（按牧业民族进入农业区后，接受农业文化，是历史发展的一般规律），但正是由于拓跋宏以皇帝的身份主持汉化改革，才客观上大大加快了鲜卑民族的汉化进程，它使得鲜卑民族更加亲合于黄河流域的地理环境与士族高门。

北魏政权的重要性与北魏君主拓跋宏的非同一般，自然不止上述这些；而对这类问题，书稿中没有专章论及，因而就显得立足点不高，视野不广。若加个"引言"，用鸟瞰式的大写意笔法，凸现一下北魏政权在中国史上地位之重要，突出一下传主拓跋宏事功业绩之伟，写好了，会给读者以开卷不凡、气象博大的感觉，从而提高书稿的学术品位。

当然加写"引言"之后，又会带来新的矛盾，主要是内容的协调，如第一章"时代与出生"，第十章"拓跋宏改革思想的历史地位"，便要作相应的调整。用蒋广学先生的话说，这样的改动便不是"小改"，而是"中改"了。但如此的"中改"，却是值得的。

八、瞿林东、李珍著《范晔评传》审稿意见[①]

全书通读了一遍,具体问题通读时随勘或随记于书稿上。此不赘。又此书稿优好之处甚多,亦不赘,如有可能,待书正式出版后,我可写书评说之。

我的读稿顺序是:先附录,再正文。以下按读稿顺序,提出若干意见供参考。

附录一

附录一所述诸书,评价或有流于表面者;所论王鸣盛的贡献,感觉有言过其实者;所引赵翼《札记》过多,或有与范晔、《后汉书》无关者;又论清人研究,大体局限于所谓的三大考史著作,此三大考史著作人所尽知,相对而言,其他学者相关成果的发掘与评论显得单薄。

又引文或不正确,如第230页《后汉书·光武帝纪上》:"建武元年,以前高密令卓茂为太傅",实为:建武元年九月甲申,"以前高密令卓茂为太傅";"中元二年二月戊戌"云云,实为:中元二年"二月戊戌"云云。按此类问题既普遍存在,又显而易见,因为其不合书法。

又举例或有不妥。如第230页"高密令卓茂"条,结论是钱大昕"考证出《光武帝纪上》记载误衍'高'字"。其实严格说来,此断语下得欠严密。按《后汉书·循吏·王涣传》亦称"(汉桓帝)特诏密县存故太傅卓茂庙",又东汉刘珍等《东观汉记》卷一、袁宏《后汉纪》卷三并载以"故密

[①] 瞿林东、李珍:《范晔评传》,"中国思想家评传丛书"之一,南京大学出版社2006年版。此审稿意见,完成于2005年1月15日。

令卓茂"为太傅,其衍"高"字无疑。但因何而致衍呢?观《后汉书》纪传之文,"密"、"密县"等屡见之,是范晔并非不知有密县,而范书卓茂本传及所参考之前代文献又皆称"密令",则此"高"字不应为范晔所误衍,当是后世手民但知有高密却不知别有密县而妄补之。

又行文中,间有缺字未补者。

附录二

第274页注[1]问题颇多。条述如下:

其一,错字颇多,见书稿上的订正。我未检此年谱原文,不知此诸多错字,是原文的错还是转载文的错抑或录入的错,如为原文之错或者转载文之错,则在录入时,应尽订正之责。

其二,据《宋书·州郡志》,顺阳太守领有"顺阳侯相",则顺阳当时为侯国,非县也,故259页、274页之"宋顺阳郡顺阳县"的表述是有问题的。

其三,注中对《宋书·州郡志》顺阳太守志文的疑问,其实多可得解。这里略解如下。(1)"顺阳太守,魏分南阳立曰南乡。"按《水经·丹水注》:"汉建安中,割南阳右壤为南乡郡";又《晋书·地理志》荆州云:"后汉献帝建安十三年,魏武尽得荆州之地……又分南阳西界立南乡郡。"(2)"晋武帝更名。"按本志雍州刺史扶风太守汎阳令条云:"晋武帝太康五年立,属南乡",据此知太康五年以前名南乡郡也。又《晋书·武帝纪》:太康十年十一月,"徙扶风王畅为顺阳王",疑南乡郡改顺阳国在是年。(3)"成帝咸康四年,复立南乡,后复旧。"按孙彪《宋书考论》云:"然则咸康后顺阳、南乡并立"。又据《晋书·姚兴载记》,义熙元年,刘裕遣使后秦,索取隆安时失地,姚兴以南乡、顺阳、新野、舞阴等十二郡归于晋。而今人多认为咸康四年顺阳郡复名南乡郡,宋又改顺阳郡。此属对《宋志》志文理解偏误所致。又顺阳郡治南乡县,今河南淅川县西南老城镇东南原丹江南岸(今已成水库)。(4)"顺阳侯相,前汉曰博山,后汉明帝更名,属南阳。"按《汉书·地理志》南阳郡博山:"侯国。哀帝置。故顺阳。"应劭曰:"汉明帝改曰顺阳,在顺水之阳也。"颜师古曰:"顺阳,旧名。应劭非。"又李晓杰《东汉政区地理》第十章第一节指出:"《汉志》之博山县,本名顺阳,西汉哀帝时改称博山,东汉明帝时复称顺阳,因此颜师古认为应劭所说的汉明帝改博山为顺阳的说法不确,其实应是恢复故称。"是顺阳曾属南阳,范氏为"南阳顺阳人"是成立的。又顺阳侯国,治今河南淅川县东南。

要之,由此一条,可见张述祖的《年谱》质量不高。而此次既为范晔新作评传,于理应当重撰"范晔年谱",也免《后记》所云"并不苟同"张谱有关"范晔的仕途及其政治结局"的看法。

顺带说到,正文第 4 页范晔"南朝宋顺阳(今河南淅川)人"以及该页注[1],也都存在问题。首先,范晔生于晋末,只说"南朝宋顺阳人"显然有问题。其次,联系注[1],此"顺阳"到底是郡还是县抑或侯国,没有说清楚。其三,"顺阳"括注"今河南淅川",也不规范,按古地名括注今地,大多为注治所而不是注辖境,所以必须加"治"字,又今地应该有标准年份,因为现行政区变化较多,没有标准年份,则前后会产生混乱。此"其三"的问题,普遍存在于全书之中。其四,注[1]中周一良先生与龚剑锋两说不同,作者既无辨析,"南朝宋顺阳(今河南淅川)人"的说法又问题多多。为范晔作评传而传主是什么地方人都不细论,这是说不过去的。我觉得,就现有史料看,这个问题还是大体可以解决的,至于专门的论述,有待撰文。

附录三

注码应该调整为右上角小字。第 288 页缺[15]标注,而第 294 页[15]语意不清,或应加脚注。

此附录三,连同附录二,都应该与原文对勘,并加脚注或方括号随文注,以订其误、疏其略、明其出处。完全移用而不置一词,是不负责任的。

附录四

第 299 页注[11]、[12]无年月,第 300 页注[26]无作者。又既做索引,应该求全,如辑刊、论文集中所收,此索引中缺漏,应补。如上海人民出版社1987年之《历史地理》第5辑有孟素卿《〈续汉书·郡国志〉刘昭注〉校补》,台北中国文化大学出版部1982年有施之勉的四册《后汉书集解补》,等等。诸如此类,即便不能补,作为索引,亦应出凡例,交代时间起讫及收录范围。

以上四篇附录,篇幅约为全书的1/4,稍显庞大了一些;又有应补者如人名、词语、文献索引。

第一章

第1页有关范晔是什么地方人的表述存有遗憾,见上所述。

多引《资治通鉴》,似有未安。对相同或者相近的文字,自应引较早的《晋书》本传。有较早的史料不引而引较晚的史料,犯了"陋"的问题。

"时代"仅写政治,"生平"仅写仕途,似乎太狭窄,如社会状况、学术风气、思想潮流、史学面貌,应该有所涉及。"范氏家族"一节太简,缺乏对该家族之源流、婚姻、门第、交往、迁移、家风家学、政治取向等等方面的分析,因为对于传主的理解,以上这些方面的分析无疑是必要的。

第二章

对所历官职据史照录而无说明引论,处理方法过简,不明职官制度的读者,读此便不能有多少的收获。如果觉得在正文中释官不妥,可以在脚注中处理。

第三章

第35页薛莹"是三国时期孙吴沛郡竹邑(今安徽宿县)人"。按孙吴何曾有过沛郡竹邑之地,宿县早就改为宿州市了。诸如此类表述不严密的问题,书中多有,不烦举例,切望仔细处理。

第一节与附录三、第三节与附录一之间多有重复。

第四章

第一、二节的核心问题都是天人关系,天、天子、子民的关系,而考虑到篇幅的平衡,合为一节可矣。又章末关于范晔历史思想的局限性,相对太简,举例与分析值得加详。

第五章

第一节的旨趣乃至论说,有与第四章重复者。

第114页关于谶纬的论述,与第四章末尾有矛盾抵牾处。

第四节酷吏的后半部分,第五节之第一小节,有与前面重复者。①

从篇幅考虑,第四、五两节其实可以合为一节,题为"两种为政方式与两种政治弊端"。

第五章以及第六、七章往往追溯某种思想在《史》《汉》中的体现,第四章则往往无,显得两位主要作者考虑问题的角度有异。

第六章

第三节的叙述,实为少数民族之性格、社会、环境等方面,节名"怎样评价少数民族的历史地位"欠妥当。

第七章

第二节有关独行、逸民、列女的史料与论述,与前面有重复。

第四节后半据赵翼《札记》立说,既与附录一犯重,也与范晔"思想本意"结合不紧,稍显仓促成节。

从篇幅上考虑,第二、三节可合并,第四、五节可合并,不然第五节太单薄。

第八章

第二节多与其他部分重复。第三节之党锢、宦者、儒林、文苑等的史料、后世评价、分析已多见于其他章节。第四节中关于范晔史论的不同评价,与附录一大体是重复的,有关政治哲学、学术思想的内容,又与前面几章重复。

结束语

多引金毓黻、白寿彝、周一良、陈高华等先生一般性的或并不突出的论述,较少立足于本书内容的进一步概括、提高、引申,这不仅显得气

---

① 按所谓"与前面重复"者,依据看稿时的印象,看稿的次序为先附录、后正文,以下不再一一指出具体与什么地方重复,这一问题作者应该更加清楚。

弱,而且可惜了一些。

又有值得指出的问题：

其一,《后汉书》求简要,这既有其学术背景,也造成后汉一些人物、事件、制度隐而不彰,李贤注、《续汉志》及刘昭注的地位也因此而显。其二,《后汉书》轻经济,造成后汉经济史料缺乏。这都是可以在书中适当地方进行说明的。其三,如果能有"司马彪附传",或者为司马彪作一"附录",则对于读者使用今本《后汉书》,可称全美矣。其四,如果不做"文献索引",则当有"引用与参考文献目录",没有"引用与参考文献目录"的书,学界习称裸体书,真正的学者往往是不看的。

总体来看,这是一部质量较高、撰述认真、发明也多的书稿,出版是没有问题的。以上只是匆匆写出读稿时的感受,未及细细斟酌,难免失当之处,谨供瞿林东、李珍两位先生参考。

九、许辉著《萧衍》审稿意见[①]

（一）

《萧衍》书稿中关于齐梁帝里的讨论，言简意赅，其结论不仅符合历史事实，而且巧妙解决了长期以来镇江、常州二地争执不下的难题，有利于两地的文化建设与旅游业的发展，因而既具有重要学术价值，也具有积极现实意义。对于梁武帝政绩、文化成就的论述，特别是有关佛教与儒学、玄学的融合及其在中国文化史上的重要地位的讨论，以及江南经济与文化快速发展原因的解释，都颇见功力。这都是书稿创新性与时代性的显著体现。另外，书稿结构完整，语言通俗易懂，梁武帝的生活背景、经历、贡献、得失与影响等问题，讲述得深入透彻、条理清楚，完全达到了丛书的编纂要求。

瑕不掩瑜，书稿中的不少疏误，大多是电脑录入时产生的技术性错误，需要改正。又或多繁体字问题，估计作者是位老先生。又校对颇是欠精。诸如此类，自当通读细勘，以免低级错误。[②]

本次审稿，前半部分读得较为仔细，现将问题罗列于下（后半部分的问题应该也差不多，请作者斟酌处理）：

[①] 许辉：《萧衍》，"江苏历代名人传记丛书"之一，江苏人民出版社2013年版。审稿意见"一"，完成于2012年8月8日。许辉：《萧衍》，"江苏历代文化名人传"之一，江苏人民出版社2020年版。审稿意见"二"，完成于2019年5月3日。

[②] 全书通读过程中，所提这三方面的修改意见，凡两百多条，五千多字，此不赘。

(1) 标题需改。

"第十章 梁武帝的北伐和战争"与下边的"四、与魏的通使和互市"存在抵牾。章标题可改为"梁武帝的北伐及与魏的通使"。

(2) 个别观点需要改正。

第1页正文第4行,"自公元317年东晋南渡,形成汉族政权的南朝"。表述不够准确,因为一、"东晋南渡"不能成立,应为"司马睿南渡";二、司马睿并不是317年南渡的,而是永嘉初(307年);三、南朝仅指宋、齐、梁、陈,不包括东晋。可改为"自公元317年司马睿建立东晋,形成南方汉族政权"。

第8页正文第3行,"当时与南方地区的南朝相对峙的是鲜卑族拓跋部在北方建立的北朝"。此有误,因为北齐、北周不是拓跋部建立的。"北朝"改为"北魏"。

第10页第4行,"齐高帝萧道成自称素族,则非高门可知"。对于"素族",周一良与唐长孺先生皆有考证,是对宗室或家世贵显受封爵邑者而言,不能由此推断萧道成门第不高。

第33页第17行,"都水(管器材之官)",误,《宋书·百官志上》:都水使者,"掌舟行及运部"。所以萧梁改为太舟卿。

(3) 材料不准确。

第2页第2行的"占筮卜决",史书原文为"卜筮占决"。

第8页正文第8行,"北魏道武帝拓跋焘南侵至瓜步"。"道武帝"应为"太武帝"。因为拓跋焘是太武帝,拓跋珪才是道武帝。

第10页第19行,"典签(为五品小吏)"。此"五品"为勋品,而不是九品官制的五品。为避免混淆,"五品"前应添加"勋品"二字。第33页倒14行的"典签本五品小吏",同样如此。

第10页倒第8行,"王宏"应为"王弘"。

第10页倒12行,"萧齐太尉王俭就对时任中书舍人的茹法亮说:'我虽有大位,权寄岂及茹公!'"史书原文是"太尉王俭常谓人曰"。即这话是王俭对别人说的,不是对茹法亮说的。

第 11 页注释"周一良《魏晋南北朝札记》",应为"《魏晋南北朝史札记》"。

第 13 页注释"《太平御览》卷六〇六引《晋令》,郡国之户口,黄籍,籍皆用一尺二寸札,已在官役者载名。则晋时土著户,著于黄籍",应为"《太平御览》卷六〇六引《晋令》:'郡国诸户口黄籍,籍皆用一尺二寸札,已在官役者载名。'则晋时土著户,著于黄籍"。《晋令》的内容应引起来,以与作者的按语区别。

第 14 页第 12 行,"当令阿五(豫章王萧嶷小名,萧道成次子)介扬州(刺史)相授"。"五"应为"玉","介"应为"解"。

第 20 页第 6 行,"大学士"应为"太学生"。

第 22 页倒第 12、13 行,"约幼潜窜,既尔流寓孤贫",中间缺漏"会赦免"三字。

第 23 页第 2、3 行,"《宋文帝志》三十卷"、"究其妙旨、自谓入神之作",应为"《宋文章志》三十卷"、"穷其妙旨,自谓入神之作"。

第 23 页第 13 行,"隋郡王"应为"随郡王"。

第 24 页倒 12 行,"据《梁书》萧衍本记载",应为"据《梁书·武帝纪上》载"。

第 24 页倒 11 行,"卢江何宪",应为"庐江何宪"。

第 24 页倒 5、6 行,"阴阳、纬候、卜筮、占决、草隶、尺牍、骑射,莫不称妙",应为"阴阳纬候、卜筮占决,并悉称善……草隶尺牍,骑射弓马,莫不奇妙"。

第 26 页倒 10 行,"萧顺之时为道成镇军府司马长史",萧顺之不可能同时为司马、长史,因此需删"司马"。

(二)

本书稿是在原作者《萧衍》(江苏人民出版社 2013 年版)的基础上修订增补而成的。作为《萧衍》一书的审稿人,本人对照了原书稿以及

2012年8月本人的审稿意见,对于本书稿的最突出感受,有以下两点:

其一,总体切合了《江苏文脉研究工程·江苏历代文化名人传》的撰写宗旨。在保持并提升"学术性"的同时,本书稿的"江苏性"得到了明显的强化,"文化性"得到了很大程度的丰富。具体来说,本书稿借鉴并吸收了以"齐梁文化研究丛书"(上海古籍出版社2015年版)为代表的一批新的研究成果,新增了"梁武帝统治的疆域与州郡建置"、"南北通使"等重要学术内容;增加了"梁武帝萧衍在文化上的成就"、"梁武帝家族在文化上的成就"、"萧氏宗族其他文化名人"三章,如此就更加彰显了南朝时代江苏历史文化的地位、贡献与特点。

其二,总体符合"后出转精"的学术进步要求。如就技术方面或形式方面看,原书稿基本缺乏的脚注,在本书稿中得到了弥补,如此更加符合学术规范。再就内容看,"仕途迁转"一章的增补,使得传主的履历更加完整;"南北通使"的独立成章,更加系统、全面、深入地反映了南北之间的政治关系与文化交流;至于行文、立论、评说等诸多方面的细节修改,将前后两部书稿稍加比照,即所见甚多,这也使得本书稿的内容更加准确详备。

按照《江苏文脉研究工程·江苏历代文化名人传》的《编辑要求与注释规范》,本书稿亦有以下三点必须完善的地方:

其一,脚注不合规范。本书稿脚注颇多,这是其"学术性"的体现之一。然而脚注的相关义项,如章节、卷数、出版社、时间、页码等等,基本缺如。

其二,校勘甚见粗疏。如前言,目录为:"一个光明与黑暗共生、具有多面人生的皇帝",正文为:一个"光明与黑暗共生、具有多面人生的"皇帝;第十一章第一节,目录为"疆域",正文为"疆域态势";第三节,目录为"侨州郡与土断",正文为"侨立州郡与土断";目录所见"征引书目",正文未见;甚为有名的"自我得之,自我失之",第10页引作"自我得之,而自我失之";电脑稿第88页倒第6行"齐豫州刺"为"齐豫州刺史"之误,第89页第2行"尚书右仆时"为"尚书左仆射"之误,第4行

"葳蕤"为"韦叡"之误,第二节第1行"氾置"为"滥置"之误。诸如此类,实在是不胜枚举,基本上是每页可见。

其三,审稿人在浏览本书稿的过程中,亦随时随处可见其他方面的不少问题,如行文或欠通顺,数字用法不符合本丛书的统一要求,未见插图以及插图位置的标注,大段引文未见另行缩格处理以及改为仿体,又间有繁体字未改简体字,如此等等,颇有录入、排版等等方面粗疏或陌生的感觉。

最后提一点建议:考虑到作者年事已高,以上"有待完善"的三点,大概需要本书的责任编辑协助处理,以求"毕其功于一役",否则,诸如此类的问题会如秋叶落地,随扫随落,扫之不尽,而本书作为"合格产品"的正式出版,也或将遥遥无期矣。

十、《江苏通史·魏晋南北朝卷》审稿意见[1]

此次审稿,全稿通读了一遍,但未及仔细推敲文句、核对文献、查证史实。一些具体的意见或建议,随看随注在书稿上;觉得有必要另行写出者,如下所述。

【目录】

1. 全书分为14章,前有"导言",则后需配以"结语",既总结该时期的特点,也以求完整。

2.(1) 一、二章为三国,三章为西晋,四至七章为东晋十六国,八至十一章为南北朝,十二至十四章为文化,这样的内容分配与权重,大体合适。但在东晋十六国、南北朝各章次序的安排上,有必要做些调整,即东晋十六国调整为四、七、五、六(政治、军事、管理、经济),南北朝之十、十一章合并。如此,眉目可能会整齐、清楚一些。(2) 甚至分为政治、军事、经济、文化四块来写,如此可以少些重复(参考第六章的审稿意见)。

3. 具体的意见:(1) 以"徐、扬二州"指代该时期的江苏地域,三国、西晋问题不大,东晋十六国南北朝则显得欠妥,有点太化复杂为简单了,建议全卷目录中对应的地方,还是称"江苏地域"较为合理。(2) 第一章中"长江南北"有问题,魏、吴的对峙与争战是在"江淮之间";"孙权称帝建业"有问题,是"称帝武昌";"孙吴"与"东吴"用词不一,应当统一

---

[1] 许辉、邱敏主编:《江苏通史·魏晋南北朝卷》,凤凰出版社2012年版。此份审读意见,完成于2010年2月20日。

起来;连带着,全书中类似的用词都应该统一。(3)第二章第二节小目中的"扬州"可以去掉,与第一节一致起来。(4)第三章中"江南"、"江东"用词应该统一。(5)第四章:司马睿移镇时,已经不称"建业";"孙恩、卢循"可以不称"起义",而用中性词如"民变"、"反叛"。(6)第五、第六章目,还是应该加上"东晋"字样,以求全书目录的清楚。(7)第九章中,"行政区划"(是种手段,政治用词)、"行政区域"(是区域,地理用词)、"区划建置"(没有这种说法)、"政区建置"几个概念比较混淆,应当明确区别与准确使用;"徐淮等州"容易与"扬、徐等州"混淆,也属欠当。(8)第十一章目称"经济的发展"即可,与第六章一致。

【史料与引文的核对】

每章随意抽查一页的结果如下:导言12页,13处有欠准确;第一章40页,7处有欠准确;第二章54页,5处有欠准确;第三章82页,2处有欠准确;第四章122页,1处有欠准确;第五章177页,5处有欠准确;第六章199页,6处有欠准确;第七章211页,8处有欠准确;第八章256页,无误;第九章341页,10处有欠准确;第十章351页,2处有欠准确;第十一章405页,2处有欠准确;第十二章445页,5处有欠准确;第十三章487页,5处有欠准确;第十四章504页,1处有欠准确。

【涉及全书的一些意见】

在地名与区域用词上,是否尽量用当时的语汇?如"皖北地主集团"可称为"江淮地主集团"。

《三国志》之魏、蜀、吴,称"志"还是称"书",称"孙策传"还是"孙讨逆传"等一类,应当统一起来。

如果正文中引用文献略去版本信息,则全书最后应该有"引用书目",统一交代版本信息。

数字用法,是汉字数字还是阿拉伯数字,全书应该统一起来。

引书格式的统一。全书各章在这方面,颇为混乱。如《廿二史劄记》,或注至卷数,或注至卷数、条目;正史或出卷数或不出卷数;等等,等等,纷繁不一。应该统一。

今地的括注与说明，没有统一的标准年代，应该做统一的处理，比如以2000年或者2010年为准。又今地的注法，需要注意，一般是注治所而非辖境，所以需加"治"字。

公元年代的括注，没有统一的体例，"年"字似可省略，同一节中，首出时注，再出时似乎不必再注，以免繁琐。

有些章节的内容，只以文字叙述有欠形象，建议随文附图，如文化的三章，可附之图片甚多。

【导言】

1."地理疆域"的部分，连带着战争、叛降等内容叙述，不太清楚，而且疆域变迁的过程也有不尽准确的地方。最浓缩的叙述，可参考笔者《六朝政区》第390—392页。

2."时代特征"可以简略一些，毕竟是"导言"的内容，无需展开，如此也可避免与后面的章节重复。

3."徐、扬二州"部分的设置，很有必要，但内容嫌简单了些；而且，如果一定要用"徐、扬二州"统领全书，则在这里需要做出细致的交代（类似于"凡例"的意思），即魏晋南北朝州级政区变化太多，为了避免混淆不清，大体以三国、西晋之徐扬二州名目，来统称江苏地域；具体到各时期州级政区的实际状况，则在各章中作出交代。

【第一章】

第一节"魏吴对峙"：

读下来的感觉，行文过于啰嗦、繁复与零碎，诸多的史实，如果不涉及考证或者疑难的辩解，没有必要大段征引史料，应该改为作者自己的语言叙述。

第二节"魏吴争战"：

"基本国策"之过半，转述笔者的《六朝疆域与政区研究》之相关部分，而又错字甚多。如此推想下去，书中或有"转引过度"的问题。相对于行文、观点等，如果存在这方面问题，则比较麻烦，容易招致批评。后面的小半，谈理论，显得突兀，应该注意地方通史与专题论文的差别，即使要谈理论,也应该隐而不显,完全没有必要特别标出之。

"赤壁之战":(一)(二)部分的文字,实在感觉粗糙或者幼稚,而且游离了江苏地域,也就实在没有必要花费这么多的笔墨;(四)写得虽然差可,但放在本书中则显然不妥当,本书不是军事史,何必花费笔墨分析这些东西?窃以为赤壁之战写个千把字足矣,细节都可舍去,交代一下作为过渡即可。

"淮南争夺":这是与江苏较为有关的内容,写得却较为简单,没有反映出特点,诸如江淮间水路对当时征伐的影响,空江淮之地、迁民户、置屯田等。双方战争表也多反映的是今天安徽省域的内容。

第三节"政治腐败":

第一小节,可以参考王永平的相关论著,深入一些。第二小节,应该是重点内容,却太过简单,可以参考王永平、高敏的相关论著加详。第三小节,大段征引史料,感觉还是改写为作者的语言为好。

本章的建议:

1. 本章没有无题小序;检各章,则或有或无。建议统一之,即各章开头,都有个无题小序。

2. 以196年为三国实际开始年份,自然可以成说,但作为通史中的一卷,是否会与秦汉卷存在重复、交叉?

3. 如果就以196年为始,那么,围绕江苏地域之政治与军事问题的叙述,应该先明确195年江苏的各方势力,如徐州之刘备、吕布,扬州之袁术、孙策,以及196年徐州之吕布、袁术、刘备、曹操,扬州之袁术、刘繇、孙策,作为开头,而主要的内容,应当叙述从196年到220年间的演化过程。可参考万斯同的《三国汉季方镇年表》。

4. 265年司马氏代魏后,江苏中北部广大地域在西晋治下15年,本章仅称"魏吴分治下的江苏地域",似乎有些问题,妥当的表述应该是"魏(晋)吴分治下的江苏地域"。

5. 东晋十六国南北朝各部分,都有关于政区建置的专门内容,这也是地方史的重要内容,划分政区,才能设官治民。从全书的整齐与一致考虑,本章也应该有政区的内容,起码说到郡级;而孙吴增置郡、县政区,特别能够反映其在民族镇抚、经济开发两方面的深入,至于江淮之间,不置郡县而设屯田,也反映了其时江淮地域的军事价值。可参考陈健梅、胡阿祥的相关论著。

【第二章】

第一节"徐州经济":

水利、中渎水道是真正的"经济"吗?除了屯田外,其他的经济内容呢?"屯田"的内容不错,但文字太过粗糙。这种感觉也广泛表现在上一章中。此稿需要细细打磨。

第二节"扬州经济":

古代农业政策一大段可以简化之。

第三节"手工商业":

此节在行文、语体、材料等方面都较好,符合规范,如果全书都能如此,则达到了可以出版的水平(相对而言,如第一章的情况,绝对不可仓促交付出版,以免招致批评)。只是此节的分量,相当于其他三节之和,如此,或者其他三节增补内容,或者此节简化一些(比如大量与三国时期、徐扬地区无关者可以做些删减)。因为从重要性上说,篇幅如此的分配有些失衡。

第四节"对外交流":

低级错误连篇累牍,行文粗糙不堪。何以如此!

本章的建议:

章下需加无题小序,不然,感觉太过突兀。又相对于孙吴扬州的内容,曹魏徐州的内容支离破碎,虽然有史料与边缘的问题,但既然写了,还是得争取稍微像样一些。

【第三章】

第一节"宗王出镇":

可以简化一些非直接相关的内容。"任官朝廷",稍欠深度与全面,这方面的研究论著甚多,似可参考。"加强统治",基本袭用了田余庆

《东晋门阀政治》。文中虽有出注,然而取用的比例太大,还是会招致批评! 由此再说下去,本书中如果存在类似情况,切望相关作者慎重处理,以免受到"学术行为不端"的指责,那样就难以收拾了!

本章的建议:

不少的脚注非常简略,实际上是字词的解释,或有不必出注者,或有可以融入正文者,建议处理之。

【第四章】

第一节"东晋政权":

第一、二小节存在"引用过度"的问题(《东晋门阀政治》),可以再参考另一经典陈寅恪《述东晋王导之功业》以及其他成果进行改写。第三小节感觉没怎么说清楚,尤其时间概念有些模糊,可参考陈寅恪之王导文,以及王志邦有关东土侨姓文。

第二节"矛盾频现":

感觉篇幅多了一些,许多的叙述似乎不必如此细致,而与"江苏通史"无大关系者,也可简略许多;又直接引用的史料过多,有些非关键性的史料应该转为作者的叙述,而不可以史料代替叙述。又有些部分,同样存在"引用过度"的问题(《东晋门阀政治》)。

第三节"孙恩、卢循":

近些年来,关于孙恩、卢循问题的研究,多重视其宗教原因,而且评价不高。孙恩、卢循的性质,应为宗教徒反叛,而且具备明显的宗教狂热。本节叙三吴负担自是必要,而于宗教原因未能深入,是为欠缺。又应增大与江苏相关的内容,其他简略及之可也。

本章的建议:

关于脚注的意见,同上章;又本章的观点,特别是关于孙恩、卢循的内容,感觉陈旧,没有能够吸收近年来的研究成果。

【第五章】

第一节"东晋州郡":

徐扬二州所辖郡县,既然西晋依据《晋志》而或括注不属江苏者,则不属江苏者都应注出,现在的写法或注或不注,不妥。至于西晋末、东晋的情况,据《晋志》的叙述,显得略而不尽,也是问题。是否不要细述沿革(很难说清),而西晋、东晋各自选取标准年代,以表格的形式,列出江苏境内的州郡县政区即可?

第二节"侨州郡县":

此节问题较多,无法一一讨论。笔者曾有《东晋南朝江苏境内的侨州郡县》,载《江苏地方志》1990年第3期;又具体考证,笔者有《东晋南朝侨州郡县与侨流人口研究》,其中的第二编即分州郡考证。

第三节"土断制度":

两小节都较短,没有必要分开,可以合为一整节。土断与黄白籍的关系问题,也需要重新考虑。

本章的建议:

东晋时代,江苏分属东晋、十六国。本节唯叙东晋,应该补全十六国的情况。如果感觉麻烦,可以前秦为例说明之(参考洪亮吉《东晋疆域志》与谭其骧先生地图),以见当时江苏政区全貌。

【第六章】

第一节"农业经济":

关于"火耕水耨"的讨论甚好,但印象中,与前面的相关文字存在矛盾。需要协调、统一之。

第二节"手工业":

存在与第二章第三节较多重复的问题,不仅史料重复,论述也多有大同小异者。如果要避免重复,可能重新安排章节是可行的方法,比如全书分为政治(含军事)、经济(含交通)、文化三大块。事实上,本书文化部分就是单列出来、作为连续的三章的,如此,为什么政治、经济要交叉来写?

第三节"商业城市"、第四节"对外交流":

这两节其实都是可以展开来写的,既有文献与考古资料,也有现实价值。失之简略了。

【第七章】

章名有些问题,"东晋与十六国的对峙与争战"是个大题目,与江苏何干？可在"十六国"后加"在江苏"三字。

第一节"前期北伐":

前半部分,与第四章多有重复,而且重复到必须处理的程度;再者,这前半部分内容,与江苏地域的关系,大体也并不直接,是否需要叙述,是值得考虑的问题。后半部分较好,但陷于分析,是论文的写法。建议以后半部分为主,增加一些与江苏较为相关的史实,改写为不分小节的一节即可。

第二节"北府兵":

按照谷川道雄、田余庆的论著,北府兵最初的形式是郗鉴的兵力,谢氏乃重建而非首建。即使不认可这种说法,也应有所辩驳或讨论。

第三节"抵御作用":

刘裕事与第四章仍有较多重复。

本章的建议:

本章重在军事。所谓"战争是政治的最高表现形式",而从阅读与思维习惯言,政治与军事也是接在一起的。如此,此章置于第四章"政治统治"后,可能更加合适。换言之,东晋四章依次为:政治、军事、行政、经济,起为"东晋政权在江南的建立",殿以东晋"对外经济交流",这样的安排,也与下面的南北朝四章对应。

【第八章】

章名有些问题,南北朝的对峙与争战,除了梁陈之间的很短时间外,与本卷所谓"扬州"没有关系。是否笼统言之"在江苏的对峙与争战"？以下各节的标目,意见同此。

各节的行文、详略等都颇好。唯引文与标点符号的处理,多有不符新闻出版总署规定者,有待处理;又节下小目分得过细,与此前各章不尽一致,也可以考虑合并之。

【第九章】

第一节中之"特殊政区"部分的"都督区"、"土断"与第五章有些重复,应作协调处理。

第二节"政区设置"甚为必要,此为行政、治民等的基础。而从全书之统一言,这样的"政区设置"表,三国、西晋也是需要的,建议选择合适的断限年代,分别编制之。又此节本身,尚缺梁朝政区建置表。

第三节"历史考察"部分,存在时间断限与章名(南北朝)不符的问题。如果仍旧,则建议加一脚注说明之。

【第十章】

可以补个无题小序。

第一节中关于"占山护泽"的进步经济意义,可参阅何德章《六朝南方开发的几个问题》,《学海》2005年第2期。又本书中多次提及"平齐户"。严格说来,"平齐户"与江苏地域关涉不大。

第二节"田租赋役"感觉征引史料太过频繁、集中,如果能消化史料,转为作者的叙述则更佳。

【第十一章】

其中涉及一些三国两晋的内容,与前面相关各章,印象中有些重复。至于农业技术部分、商业都会部分的重复,更加明显。

又综观全书,手工业部分,由于有既有成果为基础,所以显得内容扎实、丰富,然而也带来了新的问题,即总体而言,手工业的篇幅较大。在一部江苏通史的魏晋南北朝卷中,手工业是否有必要占如此的篇幅,是个值得考虑的问题。

【第十二章】

今地括注、注释格式等方面,应与全书一致起来。

本书之经济、文化方面的内容较为充实,写作也较为认真,行文大体无碍。

有关文化的三章,标题都称"南方",这是创新处。但正因创新,所以应该对"南方"做出较为详细的说明,即当时与"北方"相对而言的"南方"学术、文化、宗教、科技等是否成立、是否存在？这是统领文化三章的大问题。

【第十三章】

特别能够反映当时江苏风情的吴歌，只是简单带过，建议展开之。

文学、史学都未能紧密联系"江苏"与"魏晋南北朝"，而大体感觉是在叙六朝之文学与史学。建议行文时做些技术处理。

【第十四章】

似为未完成稿。

目录与内容不合。如目录为"南方科学技术"，而正文的目录还有"社会生活"、但无内容。从全书的安排看，"社会生活"部分是十分必要的，其内容的丰富与重要以及所谓"江南特色"，值得单列一章来写。

【大事记】

在内容的选择与编排上，应该突出江苏的内容，也可借此弥补正文中未及的一些史实。现在的大事记，在这方面存在不少缺憾。随举开头两例当补者：197年孙策取吴郡；198年，曹操册孙策为讨逆将军，封吴侯。其他各年，不一一及之。

【总体意见】

本稿的优点，在于内容丰富，包括了政治、经济、军事、文化四大方面；篇幅大体合适；文献资料、考古资料、研究论著都有引用。

本稿的问题，概括言之，感觉距离正式出版尚有相当大的差距。特别是第一、二章，大事记，需要重写；有必要补写"社会生活"、"结语"部分；全部的史料与引文，需要核对，并增加"引用书目"或"参考文献"作为附录；诸多的格式，需要统一；图片的配置，需要考虑；行文颇欠打磨、语病大量存在、总体感觉粗糙的部分章节，需要修改；内容重复或者大同小异的情况，需要统稿者再下功夫处理。

以上匆匆写出审稿时的感受，未及细细斟酌，难免失当之处，谨供参考。

十一、中华本《晋书·地理志》
"修订点校长编"审稿意见

2016年11月,我接受了中华书局点校本"二十四史"及《清史稿》修订工程办公室交付的五万余字的《晋书·地理志》"修订点校长编"的审稿任务。从2018年1月29日开始工作,到2月2日基本就绪。除订正少许笔误外,兹整理审稿意见如下。

几点说明:

一、原中华书局点校本《晋书》以金陵书局本(简称局本)为工作本,版本间的文字歧异采取择善而从的原则。修订本以中华再造善本影印宋本《晋书》为底本。

二、页码、行数为中华书局提供的重排点校本《晋书》的页码和行数。

三、原文为修订所用底本宋刻本《晋书》原文。

四、原"修订点校长编"有"校点情况",包括点校本出校情况,版本间异文,相关文献论证,点校本标点勘误,相关史实献疑,以及前人成果。为免繁琐,本文省略。

五、"校改意见"包括补、删、改字,出校与否,修订原标点,对原校勘记的处理,新增校勘记等情况。

1. 406页,倒4行,朱崖

校改意见:改"朱崖"为"珠崖",不出校。

审稿意见:以不改底本之朱崖为妥。覆宋本之宋崖,显为朱崖而非珠崖之讹;又汉晋时代,朱崖、朱厓、珠崖本身即存在异写。若改为珠崖,亦当出校说明。

2. 406 页,倒 4 行,平西南夷置牂柯

校改意见:改"牂柯"为"牂牱",不出校。

审稿意见:不改。按"柯"为正字,说详《宋书州郡志汇释》(安徽教育出版社 2006 年版)281—282 页。

3. 407 页,7 行,洛阳

校改意见:改"洛阳"为"略阳",不出校。

审稿意见:改字当出校。又校勘记可说明,泰始中方改略阳,此处当作广魏,如《三国志·明帝纪》裴注引《魏书》有广魏太守,故《晋志》误。

4. 407 页,9 行,义阳

校改意见:改写原校勘记。校勘记改为:义阳 据下晋武帝太康元年增置郡国之文及荆州义阳郡条之文,义阳郡又置于晋武帝太康时。按,《宋书》卷三六《州郡志》二司州义阳太守:"魏文帝立,后省,晋武帝又立。"《水经注》卷三〇《淮水》:"阚骃言,晋太始中割南阳东鄙之安昌、平林、平氏、义阳四县置义阳郡于安昌城。"

审稿意见:此段校勘记引出了"太康"与"泰始"置郡的矛盾,应予说明。应为泰始中置。

5. 407 页,10 行,石渠

校改意见:改"石渠"为"宕渠",不出校。

审稿意见:凡是改字,都应出校。改字出校是古籍整理的通例,盖整理者之判断未必是,而且改字而不出校,势必导致版本歧异,使后来者愈增烦扰矣。以下此类情况,不再一一提出意见。

6. 409 页,8 行,西被于流沙

校改意见:标点改为:西被于<u>流沙</u>

审稿意见:中华本标点原作"西被于流沙"。按此处之流沙,为泛指地名而非地名专名,故不必亦不可加专名号。

7. 413 页,10 行,尽辽阳

校改意见:标点改为:尽<u>辽阳</u>

审稿意见:中华本标点原作"尽辽阳"。按辽阳意为辽水之阳,山南水北为阳;辽阳谓辽阳县,据《史记·汉兴以来诸侯王表》"自雁门、太原以东至辽阳,为燕、代国",此雁门、太原皆为政区名称,又《集解》引韦昭,此辽阳为"辽东辽阳县"。窃以为如无充足依据,中华本标点可改可不改者,不改。

8. 414页,8行,嗣王之庶子为侯

校改意见:不改字,改写原校勘记。校勘记:嗣王之庶子为侯　殿本"侯"上有"亭"字。《三国志》卷二《魏书·文帝纪》黄初三年及《通志》卷七《魏纪》作"嗣王之庶子为亭侯",《通典》卷三一、《通志》卷五六《职官略》"亭侯"作"乡侯",《玉海》卷一三四引《地理志》作"县侯"。

审稿意见:"《通典》卷三一"云云可删,以免生歧义。

9. 415页,倒3行,置尉五部三市

校改意见:标点改为:置尉五部、三市。

审稿意见:中华本标点原作"置尉。五部、三市"。建议标点:置尉五部。三市。按陆机《洛阳记》有"五营校尉";三市,盖谓大市、马市、洛阳县市。尉部与市场是两回事,不宜顿号。

10. 416页,2行,故蛮子国

校改意见:标点改为:故蛮子国

审稿意见:中华本标点原作"故蛮子国"。按陆浑本属戎部,故此所谓"蛮子国",并非特指的专称,故不必改标点。

11. 418页,8行,大戚

校改意见:保留原校勘记。校勘记:大戚　《考异》:"大戚即广戚,隋避炀帝讳改。"

审稿意见:严格说来,隋炀帝之"炀"系李渊禅隋后的追谥,故改为"隋避杨广帝讳改"更准确。

12. 420页,2行,南武城

校改意见:不删字,改写原校勘记。校勘记改为:南武城　本书卷三一《景献羊皇后传》、同卷《惠羊皇后传》、卷三四《羊祜传》并云泰山南城人,《续汉书·郡国志》三、《宋书》卷三五《州郡志》一亦并作"南城"。案《史记》卷六七《仲尼弟子传》:"子游既已受业,为武城宰。"《正义》曰:"《括地志》云在兖州,即南城也。《舆地志》云南武城县,鲁武城邑,子游为宰者也,在泰山郡。"

审稿意见:删字,作"南城"。中华本校勘记此条甚是,建议保留或稍改写。按《史记》云云,与本志政区断限时的情况较少关联,无需枝蔓叙述,径可删去。又《左传》哀公十四年杜注亦云泰山南城。

13. 428页,5行,周礼正北曰并州其镇曰恒山

校改意见:标点改为:《周礼》:"正北曰并州,其镇曰恒山。"

审稿意见:中华本标点原作:"《周礼》:正北曰并州,其镇曰恒山。"此处不必改标点,盖《晋志》所引不全,《周礼》原文为"正北曰并州,其山镇曰恒山"。

14. 430页,2行,周礼西曰雍州

校改意见:标点改为:周礼:"西曰雍州。"

审稿意见:中华本标点原作:"《周礼》:西曰雍州。"此处不必改标点,盖《晋志》所引不全,《周礼》原文为"正西曰雍州"。

15. 433页,9行,番禾

校改意见:不改字,出校。校勘记:番禾 局本作"番和"。本书卷一一七《姚兴载记》上、卷一二二《吕光载记》、卷一二六《秃发傉檀载记》皆作"番禾"。《汉书》卷二八下《地理志》下金城郡、《续汉书·郡国志》五凉州张掖郡作"番和"。

审稿意见:此条校勘记可以不出,盖番和改名番禾也。类似情况在汉晋之间甚多,如果出校,则出不胜出矣。

16. 436页,3行,平广

校改意见:改写原校勘记。校勘记改为:平广 《宋书》卷三七《州郡志》三梁州北阴平郡即《晋太康地志》阴平郡,下有阴平、平武二县,又云:"平武令,蜀立曰'广武',晋武帝太康元年更名。"《考异》据《宋志》云:"此志作'平广',亦误。"又《元和郡县图志》卷三三龙州序亦云:"晋于此置平武县,属阴平郡。"

审稿意见:《宋志》梁州北阴平郡与《晋太康地志》阴平郡不是一回事。前者为侨郡,侨治南郑,今陕西汉中市;后者为本来的实郡,治今甘肃文县一带。以此,校勘记依据中华本原校勘记稍改即可。

17. 436页,9—10行,及献帝初平六年以临江县属永宁郡

校改意见:不改字,改写原校勘记。校勘记改为:及献帝初平六年以临江县属永宁郡　案初平仅四年,而《宋书》卷三七州郡志三引谯周《巴记》、《续汉书·郡国志》五刘昭注引谯周《巴记》、《御览》卷一六七引谯周《巴郡地记》载此事皆作"初平六年"。本卷下文益州序、《华阳国志》卷一《巴志》及《水经注》卷三三《江水》作"初平元年",而钱大昕校下文益州序、全祖望校《水经注》,因刘璋、赵韪("韪"或作"颖")位号疑此事当在兴平元年,"初平"为"兴平"之讹,任乃强校《华阳国志》则以为"蜀人犹奉初平年号,六年即兴平二年也。"

审稿意见:几处表述皆有欠准确:"记载此事皆作'初平六年'",当作"皆有'初平六年'";"作'初平元年'",当作"皆作'初平元年'立永宁郡";"疑此事",当作"疑立永宁郡";"'初平'为'兴平'之讹",当作"'初平六年'为'兴平元年'之讹"。据上,改写此条校勘记如下:案初平仅四年,而《宋书》卷三七《州郡志》三引谯周《巴记》、《续汉书·郡国志》五刘昭注引谯周《巴记》、《御览》卷一六七引谯周《巴郡地记》皆有"初平六年"。本卷下文益州序、《华阳国志》卷一《巴志》及《水经注》卷三三《江水》皆作"初平元年"立永宁郡,而钱大昕校下文益州序、全祖望校《水经注》,因刘璋、赵韪("韪"或作"颖")位号,疑立永宁郡当在兴平元年,"初平六年"为"兴平元年"之讹,任乃强《华阳国志校补图注》则以为"蜀乱道闭,颁朔不至,蜀人犹奉初平年号。六年,即兴平二年也。"

18. 436页,倒4行,泰始三年

校改意见:出校。校勘记:泰始三年　本卷下文"新都郡"下注"泰始二年置",下文益州序又云:"及武帝泰始二年,分益州置梁州,以汉中属焉。"皆与此作"三年"不同,或有数字讹误。

审稿意见:此条校勘记当与下条校勘记合并,否则说不清楚,详见下条审稿意见。

19. 436页,倒4行,分益州立梁州于汉中

校改意见:校勘记:分益州立梁州于汉中 《华阳国志》卷一《巴志》:"魏咸熙元年平蜀,始分益州巴、汉七郡置梁州。"《宋书》卷三七《州郡志》三:"魏元帝景元四年平蜀,复立梁州。"《斠注》:"平蜀之后即置梁州,《宋志》及《华阳志》之言可信。平蜀在景元四年,次年即延熙元年,本《志》误作泰始三年,《武帝纪》亦无此事。"

审稿意见:重拟的校勘记:泰始三年分益州立梁州于汉中 本卷下文益州序云:"及武帝泰始二年,分益州置梁州,以汉中属焉。"与此作"三年"不同。案《三国志·魏志·三少帝纪》:景元四年十二月"壬子,分益州为梁州。"《华阳国志》卷一《巴志》:"魏咸熙元年平蜀,始分益州巴、汉七郡置梁州,治汉中。"《宋书》卷三七《州郡志》三:"魏元帝景元四年平蜀,复立梁州,治汉中南郑。"《斠注》:"平蜀之后即置梁州,《宋志》及《华阳志》之言可信。平蜀在景元四年,次年即咸熙元年,本《志》误作泰始三年,《武帝纪》亦无此事。"

20. 436页,倒3行,又分广汉置新都郡

校改意见:出校。校勘记:又分广汉置新都郡 《华阳国志》卷三《蜀志》:"泰始末,又分置新都郡。"

审稿意见:此条校勘记可删。盖上文之"泰始三年",乃指分益州立梁州的时间,与下文之"新都郡泰始二年置",并无矛盾。如此,中华本此处的原标点"立梁州于汉中,改汉寿为晋寿,又分广汉置新都郡"亦应改动,即"立梁州于汉中"与"改汉寿为晋寿"间应改句号。至于《华阳国志》所述政区建置,与《晋志》有异者颇多,不必出校。

21. 437页,倒5行,巴西郡蜀置

校改意见:不改字,改写原校勘记。校勘记改为:蜀置 《宋书》卷三八《州郡志》四益州巴西太守:"谯周《巴记》:建安六年,刘璋分巴郡,垫江以上为巴西郡。"则巴西郡刘璋时分置。

审稿意见:三巴分置问题分歧甚多,此处可以出校,但不宜作出判断。重拟校勘记:《宋书》卷三八《州郡志》四益州巴西太守:"谯周《巴记》:建安六年,刘璋分巴郡垫江以上为巴西郡。"与此有异。

22. 437 页,倒 4 行,歧惬

校改意见:改"歧惬"为"岐惬",不出校。

审稿意见:改字理由欠缺,不改字,不出校。

23. 437 页,倒 2 行,鱼復

校改意见:不改字,改写原校勘记。校勘记改为:鱼復　覆宋本、南监本、汲本、殿本、局本作"鱼腹"。《汉书》卷二八上《地理志》上,《三国志》卷三二《蜀书·先主传》、卷三七《蜀书·法正传》、卷四一《蜀书·张裔传》,《续汉书·郡国志》五,《宋书》卷三七《州郡志》三,《南齐书》卷一五《州郡志》下,《华阳国志》卷一《蜀志》并作"鱼復"。

审稿意见:既依底本、不改字,则此条校勘记可删。

24. 440 页,9 行,倒 3—倒 2,分益州建宁兴古云南交州之永昌合四郡为宁州

校改意见:补"之"字,出校。校勘记:分益州之建宁兴古云南　"之"字原阙,据覆宋本、南监本、汲本、殿本、局本补。

审稿意见:无"之"字亦通。不补字,不出校。

25. 441 页,6 行,泠丘

校改意见:出校。校勘记:泠丘　《汉书》卷二八上《地理志》上有健伶县,《说文》卷八上、《三国志》卷四三《蜀书·李恢传》、《续汉书·郡国志》五、《宋书》卷三八《州郡志》四、《南齐书》卷一五《州郡志》下并作"建伶"。洪亮吉《东晋疆域志》卷三:"建伶,汉旧县,属益州。沈《志》称《太康地志》属建宁。案《晋书·地理志》有泠丘,无建伶,当即是。"

审稿意见:不涉及版本歧异,亦不改字,故不必出校。

26. 441 页,10 行,永嘉二年改益州郡曰晋宁分牂柯立平夷夜郎二郡

校改意见:改写原校勘记。校勘记改为:永嘉二年改益州郡曰晋宁

十一、中华本《晋书·地理志》"修订点校长编"审稿意见　391

分牂柯立平夷夜郎二郡　本书卷八一《王逊传》、《宋书》卷三八《州郡志》四、《御览》卷一七一引《十道志》俱系此事于永嘉五年,而州郡分置略异,不备校。

审稿意见:不涉及州的分置,故"州郡分置略异"改为"郡之分立略异"。

27. 458 页,倒 1 行,以为越国

校改意见:改"以"为"分",不出校。

审稿意见:不改字,出校:"以",南图本、覆宋本、南监本、汲本、殿本、局本作"分"。

28. 460 页,10 行,户四千二百

校改意见:不改字,不出校。

审稿意见:不改字,出校,以保持标准的一致。就审稿的印象,此类情况或出校或不出校,颇不一致,以统一标准为妥。

29. 461 页,倒 2 行,及武帝咸之

校改意见:改"咸"为"灭",不出校。

审稿意见:不改字。咸即灭,存此旧体,亦具史料价值。

30. 462 页,倒 2 行,揭杨

校改意见:改"揭杨"为"揭阳",改写原校勘记。校勘记改为:揭阳　原作"揭杨",殿本作"揭阳"。《汉书》卷二八下《地理志》下南海郡、《续汉书·郡国志》五交州南海郡并有揭阳县。《宋书》卷三六《州郡志》二江州南康公相:"陂阳男相,吴立曰揭阳,晋武帝太康五年,以西康揭阳移治故陂阳县,改曰陂县,然则陂阳先已为县矣。《后汉郡国》无,疑是吴所立而改曰揭阳也。"今据改。

审稿意见:《宋志》之西康,当为南康之讹,说见《宋书州郡志汇释》128 页。

31. 464 页,倒 2 行,顺帝永和九年

校改意见:改写原校勘记。校勘记改为:顺帝永和九年　《斠注》:"永和终于六年,无九年。"

审稿意见:既引《斠注》,则不妨给出《斠注》之判断。此条校勘记作:《斠注》:"永和终于六年,无九年,'九'为'六'字之讹。"

32. 467 页,倒 1 行,黄阳

校改意见:不改字,改写原校勘记。校勘记改为:黄阳 《宋书》卷三八《州郡志》四广州高凉太守:"莫阳令,《晋太康地志》有,属高兴。"《南齐书》卷一四《州郡志》上亦作"莫阳"。

审稿意见:既出校勘记,则当补全信息。如下:黄阳 南监本无"黄"字。《宋书》卷三八《州郡志》四广州高凉太守:"莫阳令,《晋太康地志》有,属高兴。"《南齐书》卷一四《州郡志》上亦作"莫阳"。"黄阳"疑为"莫阳"之误。

33. 468 页,2 行,连道

校改意见:不改字,删除原校勘记。

审稿意见:因有新资料发现,此处应出校勘记。如下:连道 南监本无"连"字。《宋书》卷三八《州郡志》四广州宁浦太守:"兴道令,晋武帝太康元年以合浦北部营之连道立。《吴录》有此县,未详。"马校:"晋县当曰'兴道'"。案长沙走马楼吴简有连道(简 1798,简 2220),据知吴长沙郡有连道县,合浦所置当为兴道县。后或见废,晋太康元年再置兴道县。

代跋——三栖四喜斋之书事①

一

20年前,当我在龙江阳光广场有了一间像模像样的书房时,致敬传统,戏拟了"三栖四喜"斋号。这个斋号,概括了我生活过的桐城、上海、南京三地,学习过的历史、地理、文学三科,长年宠养的猫、狗、龟、鱼,乐在其中的烟、酒、茶、书……

图一 仙林翠谷摆样子的书架

---

① 收入"南京大学图书馆·上书房行走"第三十期"走进胡阿祥教授的书房",2021年3月19日上线。此为未删节稿。南京大学图书馆程章灿馆长《题胡阿祥教授三栖四喜斋》诗曰:"长水悠悠日月除,冬青岁晚树扶疏。年年开卷浑如昨,犹是登堂入室初。"

单言三栖四喜斋之书，书随斋走，几多漂泊无定，即在南京，就已越来越成规模地迁徙了七回，而至今仍分处三处。至于斋中之书，因为酒香、茶韵特别是烟熏的缘故，既多了些非同寻常的复杂气味，因为猫练爪子，又呈现出与众不同的书脊形象——比如我常年思考的一个问题是：大毛、二毛、小咪钟情的对象，为何是《观堂集林》《励耘书屋丛刻》这类的传世典籍与《中国历史地理论丛》《历史地理》这样的专业辑刊呢？

图二　"烟酒茶书"四喜

图三　猫咪喜欢的《中国历史地理论丛》《观堂集林》《管锥篇》

图四　相伴 16 年的老拖小时候

图五　以床为窝的大毛与二毛

我近年索解的另一疑问是,"江苏全民阅读活动领导小组"为何礼聘我为"书香江苏形象大使"？我的形象本属"稀毛落夫"一类,而领导给我的答复也是不明不白："就这形象,蛮好的,适合担任书香大使。"于是,我就有了自鸣得意的一种"胡"说:"读书可以增加颜值"……

我这个三栖四喜斋斋主,职业是"教书匠",志业是"码字工"。教书,教别人的经史子集之书与自己的文史哲地之书;码字,码出了拉拉杂杂的长短文章 500 余篇、涉猎多方的大小册子 70 多部,码成了一天不看书、两天不写字、三天就萎靡的生活习惯。也是因为这样的生活习惯,我这个书香大使的"中国梦"之一,就是"书香悦读"成为"生活的日常",就是我经常"不合时宜"地倡议各地设立"不读书节",我的理由是,一年 365 天,如果 350 天都在读书,那就不妨留下半个月来办"不读书节",在这节日里,或者"疑义相与析"地雅集交流,或者"绝知此事要躬行"地"脚读"乃至"心读"——这多有创意啊,保不准就会一炮走红、一鸣惊世!可惜的是,至今没有哪个地方愿意接我的这个"金点子",这是否又证明了当今中国各地的"全民阅读"尚未成为"生活的日常"呢?

图六　认真作好写作工作

二

　　既然"全民阅读"尚未成为"生活的日常",既然家中的阿姨讶异于看书也算上班,我就可以显摆显摆我这如同衣食住行的日常"书事"了,其实阿祥一书生,除了累积大概近万册的书刊,也没啥值得显摆的。

　　话说从头,先是久远的抄书记忆。应该是在课本以外乏书可读的我的小学时代,我与二三小伙伴精诚合作,从工厂会计阿姨处求来复写纸,偷偷抄出并认真订成了我最初的几本"秘藏书",如惊心动魄的《一双绣花鞋》、心跳加速的《少女的心》、涉嫌美帝的《第二次握手》(蛮长,好像没抄完),以至斗蟋蟀与看"禁书"成了我永存的少年记忆,以至五六年前我在澳门威尼斯人书铺里捧着《少女的心》又仿佛回到了当年……

图七　谁是童年的我?

　　我买的第一部大书,是拜"评《水浒》运动"而出版的一套三册的《水浒全传》,上海人民出版社1975年版,2.95元。这个书价,等于父母还算不低的月收入的1/30。感恩父母让我得到了这部好书,好到我摇着摇篮、哄着小我14岁的弟弟睡觉时读，饭中、睡前、课间、厕上、夏天乘凉、冬天烤火时读，从头到尾读，再随意翻页读，读到108将我曾经倒背如流，读到我"侠肝义胆"、拉帮结派、喜欢打架，读到我至今不太喜欢《红楼梦》的儿女情长、婆婆妈妈，等到读大学时，为了"完成任务"，才几次三番、放下又拾起地读完了《红楼梦》……

图八　曾经的龙江书墙，还在的六朝古砖

我之开始有计划、成系列地批量买书，清楚地记得是在第一个教师节，1985年9月10日。那时我在复旦史地所读硕士二年级，已经立下"献身"学术的"鸿鹄之志"，四人一间的集体宿舍，也有了可以摆书的专属格子与可以占用的同学格子，当然最关键的一点，还是教师节那天，校门口的那家书店竟然破天荒地打九折，于是中华版的《汉书》《后汉书》《三国志》，以及若干杂书（记得有梁羽生、古龙、金庸的武侠），尽收囊中。而由此发端，待到我1987年7月硕士毕业时，运到南大宿舍的五六百册或六七百册书，盛夏季节打包、送邮、上楼，把我折腾得够呛，对于书之麻烦，我也第一次有了深切的体悟。

图九　那些年，三栖四喜斋同学很幸福，总是卞师主持论文答辩

不过体悟归体悟，书之麻烦——书容身与人生存的空间争夺——还是在不断累加。虽然人生存的空间，从人均6平方米的南园六舍（好在两位舍友是理科的），到南园六舍＋陶园北楼的12平方米，再到鼓楼四条巷15舍的30平方米，乃至具有"解放"意义的鼓楼二条巷18号的66平方米，那是渐次倍增，然而书容身的空间，似乎增速更快、需求更殷，又人生存的空间，随着孩子长大，也开始买书，于是空间争夺依旧。开句玩笑，大概也正是在这样持久的空间争夺中，耳濡目染的孩子的"学识"令我欣慰、间或难堪。比如，我在18号的这边接受媒体采访："走在城市里，就是走在地名里。"三合板那边的孩子就在隔壁跟话："走在地名里，就是走在历史与文化里"；我说出上句："因为李渊他爷爷叫李虎。"孩子就接说下句："所以虎子改名马子，现在叫马桶"。在这样的考验中，我也历练出了统筹上下内外、规划聚散明暗、协调轻重缓急的"非凡"本领，并且用在后来"兼职挣钱"的节目统筹、地名规划、课题协调诸多方面，因此受益至今……

图十　现在常用的工作间书架

凭借着摆书插架历练出来的这些本领,加上改革开放的盛世红利、南大决策的民生关注,阿祥一书生越来越宽敞的三栖四喜斋中,藏书数量也从起初大约千册的聊胜于无,飙升到了现在"有典有册"的近万书刊。稍作梳理,那些起初的大约千册,其实得来不易,因为多以微薄的工资自购为主,所以量虽不大,质却颇精,诸如正史、图册、辞书、文集、地志、资料之类,皆为斟酌优选的对象,值得传之子孙。过了些年,约从副教授时代开始吧,我一方面习惯于静候或提醒同行签章赠予(自购感觉没面子),另一方面每当经费快到期时,往往也会狂买一气,于是藏书品种渐杂。至于近些年来,获书途径越发广泛,会议发书、政府送书、评审"劫"书,五花八门的赠阅期刊,如此等等,我的三栖四喜斋之书也就遭遇了新的麻烦,比如曾经的伸手转身可及可见,变成了和园、大美楼、仙林翠谷的三处九室散布,曾经的分类清晰、摆放井然,因为不及整理,逐渐沦为参差不齐、乱七八糟。随之而来的,则是奔波找书、畏惧找书乃至无法找书的无奈。而且曾经的"敬惜字纸"之传统观念、"富不卖猪,穷不卖书"之家乡守则,也在时常接受着扔不扔教材(结果扔了许多)、弃不弃期刊(大多直接弃了)、留不留学位论文(预测作者的发展前景而定)的严峻挑战……

图十一　和园地下书库一角

图十二　仙林翠谷的车库变成了书库

三

尽管有着各式各样的麻烦、无奈乃至挑战,习惯成自然的我,仍然"痛并快乐着",不计后果地买书、索书、受书、劫书,陶醉其中地与弟子们分享着得书的经历、淘书的手段、失书的遗憾、玩书的趣味……

图十三　喜欢走读这样的地方

以言得书的经历,当然不乏得意之笔。比如我读大学时,父亲工作的厂子"工人阅览室"处理旧书,读硕士生时,同学工作的辞书社处理压库书,那些文史专著、革命史料、辞海分册、传说辞典,近乎白送,我不仅所得甚多,还会讨价还价,买三送一;同行好友华林甫教授中了国家社科基金,因为申报文本参考了我的小文,竟然送我《嘉庆重修一统志》致谢,那可是得来全不费工夫的精装35册啊;1988年3月,我在南京古籍书店看上了《二十五史补编》,全六册、130元,正在边翻看、边自我安慰写它两篇文章就赚回书价时,"目光如炬"的我,竟然发现了其中一册的两张缺页,结果一番软磨硬泡,杀价30元拿下。还有我可宝可藏的一批民国旧平装书,得来更富传奇色彩:弟子早年任职的海事学校图书馆,担心远洋货轮船员出海寂寞,于是隔三差五地清出些古董级学术书,送到船上,而当弟子得知这些"无趣"的旧书大多被船员们"祭"了大海、喂了鱼儿,遂以赏心悦目的娱乐八卦画报替换,然后转送给我——每回,当我看到如此得来的商务版《中国救荒史》、中华版《清代地理沿革表》等等,曾被充作出海船员的精神食粮,就会忍俊不禁,感觉这真是幽默得滑稽的"书事"!

又言淘书的手段,我曾是朝天宫"鬼市"、汉口路地摊的常客,也曾练就屡试不爽的几招:先装模作样地选它一叠书,谈好总价、心中盘算出每册的均价后,再托言银子不够,"依依难舍"、"敬请保留"地放下几册,最后大多能以均价斩获真正的目标——只是现在倍感失落的是,"鬼市"早被取缔,地摊也不见了踪影,旧书店老板都眼光老辣、难以捡漏。至于"孔夫子"一类的旧书网,更是价格贵得咬人,于是淘书的快乐往事如烟矣。

再言失书的遗憾,这个情形比较复杂。比如内人热诚,喜欢理由充足地把孩子小时的读物借给闺蜜、把"中外名著"借给同事、把非学术书借给朋友,结果大多有借无还。又如我的脸皮薄,出借的书往往收不回来,或被告知"漂流"去了,我前后买了三本的同事高老师的那部代表

图十四　走读加德满都

作,杨志军的《藏獒》系列,惹出麻烦的王觉非的《逝者如斯》,等等,因此"泥牛入海"。我最"无语凝噎"、刻骨铭心的"失书"事件,发生在1990年前后。记得好像是在《文汇读书周报》上读到一则小广告,上海古籍书店处理旧书,其中有整套的《丛书集成初编》,3 000多册,2 000元,我兴奋得又是长途电话委托复旦弟子,又是历史学系求借废置书架,又是腾空南园六舍床底桌下,又是联系服装批发市场货车师傅,待到一切停当、想象坐拥书城时,弟子电话,让我再汇18 000元,我还大惊失色,弟子这是敲竹杠吗? 及至水落石出,方才得知报上的小广告,竟然把20 000元错成了2 000元!

与书做伴近50年,抄书、买书、借书、写书、送书、藏书,我越来越觉得,书还可以玩,书也值得玩。比方近十来年我所出之书,大多会提前跟出版社打招呼,给我留些毛边本,我也拿我的毛边本与同好的"毛边党"交换。从雅处说,玩毛边本时,听着裁纸的沙沙声,边裁边看,佐以喝喝茶、抽抽烟,这就叫玩味、就叫品位吧。而从俗处说,这没有完工的

图十五　圣和酒店行者书屋我的"专属书格"之一

毛边本，比起切边完工的正规书，若是放到网上去卖，也会溢价很多，因为"物以稀为贵"。一般来说，只有作者才可能有毛边本，而且这个作者要知道毛边本、要跟出版社打招呼，出版社还要再跟印刷厂打招呼，这才会留下毛边书。所以但凡有我签名、盖章的毛边本，我不轻易送人，同好送我的毛边本，我也专柜收藏，心想或有一日当我经济窘困时，还可以拿出来换钱救急呢……

四

拿毛边本换钱，那是玩笑话，不过世事无常，"书生"有时还真是"书呆子"！

2020年1月7日，在误以为不过"飞蚊症"、歇歇就没事的情形下，我顺道到学校医院转悠，检查结果很严重：右眼近乎失明，视网膜脱离已经多日。而至今想来还自觉奇怪的是，我当时好像并不紧张，不还有左眼吗？我还条件反射地类比了中弹致残的独眼元帅刘伯承，自我解嘲地想到了"网脱"的前辈大师陈寅恪、唐长孺与不便提名的葛先生、李先生，哲学高度地感悟了佛家的"因果报应"（眼睛跟着我，确实太累了），并且真诚而轻松地反劝医生：或许"一目十行"，也别有一番滋味呢……

因此变故，在这接下来的将近四个月里，我经历了较之以往四十年全然不同的"读书"生活："耳读"为主，重温了刘兰芳的《岳飞传》、袁阔成的《三国演义》、单田芳的《水浒全传》等等大约千集评书；必须"眼读"的弟子学位论文、《中国地名大会》审片等等，虽然"一目"扫描，却愉快地感到我的"眼力"并未稍减：既可寻得文中精义，也能逮出片中错讹。而在这样的"耳读"评书与"一目"扫描中，我进一步强化了我与社会大众交流时的"读书观"：耳读、眼读的层次相对较低，以耳读、眼读为基础，再去实践脚读、心读，才能读出"开卷如芝麻开门"的收获，"开卷有益"、融入身心的效果，然后才能写出既属于自己、也可供他人与后人品读的好书。

秉持着这样的读书观,三栖四喜斋主人今后仍长的读书生涯,或会丰富为耳读、眼读、脚读、心读的齐头并进,三栖四喜斋之书事,也或会返璞归真而随它去乱、大道至简而不觉麻烦吧……

图十六　和园书房,朋友交流

附:胡阿祥教授推荐书单

1. 许慎撰,段玉裁注:《说文解字注》,上海古籍出版社。"凡解释一字即是做一部文化史。"

2. 陈寿撰,裴松之注:《三国志》,中华书局。配合着读《三国演义》,理解从历史的三国到文学的三国。

3. 刘义庆撰,徐震堮校笺:《世说新语校笺》,中华书局。不读《世说新语》,大概就不算真正的中国文人吧。

4. 颜之推撰,王利器集解:《颜氏家训集解》,上海古籍出版社。配合着读《傅雷家书》,格致诚正、修齐治平,真是一脉相承。

5. 张星烺编注,朱杰勤校订:《中西交通史料汇编》,中华书局。五花八门,丰富多彩,有趣,好看。

6. 钱穆著:《国史大纲》,商务印书馆。宾四先生有云:"所谓对其本国已往历史略有所知者,尤必附随一种对其本国已往历史之温情与敬意。"

7. 谭其骧著:《长水粹编》,河北教育出版社。义理、考据、辞章、经济之兼美并重……

8. 卞孝萱口述,赵益整理:《冬青老人口述》,凤凰出版社。"览者会心,固足以怀旧俗而明得失者焉。"

9. 胡阿祥著:《读史入戏:说不尽的中国史》,人民出版社。"天地大戏场,戏场小天地",中国历史是一台鲜活的多幕大戏。

10. 胡阿祥著:《吾国与吾名:中国历代国号与古今名称研究》,江苏人民出版社。"筚路蓝缕廿余载"的 2018 年度"中国好书"。

后　记

两年前的2022年10月29日,我在八千余字的《胡阿祥学术自传》中,写有这样一段:

> 刚到"耳顺"的年龄,我的学术生涯应该还长,研究思维也还比较活跃,开拓新的领域仍然有些考虑,如此,现在就写"学术自传",显然太早了点。只是恭逢南京大学历史学院120周年院庆之际,一向"服从命令听指挥"的我,不可不完成这个"规定动作",于是匆匆撰述成篇,就权当《我的前半生》吧,以塞责耳,一笑。

忘记当时敲键盘的心境了。现在仅就字面意思揣摩这段,似乎既不乏我生活中一贯的"调侃"习性,也还有些学术上的精进豪气。然而近两年来,不知是国际政治的"大环境"使然,还是个人身心的"小氛围"所致,我常常感觉豪气见消、思维见涩、情绪见低,于是在多数被动、少数主动的情形中,原创的论著少了,却多了些编集册子的想法。原创的论著,值得提及的,如少儿读物《国是千万家》,社科普及的《南京的山》,表达忧郁的《弘历〈下河叹〉的前因后果》,寄寓"义理"而接近完成的《"祥"说王朝史》;至于编集册子,先有社会反响蛮好的《大地有名》,再就是这册《六朝书话》了。

《六朝书话》收入我已刊、未刊的40篇长短文字。"代序"与"代跋"的用意,在说明"读常见书与用新资料"的重要、三栖四喜斋斋主"阿祥一书生"的身份;甲、乙、丙、丁、戊五编的各自指向,即在"概述""考据""导读""追慕""序言与评审",而无论指向何在,因为离不开或围绕着六朝之历史文献与研究论著两大主题，故以《六朝书话》为名。

作为《南京大学六朝研究所书系》迄今的主事人，我把《六朝书话》归入"戊种公共史学"系列，而没放在"乙种论集"系列，其实并不完全确当，原因无他，"公共史学"系列较之"专著""论集""译丛""资料"四个系列，显得单薄了些，于是为了追求"五个系列的齐头并进"，前此或可置于"论集"的《"胡"说六朝》、可以置于"专著"的《谢朓传》，我也都调进了"公共史学"，这就是习惯追求"形式美"的主事人的特别考量吧。为了这个特别考量，我还有意抽去几篇考据论文，加了几篇"导读"文字。

同样是缘于追求"形式美"，这册南京大学出版社即将出版的《六朝书话》的收文原则，是与江苏人民出版社2019年出版的《"胡"说六朝》避免重复，毕竟这两年的经济形势，"开源"委实不易，那就尽量"节流"吧。我也希望有兴趣于六朝历史、六朝文献、六朝研究的读者诸君，《六朝书话》与《"胡"说六朝》不妨一并赐览，毕竟这两册拙著都属于广义上的"六朝书话"……

胡阿祥

记于句容宝华山麓

2024 年 7 月 16 日

"南京大学六朝研究所书系"已出图书

一、甲种专著

1.《东晋南朝侨州郡县与侨流人口研究》(修订本),胡阿祥著,江苏人民出版社 2019 年 10 月版,"甲种专著"第壹号

2.《中古丧葬礼俗中佛教因素演进的考古学研究》,吴桂兵著,科学出版社 2019 年 12 月版,"甲种专著"第贰号

3.《六朝的城市与社会》(增订本),刘淑芬著,南京大学出版社 2021 年 1 月版,"甲种专著"第叁号

4.《探寻臧质城——刘宋盱眙保卫战史地考实》,钟海平著,南京大学出版社 2022 年 3 月版,"甲种专著"第伍号

5.《邾邹千年:邾国与峄阳邹县历史文化研究》,胡阿祥主编,姚乐、刘兵、吴庆著,山东画报出版社 2023 年 7 月版,"甲种专著"第陆号

二、乙种论集

1.《"都城圈"与"都城圈社会"研究文集——以六朝建康为中心》,张学锋编,南京大学出版社 2021 年 1 月版,"乙种论集"第壹号

2.《六朝历史与考古青年学者交流会论文集:2016—2020》,陆帅等编,南京大学出版社 2023 年 7 月版,"乙种论集"第贰号

3.《六朝史丛札》,楼劲著,南京大学出版社 2022 年 3 月版,"乙种论集"第叁号

4.《南朝陵墓神道石刻暨中古考古论集》,杨晓春著,南京大学出版社 2024 年 12 月版,"乙种论集"第肆号

三、丙种译丛

1.《中古中国的荫护与社群:公元 400—600 年的襄阳城》,[美]戚

安道著,毕云译,南京大学出版社 2021 年 1 月版,"丙种译丛"第壹号

2.《从文物考古透视六朝社会》,[德]安然著,周胤等译,南京大学出版社 2021 年 1 月版,"丙种译丛"第贰号

3.《汉唐时期岭南的铜鼓人群与文化》,[新西兰]龚雅华著,魏美强译,南京大学出版社 2023 年 6 月版,"丙种译丛"第肆号

4.《中国江南六朝考古学研究》,[日]藤井康隆著,张学锋、刘可维译,江苏人民出版社 2023 年 5 月版,"丙种译丛"第伍号

四、丁种资料

1.《建康实录》,[唐]许嵩撰,张学锋、陆帅整理,南京出版社 2019 年 10 月版,"丁种资料"第壹号

2.《南京大学北园东晋墓》,南京大学博物馆、南京大学六朝研究所编著,南京大学出版社 2023 年 10 月版,"丁种资料"第贰号

3.《六朝建康城城墙遗址研究与保护(2014—2022)》,六朝博物馆编,南京出版社 2022 年 12 月版,"丁种资料"第叁号

五、戊种公共史学

1.《"胡"说六朝》,胡阿祥著,江苏人民出版社 2019 年 6 月版,"戊种公共史学"第壹号

2.《谢朓传》,胡阿祥、王景福著,凤凰出版社 2019 年 12 月版,"戊种公共史学"第贰号

3.《王谢风流:乌衣巷口夕阳斜》,白雁著,南京大学出版社,2023 年 6 月版,"戊种公共史学"第叁号

4.《六朝书话》,胡阿祥著,南京大学出版社 2024 年 12 月版,"戊种公共史学"第肆号

图书在版编目(CIP)数据

六朝书话 / 胡阿祥著. -- 南京：南京大学出版社，2024.12. --（南京大学六朝研究所书系）. -- ISBN 978-7-305-28307-9

Ⅰ. K295.31

中国国家版本馆 CIP 数据核字第 2024LM2520 号

出版发行	南京大学出版社	
社　　址	南京市汉口路 22 号　　邮　编　210093	
丛 书 名	南京大学六朝研究所书系·戊种公共史学·第肆号	
书　　名	**六朝书话** LIUCHAO SHUHUA	
著　　者	胡阿祥	
责任编辑	黄继东　　　　　　　编辑热线　025-83592193	
照　　排	南京南琳图文制作有限公司	
印　　刷	江苏苏中印刷有限公司	
开　　本	718 mm×1000 mm　1/16　印张 27　字数 400 千	
版　　次	2024 年 12 月第 1 版　2024 年 12 月第 1 次印刷	
ISBN	978-7-305-28307-9	
定　　价	80.00 元	

网址：http://www.njupco.com
官方微博：http://weibo.com/njupco
官方微信号：njupress
销售咨询热线：(025) 83594756

* 版权所有，侵权必究
* 凡购买南大版图书，如有印装质量问题，请与所购图书销售部门联系调换